CARREIRA

A Essência Sobre a Forma

EMERSON W. DIAS

CARREIRA

A Essência Sobre a Forma

Freitas Bastos Editora

Direitos exclusivos da edição e distribuição em língua portuguesa:

Maria Augusta Delgado Livraria, Distribuidora e Editora

Editor: *Isaac D. Abulafia*
Diagramação e Capa: *Julianne P. Costa*

Dados Internacionais de Catalogação na Publicação (CIP) de acordo com ISBD

D541c Dias, Emerson W
Carreira: A Essência Sobre a Forma / Emerson W. Dias. - Rio de Janeiro : Freitas Bastos, 2022.
412 p. ; 16cm x 23cm.

Inclui bibliografia.
ISBN: 978-65-5675-103-0

1. Administração. 2. Carreira. I. Título.

2022-560 CDD 650.14
CDU 658.011.4

Elaborado por Vagner Rodolfo da Silva – CRB-8/9410

Índices para catálogo sistemático:
1. Administração : Carreira 650.14
2. Administração : Carreira 658.011.4

Freitas Bastos Editora

atendimento@freitasbastos.com
www.freitasbastos.com

“é no ato de criar e fazer nosso trabalho que descobrimos quem somos”

Austin Kleon

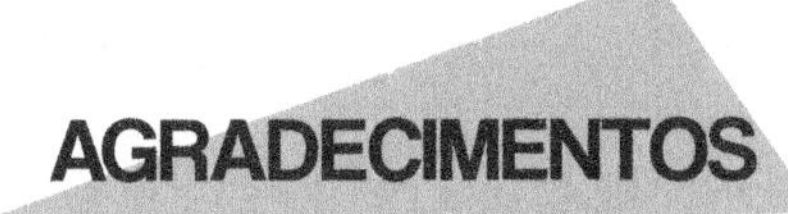

AGRADECIMENTOS

Aos

Familiares, amigos, colegas de trabalho e clientes, suas respostas as minhas perguntas sobre o mundo do trabalho e suas visões sobre o tema, foram essenciais para esta obra.

SUMÁRIO

1. INTRODUÇÃO

Amor, quando as pessoas me perguntam o que você faz eu não consigo dizer, porque é tanta coisa, o que eu digo?

Diga que sou um provocador filosófico! Pronto!

Mas aí vão me perguntar o que faz um provocador filosófico, o que eu digo?

Diga que ele apresenta um quadro na rádio, outro na TV, participa de debates, tem um programa de entrevistas na web, escreve livros, colabora com sites escrevendo artigos, é diretor na associação de executivos (ANEFAC), produz vídeo aulas para escolas, e dá consultoria de carreira para pessoas e treinamentos em empresas.

Pronto, tá explicado o que faz um provocador filosófico...

É talvez seja melhor apenas dizer que você faz várias coisas mesmo...

Esse diálogo é verdadeiro, aconteceu entre mim e minha esposa na época, recém-casados, e foi com base neste diálogo que, primeiro, criei a minha profissão, provocador filosófico, e segundo, decidi escrever um livro sobre carreira.

Eu que me graduei bacharel em ciências contábeis, trabalhei por mais de 20 anos em empresas multinacionais numa carreira que começou como *office boy* e chegou a diretor executivo, com objetivos claros de me tornar um CFO, um belo dia, desisti de tudo isso, ao sentar na cadeira como CFO interino de uma grande multi-nacional, percebi que aquilo não fazia mais sentido para mim, que a graça foi de fato o caminho, mas estar lá, não tinha nenhuma, eu precisava buscar algo novo, um novo caminho, um novo inédito precisava ser viabilizado.

Isso aconteceu em 2010, mas eu só tive o diálogo com minha esposa, que narrei há pouco, em 2016, passaram-se 6 anos entre, perceber, que não fazia mais sentido aquela carreira, planejar o que eu iria fazer de fato, agir dentro daquilo que havia planejado para fazer, que naquele momento estava acontecendo, ali eu de fato me dei conta que estava já há alguns anos fazendo coisas completamente diferentes das que eu tinha feito nos últimos vinte e poucos.

Porém, ao começar escrever sobre carreira, percebi que precisava de mais embasamento técnico, pois até então eu só tinha a minha própria experiência e atendia alguns clientes em *coaching* nos últimos anos com base em leituras e técnicas que havia aprendido ou utilizando de memórias de formações que havia feito na minha formação de liderança ao longo do tempo, então, voltei para a academia e decidi fazer um mestrado e estudar com o foco em carreira, mas ao longo do curso, decidi focar meus estudos em liderança, e então abandonei o projeto do livro sobre carreira, que só voltei nele em 2019 quando havia concluído o mestrado, defendido minha dissertação em liderança e escrito um artigo científico sobre a diferença de como homens e mulheres são percebidos como líderes.

Porém, no final de 2019, devido ao meu terceiro livro e um texto no blog da FIA, sobre finanças comportamentais, recebi um convite para escrever um livro sobre o tema, resultado, parei a produção dos textos sobre carreira e me debrucei sobre comportamento humano e dinheiro, o texto ficou pronto em meados de 2020, mas já no período da pandemia da COVID19, e a editora reviu seu plano de trabalho, de modo que apenas em meados de 2021 é que o livro ficou pronto e nesse ínterim, lidando com as agruras de um divórcio, eu voltei às pesquisas sobre carreira, que agora resultam neste novo livro que você irá ler.

E não é que agora, ao publicar este livro também desempenho a profissão de professor universitário tanto em graduação como pós e MBAs. Em 2018 fui convidado a dar aulas, algo que eu já sondava há algum tempo, mas sem o mestrado era mais difícil, e então, além de provocador filosófico e fazer tudo que faço, somei mais uma profissão, e sinceramente, a que mais gosto, me encontrei como professor.

Ou seja, o inédito é viável, nem sempre é exatamente no tempo que a gente originalmente planeja, mas se de fato você quer ter um inédito viável, não pode desistir dele, mesmo que isso implique, veja só, alguns desvios na sua carreira.

Assim, vamos a mais um livro da série O inédito viável, dez anos depois de eu ter decidido que queria mudar completamente de carreira.

O que buscamos essencialmente é sermos felizes, a forma, pode variar, mas inevitavelmente uma delas é nosso trabalho.

A essência é isso, a nossa busca por realização, a forma, pode ser nossa carreira.

2. PARTE 1: CARREIRA

O conceito de carreira vem evoluindo ao longo do tempo, hoje ela não pode ser vista apenas como a relação de um indivíduo com a empresa para o qual trabalha, e seu impacto econômico e social, mas deve também abarcar as questões da vida pessoal deste indivíduo, e os impactos reproduzidos na economia, na sociedade e na vida psíquica deste ser.

2.1 Carreira, o que é isso?

O termo carreira vem do latim *via carraria* que significa estrada para carros, e foi no século XIX que ela começou a ser utilizada para definir a trajetória profissional de alguém. No mundo do trabalho ela representa o período útil, útil no sentido econômico, "*população economicamente ativa*[1]", aquela que tem condições de trabalho.

Carreira, portanto, é o percurso profissional da vida de um indivíduo economicamente ativo. Nas palavras de London e Stumpf (1982) é uma sucessão de experiências de trabalho ao longo da vida.

"Carreira é a sequência das experiências pessoais de trabalho ao longo do tempo[2]", segundo Michael Arthur *in The Boundaryless Career.*

Numa visão geral, eu sempre apresento carreira com a figura 1; um espaço da vida do indivíduo dedicada ao trabalho, seja ele qual for remunerado ou não, formal ou informal.

Nas palavras de Dutra (2017) seja este um veículo para a autorrealização ou exercício da vocação deste indivíduo, um papel assumido na sociedade ou a busca de uma mobilidade social.

---

1 PEA ou População Economicamente Ativa representa a parcela da população que pode trabalhar no setor produtivo. No Brasil, compõe-se das pessoas entre 15 (apenas como menor aprendiz) e 65 anos de idade que seria o limite de aposentadoria (IBGE, 2022).

2 *The evolving sequence of a person's work experience over time* (ARTHUR et. al., 1989, p. 8 apud FERRARI CÁLCENA, 2012, p. 19).

Figura 1: Carreira

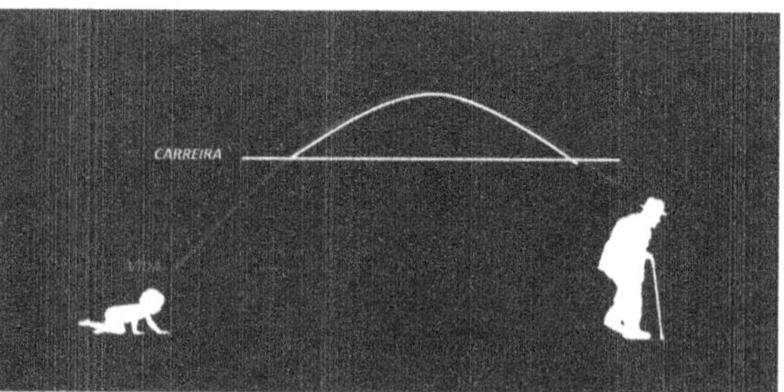

Fonte: autor

Mas é somente partir dos anos 70 é que começam as discussões sobre carreira, considerando as relações entre empresa e pessoas. A carreira sempre foi pensada como uma sequência linear de posições de trabalho, como se a pessoa fosse subindo degraus em direção a cargos maiores à medida que evoluía na hierarquia das organizações.

Um exemplo desta expectativa pode ser visto no texto, de Alexandre Marcondes Filho, ministro do Trabalho, Indústria e Comércio, entre 1941 e 1945 no governo de Getúlio Vargas, que, aliás foi ele quem recebeu a carteira de trabalho número 1 do Brasil, marcado pela promulgação da CLT em 1943, e que figurou até bem pouco tempo atrás na carteira de trabalho dos brasileiros;

> "A carteira, pelos lançamentos que recebe, configura a história de uma vida. Quem a examinar, logo verá se o portador é um temperamento aquietado ou versátil; se ama a profissão escolhida ou ainda não encontrou a própria vocação; se andou de fábrica em fábrica, como uma abelha, ou permaneceu no mesmo estabelecimento, subindo a escala profissional. Pode ser um padrão de honra. Pode ser uma advertência" (Carteira de trabalho brasileira).

Mas, as carreiras possuem ciclos e a palavra ciclo vem do grego *kýklos*, significa uma série de fenômenos que se renovam de forma constante.

Assim, Donald Super já nos anos 1950 entendia a carreira profissional como parte dos ciclos de vida natural do indivíduo, para ele as carreiras possuem 5 estágios ***Growth, Exploration, Establishment, Maintenance e Decline***, estes estágios têm uma marcação etária, mas como são padrões americanos de décadas atrás, não podemos, na minha visão, utilizá-los como sendo fronteiras ainda hoje verdadeiras, nem para os Estados Unidos e nem para o Brasil, embora nos ajudam a compreender os ciclos.

Muitos teóricos de carreira também se baseiam na teoria Eriksoniana, com seu conceito de estágios da vida, desenvolvida pelo psicanalista Erik Erikson no clássico As Oito Idades do Homem, ele descreve os estágios e desafios do ciclo da vida do ser humano em oito estágios, quatro na infância e quatro na vida adulta. De modo que o indivíduo deve completar com êxito uma tarefa de desenvolvimento em cada estágio, antes de avançar para o seguinte. Para Erikson os quatro estágios da vida adulta são: **adolescência, juventude, idade adulta e maturidade** e estes são relevantes para o estudo de carreira (Stoner e Freeman, 1999; Viorst, 2002).

A tabela 1 traz uma ideia sobre as conexões destas linhas de pensamento sobre carreira. As idades marcadas são referências aproximadas das ideias avaliadas, elas não devem ser interpretadas como marcas fixas e que sejam adequadas para todas as pessoas em todas as sociedades.

Tabela 1: Fases da carreira

Fases	Estágio	Tarefas de desenvolvimento de carreira
Infância	Crescimento (*Growth*) De 4 a 15 anos	Início de visão de futuro. Gradativo controle da vida. Atividades escolares e trabalho começam a ter importância. Surgem as habilidades e atitudes de trabalho. **Estágio da fantasia:** cobre o período da infância com sonhos sobre o que quero ser quando crescer. **Interesse:** mudança contínua de áreas de interesse. **Capacidade:** habilidades ou capacidades ganham importância nesta equação.
Adolescência	Exploração (*Exploration*) De 15 a 24 anos	Autoconhecimento. Conhecimento do mundo profissional. Experimentação de papéis sociais e ocupacionais na Escola. **Estágio das escolhas e tentativas:** é baseado nos interesses, mas algumas experiências já são incorporadas neste processo. Algumas decisões são tomadas, considera-se não apenas as questões da fantasia da infância, mas também da realidade social, o nível de informação melhora. Para Erikson, na **adolescência** a tarefa é o desenvolvimento do indivíduo, seu objetivo é alcançar uma identidade, o seu ego. Onde o indivíduo tenta reconciliar as diferenças entre a percepção que tem de si próprio e o modo como é percebido pelos outros. O indivíduo tenta escolher uma ocupação em que suas habilidades e interesses possam ser utilizados. Já na fase da **juventude** o indivíduo tenta desenvolver relacionamentos satisfatórios ou intimidade com os outros. Essa intimidade pode gerar um companheiro, um grupo de trabalho ou mesmo membros de uma causa comum.

Fases	Estágio	Tarefas de desenvolvimento de carreira
Início da fase adulta	Estabelecimento (*Establishment*) De 25 a 40 anos	Estabelecimento no emprego. Consolidação na atuação. Progresso na ocupação. Busca por autoconceito vocacional mais seguro. **Estágio das escolhas e tentativas:** é baseado nos interesses e posteriormente, com experiências adquiridas em capacidade e valores. **Estágio das escolhas realistas:** há um ensaio e estabilização no mercado de trabalho e busca-se uma consolidação na profissão escolhida, este estágio é subdividido em três períodos: • **Exploratório:** examina-se uma série de opções de carreira; • **Cristalização:** as opções começam a ficar melhor focadas; • **Especificação:** quando ocorre uma escolha em particular. Erikson entende que na vida adulta, o indivíduo está preocupado com o que chama de generatividade, que é a orientação da geração seguinte. Onde a pessoa tenta passar seu conhecimento e valores para os filhos, alunos ou apadrinha colegas mais jovens no local de trabalho.
Adulto	Manutenção (*Maintenance*) De 45 aos 65 anos	Desenvolvimento, Preservação, o profissional alcançou o auge da carreira, mas há também a Possibilidade de buscar novos desafios. **Estágio das escolhas realistas que podem ser aplicados para uma segunda carreira, por exemplo:** • **Exploratório:** examina-se uma série de novas opções de carreira; • **Cristalização:** as opções começam a ficar melhor focadas, após *assessments* pessoais e profissionais; • **Especificação:** quando ocorre uma escolha em particular. Erikson entende que a **maturidade** vem para fazer o indivíduo alcançar a integridade do ego, o sentimento de que a vida tem sido satisfatória e significativa.
Velhice	Desengajamento ou Declínio (*Decline*) A partir dos 65 anos	Diminuição da energia. Abrandamento do ritmo de trabalho. Reformulação do estilo e estrutura de vida.

Fonte: Adaptado pelo autor de Dutra (2016); Levenfus (2016); Sampaio (2013); Freeman (1993)

Outra abordagem para carreiras vem das ideias de Daniel Levinson e seus colegas, esta abordagem "sugere que a vida adulta envolve uma série de crises ou transições pessoais e relacionadas com a carreira, que ocorrem numa sequência bastante previsível a cada cinco ou sete anos" (Stoner e Freeman, 1999, p. 418).

Na tabela 2 pode-se evidenciar alguns dos principais marcos, não se esgotam ou limitam ao que está posto, é apenas uma pequena ideia. Vale dizer que é uma teoria desenvolvida décadas atrás, portanto as idades não refletem a realidade de hoje, que dada a longevidade aumentada da humanidade, discute-se a economia da longevidade[3], e os efeitos dela no mundo do trabalho.

Tabela 2: Fases de carreira 2

Dos 17 aos 22 anos	**Transição inicial para vida adulta:** rompe a dependência financeira e emocional com relação aos pais. Há um certo grau de autossuficiência e de confiança. Os que prolongam os laços com os pais, tendem a ter um desempenho mais baixo em suas carreiras, segundo Levinson.
Dos 22 aos 28 anos	**Entrando no mundo adulto:** completada sua formação começa criar comprometimento para o futuro. Um estilo de vida e uma carreia são escolhidas.
Dos 28 aos 33 anos	**Transição dos 30 anos:** em algum momento revê o progresso na direção de seus objetivos. Se o progresso foi satisfatório, pode continuar na mesma trilha, se não, podem ocorrer mudanças radicais e confusão. Mudanças geográficas, divórcios são comuns nesta fase.
Dos 33 aos 40 anos	**Estabilização:** Nesses anos todos, todo o resto se subordina ao avanço no trabalho e na carreira. Há mudanças de círculos de amizade e o indivíduo luta para ser ele próprio.
Dos 40 aos 45 anos	**Transição para a meia idade:** representam um segundo período de transição, o indivíduo revê de novo o progresso na carreira. Começa a despertar um certo orgulho pelas realizações, mas se o progresso não corresponde aos primeiros sonhos e expectativas iniciais, pode resultar na "crise da meia idade". Ressentimento, tristeza e frustração, podem fazer com que o indivíduo perca o seu equilíbrio emocional. A crise pode se manifestar no excesso de bebida, abandono do trabalho e até mesmo um desmoronamento da carreira, num ostensivo estilo de vida "hippie-da-meia-idade" ou em alguma outra quebra espetacular do comportamento do passado.

3 Será discutida no capítulo 5.3 longevidade

Dos 45 aos 50 anos	**Meia idade:** é consolidado as reavaliações feitas durante a transição para a meia idade. Os indivíduos se estabilizam em novas ou reafirmadas perspectivas de suas carreiras. Reestabelecem antigas relações sociais, criam novas, para alguns começa a preocupação com o declínio e as restrições do trabalho. Para outros é um período altamente satisfatório com um sentimento de realização e criatividade amadurecida.
Dos 50 aos 55 anos	**Transição dos 50:** neste período reaparecem as questões e as tarefas que não foram satisfatoriamente resolvidas nas outras transições. Podem surgir crises, o que é comum a todos segundo Levinson.
Dos 55 aos 60 anos	**Transição clímax da meia idade:** é um período relativamente estável, semelhante ao período de estabilização no início da vida adulta. Os que foram capazes de rejuvenescer e de enriquecer suas vidas podem obter grande realização nesse período.
Dos 60 aos 65 anos	**Última transição adulta:** durante este período a maioria das pessoas se aposenta, o que tem efeito significativo em como se veem e como são vistos pelos outros. Para muitos, esse é um período de profunda reflexão. Algumas pessoas ficam felicíssimas por abandonarem as carreiras, mesmo quando gostam delas e se sentiram bem-sucedidas nelas.
Dos 65 para cima	**Última fase adulta:** período de avaliação e recapitulação. Livre da responsabilidade de trabalhar, muitas pessoas aproveitam totalmente seu lazer e dedicam se a atividades que negligenciaram quando eram mais jovens. Outros são afetados por problemas financeiros e de saúde. Faltam muitas coisas a serem aprendidas sobre esse período.

Fonte: Adaptado pelo autor de (Stoner; Freeman, 1999. pp. 418-419)

Cabe ressaltar que o próprio Donald Super admite que o comportamento das pessoas em relação às suas escolhas profissionais segue um **conceito de aproximação** e emerge a partir de suas experiências, o indivíduo ao se aproximar da atividade, vai criando conexões sobre ela e compreendendo melhor suas inclinações ou não para aquela atividade, numa combinação de interesses pessoais, habilidades e realizações, fatores psicológicos do indivíduo e fatores sociológicos do contexto vivido são relevantes (Freeman, 1993).

Segundo os trabalhos de Super (1957), o comportamento das pessoas em relação à escolha e no desenvolvimento de suas carreiras segue padrões determinados por sua condição social e econômica, raça, sexo, nível de maturidade etc. Esses padrões podem ser agrupados em determinantes psicológicas, sociais e ambientais (guerras, ciclos econômicos, alterações tecnológicas etc.) (DUTRA, 2016, p. 133).

Peter Diamandis, um dos fundadores da *Singularity University*, escreveu o texto abaixo no prefácio do livro Organizações Exponenciais, esta frase traz uma visão sobre as mudanças no mundo do trabalho e consequentemente no universo das carreiras.

> "... trinta anos atrás, se você quisesse atingir um bilhão de pessoas, você teria de ser a Coca-Cola ou a GE, com colaboradores em uma centena de países. Hoje você pode ser um garoto em uma garagem que faz o upload de um aplicativo para algumas plataformas principais. Sua capacidade de atingir a humanidade foi democratizada." (SMAIL, MALONE, VAN GEEST, 2015 - prefácio)

Uma definição simples de Carreira que eu uso é: "o tempo da vida em que a gente se dedica a algo profissional, que consideramos útil, e que deveria ser em boa medida prazerosa".

Sim, prazerosa, meu credo é de que se as pessoas pudessem sempre trabalhar em algo que as completassem, que as definissem, fosse parte de suas identidades, o nível de tensão na sociedade seria menor, é minha visão de mundo e eu vou falar mais sobre isso adiante, embora o livro tenha claramente a intenção de te levar para esse olhar.

Claro que essa frase carrega muito de um modelo idealizado de carreira, quase que uma visão da carreira perfeita, nem todos pensamos do mesmo modo e tampouco todos tem a possibilidade de afirmar esta frase como definição de suas próprias carreiras.

Mas pegando gancho do título deste livro, a **essência sobre a forma**, no fundo no fundo, se a essência sobre a forma é verdadeira, a frase se encaixaria perfeitamente na definição de uma carreira real, não apenas ideal, mas o que é o ideal em relação ao real?

É o sonho! O real é o que temos, o ideal é o que buscamos, entre eles existe uma diferença, essa diferença podemos chamar de desafios intermediários, lacunas, metas menores, que ao serem alcançadas, nos aproximam do grande objetivo, o ideal, o que eu chamo de inédito, e se o que eu quero é o inédito, ele precisa ser viável!

Mas deixemos esse assunto um pouco de lado, vamos desenvolver a leitura do livro e no final voltamos nele quando falarmos de planejamento no capítulo 6.1-Meu PDI: Plano de Desenvolvimento Individual.

2.2 Mercado de trabalho ou mundo do trabalho?

Mundo do trabalho é tudo sobre o trabalho humano, e a interação na sociedade advinda do trabalho, ele envolve as condições em que se dão os trabalhos, nacionais, globais, formais ou informais, repetitivos, manuais ou intelectuais, debates sobre gênero, idade, início e fim da relação dos indivíduos com seus trabalhos, aborda também os seus significados sociais de tempo e espaço.

Já o **mercado de trabalho** é regido pela lei da oferta e procura, é um sentido de mercado mesmo, uma feira onde quem quer vender anuncia e quem quer comprar avalia, sujeito a todas as regras de economia, com períodos de escassez e abundância quando os preços ou salários oscilam, subindo e descendo de acordo a oferta e procura.

Assim, numa economia em crescimento é natural que ela gere mais ofertas de emprego, para preencher essas vagas é preciso contratar gente, aqueles que tem a qualificação mais necessária para o momento, conseguem melhor remuneração, este fenômeno em economia chama-se bônus salariais.

Ele é muito observado no que popularmente se conhece como "corrida entre a educação e a tecnologia", uma vez que a mudança tecnológica demanda de pessoas com qualificações específicas, quando a oferta fica maior que a demanda, ou seja, quando se tem muitas vagas, mas poucos profissionais com aquela qualificação específica, os bônus salariais aumentam, assim esses profissionais acabam por ter as melhores remunerações até que essa qualificação se torne acessível a um grande grupo de profissionais. Assim, quanto mais avançada se torna uma economia e melhor funciona seu mercado de trabalho, mais bônus salariais se pode esperar, e o contrário também é verdade (Scheidel, 2020).

Tabela 3: Questões importantes sobre mundo e mercado de trabalho:

Definição	Objetos de estudo	Questões importantes
Mundo do trabalho: ou sociologia do trabalho é um ramo da Sociologia voltado ao estudo das relações sociais no mundo do trabalho – a princípio, incluindo basicamente empresas e sindicatos – e às implicações sociais da relação entre trabalho e técnica.	O ambiente de trabalho em si, bem-estar dos colaboradores, práticas de gestão de pessoas, perspectivas de carreiras, treinamento e desenvolvimento, doenças laborais etc.	Inclusão social Horas de trabalho Saúde física e mental Ferramentas e tecnologias

Definição	Objetos de estudo	Questões importantes
Mercado de trabalho: refere-se às formas de trabalho que existem e a interação entre aqueles que oferecem força de trabalho e àqueles que a procuram para contratação, num sistema típico de mercado (compra e venda)	Tecnologias disponíveis, segmentos de mercado em expansão/retração, oferta e demanda da economia, crescimento populacional, políticas públicas, legislações trabalhistas etc.	Remuneração Taxa de ocupação, desemprego.

Fonte: autor

2.3 Trabalho

"Uma sociedade que para, para se perguntar porque pessoas trabalham é uma sociedade sofisticada" afirmou Petrullo (1958) ao analisar a obra de Donald Super.

Concordo muito com esta afirmação de Petrullo, é como o mito da caverna de Platão (2014), um dia você olha para fora dela e se pergunta, porque eu faço isso? A resposta mais óbvia que as pessoas dão é: porque precisamos ganhar dinheiro para viver. E por mais óbvia que seja, ela ainda não me satisfaz, mas vamos avançar neste assunto e tentar propor a você leitor, algumas provocações sobre isso.

Segundo a filosofia, o trabalho pode ser definido como: **a atividade destinada a utilizar as coisas naturais ou modificar o ambiente para satisfação das necessidades humanas** e o grau mais ou menos elevado de esforço, sofrimento ou cansaço, constitui o custo humano do trabalho (Abbagnano, 2012 p. 1.147).

O fato de incluir necessidades humanas nesta definição nos traz um enorme problema, já que como nos alertava o filósofo Adam Smith[4], quando ainda não era chamado de economista; há um problema natural na nossa vida, pois as necessidades que temos são infinitas, e os recursos para tentar satisfazê-las são escassos, por isso precisamos fazer escolhas utilitárias, que são aquelas que nos trazem maior retorno, satisfação, felicidade. Então, o trabalho nunca tem fim, pois nós humanos estamos sempre buscando a satisfação.

A psicanálise inclusive vai concordar com a economia sobre nossas necessidades nunca terem fim, já que todo progresso se baseia nesse desejo inato e universal que o ser humano tem de querer viver além dos próprios meios atuais.

Vamos explorar mais o tema desejo, necessidade e vontade no capítulo 3.8 motivações, por hora focaremos em trabalho.

---

4 Adam Smith era um filósofo e escrevia sobre filosofia moral, mas ao tentar explicar o motivo da riqueza das nações (nome de seu livro de 1776) passou a ser considerado "o pai da Economia Clássica", porque transformou a economia em ciência. É um caso que chamo de alguém que criou a própria profissão, como Will Shortz editor de palavras cruzadas do The New York Times, que é a única pessoa do mundo formada em enigmatologia, o estudo de quebra-cabeças (Duckworth, 2016, p. 121).

Esse desejo ou impulso foi materializado através do trabalho do homem ao longo do tempo modificando inclusive o seu próprio trabalho ou a forma de fazê-lo. De acordo com a história do *homo sapiens* narrado por Harari (2016), houve três grandes revoluções que moldaram a vida humana para o que conhecemos hoje:

A primeira revolução foi a cognitiva: quando o ser humano (o *homo sapiens*) se diferenciou dos demais seres porque pensou e se espalhou pelo mundo a partir da África, entre 200 e 70 mil anos atrás.

A segunda, a revolução agrícola, quando o ser humano domesticou animais (pecuária), cria assentamentos permanentes de moradia, desenvolve o plantio e colheita, algo que remonta 12 mil anos.

Depois disto surgiram várias coisas, como a escrita, a moeda, a roda, reinos, religiões, e muito mais, tudo isso fruto do trabalho humano, de forma direta ou indireta.

E por último, houve a revolução científica, quando o homem entende que o trabalho científico pode trazer o progresso, inclusive econômico, começam as grandes navegações exploratórias intercontinentais, o domínio dos mares, o comércio se intensifica entre países, bancos financiam governos, surge o capitalismo, descobre-se a América, o mundo começa a se tornar global e plano[5], isso ocorreu nos últimos 500 anos.

Embora ao longo deste livro traremos muitas reflexões filosóficas que remontam mais de 500 anos atrás, para compreender a sociedade atual é importante partirmos daqui, da revolução científica que desembocou na 1ª Revolução industrial ocorrida entre meados de 1700 até meados de 1800, ou seja, apenas há 200 anos. E o que são ínfimos 200 anos no rastro de milhões de anos na história?

Muito pouco, portanto, do trabalho em si, ainda há muito a ser explorado pelo ser humano, ainda a muito a se compreender sobre essa relação, tanto do ponto de vista de autorrealização como do aspecto econômico do trabalho e tudo mais que trataremos neste livro.

Veja, diferentemente de filósofos gregos que defendiam a vida contemplativa (reflexão e trabalho intelectual de pensar como modo de desenvolver a virtude), muitos defendem a vida ativa e a condenação ao ócio. Giordano Bruno em 1584 pensava algo que pudesse misturar as duas coisas: "se ocupe na ação com as mãos e na contemplação com o intelecto, de tal maneira que não contemple sem ação e não atue sem contemplação".

Mesmo que o trabalho na Grécia antiga não tinha nenhum valor moral, era feito por escravos e, portanto, se constituía inclusive num obstáculo para o alcance e formação da virtude, o labor (trabalho manual) limitava a liberdade do indivíduo, e liberdade era essencial para se ter uma vida contemplativa.

---

5 O termo plano foi capturado do livro O mundo é plano de Milton Friedman (2015) que narra desde as navegações, por volta do ano de 1400, até como o mundo chega ao nível de integração atual.

Para muitos, o trabalho traz aspectos sociais, imagine, por exemplo, numa tribo indígena, há uma divisão do trabalho e todos se beneficiam do trabalho individual de cada um. Também existem aspectos naturais do trabalho, a própria necessidade de se alimentar, faz do ser humano um trabalhador natural para colher, caçar, preparar seu alimento ou o alimento de outras pessoas.

Como alerta Harari (2016) até o fim da era moderna, mais de 90% dos humanos eram camponeses que se levantavam todas as manhãs para trabalhar a terra com o suor da fronte. Os excedentes que produziam alimentavam a uma ínfima minoria das elites - reis, oficiais do governo, soldados, padres, artistas e pensadores - que enchem os livros de história. A história é o que algumas poucas pessoas fizeram enquanto todas as outras estavam arando campos e carregando baldes de água afirma o historiador.

Embora a palavra trabalho tenha origem no latim, ***tripalium***, com *tri* que significa "de três" e *palum* significado de "madeira", portanto três paus, registrada normalmente nos dicionários como um instrumento de tortura romano usado contra os escravos, e seu sentido original o 'trabalhador' seria o carrasco, e não a vítima, o caráter penoso do trabalho não é atribuído ao próprio trabalho em si, mas às condições sociais nas quais ele se desenrola na sociedade.

O escritor Mark Twain concorda com esta visão do trabalho, em As aventuras de Tom Sawyer, ele diz: "Trabalho consiste em tudo que um corpo é obrigado a fazer e prazer consiste naquilo que um corpo não se é obrigado a fazer" (Twain, 2007, p. 22 - tradução nossa)

Há ainda um caráter espiritual do trabalho, considerado pela Bíblia como consequência da maldição divina decorrente do pecado original[6]:

Genesis 3:19 - "Com o suor do teu rosto comerás o teu pão, até que voltes ao solo, pois da terra foste formado; porque tu és pó e ao pó da terra retornarás!"

Em outro trecho, há uma exortação do Aposto Paulo sobre o tema, no livro de Tessalonicenses II, 3:10 no texto de São Paulo - "Quando ainda estávamos convosco, vos ordenamos isto: Se alguém não quiser trabalhar, também não coma".

Essa conexão entre trabalho e tortura, ou sofrimento e dor, perdurou por épocas, até que passou a ser entendido com o sentido de atividade exaustiva ou difícil. Somente a partir do século 14, começa a ter esse sentido que conhecemos hoje, o de aplicação de forças e faculdades (talentos e habilidades) humanas para um determinado fim. A ideia do *homo faber* representado pelo mestre de ofício, aquele que se expressa por meio do seu trabalho, sem distinção entre vida pessoal e profissional.

---

6 O livro bíblico de Gênesis capitulo 3 narra a história de Eva mulher de Adão, que enganada pela serpente comeu o fruto proibido e em seguida ofereceu a Adão, ambos passaram então a conhecer o bem e o mal, e foram amaldiçoados, a mulher com dores no parto e submissão ao homem e o homem com a necessidade de trabalhar (sofrimento) para se alimentar. Ambos foram expulsos do jardim do Édem onde viviam no paraíso.

Há também um elemento educativo no trabalho, pois o homem civilizado é educado através da necessidade da ocupação, conforme definiu Hegel apud Abbagnano (2012, p. 1.148).

Hegel e Durkheim não viam o trabalho humano como meio para o fim de consumo, para eles, o trabalho era uma atividade de integração social, um espaço para reconhecimento das pessoas, uma forma de contribuir com o bem comum (Sandel, 2020, pp. 201-202).

O sociólogo Max Weber (1864-1920) apontava que a ideia peculiar do dever profissional, tão familiar nos dias de hoje, mas na realidade, tão pouco evidente, é a maior característica de 'ética social' da cultura capitalista e, em certo sentido, sua base fundamental. O ascetismo religioso, marcado pela disciplina e valorização do esforço forma a base ideal para o florescimento do capitalismo. Para Weber o protestantismo que via na profissão e no trabalho uma forma de devoção ao divino, diferente do catolicismo onde a vocação era apenas via sacerdócio, foi o motor do enriquecimento das sociedades americanas e norte europeias (WEBER, 2013).

Os eleitos, na visão do protestantismo, como já estão destinados a serem salvos, "na vida eterna", gozam de enriquecimento financeiro na vida terrena, como recompensa divina por seu esforço, e como recusam o luxo, reinvestindo os lucros em mais negócios acabam por fazer a economia crescer. Coincidentemente esta visão de Weber acontece ao longo da primeira e segunda revolução industrial.

Esse pensamento tem total conexão com a ideia de **destino manifesto**, expressão criada por John O´Sullivan em 1845, quando era editor do jornal *New York Morning News*, essa doutrina desempenhou um papel importante na obtenção de apoio para o expansionismo americano, transformou-se numa ideologia moral, apresentando o expansionismo como missão divina (Marriott, 2015).

Mas, por exemplo, essa teoria weberiana, ou mesmo a crença americana não se sustenta na plenitude, pois ela não pode explicar o enriquecimento dos países asiáticos, que são em sua maioria hinduístas e/ou budistas, tampouco o caso da Espanha que nos séculos XVI e XVII era uma potência financeira mundial e católica, ou seja, é plenamente possível contestar essa ideia de prosperidade via trabalho a partir da benção divina pregada pela religião protestante.

Adam Smith, antes de Weber já falava sobre **"a mão invisível do mercado"** que rege e economia:

> Ao preferir fomentar a atividade do país e não de outros países ele [o homem] tem em vista apenas sua própria segurança; e orientando sua atividade de tal maneira que sua produção possa ser de maior valor, visa apenas a seu próprio ganho e, neste, como em muitos outros casos, é levado como que por <u>mão invisível</u> a promover um objetivo que não fazia parte de suas intenções (Smith, 1996, p. 438 grifo nosso).

Uma vez que o homem passa a buscar o capital para benefício próprio, e não para a sociedade, todos acabam por se beneficiar disto, nas palavras deste: "Não é da benevolência do açougueiro, do cervejeiro ou do padeiro que esperamos nosso jantar, mas da consideração que eles têm pelo seu próprio interesse" (Smith, 1996, p. 74).

Estas ideias representam uma transição do homem religioso para o homem econômico (*homo economicus*[7]).

Ora *et Labora* é o princípio da Regra de São Bento que defendia o equilíbrio entre vida de oração e de ação, perde forças numa sociedade onde a sociedade de trabalhadores é transformada na sociedade de consumidores. E a ideia da construção da identidade do indivíduo principalmente através de seu trabalho, em suas cinco dimensões (econômica, moral, ideológica, psicológica e social) também enfraquece, pois, embora o trabalho não seja mais uma base sólida para a construção da identidade, ele ainda ocupa uma grande parte do tempo do indivíduo, surge então a insegurança ontológica[8] (BONIFÁCIO, 2014; BENDASSOLLI, 2007).

Caplow (1954), baseado nos estudos de Tilgher (1930) já alegava que de fato há um número de teorias inconsistentes sobre a importância do trabalho: desde a ideia grega de todo trabalho como servil, a visão medieval do trabalho como a penalidade da queda de Adão, a exaltação do trabalho como um meio de autodisciplina e um sinal visível da graça na ética calvinista (protestante) e na identificação moderna do trabalho com criatividade consciente, ainda não restrita a grupos privilegiados.

Contudo, Viorst (2002, p. 297) afirma que o trabalho é o "esteio da nossa identidade", a "âncora do eu social e privado", o meio pelo qual provamos nossa competência, recebemos nosso salário como prova do valor desta competência, a interação com as pessoas no mundo social e a relação conosco no mundo privado, é o que vai nos definir ao perguntarmo-nos: "quem sou eu?"

Todas essas influências sobrevivem juntas no conjunto da cultura moderna. O desprezo pelo trabalho manual está associado ao culto ao exercício físico. A deificação marxista das massas trabalhadoras e o ideal universal da aposentadoria precoce não são mais inconsistentes do que a imposição do trabalho como privilégio em nossas escolas e como penalidade em nossas prisões.

Para Fogel (2000) Nobel de economia em 1993, existe um conjunto de itens que formam um ativo espiritual (senso de propósito com o trabalho, autoestima, senso de disciplina e sede em aprender continuamente), que são elementos essenciais para o desenvolvimento de um povo, e é assim que surge uma ética

---

7 O *homo economicus* é uma ideia da economia que foi sistematizada por um dos pais do liberalismo econômico, John Stuart Mill, em 1836, caracteriza o indivíduo que busca seu autointeresse e egoísmo, a caridade é substituída pelo amor próprio, os homens passam a ser produtores e consumidores. É o indivíduo autocentrado, egoísta, otimizador de sua utilidade (prazer). O termo utilidade em economia é usado para definir o que traz maior retorno (satisfação, prazer) para o agente econômico em uma escolha.

8 É uma situação em que o indivíduo não consegue justificar suas ações, não sabe por que as faz, e, mesmo quando sabe, não conhece reconhecer nisso um sentido, uma coerência.

do trabalho, na qual o trabalho não é visto como um fardo desagradável, que as pessoas precisam se livrar, mas sim como parte da responsabilidade do indivíduo, o que poderíamos chamar hoje puro e simples de propósito, afinal se você encara o seu trabalho como parte de um propósito maior de vida, certamente o desempenho será diferenciado, daquele que faz apenas e restritamente o necessário e adoraria, se pudesse, não estar ali, mas em outro canto, fazendo outra coisa. É velha história da catedral:

Um viajante visitou uma pedreira e perguntou a três trabalhadores o que estavam fazendo:
"Você não está vendo?" disse o primeiro, irritado. "Estou cortando pedra".
O Segundo respondeu: "Estou ganhando a vida".
Mas o terceiro largou sua ferramenta e estufou o peito orgulhosamente e disse: "Estou construindo uma catedral".

O trabalho, então, pode não ser um mal necessário, nem uma maldição, mas, ao contrário, feito de forma consciente, concebido e executado de maneira competente, permite ao ser humano evoluir e conquistar sua verdadeira liberdade, vocação, motivação. O trabalho cultivado de forma filosófica manifesta um canal para o desenvolvimento das faculdades humanas e para o surgimento da genialidade (ECHENIQUE, 2010).

Mas o que é o trabalho hoje?

Hoje sabemos que o trabalho pode ser algo prazeroso e que ainda nos dê sustentação financeira. Ou seja, é possível ganhar dinheiro fazendo o que se gosta, sim, embora não seja uma realidade para todos.

Dados globais do relatório *State of the Global Workplace 2021 Report*, mostram que apenas 20% dos funcionários no mundo estão engajados com seus trabalhos e podemos entender engajamento como estar conectado emocional e intelectualmente com o trabalho. Analisando a série histórica desde 2009, vemos que o pico se deu em 2019 com 22% de engajamento apenas (Gallup, 2021).

Figura 2: Nível de engajamento

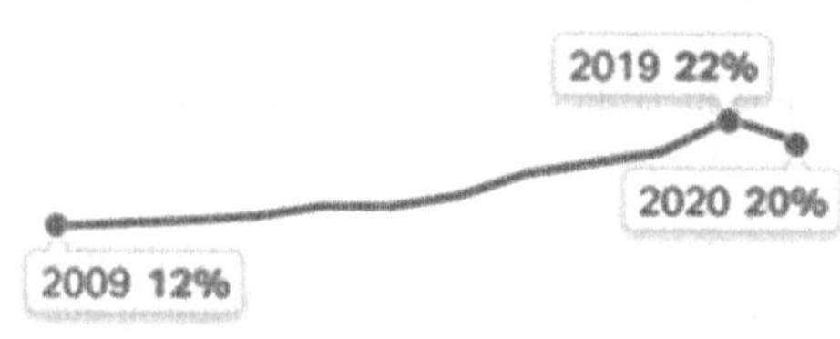

Fonte: Gallup, 2021

Outro dado do Instituto Gallup em 2017 apontava que 51% da força de trabalho americana estava em busca de novas oportunidades de trabalho e segundo o *Worker Passion Survey* da Deloitte EUA, em 2014, 80% dos trabalhadores não gostavam do que faziam, já o ISMA (*International Stress Management Association*) em pesquisa de 2015 alegava que 72% da população estava insatisfeita com o trabalho.

Vivemos uma sociedade em transformação, segundo Jean-François Chanlat (1995) muito disso provocado por grandes movimentos, como feminização do mercado de trabalho, o aumento cada vez maior da presença feminina ao longo do último século no mundo do trabalho, embora ainda existam barreiras para o avanço das mulheres nas posições de liderança. Houve também uma elevação dos graus de instrução dos trabalhadores mundialmente, os movimentos sociais de diversidade e inclusão de pessoas estão cada vez mais fortes e existe uma cosmopolitização[9] do tecido social. Além da globalização da economia, tudo isto reflete na necessidade de mudança nas organizações e flexibilização do trabalho.

E como será no futuro?

A humanidade passa por um período singular na história, no qual vivencia múltiplas transformações, grande parte delas causadas pelos avanços tecnológicos (HARARI, 2016; SCHWAB, 2016).

Segundo relatório publicado pelo Fórum Econômico Mundial, a economia mundial sentirá os efeitos da chamada **"Quarta Revolução Industrial"**. O Fórum projeta que, as tecnologias vão eliminar milhões de vagas de emprego. Nas palavras de Schwab, (2016) a quarta revolução industrial promete ser muito mais veloz, ter maior amplitude, profundidade e impacto sistêmico, muito maior que as três revoluções anteriores, ela une os mundos físico, biológico e digital:

- ✓ 1ª revolução industrial (1760-1840) - impulsionada pela invenção da máquina a vapor e construção de ferrovias;
- ✓ 2ª revolução (final do século XIX e início do XX) - com eletricidade e produção em massa;
- ✓ 3ª revolução, também chamada de revolução digital (a partir de 1960, com os computadores *mainframes*, chegando ao computador pessoal e internet nos anos 1990);
- ✓ 4ª revolução a partir do advento da internet em 1994/5.

Karl Marx (no livro Capital) já expressava no início da primeira revolução industrial sua preocupação de que o processo de especialização reduziria o

9 Ver programa da rádio A cosmopolitização do tecido social - usar o link: https://www.youtube.com/watch?v=06yeBvCDGVA&t=23s

sentimento de propósito que os seres humanos buscam no trabalho, em um mundo cada vez mais integrado onde pessoas buscam equilíbrio profissional e pessoal, com as máquinas avançando sobre o trabalho, inclusive intelectual do ser humano, será que o trabalho continuará sendo uma das possibilidades de indivíduos alcançarem satisfação, propósito? (SCHWAB, 2016).

A transição da revolução cognitiva para a agrícola, depois as revoluções industriais que agora se tornam digitais e virtuais, será capaz de nos propiciar realização? Satisfação de nossos desejos? Haverá espaço para cada indivíduo fazer o seu trabalho e sustentar-se?

Quando missionários anglicanos introduziram um machado de aço numa tribo primitiva na Austrália, deram-se conta de que a introdução de uma mudança técnica tem reflexo no sistema social. O machado de pedra polida era, tradicionalmente, uma parte básica da tecnologia da tribo, era usado por homens, mulheres e crianças, porém, era mais que um instrumento, era um símbolo social de masculinidade, definia relações, apenas um homem adulto podia fazer seu próprio machado de pedra; uma mulher ou criança precisavam pedir sua permissão para ter um machado.

Ao introduzir indiscriminadamente o machado de aço na comunidade, que era mais eficiente que o de pedra, a aceitação foi geral, porém o homem adulto que era incapaz de fazer o machado de aço e já não mais precisava do de pedra, tornou-se um comum, perdeu seu status de único fazedor de um elemento vital para aquela sociedade.

Como na canção Guerreiros do cantor Fagner no verso que diz:

Um homem se humilha
Se castram seu sonho
Seu sonho é sua vida
E a vida é trabalho
E sem o seu trabalho
Um homem não tem honra
E sem a sua honra
Se morre, se mata
Não dá pra ser feliz

É neste ponto que começamos a falar de trabalho, carreira ou mundo do trabalho, não como algo natural, já que nem sempre foi assim, nem sempre existiu escritório ou fábrica, mas nós seres humanos sempre tivemos a necessidade de realizarmos algo, de ocuparmo-nos com algo, de passar o tempo, o que hoje chamamos de desenvolver uma carreira e carreira envolve trabalho, não necessariamente emprego.

Como disse Marx, o trabalho é uma atividade do homem pela qual ele transforma a natureza e é ao mesmo tempo, por ela transformado. Assim, vamos falar na essência, o que nos move, independente da forma, como fazemos para isto acontecer. A essência (vida) sobre a forma (de trabalho) é disso que se trata este livro.

Como afirma o professor Sandel (2020, p. 30) "na nova ordem econômica, a noção de trabalho atrelada a uma carreira vitalícia acabou: o que importa agora é inovação, flexibilidade, empreendedorismo e uma constante disponibilidade para aprender novas habilidades".

2.4 Profissão

As profissões eram corpos organizados de especialistas que aplicavam os conhecimentos esotéricos a casos particulares. Elas tinham sistemas elaborados de instruções e treinamento, junto com a entrada por exame e outros pré-requisitos formais para novos membros. Normalmente possuíam e aplicavam um código de ética ou comportamento para os mesmos. As profissões, como conhecemos hoje, surgiram na Idade Média (Carr-Saunders e Wilson, 1993).

Profissão, resumidamente, é o conjunto de competências especializadas e formais adquiridas através de uma formação técnica e educacional, vem de professus ou professio, do latim, que é o efeito de professar, e significa: "afirmado publicamente". As profissões surgiram em algum ponto na história dentro da religião e depois se espalharam para medicina e direito, a ideia de professar ou fazer o juramento, frequentemente falado e ou escrito é um lembrete para os profissionais se autorregularem em seus comportamentos, mantendo sempre claro os deveres de sua profissão, a ética de seu exercício profissional, segundo Ariely (2008, p. 170).

Portanto, uma profissão regulamentada é aquela que é cercada de normas, códigos, valores e vigilância de seus membros. Dá aos participantes certas garantias, reservas de mercado e visa obter prestígio dentro de uma sociedade.

Toda profissão, regulamentada ou não, vive seu próprio mundo, tem sua própria linguagem que é falada pelos seus habitantes, por exemplo, quando informalmente dizemos que os economistas falam em economês, os médicos em mediquês etc.

As profissões têm seus marcos familiares aos membros do grupo, suas próprias convenções e costumes e que somente podem ser aprendidas por aqueles que residem lá (Carr-Saunders e Wilson, 1993).

Mas, podem os títulos das profissões ou trabalhos feitos por esses profissionais se tornarem obsoletos?

Veja que exemplo interessante, uma empresa americana do agronegócio fundada nos anos 70 a *The Morning Star Company* não tem títulos de cargos, todos lá são colegas, inclusive os proprietários e fundadores (Hamel, 2001).

Esse exemplo nos mostra que uma organização não vive dos nomes das profissões, ela vive das competências que os profissionais exercem, assim, se entendemos as profissões como um conjunto de profissionais que exercem um conjunto de competências centrais, se as competências mudam, as profissões também podem mudar e claro, seus nomes idem.

Meu primeiro cargo numa empresa em 1991 foi de contínuo, esse era o nome do cargo, era o mesmo que um *office boy*, popularmente chamado de apenas "*boy*", um profissional que entregava memorandos, correspondências, documentos, ia ao banco fazer pagamentos etc. Sim, tudo isso existia no período pré internet, há até um clássico do rock nacional que homenageia estes profissionais, a música: Eu sou boy da banda Magazine[10].

Hoje não conheço empresa que mantenha um *office boy*, mas todas elas, no entanto, se valem do trabalho dos *motoboys*. Estes essencialmente fazem a mesma coisa que faziam os *office boys* - é verdade - não vão mais tanto ao banco, pois as próprias empresas gerenciam esta tarefa por internet e aplicativos, mas de qualquer forma realizam atividades muito semelhantes às que fazia um *office boy*, apenas com algumas adequações à realidade atual.

Ainda, com relação a esse exemplo, vale dizer que antes os *office boys* eram garotos menores de idade, hoje - por outro lado - essa profissão restringe-se aos maiores de 18 anos por exigir habilitação para dirigir motocicletas (nova competência exigida), além disso, motoboys entregam também alimentação nas residências e escritórios, coisa que há 25 anos não existia, e hoje, já existem entregas sendo feitas por drones, olha aí os motoboys em risco de perderem suas profissões.

Em 2016, quando comecei a rascunhar este livro o *Career Cast* - site americano de empregos - listou como profissão número 1 a de Cientista de Dados e a última colocada no *ranking* de profissões foi a de repórter de Jornal escrito.

Embora eu tenha conhecido um cientista de dados, apenas em 2018, dois anos depois de ter visto esta notícia, não posso ignorar essa informação, pois a pesquisa indicava uma tendência de futuro. Da mesma forma, analisando a situação do repórter de jornal escrito, podemos antecipar que, provavelmente e muito rapidamente, perderá seu emprego, pois os jornais estão cada vez mais *online*, mas, e sempre tem um mas, ele tem a chance de usar a sua *expertise*, sua experiência da mesma forma que antes, apenas mudando seu instrumento de

10 Veja música: Eu sou boy da banda Magazine https://www.youtube.com/watch?v=nWc4jA-NOHBg

trabalho do papel para *online*, a essência jornalística, capacidade investigativa e narrar a história permanecerá, tem sido assim desde Heródoto[11].

Você sabia que existia no passado a profissão de leitor profissional?

Pessoas contratadas para ler para os trabalhadores, era comum encontrar esses leitores profissionais em fábricas e sindicatos, hoje não existem mais, mas nada impede que algum empresário queira fazer isso na sua fábrica (se não tiver apenas robôs por lá é claro) e pode até virar um sucesso de modo que outros queiram copiar, seria um podcast ao vivo, e olha aí o profissional leitor revivendo.

Há profissões das mais diversas e às vezes até cruéis, por exemplo, na África, no início da escravização do povo negro.

Naquele tempo havia uma profissão extremamente bem remunerada, e regulada por alvará, chamada de marcador. O marcador era o profissional encarregado de queimar com ferro em brasas, no peito ou no braço o escravo. Como ele fazia isso cerca de 10 mil vezes por ano, levava para casa uma verdadeira fortuna anual, para os padrões da época (GOMES, 2019, p. 184).

Profissões são de forma simples, um grupo de competências comungados por um grupo de pessoas, chamados profissionais, como as competências mudam e as pessoas também mudam, as profissões necessariamente seguem o fluxo natural da história, surgem, vigoram e com o tempo se vão, exceto a profissão mais antiga da história.[12]

E para colocar um pouco mais de reflexão, há um trecho do livro Psicoterapia e Sentido da Vida, de Viktor Frankl (2003) que nos põe a pensar sobre a essência ou a forma das profissões. Para o autor deveríamos valorizar mais o "como se faz" do que o "o que se faz" como profissão, o sentido, a missão ou o propósito ganham relevância.

O autor diz que nos casos em que a profissão concreta não traz consigo nenhuma sensação de plena satisfação, a culpa é do indivíduo que a exerce e não da profissão em si, pois a profissão não é suficiente para tornar o indivíduo insubstituível, o que a profissão faz é somente dar ao indivíduo a "oportunidade para vir a sê-lo" (Frankl, 2003, p. 160).

E há o risco de o homem se tornar apático quando este fica desempregado, pois há uma falsa sensação de identificação da profissão com a missão que é designada na vida.

Frankl (2011) apud Bonifácio (2014, p. 114), entende que o sentido da vida é algo que deve ser encontrado e descoberto, jamais criado ou inventado, assim só poderá ser materializado através de um trabalho do indivíduo na direção desta busca, não poderá ser criado artificialmente por uma empresa ou profissão.

---

11 Heródoto, grego que viveu entre 485 a.C e 425 a.C. Foi o autor da história da invasão persa da Grécia nos princípios do século V a.C. A sua criação deu-lhe o título de *"pai da história"*

12 Atribui-se popularmente à prostituição o título de profissão mais antiga da história, contudo, segundo estudo da Revista Harvard, esta informação não é correta, pois o cozinheiro teria sido a primeira profissão humana. https://super.abril.com.br/mundo-estranho/qual-e--a-profissao-mais-antiga-do-mundo/

As profissões podem ir, mas o desejo do indivíduo, agora chamado de trabalhador, de se realizar permanecerá.

O psicanalista Paulo Gaudêncio (1994, p. 15) num surto de felicidade, depois de famoso e com muitos livros vendidos disse: "Ter profissão não é ter um emprego, mas industrializar um *hobby*, ganhar dinheiro, prestígio, poder, fazendo alguma coisa que dá felicidade". Não vejo que todos pensem da mesma forma, mas para ele, acredito que deu bastante certo e sua frase era sincera para sua realidade.

A propósito, só nó século 19 é que se passou a haver escritores por profissão, até então havia apenas escritores por vocação (falaremos sobre vocação em capítulo específico 3.4 Vocação). Algo que o filósofo Arthur Schopenhauer achava deplorável, segundo ele o que caracterizava os grandes escritores, assim como os artistas, é que era comum a todos eles o fato de que levavam a sério seu assunto, enquanto os outros não levam nada mais a sério além de suas vantagens e ganhos. Assim, quando alguém ficava famoso em virtude de um livro escrito por vocação e por um impulso íntimo, se tornava prolixo, porque vendia sua glória pelo vil dinheiro. De modo que para ele o que se escrevia para ganhar algo, era de resultado ruim (Schopenhauer, 2009).

Essa fala de Schopenhauer no início do século XIX tem uma relação muito próxima do argumento de Ariely (2008) de que no passado as profissões implicavam em terem juramentos, lembretes para regular os comportamentos daqueles que professavam as profissões, mas com o tempo, na reivindicação de remover as profissões de um certo elitismo, como, por exemplo, fazer com que médicos e advogados escrevessem numa linguagem comum, o que poderia ser benéfico, acabou por vezes desmantelando as profissões e o profissionalismo estrito foi trocado por flexibilização, critério individual, leis do comércio e pela pressa de enriquecer o que muitas vezes levou ao desaparecimento da ética e os valores sobre os quais as profissões eram construídas.

Parece que Schopenhauer tinha uma clara visão de que quando as **normas do mercado** invadiam as **normas sociais**, tudo se deteriora.

Ariely (2008) explica a diferença entre normais sociais e de mercado da seguinte maneira. Imagine que alguém tenha sido convidado para jantar na casa da sogra com toda família presente e ao final do jantar, esta pessoa pergunte à sogra quanto ela deve por todo amor recebido em forma de comida, a sogra não entende a fala, ou finge não entender, mas a pessoa saca da carteira e oferece 300 dólares, mas todos presentes ficam atônitos por ouvir tal fala e ver tal gesto, e a pessoa ainda piora e então oferece 400 dólares. Óbvio que o jantar se acaba para todos.

Essa é uma situação onde a norma de mercado invadiu a norma social. A norma social diz que devemos ajudar aos outros, e podemos ser também ajudados por eles, a sogra não fez o jantar querendo uma recompensa financeira, fez por conta da norma social vigente.

Assim, como posso ajudar meu vizinho a empurrar seu carro que ficou sem bateria, e ele pode me ajudar a empurrar um sofá pesado em minha casa outro dia, mas isso, eu tê-lo ajudado ou ter sido ajudado por ele, não configura uma obrigação monetária tampouco um contrato de pagamentos pela ajuda dada hoje ser retribuída no futuro.

As normas de mercado são diferentes, elas implicam pagamentos, preços, entregas, custos e benefícios. Nas normas de mercado recebemos o que pagamos e pronto.

Misturar as normas de mercado com as normas sociais, sempre trará problemas, seria como alguém dentro de uma relação amorosa cobrar pelo sexo com o parceiro (a). Embora existam profissionais que vendam sexo, nesta relação vige a norma de mercado, na relação amorosa deveria viger a norma social. Apesar da imortal frase de Woody Allen: "O sexo mais caro é o sexo grátis".

2.5 Emprego

A palavra emprego vem do latim *implicare*, com o prefixo *in* que significa "em" e a palavra *plicare* que quer dizer "enrolar" ou "dobrar".

Emprego é um vínculo com uma empresa, organização ou pessoa – essa relação pode ser formal ou não.

De acordo ao artigo 3º da Consolidação das Leis Trabalhistas Brasileira, empregado é toda pessoa física que presta serviços de natureza não eventual a empregador, sob a dependência deste e mediante salário. E existem quatro elementos que caracterizam a relação de emprego: a pessoalidade[13], continuidade[14], remuneração financeira ou salário e subordinação hierárquica[15].

Embora desde os tempos primórdios da economia clássica, o tema já fosse objeto de estudos, afinal Adam Smith no clássico livro a Riqueza das Nações, dedica boa parte da obra explicando os benefícios da divisão do trabalho: "O maior aprimoramento das forças produtivas do trabalho, e a maior parte da habilidade, destreza e bom senso com os quais o trabalho é em toda parte dirigido ou executado, parecem ter sido resultados da divisão do trabalho" (Smith, 1996, p. 65).

É uma relação mais ou menos estável e duradoura entre quem precisa do trabalho e quem executa o trabalho e afeta todos os seguimentos da economia, como bem traduz Adam Smith:

> "Na evolução da sociedade, a filosofia ou a especulação intelectual torna-se, como qualquer outro emprego, a principal ou única atividade e ocupação de uma classe específicas de cidadãos. Como qualquer outro trabalho, também é subdividida em um grande número de setores diferentes, e cada um deles oferece ocupação para uma categoria, ou classe, de filósofos; e essa subdivisão do emprego na atividade da filosofia, como

13 É essencial que a própria pessoa preste o serviço, não pode delegar ou terceirizar.

14 O serviço deve ser habitual e não esporádico

15 O empregado trabalha sob as ordens e controle do empregador

em qualquer outro negócio, incrementa a perícia e economiza o tempo. Cada indivíduo torna se mais perito em seu setor específico, mais trabalho é realizado como um todo, e a quantidade de conhecimento é consideravelmente aumentada por isso" Adam Smith (2013, p. 15).

As grandes discussões no mundo do trabalho, desde sempre, têm sido sobre a capacidade da economia gerar ou não emprego para as pessoas, veja.

O economista, Nobel de economia, John Maynard Keynes, em 1931 num artigo intitulado *Economic Possibilities for our Grandchildren*, pensando no impacto que a tecnologia provocava no emprego, ou melhor, no desemprego, ao menos no curto prazo, mostrava preocupações de que o avanço tecnológico que visava economizar trabalho, não era benéfico para a massa de trabalhadores e para a sociedade em geral. (Schwab, 2016 p. 41).

Hoje, não é diferente, pois grandes consultorias e governos usam como base o texto dos pesquisadores da Oxford Martin School, intitulado *The Future of Employment: how susceptible are jobs to computerisation?*, feito pelo economista Carl Benedikt Frey e o especialista em aprendizagem Michael Osborne, eles classificaram o risco de automatização de mais de 700 profissões, a título de exemplo o relatório mostrava que 47% do emprego total nos EUA estaria em risco (Frey e Osborne, 2013).

Este estudo mostra o tamanho do impacto esperado que a tecnologia fará na mão de obra mundial nos próximos anos. Um relatório chamado *The Future of Jobs Report* tem sido publicado anualmente no Fórum Econômico Mundial em Davos para acompanhamento do assunto, a pesquisa é motivada para apoiar os trabalhadores que serão deslocados de suas funções atuais e planejam uma transição de seus empregos atuais para empregos e oportunidades emergentes.

Há que se fazer uma reflexão neste ponto, pois, por definição o avanço tecnológico é feito para minimizar trabalho, toda invenção existe para facilitar o trabalho do ser humano, não necessariamente o emprego deste. Uma simples enxada poupa bastante trabalho manual de um agricultor, um trator muito mais, mas o trator além de poupar o trabalho manual ainda possibilita que o agricultor faça outras coisas que só com os braços, ou com a enxada e os braços não conseguiria, portanto, a tecnologia é sim feita para reduzir trabalho, conforme usamos por definição o que é trabalho[16], e ao reduzir trabalho gera a possibilidade de satisfazer outras necessidades, que talvez nem existissem antes da tecnologia.

E na atualidade, conforme mostra a figura abaixo, os seres humanos perderam em velocidade para a tecnologia, por exemplo, já existem robôs analisando imagens de exames médicos em hospitais, e os robôs conseguem um nível de precisão muito maior que qualquer médico por mais gabaritado que possa ser.

Tente jogar xadrez com o Deep Blue da IBM, em 1997 o campeão mundial Gary Kasparov já havia perdido, de lá para cá, neste período quanto conhecimento

---

16 Atividade destinada a utilizar as coisas naturais ou modificar o ambiente para satisfação das necessidades humanas

e estratégia conseguiram Kasparov aprender, evoluir e aprimorar seu jogo? E quantas combinações faz a máquina hoje dotada de inteligência artificial? Certamente imbatível.

Figura 3: Taxa de mudança

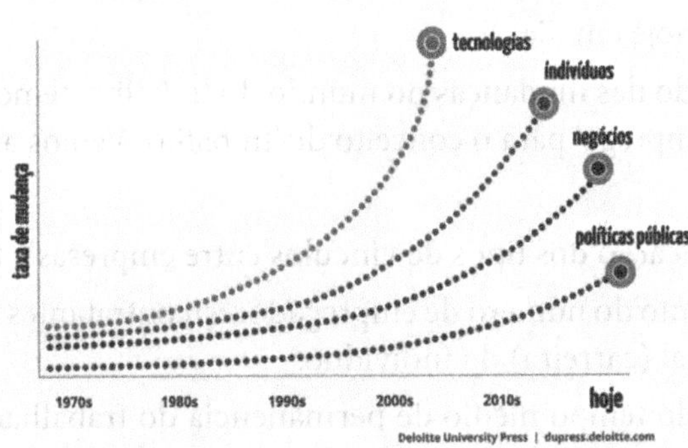

Fonte: Deloitte University Press

Peter Drucker no início dos anos 90 dizia que todas as organizações costumam dizer que as pessoas são nosso seu maior ativo, mas ele alertava que poucas de fato praticavam o que pregam, tampouco acreditavam nisso. Segundo ele, muitas empresas ainda acreditavam mesmo que de forma inconsciente, no que acreditavam os empregados do século XIX: "as pessoas precisam de nós mais do que nós precisamos delas".

Na visão de Drucker a verdade é de que as organizações precisam "comercializar" seus postos de trabalho do mesmo modo como comercializam seus produtos e serviços - às vezes, com mais intensidade. Precisam atrair, manter, reconhecer, recompensar, motivar, atender e satisfazer as pessoas. Isto é de fato o mercado de trabalho.

O mercado hoje é uma coisa global. Você não é só afetado pelo que acontece no seu país, na sua cidade, mas pelo que acontece no todo da economia mundial. E isso resulta em instabilidade, pois são muitas as opções e escolhas.

Peter Drucker (2006, p. 203) ao falar que as empresas teriam menor vida provocaria mudança nas perguntas sobre emprego e, portanto, carreira dos indivíduos: Ao invés de perguntar, como podemos nos preparar para a próxima promoção? Agora a pergunta deveria ser; o que preciso aprender para poder decidir qual será meu próximo passo? Afinal: "Você não pode projetar sua vida em torno de uma organização temporária".

Segundo Zygmunt Bauman (2001) vivemos a modernidade líquida e, portanto, onde tudo que antes era sólido e estável, agora é fluido e, portanto, instável: não há mais fronteiras naturais nem lugares óbvios a ocupar. Onde quer que estejamos em determinado momento, não podemos ignorar que poderíamos estar em outra parte, de modo que há cada vez menos razão para ficar em algum lugar específico.

Usando uma expressão do professor Vries (2010, p. 297): "lar é onde me encontro, não o local de onde provenho", quando se referia a quantidade de empregados expatriados mundo afora, afinal, o mercado de trabalho nunca foi tão global como hoje em dia.

Como resultado das mudanças no mundo do trabalho, temos uma transição do conceito de 'emprego' para o conceito de 'trabalho'. Vemos assim:

- ✓ A multiplicação dos tipos de vínculos entre empresas e trabalhadores.
- ✓ Um aumento do número de empregadores/contratantes ao longo da vida profissional (carreira) do indivíduo.
- ✓ Redução do tempo médio de permanência do trabalhador em cada organização por onde passa.

Enfim, as pessoas passam por muito mais empresas do que em épocas passadas. O emprego, muitas vezes já se é sabido que será temporário, algumas pessoas não constroem mais sua vida em torno de seu emprego, embora isto não seja uma verdade universal, dada a quantidade de gente que sim, querem, precisam e buscam empregos, mesmo que alguns destes busquem não apenas um emprego, mas um emprego que signifique alguma coisa, o que exploraremos mais nos capítulos, 3.4 Vocação, 3.10 Propósito e 6.12 Qualidade de vida, bem-estar e felicidade.

2.6 Emprego ou trabalho?

Essa pergunta nos leva a alguns questionamentos: preciso trabalhar a minha empregabilidade como se dizia até algum tempo atrás? Ou empregabilidade é um termo em desuso? Melhor seria trabalhabilidade como apresentou Rosa R. Krausz no início da década de 2000.

Prepare-se para autonomia é o que dizem alguns!

"Ao lidar com um ambiente em rápida mutação e as fronteiras instáveis das unidades de negócios que vêm e vão, mais trabalho será feito por equipes de projetos transversais, e haverá mais auto-organização *bottom-up*, afirma a professor de Harvard Rosabeth Moss Kanter (ISMAIL; MALONE; VAN GEEST, 2015, p. 97)

No livro Organizações Exponenciais (2015), os autores Ismail, Malone e Van Geest, justificam que as organizações que sobreviverão a este mundo de transformações serão as organizações exponenciais, e as 5 características dessas organizações defendidas pelos autores é o acrônico SCALE:

Staff sob demanda;

Comunidade e multidão;

Algoritmos;

Ativos aLavancados;

Engajamento;

Onde Staff sob demanda significa que trabalho será obviamente sob demanda e não mais permanente, neste sentido, se eles estiverem certos, você se tornará sua própria empresa.

Além disso, muito fortemente tem se falado em Empreendedorismo, inclusive social, pois essa turma acredita muito na tese de que negócios podem resolver questões sociais.

Relembrando a frase de Bauman: "Não há mais 'fronteiras naturais' nem lugares óbvios a ocupar. Onde quer que estejamos em determinado momento, não podemos ignorar que poderíamos estar em outra parte, de modo que há cada vez menos razão para ficar em algum lugar específico."

Há um termo "*career slasher*" que significa alguém com vários trabalhos, um indivíduo que tenha uma identidade profissional polissêmica. A palavra *slash* significa barra em inglês, então seria algo como João / professor / designer gráfico / motorista de aplicativo, por exemplo.

Este termo foi cunhado pela autora de *How to Be Everything*, Emilie Wapnick, referindo-se àqueles profissionais com muitos interesses, muitos empregos ao longo da vida, ao mesmo tempo, muitas vezes, os "slashers" são uma configuração moderna de trabalhadores que se envolvem em ambientes variados e às vezes radicalmente diferentes, e por isso fazem malabarismos com códigos culturais, bem como identidades profissionais.

Começamos este capítulo perguntado: preciso trabalhar a minha empregabilidade como se dizia até algum tempo atrás? Ou empregabilidade é um termo em desuso?

Acredito que trabalhabilidade como apresentou Rosa R. Krausz, seria mais prudente, pois me parece que o mundo tem e continuará tendo muitas oportunidades de trabalho, mas nem tantas opções de emprego disponíveis por aí, talvez o foco no futuro seja mesmo pensar em trabalho e como garantir que através deste, se consiga viver uma vida digna, capaz de fazer o indivíduo viabilizar seus próprios inéditos.

2.7 Empreendedorismo

Muito tem se falado sobre empreendedorismo, pesquisas revelam a vontade de muitas pessoas tornarem-se empreendedores, mas o que seria empreendedorismo?

A origem é da expressão francesa "*entrepreneur*", que significa "fazer algo" ou "empreender", aquele que não se conforma com o *status quo*, e que toma iniciativa para mudar ou propor algo para mudar.

O economista Joseph Schumpeter, no capítulo VII de seu livro de 1931 ***Capitalism, Socialism & Democracy***, dedica-se a explicar o que ele chamou de "destruição criativa", que nada mais que a ação do empreendedor, que é o agente que destrói a ordem econômica existente graças à introdução no mercado de novos produtos e serviços, pela criação de novas formas de gestão ou pela exploração de novos recursos, materiais e tecnologias, a destruição criativa, nas palavras de Schumpeter é "a essência do capitalismo", Schumpeter (2003, p. 83, tradução nossa).

"O empreendedorismo é último refúgio do indivíduo encrenqueiro"
Natalie Clifford Barney

Para o GEM (Global Entrepreneurship Monitor), empreendedorismo é qualquer tentativa de criação de um novo negócio ou novo empreendimento, como, por exemplo, uma atividade autônoma, uma nova empresa, ou a expansão de um empreendimento existente, por um indivíduo, grupos de indivíduos ou por empresas já estabelecidas (Global Entrepreneurship Monitor, 2017).

Esta definição vai além da definição schumpeteriana, pois abarca as iniciativas autônomas, como no estudo da Mckinsey & Company (2019), que usa uma definição mais ampla para definir empreendedor como alguém que: "ao invés de trabalhar como um funcionário, funda e dirige seu próprio negócio, assumindo todos os riscos e recompensas".

Segundo o estudo o Brasil é um país de empreendedores, apesar de o país ser um dos lugares mais difíceis do mundo para abrir, administrar e particularmente fechar uma empresa, aumentando assim, o custo do fracasso (McKinsey & Company, 2019, p. 66).

Os brasileiros tendem a ser empreendedores: mais de 39% das pessoas economicamente ativas, idade entre 18 e 64 anos, trabalham como empreendedores, mas apenas uma pequena parte desses esforços é canalizada para a inovação.

Tabela 4:

2%	Negócio de família
5%	Empregador
7%	Trabalho doméstico
26%	Autônomo
39%	Total de empreendedores

Fonte: McKinsey & Company, 2019, p. 66

Veja as atividades mais comuns do empreendedorismo brasileiro:

Tabela 5:

%	Segmentos da economia
14%	Restaurantes
9%	Vestuário
7%	Refeições "*catering*"
7%	Auto mecânica
5%	Salão de beleza
5%	Lanches "*snacks*"
3%	Cosméticos

Fonte: McKinsey & Company, 2019, p. 66

Destes empreendedores, 51% são mulheres e 49% são homens, o empreendedor típico no Brasil é do sexo feminino, com menos de 34 anos, de classe média baixa, com ensino médio como nível de educação na melhor das hipóteses.

Tabela 6:

Idade	% de participação
55 <	10%
45 - 54	17%
35 - 44	23%
25 - 34	30%
18 - 24	20%

Fonte: McKinsey & Company, 2019, p. 67

No que tange a educação:

Tabela 7:

%	Nível educacional
27%	Sem educação formal
20%	Fundamental
48%	Ensino Médio
7%	Graduação / Pós-Graduação / Doutorado

Fonte: McKinsey & Company, 2019, p. 67

Em relação à renda:

Tabela 8:

%	Renda: Número de salários mínimos
3%	>4
25%	4
29%	3
29%	2
14%	Até 1

Fonte: McKinsey & Company, 2019, p. 67

E as taxas de mortalidade das empresas brasileiras são altas: **dois terços vão para fora do mercado em cinco anos.** E as razões principais alegadas pelos epreendedores são, de acordo com o Serviço Brasileiro de Apoio às Micro e Pequenas Empresas (SEBRAE), em sua pesquisa sobre sobrevivência e mortalidade de empresas (SEBRAE, 2016) basicamente 3:

1- Situação do empresário antes da abertura do negócio: ou seja, o tipo de ocupação que a pessoa tinha antes de se tornar empreendedor, sua experiência no ramo em que está empreendendo e a motivação para a abertura do negócio.

No geral (obviamente, sempre haverá exceções), as chances de sobrevivência de um negócio aumentam quando a motivação é, de fato, uma oportunidade de negócios percebida, e não apenas uma **necessidade** de sobrevivência.

Isso ocorre porque a oportunidade surge de o empreendedor ter, por exemplo, algo muito importante: um cliente! Ou seja, é um contexto diferente do que vivem os empreendedores que por necessidade abrem um negócio, investem dinheiro e só depois vão buscar o primeiro cliente.

2- Planejamento do negócio: construir um plano não necessariamente leva ao sucesso, mas sem um plano, mesmo que minimamente feito, é bem arriscado se aventurar em um negócio. Um plano consiste, por exemplo, em fazer uma pesquisa prévia sobre o que se deseja vender, avaliar a concorrência, enfim, coletar informações sobre o negócio. Caso o que se deseja vender é algo que ainda não exista no mercado, não haverá como avaliar o produto e a concorrência, mas é importante testar a ideia, mesmo que com um grupo pequeno de pessoas, para investigar como e o que elas percebem sobre o empreendimento.

Ocorre que, geralmente, a cegueira da "grande sacada" inibe a pessoa de estruturar qualquer tipo de plano, afinal, ela crê que chegou a hora de ganhar dinheiro. Veja, a emoção de supostamente ter encontrado o "pote de ouro", o grau máximo de satisfação na vida, pode deixar a pessoa cega de sua própria cegueira.

3- Gestão do negócio e capacitação dos donos em gestão empresarial: pessoas que nunca empreenderam na vida têm mais chances de quebrar, pois é preciso aprender sobre gestão, e o aventureiro geralmente não está muito disposto a isso, pois prefere acreditar no seu *feeling*. Assim, ele foca tanto no produto/serviço que se esquece do controle do fluxo de caixa, das contas a pagar e receber, das relações trabalhistas e tributárias etc.

Segundo Vries (2010) há uma característica relevante relacionada ao *background* de empreendedores, em muitos casos, seus pais trabalhavam por conta própria, talvez até por necessidade, uma vez que não tinham acesso a ocupações existentes em função de serem "diferentes", o que lhes causava tensão, deste modo, torna-se mais familiar para os empreendedores, com todas suas incertezas e riscos, essa familiaridade pode dar a eles mais preparo para fazer uma tentativa por eles mesmos.

Dias (2022) comenta que "**o efeito Dunning-Kruger** pode nos ajudar a compreender isso. O efeito evidencia que indivíduos que possuem pouco conhecimento ou pouca competência sobre um assunto muitas vezes acreditam saber mais que outros mais bem preparados. Ou seja, embora saibam muito pouco sobre tal assunto, possuem mais confiança que os *experts* e estudiosos sobre o tema". A Figura abaixo exemplifica isso:

Figura 4: Efeito Dunning-Kruger

Fonte: Dias, 2022

"Aqueles que pensam saber muito, mas não têm experiência, na realidade apenas sentem o efeito de suas próprias incompetências, as quais os restringem da habilidade de reconhecer os seus próprios erros. São pessoas que sofrem de uma superioridade ilusória, razão pela qual a ignorância gera mais confiança que o conhecimento" (Dias, 2022).

Abaixo temos o resultado da pesquisa (SEBRAE, 2016) com 2.000 empresas ativas e inativas trazendo exemplos de empresas sobreviventes em contraposição a empresas fechadas.

Tabela 9:

	Empresas sobreviventes	Empresas fechadas
ANTES DA ABERTURA:	Era empregado no mesmo ramo	Estava desempregado
	Abriu por oportunidade	Abriu por necessidade
	Desejava ter o próprio negócio	Abriu por exigência de cliente/fornecedor
PLANEJAMENTO/ RECURSOS	Planejou por mais tempo (11 meses) e com mais qualidade	Planejamento deficiente (8 meses)
	Negociou prazos com fornecedores	Não negociou prazos com fornecedores
	Obteve empréstimo em bancos	Não obteve empréstimo em bancos
GESTÃO DO NEGÓCIO	Aperfeiçoava produtos com frequência	Não aperfeiçoava produtos
	Investia na capacitação da mão de obra e dos sócios	Não investia na capacitação da mão de obra e dos sócios
	Estava sempre atualizado com respeito às novas tecnologias do setor	Não se atualizava
	Acompanhamento rigoroso receitas/despesas	Não fazia acompanhamento rigoroso receitas/despesas
	Diferenciava produtos e serviços	Produtos sem diferencial
CAPACITAÇÃO	Fez curso para melhorar o conhecimento sobre como administrar um negócio, enquanto tinha a empresa	Não fez nenhum curso sobre gestão do negócio

Fonte: SEBRAE, (2016, p. 11).

E os "top 10" motivos alegados pelos empreendedores para que a empresa deixasse de funcionar, também retirado da pesquisa do SEBRAE (2016):

Tabela 10:

1	Impostos, custos, despesas, juros	31%
2	Vendas, pouca procura, demanda, clientes/forte concorrência	29%
3	Problemas financeiros/ Inadimplência/Falta de linhas de crédito/ capital de giro	25%
4	Gestão / Problemas administrativos e contábeis / Incapacidade / Sociedade / Logística	25%
5	Outra oportunidade / não precisou mais da empresa/ fim da empresa, contrato	13%
6	Mão de obra / Funcionários / Preparo	12%
7	Crise (econômica / do país / financeira)	10%
8	Burocracia	5%
9	Problemas pessoais / família	4%
10	Localização/ponto	3%

Fonte: SEBRAE (2016, p. 13)

Como sempre digo, empreender é desafiar as estatísticas e se tudo der certo, vencê-las.

Porque os **empreendedores tem um "quê" de loucura**, quem me disse isso foi um grande empreendedor brasileiro, Aleksandar Mandic, que faleceu em 2020, ele era dono e idealizador do Mandic magiC, MANDIC Mail e MANDIC BBS, sócio-fundador do portal IG e um dos pioneiros da internet no Brasil, homenageado em Harvard, ele foi chamado de Bill Gates brasileiro nos anos 90 por sua façanha de ter criado um dos primeiros provedores de internet no país, ele me presenteou com um texto para o prefácio do meu primeiro livro, O inédito viável (2013) que começa assim:

Ode aos loucos

Chamados, também, de desajustados, rebeldes, criadores de caso... Você pode elogiá-los, discordar ou duvidar deles, endeusá-los ou difamá-los. A única coisa que não pode fazer é ignorá-los, pois eles provocam mudanças.

E depois conta um pouco de sua trajetória de empreendedor. E hoje há muitos empreendedores por aí! Que bom!

De modo que sim, a carreira de uma pessoa pode ser pautada não só por uma relação de trabalho, de emprego, mas também pela atividade como empreendedor.

As transformações econômicas e sociais que ocorreram nas últimas décadas modificaram a concepção que se tinha da carreira longeva e estável em organizações por meio de um emprego.

O empreendedorismo como carreira não tem idade nem tempo certo para acontecer. O importante é ter consciência de que se tem de assumir riscos e responsabilidades. Autoconhecimento e amadurecimento pessoal também são requisito essenciais quando se pensa voluntariamente em empreender, além é claro de uma boa oportunidade.

Um erro grave, que avalio nas escolhas de carreira de muita gente empreendedora, ou potencial empreendedor, é considerar o evento raro como não sendo raro.[17]

O psicanalista VRIES (2010, p. 37), ao examinar de forma mais minuciosa a personalidade empreendedora, ou o modo como a mente de empreendedores opera, ele afirma que, seis temas ganham destaque em seu comportamento, todos eles não surgem do nada, se originam de causas associadas a experiência na primeira infância:

1) **necessidade de controle:** essa preocupação afeta sua necessidade de obedecer, ou de dar ordens de modo adequado, muitos empreendedores parecem movidos por uma grandiosa obsessão, alguma ideia, algum conceito ou temática que os persegue e que, por fim, determina o tipo de negócio no qual eles decidem entrar.
2) **senso de desconfiança:** intimamente ligada a necessidade de controle, e ao ato ou efeito de suspeitar dos outros
3) **desejo de aprovação:** o mito heroico comum que começa pelo nascimento humilde do herói, sua ascensão até ganhar importância e poder, sua vitória sobre todas a forças contrárias. É possível encarar a necessidade de

17 Dias (2022) comenta que o evento raro assume mais relevância do que deveria em nós. Após um atentado terrorista, por exemplo, ficamos mais ressabiados, mas do ponto de vista estatístico, o risco de acontecer outro evento dessa natureza e nos afetar é muito baixo. Taleb (2012), versa sobre a *falácia* narrativa. Na realidade, ele assume que gostaria de chamar de fraude narrativa, mas o termo falácia possibilita uma narrativa mais afetiva. A falácia é usada para mostrar como histórias distorcidas do passado moldam nossas visões do mundo e, portanto, nossas expectativas para o futuro. Tal como a história do empreendedor "que deu certo": ele menciona dois ou três eventos que aconteceram em sua vida e atribui a eles o seu sucesso. Na verdade, trata-se somente de uma simplificação estúpida de uma vida inteira narrada em dois ou três fatos, que por serem simples ganham atenção e justificam o seu presente, sem nunca passar por sua cabeça que foram anos de tantos outros eventos que aconteceram ou que deixaram de acontecer para que ele estivesse ali contando seu sucesso a todos. Damos muito valor ao evento raro (DIAS, 2022).

aprovação ou reconhecimento como uma reação contra sentimentos de insignificância, do tipo que alguma vez ou sempre ouviu uma voz dizer: você nunca será nada.

4) **tendência para a dicotomia:** dicotomia consiste na capacidade que todo ser humano tem de utilizar-se de mecanismos de defesa psíquicos para aliviar o stress e lidar com as pressões da vida diária. Na dicotomia existe a propensão para se ver tudo como sendo ideal (Bom) ou persecutório (Ruim). Neste caso, tende-se a ver a vida de forma muito simplista, sem compreender as ambiguidades e complexidade, tendendo a ver as cosias em extremos, idealizando algumas pessoas e vilificando outras. O pêndulo comportamental muda muito facilmente.

5) **eleição de um bode expiatório:** quando se atribui a alguém ou a algum acontecimento uma ameaça sentida por nós, ele se torna mais fácil de ser administrada. E eleição de um bode expiatório é um método compensatório que as pessoas comumente adotam para manter uma imagem irrepreensível de si mesmas, onde a pessoa se recusa a ver aquilo que não gosta e coloca a culpa nos outros.

6) **impulso para a ação:** Não suportando a ansiedade que sentem por terem de usar de ponderação ao lidar com os acontecimentos, prefere-se fugir para a ação, mesmo que sua atitude seja impulsiva e irrefletida, sem considerar todos os fatos. Eles receiam tanto a passividade, por medo de se tornarem dependentes e, portanto, sujeitos ao controle de alguém, que precisam agir no sentido contrário a dependência, a ação é um verdadeiro ansiolítico.

Ainda, um elemento que se deve considerar ao avaliar uma transição de carreira visando se tornar empreendedor, é o que, diferentemente de um relacionamento de um gerente com organizações pertencentes a outras pessoas, o nível no qual o empreendedor lida com a sua própria empresa é muito mais intenso e conflituoso, e este padrão não é explicado somente pelos riscos financeiros e responsabilidade societária do negócio, o ponto é que se antes lidava-se com a vida evitando estruturas e organizações, a sua própria organização torna-se o fim do caminho. Não há outro lugar para ir (VRIES, 2010).

E lembre-se, um empreendedor não é necessariamente um inventor e nem gestor, portanto, é importante pensar bem qual o papel ou identidade profissional lhe cai melhor. A figura 5 pode ajudar a pensar nas características de cada um destes papéis.

Figura 5: Empreendedor

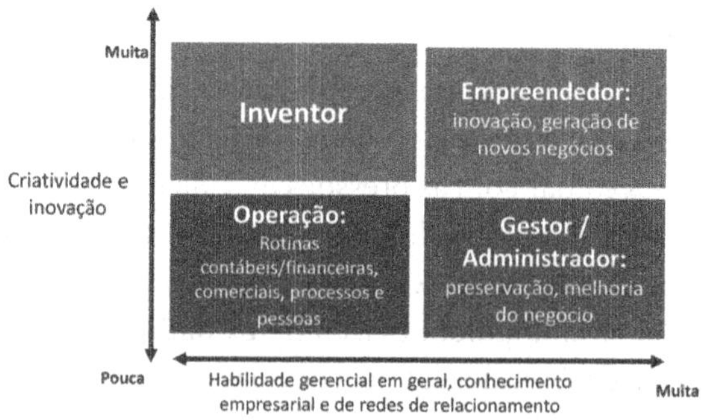

Fonte: Desconhecida

Embora eu concorde com Jeffry Timmons que **"O empreendedorismo é uma revolução silenciosa, que será para o século 21 mais o que a revolução industrial foi para o século 20"**. Muita gente romantiza ou idealiza a vida do empreendedor e sonha, trocar de trabalho, emprego ou vida, considerando uma aventura pelo empreendedorismo, tantas vezes, iludido com o sonho do ganho financeiro. E neste ponto, eu concordo com Furnham e Argyle, que escreveram o livro: A psicologia do dinheiro (1998): **"a peculiar combinação de acaso com a sagacidade de saber como e, acima de tudo, quando explorar descobertas ou *insights* que parece, mais frequentemente, levar à riqueza".**

Não compactuo com a ideia de que no empreendedorismo, tudo "só depende de você", por que sempre sou eu e as minhas circunstâncias, somos parte de um contexto, embora claro, temos ações únicas e exclusivamente de nossa possibilidade e responsabilidade, mas nunca é tão simples, quando falarmos sobre lócus de controle no capítulo 2.10-Protagonismo e no capítulo 6.10- Meritocracia ou networcracia teremos mais argumentos para isso.

2.8 Ocupações profissionais

Em 1897 William C. Hunt a serviço do *Bureau of the Census* americano, tentando agrupar todos os trabalhadores remunerados, classificou a força de trabalho em quatro categorias ocupacionais: a classe proprietária, a classe clerical, os trabalhadores qualificados e a classe trabalhadora ou operária. Isto pode ser considerado como o primeiro de uma longa série de escalas ocupacionais socioeconômicas, projetadas para mostrar a distribuição do status geral para toda a população em termos de grupos ocupacionais. A posição ocupacional de um indivíduo é um fator importante na determinação do prestígio individual e na **alocação de privilégios sociais** (CAPLOW, 1954).

Para Theodore Caplow nem sempre as escalas estão em concordância mesmo que aproximada sobre ocupações de status intermediário. Há certos dilemas inescapáveis, particularmente em relação a essas ocupações, que assombram os arquitetos de escalas ocupacionais e que foram resolvidos por uma variedade de improvisações. Por exemplo:

Por que profissionais liberais ou executivos de negócios devem receber a classificação mais alta?

Por que os trabalhadores executivos ou "colarinhos brancos" devem ser colocados acima de todos os trabalhadores manuais, ou as duas categorias devem se sobrepor? Se assim for, por quanto?

É correto uma escala ocupacional qualificar a descrição de cada categoria por dados sobre renda, tamanho da comunidade ou propriedade?

E de forma polêmica, onde devem ser classificados os assaltantes profissionais, cartomantes, leões de chácara, cobradores de aluguel, apostadores, prostitutas em tempo integral ou "*part-time*" e outros "profissionais" que existem, mas que vivem as margens de uma classificação regular? Eles devem ser organizados em uma hierarquia de habilidade?

Devem os mordomos, babás e outros empregados qualificados ser classificados como não qualificados, porque os serviços pessoais são degradantes? Em caso afirmativo, por que os quiropodistas devem ter status mais elevado do que os cabeleireiros?

Que distinção deve ser feita entre os artesãos e os artesãos-proprietários? Existe uma distinção real entre capatazes que são qualificados no trabalho que supervisionam e aqueles que não são?

O dono de um ferro velho deve ser considerado um executivo? *Strippers* são trabalhadores profissionais? Se não, onde ela ou ele deveriam ser agrupados?

Os agricultores ricos se ocupam da mesma ocupação que os agricultores pobres?

Caplow levantava estas questões já nos anos 50 nos Estados Unidos, mas não é algo tão diferente no Brasil até hoje. Para ele, a construção de uma única escala ocupacional para a medição simultânea de diversos assuntos como prestígio, habilidade, inteligência e posição social era, na verdade, impossível. Porém, sabe-se que a posição de um indivíduo em qualquer sistema social pode ser descrita por sua classificação em um esquema hierárquico de relações, suas funções como participante na vida em grupo e sua localização no espaço e no tempo.

John Holland (1959) defendeu uma teoria de escolha profissional, assumindo que neste momento, a pessoa é o produto da interação de sua hereditariedade particular com uma variedade de forças culturais e pessoais, incluindo pares, pais e adultos importantes, sua classe social, cultura e o ambiente físico.

Para ele, existiam 6 ambientes ocupacionais, assim sua classificação, embora não exaustiva, já que poderia incluir mais subcategorias, supunha-se que incluía todos os principais tipos de ambientes de trabalho daquele momento na economia americana. Os principais ambientes ocupacionais e ocupações seriam:

Tabela 11:

Ambientes ocupacionais	Ocupações ilustrativas
ambiente motor	operadores de máquinas, aviadores, fazendeiros, motoristas de caminhão e carpinteiros
ambiente intelectual	físicos, antropólogos, químicos, matemáticos e biólogos.
ambiente de apoio	assistentes sociais, professores, entrevistadores, conselheiros vocacionais e terapeutas
ambiente em conformidade	caixas de banco, secretários, contadores e arquivistas
ambiente persuasivo	vendedores, políticos, gerentes, promotores e executivos de negócios.
ambiente estético	músicos, artistas, poetas, escultores e escritores

Fonte: Holland (1959)

No momento da escolha vocacional, a pessoa tem um conjunto de orientações ajustáveis. As orientações ajustáveis, correspondentes aos seis ambientes ocupacionais, são designadas como métodos ou orientações motoras, intelectuais, de apoio, de conformidade, persuasivas e estéticas. Cada orientação representa um estilo de vida um tanto distinto, caracterizado por métodos preferidos de lidar com os problemas diários e inclui variáveis como interesses[18] valores[19] e, preferências por desempenhar vários papéis e evitar outros, habilidades interpessoais e outros fatores pessoais. Para cada pessoa, as orientações podem ser classificadas, de acordo com suas forças relativas, em uma ordem ou hierarquia quase serial. O estilo de vida que encabeça a hierarquia determina a principal direção de escolha (Holland, 1959).

Esta hierarquia intrapessoal pode ser definida por inventários de "interesse[20]" codificados, embora tais inventários sejam sempre incompletos são boas estimativas da ordenação hierárquica. Os "inventários de interesse" são concebidos aqui como inventários de personalidade que revelam informações como os valores da pessoa, atitudes, necessidades, autoconceito, atividades preferidas e fontes de ameaça e insatisfação (Holland, 1959).

---

18 Será explorado em 3.5 Interesses

19 Será explorado em 3.8 Valores

20 O autor refere-se aqui ao que chamamos nesta obra de *assessments*.

Assim, John Holland propõe em sua Teoria da Escolha Vocacional, uma análise abrangente sobre as características vocacionais de cada indivíduo, a luz dos ambientes ocupacionais existentes. Onde:

Tabela 12:

Ambientes ocupacionais	A Hierarquia de Desenvolvimento
ambiente motor	Pessoas com essa orientação gostam de atividades que requerem força física, ação agressiva, coordenação motora e habilidade. Eles preferem lidar com problemas concretos e bem definidos, em vez de problemas abstratos e intangíveis. Em certo sentido, eles preferem "agir", em vez de "refletir sobre" os problemas. Podem evitar situações que requerem habilidades verbais e interpessoais, porque não têm essas habilidades, sua força física e habilidades, sua maneira concreta e prática de lidar com os problemas da vida e sua correspondente falta de habilidades sociais e sensibilidades. São papeis mais masculinos (não no sentido de gênero homem mulher, de que não existam mulheres com estas inclinações, mas no sentido de anima e animus[21]).
ambiente intelectual	Pessoas com essa orientação parecem ser orientadas para a tarefas que geralmente preferem "refletir bem", em vez de "atuar". Eles têm necessidades marcantes de organizar e compreender o mundo. Eles gostam de grandes tarefas de trabalho e atividades intraceptivas e possuem valores e atitudes um tanto não convencionais. Eles evitam problemas interpessoais que requerem interação com grupos de pessoas ou com novas pessoas no dia a dia. Podem apresentar abstração em oposição à concretude.

21 Para Carl Jung a anima e o animus são parte de sua teoria do inconsciente coletivo. Sendo o animus o lado masculino inconsciente de uma mulher, e anima o lado feminino inconsciente de um homem, cada um transcendendo a psique de uma pessoa e que simbolizam a característica contra-sexual de cada ser, parte do princípio da complementariedade, através do qual a psique se move.

Ambientes ocupacionais	A Hierarquia de Desenvolvimento
ambiente de apoio	Pessoas com essa orientação preferem o ensino ou funções terapêuticas, que podem refletir um desejo de atenção e socialização em um ambiente estruturado e, portanto, seguro. Eles possuem habilidades verbais e interpessoais. Eles também são caracterizados como responsáveis, socialmente orientada e aceita os impulsos e papéis femininos (anima). Seus principais valores são humanísticos e religiosos. Eles podem se sentir ameaçados e evitam situações que requerem a resolução intelectual de problemas, habilidades físicas ou atividades altamente ordenadas, uma vez que preferem lidar com os problemas por meio de sentimentos e manipulações interpessoais de outras pessoas.
ambiente em conformidade	Pessoas dessa classe preferem atividades verbais e numéricas estruturadas e papéis subordinados. Eles alcançam seus objetivos por meio da conformidade. Dessa forma, eles obtêm satisfação e evitam o conflito e a ansiedade despertados por situações ambíguas ou problemas envolvendo relacionamentos interpessoais e habilidades físicas. Sua subordinação habitual às necessidades pessoais parece torná-los geralmente eficazes em tarefas bem estruturadas. Seus valores e atitudes representam identificações fortes com poder, aspectos externos e status. Essa orientação talvez seja mais bem caracterizada como extracepção: conformidade, aceitação de todo o coração dos valores e atitudes culturais, uma vida aos olhos dos outros com ênfase no autocontrole excessivo. A última ênfase revela um padrão relacionado de ajuste que pode se desenvolver quase necessariamente da necessidade de se conformar – a preocupação obsessiva com regras e regulamentos de vida.
ambiente persuasivo	Pessoas dessa classe preferem usar suas habilidades verbais em situações que oferecem oportunidades para dominar, vender ou liderar outras pessoas. Eles se consideram fortes líderes (animus). Eles evitam uma linguagem bem definida ou situações de trabalho, bem como situações que requerem longos períodos de esforço intelectual. Embora compartilhem uma orientação comum de extracepção, eles diferem das pessoas de conformidade em sua necessidade de tarefas verbais ambíguas e habilidades relacionadas; sua sociabilidade; e sua maior preocupação com poder, status e liderança.

Ambientes ocupacionais	A Hierarquia de Desenvolvimento
ambiente estético	Em geral, pessoas com essa orientação preferem relacionamentos indiretos com outras pessoas. Eles preferem lidar com os problemas ambientais por meio da autoexpressão na mídia artística. Eles evitam problemas que exijam interação interpessoal, um alto grau de estruturação ou habilidades físicas. Assemelham-se a pessoas com orientação intelectual em sua intraceptividade e falta de sociabilidade. Eles diferem do último grupo porque parecem ter uma maior necessidade de expressão individualista, são mais femininos (anima) e talvez têm menos força de ego; isto é, eles parecem ter menos autocontrole e uma maior necessidade de expressão emocional direta, e provavelmente sofrem mais com distúrbios emocionais. Feather (1950), por exemplo, descobriu que alunos desajustados em termos de MMPI[22] tendem a ter pontuações altas nas escalas artísticas, literárias e musicais do Kuder[23].

Fonte: Holland (1959, pp. 36-37)

Holland utiliza-se de embasamentos da psicanálise para estabelecer a correlação entre os ambientes ocupacionais e a hierarquia de desenvolvimento dos indivíduos. Para ele, no desenvolvimento da pessoa, uma ordem quase serial é estabelecida de modo que a pessoa tenha uma ordem de preferências para os seis ambientes principais. Em termos psicanalíticos, essa ordenação parece análoga aos efeitos da história psicossexual. A orientação que encabeça a hierarquia pode representar o nível mais alto de fixação, e a ordenação das orientações subsequentes pode representar os traços de outros níveis de desenvolvimento na ordem de sua influência na personalidade adulta. A natureza dessa ordem afeta a gama de escolhas vocacionais da pessoa de várias maneiras:

Primeiro, uma hierarquia bem definida (um padrão de desenvolvimento dominando todos os outros) resulta na escolha direcional com o mínimo de conflito ou vacilação.

Em segundo lugar, uma hierarquia ambígua (dois ou mais padrões de desenvolvimento concorrentes) resulta em vacilação na direção da escolha, ou nenhuma escolha.

Terceiro, o bloqueio da escolha hierárquica por fatores econômicos, avaliação do empregador (rejeição) ou qualquer outro fator em uma hierarquia bem definida resulta na seleção do segundo padrão de desenvolvimento se o segundo padrão dominar o terceiro padrão. Se o segundo e o terceiro padrões têm a mesma intensidade, ocorre uma vacilação na direção da escolha.

22 MMPI é o Inventário Multifásico de Personalidade de Minnesota um teste psicométrico padronizado da personalidade adulta e da psicopatologia.

23 Um teste usado para avaliar a adequação dos participantes para vários campos de trabalho.

E quarto, embora pessoas com o mesmo padrão de ajuste dominante possam seguir na mesma direção, diferenças na ordem dos padrões restantes resultarão em diferenças na estabilidade de escolha, ou seja, os padrões modais estarão associados à estabilidade e os padrões atípicos à instabilidade.

Então, esta formulação de Holland sugere as seguintes hipóteses:

1. Pessoas com baixo autoconhecimento fazem escolhas inadequadas com mais frequência do que pessoas com autoavaliações mais precisas.
2. Pessoas com autoconhecimento limitado podem fazer escolhas inadequadas com relação ao alcance e ao nível de escolha.
3. Pessoas cujo autoconhecimento é limitado tanto em alcance (direção) quanto em nível (nível relativo de inteligência) representarão os extremos da escolha vocacional inadequada. Em contraste, pessoas com o autoconhecimento preciso farão escolhas mais adequadas. O conhecimento de uma pessoa sobre as classes ocupacionais impõe limites vagos ao seu leque de escolhas.
4. Pessoas com mais informações sobre os ambientes ocupacionais fazem escolhas mais adequadas do que pessoas com menos informações.
5. A adequação da escolha é em parte uma função da idade, uma vez que o tempo sozinho oferece mais oportunidades de aprendizagem para o acúmulo de informações.
6. Pessoas com escolhas mais adequadas exibirão maior diferenciação e organização do conhecimento ocupacional do que pessoas com escolhas menos adequadas.
7. A quantidade de conhecimento ocupacional será positivamente correlacionada com a hierarquia de desenvolvimento da pessoa; ou seja, a pessoa saberá mais sobre as ocupações que encabeçam sua hierarquia do que sobre as ocupações na base da hierarquia.

De modo que uma variedade de influências externas também afeta o funcionamento da hierarquia mental desenvolvida no indivíduo. E as oportunidades profissionais, por exemplo, limitam a gama de escolhas possíveis; da mesma forma, as pressões sociais criadas por pessoas significativas ao indivíduo, afetam o nível e a direção da escolha. Pessoas que têm uma hierarquia bem ordenada com um padrão modal para uma determinada classe de ocupações serão menos afetadas por tais forças, enquanto pessoas com hierarquias ambíguas serão as mais afetadas (Holland, 1959).

Em suma, nos remete um pouco a ideia do ditado popular, "o que os olhos não veem o coração não sente". Só é possível escolher o que se conhece, e o que se conhece depende de ser apresentado, ter a oportunidade de ver.

E assim, tentando criar classificações para o mundo do trabalho e suas profissões, ou ocupações, analisando o ambiente ocupacional, e os indivíduos com suas escolhas em seus ambientes econômico e sociais, o pesquisador formulou a Escala de preferência ocupacional de Holland com 6 ocupações (Mauer e Tarulli, 1997):

Tabela 13: Escala de preferência ocupacional de Holland

Preferência ocupacional	Tipo de trabalho	Exemplo de ocupações
Realista	Envolvem atividades de trabalho que incluem práticas, mão na massa, problemas e soluções. Eles muitas vezes lidam com plantas, animais e materiais do mundo real, como madeira, ferramentas e máquinas. Muitas das ocupações exigem trabalho fora, e não envolvem um monte de papelada ou trabalhar em estreita colaboração com os outros.	mecânico, lenhador, engenheiro, militar, atleta, fazendeiro, piloto, eletricista, carpinteiro
Investigativa	Envolvem trabalhar com ideias, e exigem uma quantidade extensiva de pensamento. Estas ocupações podem envolver a busca de fatos e descobrir problemas mentalmente, buscam a criação do conhecimento. Trabalho que envolve resolução de problemas.	Cientista, Pesquisador, Matemático, Físico, Químico, Médicos, arquiteto, farmacêutico, técnico em saúde, meteorologista
Artística	Envolvem trabalhar com formas, desenhos e padrões. Eles muitas vezes exigem autoexpressão e o trabalho pode ser feito sem seguir um conjunto claro de regras, envolve inovações, criatividade e atividades intelectuais não estruturadas.	Músico, fotografo, design gráfico, dançarino, editor de livros, musicista, professor de artes, comediante
Social	Envolvem trabalhar, comunicar e ensinar as pessoas. Estas ocupações envolvem frequentemente ajudar ou fornecer o serviço a outro, está ligada a busca na resolução de problemas sociais.	Terapeuta, Professor, Enfermeiros, Líderes religiosos, funcionários de escolas, assistentes sociais, fisioterapeutas, consultores, bibliotecários
Empreendedora	Envolvem frequentemente iniciar e realizar projetos. Essas ocupações podem envolver pessoas líderes e tomar muitas decisões. Às vezes, eles exigem riscos e muitas vezes lidam com negócios. Trabalho que envolve persuasão, interação social e energia.	Vendedor, Empresário, Florista, advogado, jornalista de TV, diretor de acampamento, inspetor de alfândega, diretor de escola

Preferência ocupacional	Tipo de trabalho	Exemplo de ocupações
Convencional	O seguimento de procedimentos e rotinas. Estas ocupações podem incluir trabalhar com dados e detalhes mais do que com ideias. Geralmente há uma linha clara de autoridade a seguir, envolve obediência a padrões precisos e utilização de números de um modo estruturado.	Contador, auditor, caixa de banco, participante de banca de julgamento de teses, carteiro, secretária, oficial de justiça

Fonte: Mauer e Tarulli, 1997; Baldwin, Rubin e Bommer, 2008

Agora é claro, que seja comum que as pessoas tenham preferências múltiplas, digo, podem gostar e querer atuar em várias ocupações, mas, em geral, elas favorecem um tipo predominante.

Como reflexão, examine na tabela todas as possibilidades e faça uma análise colocando de 0 (nenhuma) a 10 (total aderência) a sua aptidão em cada uma das áreas ocupacionais.

Em qual delas você se vê mais?

( ) Realista

( ) Investigativa

( ) Artística

( ) Social

( ) Empreendedora

( ) Convencional

Como bem disse Peter Drucker: "Nunca tivemos tantas opções para decidir nosso destino. Nenhuma escolha será boa, porém, se não soubermos quem somos".

2.9 Padrões, estilos, perfis e tipos de uma carreira

No artigo *The Boundaryless Career: a new perspective for organizational inquiry*, Michael Arthur traz reflexões sobre como examinar carreiras no mundo contemporâneo, a partir de um exemplo de um jogar de *baseball.*

Ele narra que uma equipe de *baseball* tinha decidido recrutar um rebatedor idoso, eles queriam alguém experiente e propuseram um contrato curto, de apenas um ano, esperando que este rebatedor fizesse apenas o que fora contratado para fazer, contudo, ele fez mais do que o esperado, reivindicando assim o respeito de todos os outros jogadores, e impressionava por sua experiência e personalidade, o que alterou o comportamento do grupo e consequentemente os resultados da equipe no campeonato.

Com essa história Arthur (1994) remete para os estudiosos de carreiras alguns aspectos importantes:

i) A história ilustra como a eficácia organizacional pode ser aumentada por movimentos de carreira além das fronteiras organizacionais.
ii) É um exemplo de alto comprometimento de alguém com um trabalho temporário, associação com a organização.
iii) Um erro cometido numa determinada fase do campeonato, ilustra como suposições rígidas sobre papéis e carreiras podem interferir no aprendizado organizacional em situações de extrema necessidade criativa.
iv) Destaca no comportamento do jogador o cultivo do que Kanter (1989) apud Arthur (1994) chamou de "carreiras por reputação".

E o artigo visa promover um novo ponto de partida para a pesquisa de carreiras, ou o que ele chama de "carreira sem fronteiras"[24].

Simplificando, a carreira sem fronteiras é o antônimo de "carreira limitada[25]" ou "carreira organizacional", denominada assim por pesquisa empírica, inspirada na ideia da empresa GE, quando chefiada por Jack Welch, que criou o conceito de "a organização sem fronteiras", por meio da qual as unidades de negócio da GE fariam o que fosse melhor para si mesmas, independentemente de reivindicações de tratamento especial de outras unidades.

Esse tipo de carreira repousa nas bases de que as carreiras hoje não são mais estereotipadas, elas ultrapassam as fronteiras dos empregadores. Estão mais no indivíduo que tem seu valor comercial, são sustentadas por redes extra organizações, dado as muitas conexões e *networking.* Além de uma expressiva quebra e redução das hierarquias dentro das organizações e também, porque indivíduos em determinadas situações, rejeitam oportunidades de carreira existentes por motivos pessoais ou familiares. Em suma, o ator da carreira percebe um futuro sem fronteiras, independentemente de restrições estruturais, há uma independência e não mais uma dependência de princípios tradicionais da carreira organizacional (ARTHUR, 1994).

Em outro artigo, os pesquisadores Defillippi e Arthur (1994) apresentam uma ideia de competências de carreira[26], baseado não as literaturas existentes sobre carreira, mas na ideia de visão da empresa baseada em competência[27], debatida em obras como Prahalad e Hamel (1990) e Grant (1991) dentre outras, de forma que acabam por criar uma espécie de guia orientativo para competências exigidas para a gestão de carreira, que é composto de três itens: ***know-why, know-how e know-whom.***

Know-why: Competências de saber o porquê. Isto tem relação com a identidade, identificação, valores, interesses e motivações do indivíduo que trabalha.

---

24 *boundaryless career*
25 *bounded*
26 *"career competencies"*
27 *competency-based view of the firm*

Quando o indivíduo pensa em sucesso psicológico[28] é porque seu *know why* quer uma resposta.

Know-how: saber como, refere-se às habilidades, competências que o trabalhador deve ter, seu conhecimento técnico, baseia-se na ideia de CHA (Conhecimento, Habilidades e Atitudes)[29] que compõe a definição de competência.

Know-whom: saber com quem, *networking*. A ideia de *networking* como capital social e formação da reputação do indivíduo. Constitui-se dos relacionamentos construídos, considerando o ambiente interno da organização e externo a ela, como inclusive suas relações não apenas profissionais, mas também puramente sociais e familiares, onde o trabalhador constrói sua identidade e sua vantagem competitiva.

Assim, a ideia de visão da empresa baseada em competência, convida não apenas a um distinto, mas também integrativo, modelo de respostas às competências da carreira sem fronteiras. E cabe lembrar, que a perspectiva das empresas baseadas em competências reconhece que as competências individuais, estão por trás das competências da empresa. No entanto, os autores enfatizam que há uma dependência mais ampla das competências da empresa no comportamento individual de carreira. De modo que *know-why, know-how* e *know-whom* são ativos, "ativos do conhecimento" (Defillippi e Arthur, 1994, p. 310).

Tabela 14: As relações entre as competências da empresa, competências de carreira e abordagens comuns em carreira e gestão de recursos humanos, combinada com carreira limitada e carreira sem fronteiras

Visão da empresa baseada em competência	Derivado de competência de carreira	Abordagens relacionadas à gestão de carreiras e recursos humanos	Perfil de carreira limitada (*bounded*)	Perfil de carreira sem fronteiras (*boudaryless*)
Cultura	***Know-why:*** Identidade Valores Interesses	Socialização Consolidação de equipe Desenvolvimento de carreira organizacional	**No que tange a Identidade do trabalhador:** Dependente do empregador *"Eu sou engenheiro do Google"*	**No que tange a Identidade do trabalhador:** Independente do empregador *"Eu sou engenheiro de software"*

28 Será explorado em 2.11 Sucesso na carreira
29 Será explorado em 3.7 Competências

Visão da empresa baseada em competência	Derivado de competência de carreira	Abordagens relacionadas à gestão de carreiras e recursos humanos	Perfil de carreira limitada (*bounded*)	Perfil de carreira sem fronteiras (*boudaryless*)
Know-how	***Know-how:*** Conhecimento Habilidades Atitudes	Análise de trabalho Design de trabalho Avaliação de desempenho Treinamento e desenvolvimento	**Contexto de trabalho:** Especializado **Tarefas de trabalho:** Especializado ou flexível	**Contexto de trabalho:** Flexível **Tarefas de trabalho:** Especializado ou flexível
Networks	***Know-whom*** Intra-firma Entre firmas Profissional Social	Relações interpessoais Relação com cliente Programas de mentoria	**Lócus:** Intra-organizacional **Estrutura:** Hierárquica Prescrita	**Lócus:** Inter-organizacional **Estrutura:** Não hierárquica Emergente

FONTE: (DEFILLIPPI; ARTHUR, 1994, pp. 310; 317)

Assim, na visão de Ferrari e Casado (2013) as carreiras sem fronteiras, "transcendem as organizações, que se vinculam prioritariamente aos indivíduos, não são definidas por uma sequência ordenada de etapas e não são planejadas seguindo procedimentos e regras ditados pelos paradigmas das organizações, ainda que possam se desenvolver no ambiente organizacional".

Além da visão sem fronteiras, outra forma de se observar as carreiras é o modelo proteano. O nome vem de Proteu, da mitologia Grega, que é uma deidade marinha filho dos Titãs Oceano e Tétis e que é reverenciado como um profeta.

Por ser profeta, atraía o interesse das pessoas curiosas sobre seus destinos, mas como ele não gostava de revelar o futuro, fugia para o mar e assumia a forma de tempestade, de forma que quem fosse corajoso suficientemente para enfrentar a tormenta receberia a verdade como recompensa. Proteu tinha por característica metamorfosear-se muito rapidamente em diferentes formas, calma, tempestade etc.

Assim, Hall (1976) (citado por Inkson, 2006) usou a lenda de Proteus para sugerir o surgimento de carreiras proteanas, nas quais os indivíduos se ajustam às novas circunstâncias, mudando rapidamente sua forma.

Na visão de Inkson (2006) carreiras proteanas e sem fronteiras são <u>modelos</u> de tipos específicos de carreira, e não teorias completas de carreira.

Tabela 15: Congruência da Carreira Proteana e sem Fronteiras

Carreira Proteana	Carreira sem fronteiras	Modelo de empregabilidade
Autodireção	Cruzamento de fronteira pró-ativo	Empregabilidade
Adaptabilidade		Adaptabilidade de carreira
Identidade, valores	*Know why* Saber porque (propósito)	Identidade
	Know-how – Saber-fazer, *Know whom – Networking*	Capital humano e social
Características: • Objetivo: sucesso psicológico; • Gerenciada pela própria pessoa; • É uma sequência de aprendizagem contínua e de mudança de identidade; • O ciclo temporal é definido pela "idade da carreira" e não pela idade da pessoa; • Organização oferece: rede de relacionamentos e desafios; • Desenvolvimento não é necessariamente: treinamento formal ou subir na hierarquia;	**Características:** • O movimento se dá entre as fronteiras de diferentes organizações; • Tem valor tanto dentro como fora da organização atual; • É sustentada por redes externas de relacionamentos e de informações; • Rompe as fronteiras tradicionais da organização; • Rejeita oportunidades de promoção na carreira por motivos pessoais; • Percebe um futuro sem fronteiras apesar das barreiras estruturais;	

Fonte: INKSON (2006); Ferrari e Casado (2013)

Portanto, proteana ou sem fronteira, são apenas representações de como podemos observar os padrões, estilos e perfis e tipos de uma carreira.

Para Ferrari e Casado (2013) a carreira proteana; "é gerenciada pela própria pessoa, que se baseia nos seus objetivos individuais e é motivado para atingir o sucesso psicológico ao invés de ter motivações financeiras, de cargo ou de poder".

Para Inkson (2006), se **Proteu** representa um modelo de carreira, Mercúrio poderia representar a carreira sem fronteiras, pois na mitologia, **Mercúrio** era o deus dos viajantes, que era encarregado de levar as mensagens de um deus para o outro, o patrono dos viajantes, por isso possuía asas nos pés, uma alusão a não ter fronteiras e por isso vencer as barreiras, os limites.

Loli (2016) em sua investigação sobre os padrões de carreira, encontra 6 padrões de carreira, a partir de seus estudos ele elabora a seguinte tabela, elencando os padrões e suas principais características.

Tabela 16: Padrões contemporâneos de carreira

Padrões de Carreira	Características
Carreira sem fronteiras	• Arranjos de trabalhos não tradicionais; • Não se associa, necessariamente, à lógica de crescimento vertical, promoções, rebaixamentos de cargo ou hierarquizações; • Leva em consideração ambientes de mercados imprevisíveis e sensíveis; • Mobilidade entre diversos empregadores; • Validação da carreira acontece fora do atual empregador; • Percepções subjetivas em relação às fronteiras futuras da carreira
Carreira proteana	• O indivíduo é responsável por seu gerenciamento; • Busca da autorrealização; • Sucesso é um fator psicológico; • Aprendizado contínuo e autodirecionamento; • Adaptações profissionais constantes
Carreira caleidoscópica	• Leva em consideração diferentes decisões entre homens e mulheres em seus caminhos profissionais; • Três motivadores de decisão: desafio, equilíbrio e autenticidade; • Sequência dos motivadores para homens no ciclo de carreira: 1) desafio; 2) autenticidade; e 3) equilíbrio; • Sequência dos motivadores para mulheres no ciclo de carreira: 1) desafio; 2) equilíbrio; e 3) autenticidade.
Carreira portfolio	• Diversificação de atividades profissionais; • Identidade pessoal mais flexível
Craft career	• Profissional é um artesão de sua carreira; • Processo criativo e improvisado de construção da carreira; • Redefinição da carreira do ponto de vista físico, cognitivo e relacional.
Carreira multidirecional	• Carreira dinâmica e aberta às diversas possibilidades e direções; • Sucesso é um elemento subjetivo; • Derivação da carreira sem fronteiras e da carreira proteana.

Fonte: Loli (2016, p. 19)

Assim, podemos perceber que carreira não é mais uma experiência formada por um longo ciclo e limitada ou desejada em acontecer num único emprego, de forma linear. Esta jornada foi alterada em razão dos fatores econômicos, as cadeias globais de fornecimento e abastecimento integradas, a flexibilização das relações de trabalho e todas as questões sociais.

A "Carreira é a sequência das experiências pessoais de trabalho ao longo do tempo", e ela pode ser conduzida de várias formas.

O que você pode perceber agora, é que falar de carreira implica muito mais que apenas olhar o próximo desafio, é necessário entender estes movimentos e seus contextos, pois nada é mais estável, se é que algum dia foi.

Estes pensamentos e reflexões nos levam ao fortalecimento da ideia de que devemos ser protagonistas de nossas carreiras. Que será nosso próximo tema.

2.10 Protagonismo

Estas ideias e visões trazidas no capítulo anterior, nos remetem a ideia de sermos protagonistas de nossas carreiras e protagonista, no universo do teatro é o personagem mais importante, aquele ou aquela em torno do qual se constrói a trama, termo esse bem apropriado para falarmos sobre carreira nos dias de hoje.

Afinal, carreira "é a sequência das experiências pessoais de trabalho ao longo do tempo"

Somos os personagens e a trama é carreira, devemos olhar para ela como arquitetos, arquitetos de nosso próprio futuro. E por que isso é importante?

Dois fatores reforçam essa necessidade:

As mudanças no mundo do trabalho, advindas dos ciclos de duração mais curtos na relação de emprego, a instabilidade e imprevisibilidade gerada na economia devido ao avanço tecnológico, integração das cadeias globais de produção e consumo. Que podem ser compreendidas pelas ideias, muito comuns para explicar o mundo contemporâneo, que é VUCA[30] e/ou BANI[31].

E o reflexo disso no comportamento do indivíduo, seja de forma voluntária, aquele que ativamente busca a mudança, ou involuntária, aquele que mesmo sem buscar a mudança é afetado por ela.

Em resumo, deve-se compreender o mundo em que vivemos, a organização para a qual trabalhos, a posição que ocupamos e nossas questões individuais,

---

30 Acrônimo para Volatility, Uncertainty, Complexity e Ambiguity – expressão surgida no exército americano que tenta traduzir as características de um cenário a ser enfrentado que em português significa: volátil, incerto, complexo e ambíguo.

31 Acrônimo para: Brittle, Anxious, Nonlinear e Incomprehensible, criação de Jamais Cascio para tentar explicar o mundo atual, que é sensível, ansioso, não linear ou exponencial e incompreensível em português.

psíquicas, sociais, profissionais, enfim, é cada vez mais complexo o mundo do trabalho, e por isso a ideia de protagonista, ganha cada vez mais força.

Agora, para ser ter Protagonismo na carreira é importante pensar em lócus de controle.

Lócus é o limite até o qual acreditamos poder controlar nossos ambientes e vidas. Veja a tabela abaixo, nela existem 9 pares de respostas, marque um X ao lado da coluna, A ou B, de cada par com a qual você concorda mais. Por exemplo, no 1, se você entende que: Os infortúnios das pessoas resultam dos erros que cometem e não que muitas das coisas infelizes na vida das pessoas devem-se, em parte, a má sorte. Você deve marcar um X na coluna A

Tabela 17: Teste lócus de controle

Par	Coluna A	Coluna B
1	Os infortúnios das pessoas resultam dos erros que cometem	Muitas das coisas infelizes na vida das pessoas devem-se, em parte, a má sorte
2	No longo prazo, as pessoas recebem o respeito que merecem	Infelizmente o valor de um vínculo muitas vezes passa desapercebido, não importa o quanto ele tente
3	Pessoas capazes que não conseguiram se tornar líderes não tiraram proveito das oportunidades	Sem as pausas certas, não se pode ser um líder eficaz
4	Pessoas que não conseguem que os outros gostem delas não entendem como se dar bem com os outros	Não importa o quanto você tente, algumas pessoas apenas não gostam de você
5	No caso do estudante bem preparado, raramente, ou nunca, existirá algo como uma prova injusta	Muitas vezes, as questões do exame tendem a ser tão desvinculadas do trabalho de classe que estudar é realmente inútil
6	Tornar-se um sucesso é questão de trabalho árduo; a sorte tem pouco ou nada a ver com isso	Conseguir um bom emprego depende, principalmente, de estar no lugar certo na hora certa
7	O cidadão comum pode ter uma influência nas decisões do governo	Esse mundo é dirigido por poucas pessoas no poder, e não há muito o que os pequenos possam fazer sobre isso
8	Em meu caso, conseguir o que eu quero tem pouco ou nada a ver com a sorte	Muitas vezes, poderíamos muito bem decidir o que fazer jogando uma moeda
9	O que acontece comigo eu mesmo faço	Às vezes, sinto que não tenho controle suficiente sobre a direção que minha vida está tomando
Total		

Fonte: adaptado pelo autor de BALDWIN; RUBIN; BOMMER (2015, p. 41)

Para calcular o resultado, conte o número de X associado a coluna A em cada par. Você pode ignorar a coluna B.

Para Baldwin; Rubin; Bommer (2015), as pessoas com **lócus de controle interno**, acreditam ter o controle sobre seu ambiente. Ao passo que ter um **lócus de controle externo** significa que você acha que fontes externas a si mesmo, por exemplo, a sorte ou o destino, são responsáveis por seu ambiente.

Para ser protagonista de sua carreira, o lócus mais indicado obviamente é o interno, pois pessoas com esta orientação tendem a tomar medidas positivas para tratar os fatores de estresse, por acreditarem que suas ações serão eficazes. No entanto, um lócus extremamente interno, nem sempre é benéfico, pois, não podemos controlar todas as situações em nossas vidas e carreiras e pensar que podemos, não é nem sequer saudável do ponto de vista de saúde mental.

Você não controla um tremor de terra, um furacão ou qualquer fenômeno natural, e se acreditar que pode, isso pode levá-lo a morte ao não procurar um abrigo seguro.

"Pesquisas revelam que pessoas que necessitam de uma quantidade extrema de controle, mesmo em situações em que não podem ter controle, sofrem em termos de aumento do estresse e da reatividade fisiológica" citam Baldwin; Rubin; Bommer (2015, p. 40).

Em relação ao teste feito anteriormente, ele sugere que:

Pontuações entre 7 e 9 indicam um Lócus de controle interno elevado.

Pontuações entre 0 e 3 indicam um Lócus de controle externo elevado.

Pontuações entre 4 e 6 indicam uma posição média dentro do intervalo de pontuações.

Assim, se o seu Lócus não é interno, é imprescindível que você trabalhe para desenvolvê-lo nesta direção, se deseja realmente tornar-se protagonista de sua carreira, já que:

> "uma abundância de pesquisas demonstra os efeitos positivos da autoeficácia, as pessoas que acreditam poder realizar algo têm maior motivação e são mais persistentes diante dos obstáculos. Como acreditam que podem ter sucesso, elas se envolvem nos comportamentos necessários para atingi-los e são, de fato, mais propensas do que as pessoas com baixa eficácia a serem bem-sucedidas em seus trabalhos e tarefas" (Baldwin; Rubin; Bommer, 2015, pp. 40-41).

Reveja as respostas que deu na coluna B e avalie uma a uma para elaborar uma estratégia para mudança de pensamento.

Você não precisa atacar todas de uma só vez, mudar comportamentos não é tão simples quanto parece, por isso é importante faze-lo aos poucos, pequenos passos consistentes, frequentes e graduais em direção ao objetivo, tem mais efeito que uma grande intensidade, porém única, no processo de mudança.

Assim, escolha o número suficiente para baixar o seu Lócus de controle externo e aumentar o interno.

Para isso, busque algum caso real que contradiga a sua alternativa, sempre haverá exceções e, portanto, não será tão raro achar uma situação que mostre o oposto ao que você marcou.

Com este caso em mãos, reescreva a alternativa, como no modelo abaixo, usando a alternativa do par 5:

"Muitas vezes, as questões do exame tendem a ser tão desvinculadas do trabalho de classe que estudar é realmente inútil", mas no caso ___*(insira aqui o caso que você descobriu que contraria o seu pensamento)* __ isso não foi uma verdade!

Outra alternativa é fazer perguntas a si mesmo sobre a frequência estatística e exemplos para derrubar o argumento que está na sua cabeça, como no exemplo abaixo utilizando a alternativa do par 8:

"Muitas vezes, poderíamos muito bem decidir o que fazer jogando uma moeda"

Então, pergunte-se:

Em quantas vezes isso deu certo?

Em que situações isso foi aceito pelas partes?

Quais foram os prejuízos gerados por uma escolha assim?

De fato, foi justo?

Com esta alternativa chegou-se e melhor decisão?

A ideia do exercício é mudar o Lócus de controle para interno, emponderando-o (a) para tornar-se protagonista de sua carreira.

Com estas respostas escritas, coloque-as em locais onde você tenha contato visual durante o seu dia a dia. A ideia de sempre olhar para estas anotações irá reforçar o seu pensamento diário.

Esta técnica chama-se visualização e ajuda a mudarmos nossa forma de pensar, a desenvolver um hábito de pensamento mais saudável e assim, tornarmos nos arquitetos do nosso próprio futuro! Falaremos mais sobre visualização no capítulo 6.1-Meu PDI.

Eu chamo isso de buscar um inédito, um inédito viável, é nosso dever! Deve-mos fazer isso, contudo, não podemos nos esquecer do que nos ensina Schopenhauer em sua máxima 7 da arte de ser feliz:

> "Refletir ponderadamente sobre alguma coisa antes de realizá-la; porém, uma vez realizada, e sendo previsíveis os seus resultados, não se angustiar com reflexões contínuas a respeito dos seus possíveis perigos. Em vez disso, liberta-se completamente do assunto, manter fechada a gaveta que o contém, tranquilizando-se com a certeza de que tudo foi devidamente analisado a seu tempo. Se, ainda assim, o resultado é negativo, é porque todas as coisas estão submetidas ao acaso e ao equívoco" (Schopenhauer, 2001, p. 40)

Minha sugestão final é, depois de ler o capítulo 6.10-Meritocracia ou networcracia, fazer uma reflexão sobre Protagonismo versus meritocracia. Escreva aqui seus pensamentos:

2.11 Sucesso na carreira

O que seria então uma carreira de sucesso?

Quando falamos de carreira, sempre pensamos no cargo, na posição, no salário, mas **a carreira de sucesso é aquela que te faz realizar os seus objetivos**. Agora, os seus objetivos são objetivos ou subjetivos?

Alcançar a posição de CEO da empresa é um alcance objetivo, mas estar lá te deixa feliz e realizado, se sim, parabéns, se não, você alcançou o sucesso objetivo, mas não o subjetivo, portanto, não alcançou o sucesso psicológico.

Para Hall (2002) o principal objetivo da carreira é atingir o sucesso psicológico, ou seja, "um sentimento de orgulho e realização pessoal" que acompanha o cumprimento das principais metas da vida de uma pessoa.

Sucesso psicológico baseia-se nos objetivos estabelecidos pela própria pessoa ao invés de alguém externo, no caso uma empresa/organização. Ele se contrapõe ao sucesso objetivo, aquele que tem como foco o salário, o cargo, coisas que não necessariamente deixarão aquele que alcançou com o sentimento de realização.

O sucesso psicológico é uma citação de Hall para aqueles que se posicionam e conduzem a própria carreira, baseando-a em objetivos que abrangem toda a extensão da vida desta pessoa não apenas o trabalho em si.

"**O sucesso psicológico** envolve entender os vínculos organizacionais em constante mudança. Identidades menos dependentes da empresa, e os contratos de trabalho mais transacionais do que relacionais, e cabe mudar o lócus de responsabilidade para o ator de carreira" (ARTHUR, 1994, p. 304 – tradução nossa)

Já o sucesso objetivo, está ligado a situações objetivas como alcançar um determinado cargo, uma posição, uma empresa, um valor financeiro, enfim, coisas objetivas que quando alcançadas podem ser medidas.

Para Mirvis e Hall (1994) os trabalhadores terão que lidar com o envelhecimento ao longo de vários ciclos de carreira, integrar diversas experiências em suas identidades e aceitar novos tipos de relações empregador-empregado. Isso introduz a ideia de encontrar sucesso psicológico no trabalho de uma vida, abrangendo não apenas um emprego e uma organização, mas também o trabalho como cônjuge, pai, membro da comunidade e como autodesenvolvedor.

Também, observa-se de maneira geral, nas discussões sobre carreira hoje em dia, uma diminuição do peso dado ao sucesso objetivo e um crescimento para as discussões sobre o sucesso psicológico. Por elementos tratados nos capítulos anteriores.

Figura 6: Declínio do sucesso objetivo e crescimento do sucesso psicológico.

Fonte: Autor

Como **sucesso é a realização progressiva de objetivos que valem a pena**, e como cada um tem o seu vale a pena, é bom você pensar o que é sucesso para você. Afinal, só depende de você! Será mesmo?

Em 2019 o instituto Locomotiva fez uma pesquisa com a classe C brasileira, e nela constava a seguinte pergunta: Quem pode contribuir para a melhoria da vida no próximo ano? As respostas estão na figura 7

Figura 7: Transformações da classe C brasileira

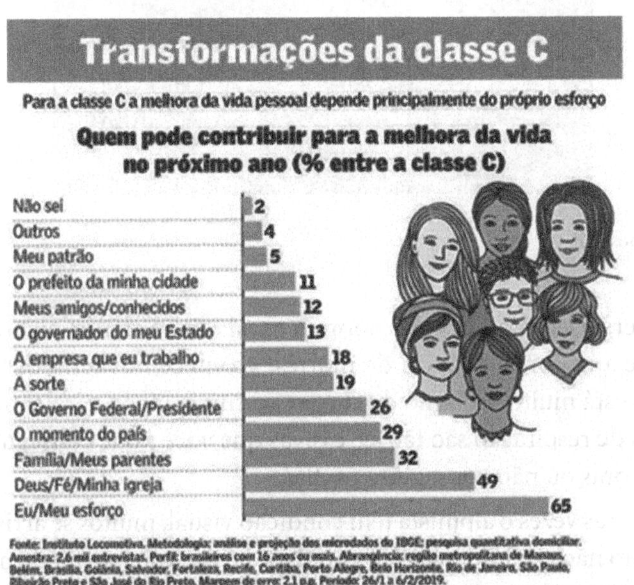

Fonte: Valor 31 de Maio de 2019

A maioria dos respondentes acreditava que sim, a melhoria só dependeria dela e de seu esforço. Pobres mortais, pois esta pesquisa foi anterior a pandemia da COVID19, que escancarou uma realidade completamente diferente disto.

Liberais recorreram à ajuda do Estado e o Estado precisou do mercado para não sucumbir de vez.

Pensei bem sobre a pesquisa e estas respostas quando ela foi divulgada em 2019, e nesta mesma época, eu estava acompanhando as notícias vindas do Nepal, até aquele dia eram muitas mortes na temporada de escalada do monte Everest. O que depois veio a se confirmar com um recorde em casos de óbito.

Eu visitei o Nepal em 2012, da capital Katmandu fiz um voo até Paro, capital do Butão, país que marcou definitivamente minha trajetória de carreira, que vou abordar um pouco mais quando falarmos sobre felicidade no capítulo 6.12.

O que quero trazer aqui para reflexão é sobre o Everest, que você avista quando faz o voo.

Figura 8: monte Everest

Fonte: acervo pessoal

Ao conversar com as pessoas sobre a escalada ao maior pico do planeta, descobri que a maior incidência de mortes, acontece nos últimos 900 metros. Porque você está muito próximo de chegar ao cume, mas a variação do tempo e as condições de respiração são tão agressivas que você pode conseguir fazer isso em poucas horas ou não conseguir em dias.

Como muitas vezes o alpinista tem condição visual, muitos se arriscam a continuar, mesmo não estando mais em condições físicas ou não tendo alimentação suficiente, e como o tempo pode mudar muito rapidamente, é quando as mortes podem acontecer.

Eu estava acompanhando as notícias porque naquele já tinha morrido muita gente, porque dois anos antes, por condições climáticas as escaladas foram suspensas, e como o investimento é muito alto, do ponto de vista financeiro, o governo nepalês concede aos alpinistas que ficam sem poder tentar a escalada, um "visto" que eles podem usar em até dois anos para voltar ao Nepal e tentar a escalada, sem ter que pagar todas as taxas novamente. Assim, como o tempo de dois anos da última vez que a escalada tinha ficado suspensa iria vencer, muita gente deixou para última hora, e, portanto, muita gente morreu.

Pois, bem, será que morreram apenas por falta de preparo, ou por que a montanha os impediu de chegarem ao cume?

É esta analogia que faço quando falo sobre meritocracia, a carreira é como um Everest (tem muitas intempéries) riscos e incertezas e não depende apenas do alpinista, o contexto também é relevante.

O alpinista, no caso o trabalhador, pode e deve estar melhor preparado possível, mas não há garantias de que chegue ao cume. O preparo é apenas uma parte muito importante do processo.

Do mesmo modo que citamos no capítulo sobre empreendedorismo, sobre ganhar dinheiro: "a peculiar combinação de acaso com a sagacidade de saber como e, acima de tudo, quando explorar descobertas ou *insights* que parece, mais frequentemente, levar à riqueza", podemos transcender esta ideia para as carreiras.

A carreira é um filme, tem momentos de alta e de baixa, ou como me disse um antigo chefe, é como abrir uma lata de cerveja, alguns dias você toma o conteúdo outros dias você tem que comer a lata.

Há fatores externos que precisamos compreender, todo o contexto de transformação do mundo e os impactos no universo organizacional e os fatores internos, que compreendem nossos desejos e nossas possibilidades de inserção nesse contexto e busca por autorrealização, seja objetiva ou subjetiva.

Você pode e deve fazer escolhas, buscar o seu sucesso, mas, você não controla todas as variáveis, busque seu inédito faça-o ser viável, mas lembre-se do que nos alertou Schopenhauer sobre o acaso citado no capítulo 2.10-Protagonismo de carreira.

3. PARTE 2: QUEM EU SOU NESTE MUNDO

3.1 Autoconhecimento

Se no capítulo anterior nos focamos em falar sobre carreira, neste iremos focar no protagonista dela, o indivíduo que trabalha, que é o ator e autor da carreira.

E para falar dele (a) precisamos falar sobre autoconhecimento, que tem sido uma palavra muito usada, parece que de fato as pessoas estão cada vez mais interessadas neste assunto. Como desde a Grécia antiga já ouvíamos dizer, a recomendação do oráculo de Delfos:

"Conhece-te a ti mesmo"

O caminho para o autoconhecimento não é simples, tampouco fácil e apesar de ser uma busca interna, é possível contar com ajuda de pessoas, profissionais e instrumentos. Eu afirmo categoricamente que é uma jornada sem fim, do tipo, você nunca terá todas as respostas, mas à medida que vai se aprofundando verdadeiramente vai se compreendendo melhor e naturalmente outras dúvidas vão surgindo.

Peter Drucker (2006) dizia que de todas as informações importantes para o autoconhecimento, compreender como nós aprendemos era a mais fácil.

O professor Dutra (2017, p. 61) afirma que o autoconhecimento está assentado em três pilares; **tipo psicológico, valores e habilidades naturais.**

Eu discordo, entendo que ainda não conseguimos saber no que se assenta o autoconhecimento. Adicionalmente há outros pilares que eu acrescentaria: **motivações, interesses** que nem sempre coincidem com habilidades naturais, tampouco com o nosso tipo psicológico e ainda questionaria se habilidades naturais definem o ser de cada um, acrescentaria também a **inteligência emocional**, o **senso de propósito**, enfim, tem muito mais coisas onde se assenta o autoconhecimento, mas que sem dúvidas estes três pilares formam um conjunto poderoso que pode sim nos auxiliar e muito nesta jornada.

Na minha visão existe ainda outro complicador, a complexidade do ser humano não nos dá garantia de que este caminho sirva a todos. Por isso a ideia deste capítulo é discutir temas que tem reflexo na busca pelo autoconhecimento, que pode nos ajudar a compreender onde podemos nos sair melhor em nossas carreiras, mas em hipótese alguma esgotar o tema e nem afirmar que com o que estou escrevendo você terá todas as respostas, mas claro, é um caminho que você poderá percorrer e lhe trará *insights* poderosos.

Drucker (2006) entende que um número pequeno de pessoas sabe, desde muito cedo qual é o seu lugar, para ele, matemáticos, médicos, músicos e cozinheiros normalmente são isso já desde muito cedo, médicos se compreendem médicos próximo da adolescência, mas a maioria das pessoas só consegue entender isso na casa dos vinte e tantos anos e para isto é fundamental cada pessoa entender, quais são seus pontos fortes, como é seu desempenho e quais são seus valores, daí sim é possível decidir qual é o seu lugar.

Para o autor carreiras bem-sucedidas não são planejadas. Mas se desenvolvem quando as pessoas estão preparadas para a oportunidade porque conhecem seus pontos fortes, seu método de trabalho e seus valores. Portanto, saber qual é o seu lugar pode transformar uma pessoa comum - trabalhadora e competente, porém medíocre - em alguém de desempenho excepcional defendia ele (Drucker, 2006).

Na busca do autoconhecimento eu acredito que **instrumentos de *assessment***, ajudam muito, pois são instrumentos que buscam identificar comportamentos, potenciais, qualidades, habilidades, valores, tipos psicológicos, nível de inteligência emocional etc.

O *assessment* ou instrumento de avaliação funciona como um balanço patrimonial para as empresas, mostra o que temos, nosso patrimônio como pessoa, só que não de dinheiro, mas de recursos ou da falta deles para gestão da nossa vida e carreira. É muito usado para desenvolver liderança, aprofundar autoconhecimento, relacionamentos, vocação etc.

Nem sempre conseguimos falar de nós mesmos, e muitas vezes é mais fácil falar dos nossos pontos negativos, menosprezando nossas qualidades, outras vezes tendemos a ter uma autopercepção de nós mesmos, melhor que os outros teriam se nos avaliassem, por isso, fazer uso de instrumentos pode ajudar, pois calibram melhor e nos ajudam em nossa autopercepção.

Existem vários instrumentos por aí, com maior ou menor grau de cientificidade, o importante é sempre saber quem está aplicando, se a pessoa tem uma certificação, experiência etc. e acima de tudo, não tomar como uma verdade absoluta, mas como um aliado para te ajudar a se desenvolver.

Assessments são realmente como o balanço da empresa, porque ele te mostra os números, mas é importante ir ao local físico, a loja, a fábrica o galpão para ver se os produtos estão lá no estoque mesmo como demonstrado no balanço.

Abaixo existe uma tabela com **dimensões de autoconhecimento** e exemplos de *assessments* que podem ser utilizados.

Tabela 18: Dimensões de autoconhecimento

Dimensão do autoconhecimento	Capacidade, personalidade ou preferência	Exemplo de instrumento de avaliação *(assessment)*	Implicação
Capacidade cognitiva (pensamento crítico e analítico)	Capacidade de reconhecer os padrões quantitativos e verbais com rapidez e precisão. Inclui a capacidade de adquirir conhecimento	# Teste de pensamento crítico Watson-Glaser # Teste pessoal de Wonderlic	A capacidade cognitiva é um ponto forte ou uma área a ser completada com a ajuda dos outros? Que tipos de empregos e empresas combinam com minha capacidade analítica?
Inteligência Emocional	Capacidade de reconhecer com precisão as emoções dos outros e de si mesmo, e de usar as informações emocionais de forma produtiva	#EQ-i / EQ-360 #MSCEIT (Mayer Salovey Caruso Emotional Intelligence Test)	Será que eu entendo e utilizo a emoção para tomar decisões eficazes? Posso me relacionar bem com pessoas porque compreendo adequadamente seus estados emocionais?
Inteligência cultural	Capacidade de operar eficazmente no contexto de diferenças	#Escala de quociente cultural (EQC) #Teste baseado na teoria de Hofstede	Estou ciente das diferenças culturais importantes? Será que eu entendo e atuo de modo a valorizar essas diferenças e criar relacionamentos mais fortes?
Traços de personalidade	Princípios características de personalidade que permanecem relativamente estáveis ao longo da vida	Inventário Big Five	Quais são meus traços de personalidade dominantes? Como posso maximizar minha aptidão para utilizar melhor minha personalidade?

Dimensão do autoconhecimento	**Capacidade, personalidade ou preferência**	**Exemplo de instrumento de avaliação *(assessment)***	**Implicação**
Preferências de personalidade (temperamento)	Preferência por direção de energia, tomada de decisão, aquisição de informações e orientação para o mundo exterior	#MBTI® Indicador de tipo psicológico	De que modo eu gosto de trabalhar com outras pessoas e processar as informações? O que procuro em outros para complementar minhas preferências? De que modo irei interagir melhor em diferentes combinações de equipe? Estilo e liderança, aprendizagem, tomada de decisão etc.
Valores pessoais	Preferências por fins ou metas desejáveis e o processo para alcançá-los	#Escala Hogan MPV #Barrett Values Centre	O que eu mais valorizo e busco nos outros? No que eu não cederei e com o que eu não me comprometerei? O que para mim não é negociável?
Orientação de carreira	Preferências por determinados tipos de ambientes de trabalho e ocupações	# Escala de preferência ocupacional de Holland # Birkman # Âncoras de carreira	Quais elementos do trabalho são mais importantes para mim? Com que tipos de pessoas eu irei prosperar?
Motivações	Preferências por satisfação de necessidades.	# Teste construídos a partir da teoria de Maslow	Quais são as necessidades que devo buscar satisfazer neste momento da minha vida?
Aprendizagem	Preferências pelas formas de aprendizagem.	# VARK Teste para aferição de aprendizagem # Estilo de aprendizagem de Kolb	De que forma a aprendizagem será mais efetiva para o indivíduo? Visual, auditiva, leitura ou cinestésica

Fonte: adaptado pelo autor a partir de Baldwin, Bommer e Rubin, 2015, p. 25.

O autoconhecimento ou a busca por ele, mostra a importância de pensar sobre o que sentimos, porque ao agirmos de forma consciente agimos melhor, mas isso exige de nós, autoconsciência e autorresponsabilidade, que começa ajustando nossa autopercepção, que é a imagem que temos de nós, mas será que ela é a mesma ou ela é diferente da imagem que os outros percebem de nós?

A Janela de Johari[32] é uma ferramenta que nos ajuda neste processo:

Figura 9: Janela de Johari

	EU CONHECIDO POR MIM	EU DESCONHECIDO POR MIM
EU CONHECIDO PELOS OUTROS	ARENA PÚBLICA	ARENA CEGA
EU DESCONHECIDO PELOS OUTROS	ARENA PARTICULAR	ARENA DESCONHECIDA

Fonte: (Maximiano, 2021. p. 210)

A arena pública é conhecida pela pessoa e, ao mesmo tempo pelos outros.

A arena cega é aquela que é desconhecida da própria pessoa, mas conhecida pelos outros, comum quando recebemos um *feedback* de diferentes pessoas, que nos dizem a mesma coisa, mas não nos reconhecemos assim.

A arena particular é conhecida pela própria pessoa e desconhecida pelos outros, aquilo que não revelamos aos outros, mas temos consciência de nosso comportamento.

E a arena desconhecida é aquela que é inconsciente de forma geral, pode se revelar, por exemplo, quando sob estresse a pessoa revela um comportamento que ela mesma não reconhece tampouco os outros a reconhecem daquela forma. Ou numa situação inédita, por exemplo, quando se alcança uma posição de liderança pela primeira vez na carreira e revelam-se comportamentos não mostrados anteriormente por não ter havido tal oportunidade.

Como a filósofa Delia Steinberg Guzmán traduz na busca do autoconhecimento: "Quando o corpo se move instintivamente, apenas se move. Mas se canaliza o movimento consciente, compreendendo o seu porquê, então atua. A ação é o movimento com finalidade, é um movimento intencionado".

Concluindo, o psicanalista Paulo Gaudêncio (1994, p. 12) escreveu: "qualquer outro bicho tropeça e diz: "epa, não vi o buraco". O ser humano xinga a prefeitura.

32 O nome vem de seus autores, Joseph Luft, o Jo, e Hare de Harry Ingham,

Não assume sua responsabilidade no tropeço e se, não assumir, vai continuar tropeçando nos mesmos buracos".

> "O ser humano é um animal que sente e pensa. Fala o que pensa. Age de acordo com o que sente. Quando não se conhece, não pensa o que sente, não sente o que pensa. Acaba sendo duplo e emitindo mensagens duplas, falando uma coisa e agindo de outra forma, sem deixar de ser verdadeiro. Quando fala, fala a verdade está falando o que pensa. Quando age, age verdadeiramente, esta agindo de acordo com o que sente. Não percebe que é faça o que eu digo não faça o que eu faço. Não se dá conta de sua incoerência" (Gaudêncio, 1994, p. 17).

Por isso, "Conhece-te a ti mesmo".

3.2 Personalidade

Desde a antiguidade, seja pelos escritos tibetanos, ensinamentos em sânscrito, Hipócrates, o pai da medicina na Grécia, passando por Galeno que viveu no século I e foi médico de Marco Aurélio, até pesquisadores atuais, existe uma linha que defende uma classificação dos seres humanos, uma ideia de "os quatro universais", definidos com base em seus temperamentos ou humores: o sanguíneo, o linfático ou fleumático, o bilioso ou colérico e o nervoso ou melancólico, em outras classificações: o respiratório, digestivo, tipo muscular e cerebral, ou o que faz, o que pensa, o que fala e o que conta.

A ideia de humores na visão de Hipócrates tem um significado mais mistérico[33] que fisiológico uma espécie de "alquimia da alma", "a alma une o corpo com o espírito" nas palavras de Alzina (2013, p. 129) segundo ele, os quatro humores são:

> Atrabilis que é a Água sutil sob a luz fria do Fogo; é a imaginação seca da Terra sem matéria, é a melancolia como emoção essencial que deseja o ar vivificante. Pituita, que é a Terra de grão fino, umedecida pela Água espessa, é o movimento lentificado do Ar dissolvido, é o hálito frio que deseja o Foco fecundante. Sangue, que é o Ar sutil, mesclado com o mais pesado da Terra, é o ardor impulsivo do Fogo. É o hálito quente que deseja a Água refrescante. Bile que é o Fogo celeste, mesclado com o ar Potente, é a água evaporada, imaterial, é o hálito criador que deseja a terra fecundável Alzina (2013, p. 130 grifo nosso).

A ideia é de que cada tipo poderia se adaptar melhor há um tipo de trabalho, uma ideia de distribuição das habilidades naturais para uma sociedade natural,

33 A palavra mistérico, que é do idioma espanhol, não foi traduzida para o português, por representar a ideia orginal do autor, esta palavra remete a ideia de mistério, mas no sentido de uma religião misteriosa que não divulga ou explica seus detalhes aos de fora. Mais do que uma religião, é uma maneira exclusiva de viver a religião, com ritos secretos, símbolos que dão a ela um sentido de exclusividade aos pertencentes.

por exemplo, comércio e comunicação seriam os linfáticos, estudos e pesquisa os biliosos, tecnologias e mecânicas os nervosos, e militares e proteção civil os de tipo sanguíneo, ou seja, isto na ideia de que cada personalidade teria um trabalho específico, se entendermos que cada indivíduo tem sua utilidade no mundo como veremos no capítulo 3.4 sobre vocação.

Roger Birkman, um pastor luterano americano, que após a segunda guerra mergulhou em estudos de psicologia social, classificou "a sociedade natural" de acordo com os quatro tipos de personalidades, seriam os fazedores, os faladores ou comunicadores, os administradores e os pensadores. Conforme demonstrado na figura 10:

Figura 10: Classificação de Birkman para tipos de personalidade

Fazedores: pessoas que trabalham com coisas, que implementam, consertam (máquinas, arvores, casas)	**Faladores ou comunicadores:** trabalham com pessoas usam persuasão (professores, vendedores)
Administradores: pessoas que trabalham com processos/ sistemas (administração, escritórios, contadores, analistas)	**Pensadores:** trabalham com ideias (estrategistas, formuladores de políticas públicas, designers)

Fonte: (FINK; CAPPARELL, 2013, p. 27 tradução nossa)

Mas Birkman não está sozinho, e existem pessoas sérias e não sérias em todos os campos de estudos vocacionais e de personalidade, conheço pessoas sérias que acreditam que astrologia também pode designar o tipo de trabalho que um indivíduo se encaixaria de forma mais vocacionada, eu particularmente não acredito nisto, pois o ser humano tem uma capacidade incrível de adaptação, desde que queira, de modo que é possível para um determinado tipo de personalidade não muito adequado há um certo trabalho, se apresentar como um grande talento diferenciado, exatamente por não apresentar características óbvias representadas na amostra dos profissionais daquela área.

De modo que investigar personalidade, não importando muito o método, é sem dúvida um caminho para encontrar respostas profissionais também.

Segundo Abbagnano (2012), a personalidade é a condição ou modo de ser da pessoa. Definir personalidade é um processo que requer a transdisciplinaridade das ciências, afirmam Baldwin, Bommer e Rubin (2015):

> Personalidade representa o padrão de formas relativamente duradouras de uma pessoa pensar, agir e se comportar. É determinada tanto pela natureza (genética) como pela educação (fatores situacionais), e tende a

> representar nosso comportamento "dominante" ou "natural". Mesmo sendo atraente pensar em tais termos, não há um perfil de personalidade "bom" ou "ruim". Embora algumas características de personalidade sejam associadas mais frequentemente a algumas profissões e interesses, nenhuma combinação de personalidade limita os tipos de ocupações que você poderia apreciar nem determina seu destino. A maneira como você se comporta em um determinado momento caracteriza a interação de sua personalidade e seu ambiente. (BALDWIN; BOMMER; RUBIN, 2015, p. 24).

O psicanalista Carl Jung defende que personalidade é a totalidade do ser humano, "[...] totalidade do ser humano à qual se dá o nome de personalidade. Educação para personalidade tornou-se hoje um ideal pedagógico" (JUNG, 2013, p. 178).

Para Freud (1976; 1976b), a personalidade é parte do aparelho psíquico[34]. É formada por três elementos: **id, ego e superego**, sendo **id** (que vem do alemão "es" que significa ele ou isso) a parte biológica, o instinto animal que existe no ser humano, sem censura e nem moral, é regido pelo princípio do prazer, é a parte mais profunda da vida mental. Aqui estão todos os medos, desejos sexuais inaceitáveis, desejos irracionais, experiências constrangedoras, motivações violentas, impulsos imorais e necessidades egoístas. O inconsciente possui leis próprias de funcionamento, que ignoram as dimensões temporais e carregado de contradições.

O **superego** é a força social, adquirida, formam-se ideias morais e religiosos, regras, condutas e valores que o indivíduo assimila, é uma vida mental ainda pré ou sub consciente. Esta parte é responsável pela repressão civilizatória, o guardião moral herdado pelos pais. Nele vivem as lembranças e o conhecimento armazenado.

E por fim o **ego**, ou *self*, que é a razão, o elemento que busca equilibrar os dois anteriores, é o gerente da personalidade, pois está o tempo todo negociando com id e superego, é o princípio da realidade, porque é ele quem mais encontra a realidade externa, aquilo que acontece fora da mente humana. Nele estão os pensamentos e percepções, parte mais consciente do nível da vida mental.

A teoria freudiana defende que a personalidade na vida adulta emerge das experiências infantis, em particular a maneira com que cada criança concilia as exigências da sua sexualidade e as forças externas, de controle e restrição (KLEINMAN, 2015; BANOV, 2015; FERREIRA, 2008; FREUD, 1976c).

Para Hersey e Blanchard (1977), a personalidade são hábitos. Ela é definida por meio dos padrões de comportamento e como estes são percebidos pelos outros. Estes padrões surgem quando um indivíduo começa a responder da mesma forma a condições semelhantes, ou seja, cria hábitos de ação que se tornam mais ou menos previsíveis para os que trabalham com ele formando um conjunto consolidado de características e tendências que determinam os aspectos comuns e as diferenças no comportamento das pessoas (GIBSON *et al.*, 2006, p. 112).

---

34 Aparelho psíquico é o que propicia a compreensão das emoções, é formado por três níveis de vida mental (consciente, subconsciente e inconsciente) e os três elementos que compõe a personalidade (id, ego e superego) (BANOV, 2015).

Podemos então compreender que a personalidade de um indivíduo é um conjunto relativamente estável de características, tendências e temperamentos significativamente formados por herança e por fatores sociais, culturais e ambientais. Esse conjunto de variáveis determina as semelhanças e diferenças no comportamento do indivíduo (CATTELL, 1973 *apud* GIBSON *et al.*, 2006, p. 113).

Gibson *et al.* (2006) referem-se à existência de três abordagens teóricas do estudo da personalidade: a teoria dos traços, a abordagem da psicodinâmica e abordagem humanista.

A teoria dos traços defende que os traços são como tijolos na construção da personalidade, orientadores das ações e origem da peculiaridade de cada indivíduo. As abordagens psicodinâmicas da personalidade, defendidas por Freud, foram explicadas anteriormente, e por último as teorias humanistas da personalidade enfatizam o crescimento e a autorrealização do indivíduo, além da importância de como as pessoas percebem o seu universo e todas as forças que o influenciam (GIBSON *et al.*, 2006).

Independente da forma como é definida a personalidade do indivíduo, os psicólogos e teóricos admitem certos princípios em sua formação como os fatores hereditários, culturais e sociais, como um todo organizado, com padrões até certo ponto observáveis. Embora tenha base biológica, seu desenvolvimento também é produto do ambiente cultural e social, dotada de aspectos superficiais e mais profundos e envolve características comuns e peculiares ao mesmo tempo conforme se observa na Figura 11 (GIBSON *et al.*, 2006):

Figura 11: Forças que influenciam a personalidade

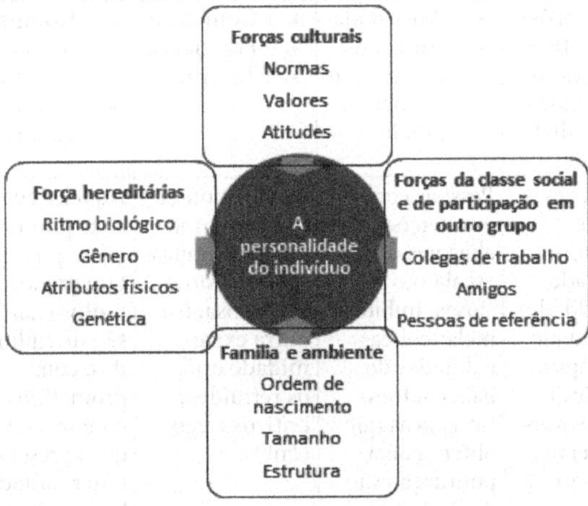

FONTE: (GIBSON *et al.*, 2006).

Em suma, a personalidade é um composto de interações, ela é formada por um conjunto único de traços os quais não partilha com nenhum outro ser humano, traços que em parte são herdados com o código genético e outra parte adquirida culturalmente, herança e aprendizagem formam os traços de personalidade de cada um de nós e pode ou não, nos direcionar para determinado tipo de trabalho.

3.21 Big Five

Depois de mais de 50 anos de pesquisas, surgiu um consenso entre pesquisadores sobre os fatores básicos que compõem o que chamamos de personalidade, os pesquisadores sintetizaram uma definição clara e direta da personalidade denominada "*Big-Five Personality Factors*".

Os fatores chamados de Big Five[35], ou Cinco Grandes são:

Extroversão: é a tendência de ser sociável e assertivo e ter energia positiva.

Estabilidade emocional ou neuroticismo: a tendência a ser deprimido, ansioso, inseguro, vulnerável e hostil.

Afabilidade: a tendência a aceitar, conformar, confiar e nutrir, colocar as necessidades dos outros à frente das suas próprias.

Consciência: a tendência a ser completa, organizada, controlada, confiável e decisiva.

Abertura: a tendência de ser informado, criativo, perspicaz e curioso.

Tabela 19: Descrição dos Cinco Grandes

Os cinco grandes fatores da personalidade	Extroversão	Estabilidade Emocional (neuroticismo)	Afabilidade	Conscientização	Abertura à experiência
Traços específicos relacionados com os Cinco Grandes	• Emoções positivas • Instinto gregário • Cordialidade	• Ansiedade • Autoconscientização • Vulnerabilidade	• Confiança • Franqueza • Ternura	• Competência • Ordem • Autodisciplina	• Fantasia • Ações • Ideias
O que significa a pontuação no teste Big Five	Pontuações elevadas significam afabilidade, sociabilidade e capacidade de se impor. Baixas indicam introversão, reserva e submissão	Pessoas com pontuações altas nessa escala são ansiosas, inibidas, melancólicas e dotadas de baixa autoestima. Já as que obtém baixa pontuação são de fácil trato, otimistas e dotadas de boa estima consigo mesmas	Muitos pontos indicam uma pessoa compassiva, amistosa e calorosa. Na outra extremidade estão os retraídos, críticos e egocêntricos	Aqueles com altas pontuações apresentam grande motivação, são disciplinados, comprometidos e confiáveis. Os que apresentam resultados baixos são indisciplinados e se distraem facilmente	Pessoas com pontuações elevadas gostam de novidades e tendem a ser criativas. Na outra ponta da escala estão os convencionais e ordeiros, os que gostam da rotina e têm senso aguçado do certo e do errado

Fonte: Baldwin, Bommer e Rubin, (2008, p. 20); meucerebro.com (2021)

35 *extraversion, neuroticism, agreeableness, conscientiousness and openness to experience*

Cada um dos fatores é composto de vários traços específicos e a reunião de todos os traços gerais e específicos representa um contínuo no qual um certo aspecto ou dimensão da personalidade pode ser posicionado. Por exemplo, em relação a cada traço, a pessoa pode estar posicionada no ponto alto, no ponto baixo no ponto médio ou em qualquer ponto entre as extremidades do contínuo (Baldwin, Bommer e Rubin, 2008; Goldberg, 1990).

O modelo de personalidade dos Cinco Grandes é hoje a estrutura mais amplamente aceita para descrever características de personalidade relativamente estáveis, ele mede sua pontuação nas cinco dimensões principais da personalidade e quando aplicado em inglês, geralmente é descrito pela sigla OCEAN (*Openness, Conscientiousness, Extraversion, Agreeableness, Neuroticism*).

Figura 12: Exemplo de medição do Big Five de uma pessoa

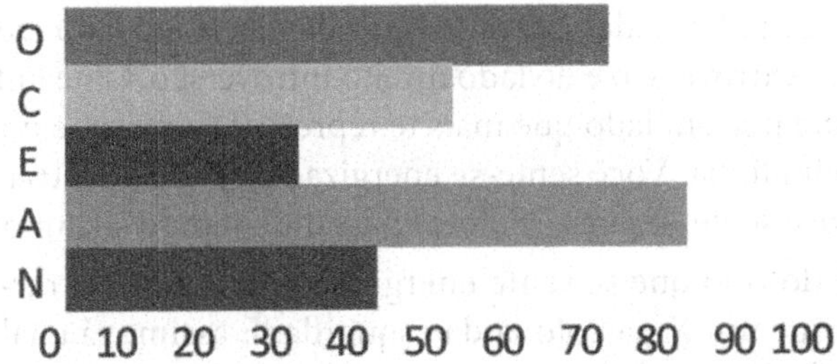

Fonte: criado pelo autor

O modelo de teste propõe os cinco fatores que captam as diferenças individuais numa escala comparável, as pontuações em cada uma das cinco dimensões no gráfico descrevem a personalidade dos indivíduos.

O teste é usado em diferentes situações, por exemplo, para avaliar as ligações entre os "Cinco Grandes" e a liderança.

Os pesquisadores Judge, Bono, Ilies e Gerhardt (2002) conduziram uma importante meta-análise de 78 estudos sobre liderança e personalidade publicados entre 1967 e 1998. Em geral, eles encontraram uma forte relação entre os cinco grandes traços e a liderança. Especificamente nesse estudo, a extroversão foi o fator mais fortemente associado à liderança. A extroversão foi seguida, em ordem, por consciência, abertura e baixo neuroticismo. O último fator, afabilidade, foi encontrado apenas fracamente associado à liderança. Parece que ter certos traços de personalidade estão associados a ser um líder eficaz (Northouse, 2016, p. 27).

Contudo, vale a pena ler o capítulo 6.2-O que é preciso saber para liderar, pois há atributos necessários para <u>ser escolhido</u> como líder e traços e habilidades para ser capaz de liderar de forma eficaz e nem sempre tem relação com os cinco grandes.

Adicionalmente, pesquisadores utilizaram o teste para estudos sobre gastos financeiros. Descobriu-se que pessoas extrovertidas, pessoas mais sociáveis, amistosas, divertidas, que conversam mais geralmente, acabam por ter mais gastos financeiros com socialização. O oposto da extroversão é a introversão, que veremos no capítulo 3.3-Os tipos psicológicos. Os introvertidos que tendem a ser mais reservados, inibidos e quietos, acabam tendo menos gastos financeiros em eventos sociais (Landis; Gladstone, 2017).

Enfim, a aplicabilidade deste teste para questões de estudo da personalidade humana é bem extensa.

3.3 Os tipos Psicológicos

Responda às questões a seguir. A ideia deste exercício é que você escolha sempre uma das polaridades em cada linha da tabela, do lado esquerdo estão as polaridades de extroversão e do lado direito introversão. Olhe linha a linha e em cada linha opte por um lado que mais te representa e marque um X. Por exemplo, na primeira linha. Você sente-se energizado(a) ao encontrar-se com outras pessoas ou você sente-se energizado(a) passando tempo sozinho?

Se você é do tipo que se sente energizado (a) ao encontrar-se com outras pessoas, marque um X na coluna da esquerda. E assim, vá analisando linha a linha e optando por um lado que mais te represente.

Você:

Extroversão (E):	Introversão (I):
Sente-se energizado (a) ao encontrar-se com outras pessoas	Sente-se energizado (a) passando tempo sozinhos
Prefere falar sobre assuntos	Prefere refletir sobre coisas
Sociável e fácil de se conhecer	Reservado (a) e leva mais tempo para se conhecer
Gosta de interagir	Gosta de contemplar
Gosta de fazer e depois refletir	Gosta de refletir e depois fazer

Avaliando o lado em que houve maior inclinação de sua parte, o lado que mais vezes marcou X, de que lado estão suas preferências em relação ao modo como você interage com as outras pessoas?

É possível que você tenha oscilações entre Extroversão e Introversão, mas sempre haverá uma polaridade que mais se destaca, mesmo que apenas ocasionalmente.

Selecione com X em E ou I para a polaridade que melhor lhe represente.

Extroversão (E):	Introversão (I):

Novamente, escolha sempre uma das polaridades em cada linha da tabela abaixo, do lado esquerdo estão as polaridades de sensação e do lado direito intuição.

Sensação (S):	Intuição (N):
Presta atenção ao presente	Orientado(a) para o futuro
Confia nas experiências	Valoriza os *insights*
Concentra-se no que é	Concentra-se no que poderia ser
Observa os detalhes	Enxerga padrões
Prático(a) e realista	Criativo(a) e imaginativo(a)

Avaliando o lado em que houve maior inclinação de sua parte, de que lado estão suas preferências em relação ao modo como você assimila informações?

É possível que você tenha oscilações entre Sensação e Intuição, mas sempre haverá uma polaridade que mais se destaca, mesmo que apenas ocasionalmente.

Selecione com X em S ou N a polaridade que melhor lhe represente.

Sensação (S):	Intuição (N):

Mais uma vez, escolha sempre uma das polaridades em cada linha da tabela abaixo, do lado esquerdo estão as polaridades de pensamento e do lado direito de sentimento:

Pensamento (T):	Sentimento (F):
Favorece a análise lógica	Favorece a compreensão com empatia
Vê o que está errado e tenta melhorá-lo	Vê o que está certo e tentam defendê-lo
Guiado (a) pelo raciocínio de causa e efeito	Guiado (a) por valores pessoais
Decide com a cabeça	Decide com o coração
Prefere a justiça	Prefere a harmonia

Avaliando o lado em que houve maior inclinação de sua parte, de que lado estão suas preferências em relação ao modo como você toma decisões?

É possível que você tenha oscilações entre Pensamento e Sentimento, mas sempre haverá uma polaridade que mais se destaca, mesmo que apenas ocasionalmente.

Selecione com X em T ou F para a polaridade que melhor lhe represente.

Pensamento (T):	Sentimento (F):

Por último, escolha sempre uma das polaridades em cada linha da tabela abaixo, sendo do lado esquerdo as polaridades de julgamento e do lado direito as polaridades de percepção.

Julgamento (J):	Percepção (P):
Organizado (a) e segue planos	Flexível e espontâneo (a)
Gosta de concluir as coisas	Gosta de manter as opções em aberto
Acredita que o tempo é um bem escasso	Acredita que a informação é um bem escasso
Prefere evitar pressões de última hora	Sente-se energizado (a) por pressões de última hora
Decidido (a)	Curioso (a)

Avaliando o lado em que houve maior inclinação de sua parte, de que lado estão suas preferências em relação ao modo como você aborda o mundo externo?

É possível que você tenha oscilações entre Julgamento e Percepção, mas sempre haverá uma polaridade que mais se destaca, mesmo que apenas ocasionalmente.

Selecione com X em J ou P para aquela polaridade que melhor lhe represente.

Julgamento (J):	Percepção (P):

Agora, para os quatro grupos de pergunta, quais são as quatro letras que mais te definem?

As possibilidades de combinação são: ISTJ, ISTP, ESTP, ESTJ, ISFJ, ISFP, ESFP, ESFJ, INFJ, INFP, ENFP, ENFJ, INTJ, INTP, ENTP e ENTJ qual é o seu tipo psicológico? Marque na tabela abaixo.

E	I	
S	N	
T	F	
J	P	

Mas o que é o tipo psicológico?

Carl Gustav Jung (1875-1961) foi um importante médico psiquiatra suíço do começo do século XX. Criador da psicologia analítica, falava do inconsciente coletivo, embora se considerasse um cientista racional, Jung dava atenção a questões tidas como paranormais ou espiritualistas. Para ele, abordar uma visão sobre a psicologia humana apenas na esfera estritamente racional não era, digamos, racional.

Jung trouxe contribuições colossais para a ciência que estuda a psique humana, desenvolvendo a teoria dos arquétipos e incorporando conhecimentos das religiões orientais, da alquimia e da mitologia.

"Considero que todo aquele que, afastando-se do caminho comum, se dispõe a abrir trilhas próprias, tem o dever de comunicar à sociedade tudo o que encontrou em suas viagens de descoberta", escreveu.

Jung colaborou com Freud, entre 1907 e 1912, razão pela qual, alguns dizem que ele teria sido seu discípulo, mas, ao que parece, Freud é que tinha essa visão; Jung nunca se viu assim. Entre correspondências, divergências e brigas entre os dois, ambos trouxeram grandes contribuições a ciência.

No ano de 1920, Jung lançou o livro a Teoria dos Tipos Psicológicos, em sua visão, o Tipo Psicológico de uma pessoa é determinado pela introversão ou extroversão, e são quatro as principais funções psíquicas pelas quais experimentamos o mundo: sensação, intuição, sentimento e pensamento, sendo uma delas predominante na maioria das vezes.

Mas o próprio Jung disse: "não creio de modo algum que minha classificação dos tipos seja a única e verdadeira ou a única possível". Para ele, o que sua teoria tratava, era de entender as relações do homem com outros homens, com as coisas e com o mundo.

Em 1923 o livro foi traduzido para o inglês, e Katherine Cook Briggs e Isabel Briggs Myers, mãe e filha, que já estudavam as diferenças entre os seres humanos nos Estados Unidos desde 1917, voltaram seus estudos para a Teoria dos Tipos Psicológicos e, em 1941, com a Segunda Guerra Mundial e a necessidade de alocar as pessoas às tarefas que tinham mais aptidão ou predisposição, começaram a aplicação de um questionário embrionário, um teste para indicar a tipologia da pessoa.

Esse questionário evoluiu e publicaram, em 1962, o indicador de personalidade MBTI® (*Myers-Briggs Type Indicator*) que classifica os indivíduos de acordo com suas preferências, o questionário foi inclusive aprovado pelo próprio Jung (DIAS, 2015).

Cada letra E ou I, S ou N, T ou F, J ou P é uma preferência; em cada dicotomia você terá uma preferência, que pode ser muito clara, clara, moderada ou leve, exemplo pode ser visto na figura 13, no *assessment* oficial haverá uma barra indicando o resultado do respondente em cada faceta:

Figura 13: Dicotomias do MBTI ®

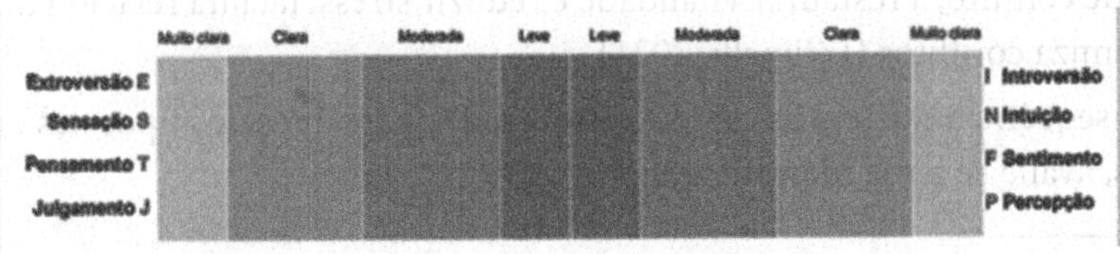

Fonte: MBTI ®

Facetas - Extroversão (E) ou Introversão (I): aqui estamos olhando como você busca energia para a vida, motivação, no qual você concentra sua atenção. Se você é E (extroversão), tende a gostar mais de grupos, de contato abrangente com bastante gente; se for I (introversão), tende a gostar mais da reflexão, do contato íntimo com pouca gente.

Facetas - Sensação (S) ou Intuição (N): aqui estamos olhando como você capta informações. Se você é S (sensação) tende a gostar mais de coisas concretas, fatos e dados; se for N (intuição), tende a gostar mais de possibilidades, coisas abstratas.

Facetas - Pensamento (T) ou Sentimento (F): aqui estamos olhando como você toma decisões. Se você é T (pensamento) tende a ser mais lógico e objetivo; se for F (sentimento), tende a preferir harmonia, baseada em valores do que na decisão lógica.

Facetas - Julgamento (J) ou Percepção (P): aqui estamos olhando como você tem atitude diante da vida, como você lida com o mundo. Se você é J (Julgamento) tende a ter preferência por uma vida planejada e organizada; se for P (percepção), tende a preferir uma vida espontânea e flexível.

Estas últimas facetas foram introduzidas por Katherine Briggs e Isabel Myers. As anteriores são originais da Teoria dos Tipos Psicológicos de Jung, portanto, Jung falava sobre 8 Tipos; com o J e P de Katherine e Isabel, os tipos aumentaram para 16 combinações possíveis.

O teste que você fez no início deste capítulo, é uma versão muito simplória, não deve ser levado a ferro e fogo, pois o MBTI® completo é muito mais abrangente, tem muito mais questões e por ser um teste psicométrico, tem critérios de confiabilidade e validade averiguados estatisticamente[36].

Conhecer o tipo psicológico é mais um passo na busca pelo autoconhecimento, o indicador de tipo mede as diferenças entre as pessoas, que resultam de onde elas preferem focalizar sua atenção, a maneira pela qual preferem coletar informações, como preferem tomar decisões e como se orientam no mundo exterior. O indicador de tipo não julga, ele não define tipos bons ou tipos ruins, não mede habilidades, mas identifica preferências pessoais, fornece apoio para o autodesenvolvimento, oferece um modelo lógico e consistente, ajuda a identificar focos de conflito, a restaurar vitalidade e reduzir stress, facilita relacionamentos e minimiza conflitos (Fellipelli, 2021).

Na sequência existem as características mais marcantes dos tipos nas organizações, avalie se a sua identificação faz sentido.

---

36 Para informações sobre o teste visite http://oineditoviavel.com.br/loja/detalhes/o-seu-tipo-psicologico/24/assessments

Tabela 20: Tipos psicológicos nas organizações e como líderes

Tipo Psicológico e características	Nas organizações	Como líderes
ISTJ: Sérios, quietos, alcançam o sucesso por meio da concentração e meticulosidade. Práticos, metódicos, factuais, lógicos, realistas e confiáveis. Devido a isto tudo, são muito bem organizados. Assumem responsabilidades. Tomam decisões baseadas naquilo que é necessário e agem de maneira estável, indiferentes a protestos ou distrações.	são perfeccionistas, exatos, sistemáticos, dedicados ao trabalho e atentos aos detalhes. Gostam de trabalhar em empresas para melhorar procedimentos e processos; permanecem leais nas épocas boas e nas ruins.	são executores responsáveis
ISFJ: Quietos, amigáveis, responsáveis e cuidadosos. Trabalham muito para cumprir todas as suas obrigações. Proporcionam estabilidade a qualquer projeto ou grupo. Meticulosos, cuidadosos e precisos. Seus interesses, normalmente, não são técnicos. Leais, atenciosos, perceptivos, preocupados com os sentimentos alheios.	são empáticos, leais, atenciosos e amáveis e não medem esforços para ajudar os que precisam. Eles gostam de dar apoio e incentivo por trás dos bastidores	Intendentes dedicados.
INFJ: Atingem o sucesso pela perseverança, originalidade e desejo de fazer o que for necessário. Concentram sua energia no trabalho. Eficazes, cuidadosos, preocupados com os outros. Respeitados por seus princípios firmes. Apreciados por suas visões claras sobre como servir ao bem comum.	confiam na sua própria visão, são compassivos e criteriosos e demonstram discretamente sua influência. Gostam de trabalhar sozinhos ou em grupos pequenos compatíveis; usam sua influência e entusiasmo para incentivar e aprimorar as pessoas.	Motivadores perspicazes
INTJ: Criativos e movidos por suas próprias ideias e propósitos. Têm uma visão ampla e são rápidos na identificação de padrões. Em suas áreas preferidas, são muito organizados e sempre cumprem suas tarefas. Céticos, críticos, independentes, determinados, altamente competentes e detalhistas.	são independentes, individualistas, firmes e determinados; confiam na visão que têm das possibilidades, independentemente do ceticismo universal. Gostam de trabalhar sozinhos em projetos que sejam complexos.	Estrategistas visionários.

Tipo Psicológico e características	Nas organizações	Como líderes
ISTP: Observadores imparciais, quietos, reservados. Observando e analisando a vida com curiosidade neutra e com tiradas de bom humor inesperadas. Normalmente, interessados em causas e efeitos, em como e porque as coisas funcionam e na organização dos fatos por meio de princípios lógicos. Tem grande habilidade para chegar ao centro de um problema prático e encontrar soluções.	são pragmáticos, consciente dos fatos, diligentes, realistas e não se deixam convencer por nada, apenas pelo raciocínio. Gostam de trabalhar independentemente, confiando na lógica e desenvoltura para solucionar os problemas imediatos da empresa	são pragmatistas ágeis
ISFP: Reservados, simpáticos, sensíveis, educados e modestos sobre suas habilidades. Demonstram discordâncias, mas não impõem suas opiniões ou valores. Normalmente, não se preocupam em liderar, mas são seguidores leais. Geralmente, sentem-se despreocupados com os seus deveres por apreciarem o momento presente não desejam estragá-lo com precipitações exageradas.	são gentis, atenciosos e compassivos com relação aos que precisam de ajuda, usam um método flexível e aberto. Gostam de trabalhar em colaboração e harmonia, mas, frequentemente, nas suas próprias tarefas.	Guardiões práticos
INFP: Observadores, idealistas e leais. É importante que sua vida pessoal seja compatível com seus valores internos. Curiosos, enxergam novas possibilidades rapidamente. Geralmente, são catalisadores na implantação de ideias. Adaptáveis, flexíveis e compreensivos, a menos que um valor seja ameaçado. Procuram entender as pessoas e potenciais humanos podem ser satisfeitos.	são pessoas de mente aberta, idealistas, criteriosas e flexíveis, que querem que seu trabalho contribua para algo que tenha importância. Gostam de trabalhar individualmente ou em pequenos grupos nos quais possam ser criativas.	Defensores inspiradores

Tipo Psicológico e características	Nas organizações	Como líderes
INTP: Quietos e reservados. Gostam principalmente de atividades teóricas ou científicas. Gostam de resolver problemas analítica e logicamente. Interessados, principalmente, nas ideias, com pouco interesse por festas ou conversas. Geralmente, apresentam interesses muito definidos. Precisam seguir uma carreira na qual algum grande interesse possa ser aplicado de maneira útil.	são racionais, curiosos, teóricos e abstratos; preferem organizar ideias em vez de situações ou pessoas. Gostam de trabalhar sozinhos com ampla autonomia para suas próprias ideias e métodos.	Analisadores expansivos
ESTP: Grande habilidade na solução rápida de problemas. Gostam de ação e de surpresas. Geralmente, gostam de coisas mecânicas e estar sempre acompanhados de amigos. Adaptáveis, tolerantes, pragmáticos. Focalizam a obtenção de resultados. Não gostam de explicações muito longas. São excelentes com coisas concretas que podem ser trabalhadas, manuseadas, desmontadas e remontadas.	são orientados à ação, pragmáticos, despachados e pessoas realistas que preferem trilhar o caminho mais eficiente. Gostam de fazer as coisas acontecerem agora e, normalmente, encontram uma saída em situações difíceis	Individualistas dinâmicos
ESFP: Comunicativos, compreensivos, amistosos. Gostam de tudo e tornam tudo mais divertido para os outros por meio de sua própria empolgação. Gostam de ação e de fazer as coisas acontecerem. Sabem o que está acontecendo e querem participar ativamente. Maior facilidade para se lembrar de fatos do que de teorias. São ótimos em situações que requerem bom-senso e habilidade prática com as pessoas	são amistosos, extrovertidos, brincalhões e agradáveis; são atraídos naturalmente para outras pessoas. Gostam de trabalhar em grupos com outras pessoas dinâmicas e animadas, e adoram oferecer alternativas sensatas	Improvisadores entusiastas

Tipo Psicológico e características	Nas organizações	Como líderes
ENFP: Muito entusiasmados, alegres, criativos, imaginativos. Capazes de fazer a maior parte das coisas que lhes interessam. Acham soluções rapidamente para qualquer tipo de dificuldade. Sempre prontos para ajudar as pessoas com problemas. Preferem improvisações em vez de planejamento prévio. Geralmente, encontram razões convincentes para aquilo que querem.	são entusiásticos, criteriosos, inovadores, versáteis e incansáveis na busca de novas possibilidades. Gostam de trabalhar em equipes para trazer modificações que aprimoram a vida para as pessoas.	Catalizadores impetuosos
ENTP: Rápidos, criativos, com muitas habilidades. São companhias agradáveis, estão sempre atentos e sinceros. Discutem somente por divertimento. Grande habilidade na solução de problemas novos e desafiantes, porém, podem ser negligentes com tarefas rotineiras. Têm facilidade em encontrar razões lógicas para o que querem.	são inovadores, estratégicos, versáteis, analíticos e empreendedores. Gostam de trabalhar com outras pessoas em atividades iniciais que requerem criatividade e desenvoltura excepcional.	Exploradores inovadores
ESTJ: Práticos, realistas, naturalmente hábeis para negócios ou mecânica. Não mostram interesse por teorias abstratas; querem aprender sobre aplicações diretas e imediatas. Gostam de organizar e conduzir atividades. Geralmente, são bons administradores; determinados, rápidos na implantação de decisões.	são indivíduos lógicos, analíticos, decisivos e resolutos, que usam fatos concretos de forma sistemática. Gostam de trabalhar com outras pessoas para organizar os detalhes e operações com antecedência para realizar o trabalho	Condutores eficientes

Tipo Psicológico e características	Nas organizações	Como líderes
ESFJ: Afetuosos, faladores, populares, cuidadosos, bons colaboradores, membros ativos de comitês. Necessitam de harmonia e têm habilidade para criá-la. Tendem a estar sempre fazendo o bem para alguma pessoa. Trabalham melhor se encorajados e elogiados. Seu interesse está naquilo que afeta direta e visivelmente a vida das pessoas	são prestimosos, perceptivos, compassivos e metódicos. Valorizam muito os relacionamentos harmoniosos e gostam de organizar as pessoas e projetos para ajudar na conclusão das tarefas que lhes foram atribuídas	Construtores comprometidos
ENFJ: Prestativos e responsáveis. Muito preocupados com o que os outros pensam e querem. Tentam sempre respeitar os sentimentos dos outros. Podem apresentar propostas e liderar uma discussão em grupo com muito tato e habilidade. Sociáveis, populares, complacentes. Reagem a elogios e críticas. Gostam de facilitar as coisas para as pessoas.	são sociáveis, compreensivos, tolerantes, sensatos e facilitadores de boa comunicação. Gostam de trabalhar com os outros em uma variedade de tarefas que incentivam o desenvolvimento das pessoas.	Mobilizadores cativantes
ENTJ: Sinceros, decididos, líderes. Desenvolvem e implantam amplos sistemas para resolver problemas organizacionais. Habilidade especial para tudo que necessita de explicações e discursos inteligentes, tais como falar em público. Geralmente, são bem informados e gostam de aumentar seus conhecimentos.	são lógicos, organizados, estruturados, objetivos e decisivos sobre o que consideram como válido sob o ponto de vista conceitual. Gostam de trabalhar com outras pessoas, especialmente quando assumem o controle e adicionam um plano estratégico.	Dirigentes estratégicos.

Fonte: DIAS, 2015

Do ponto de vista de carreira, o tipo psicológico pode facilitar a inserção de um indivíduo em determinado tipo de trabalho, mas isso não é definidor. Numa análise simples poderíamos pensar assim:

Os extrovertidos são bons em atendimento ao público, palestras, reuniões, trabalhos em equipe enquanto que os introvertidos são bons em fazer relatórios detalhados, trabalhos que exigem concentração. Sim, por uma inclinação natural do tipo, os extrovertidos que tem mais características que ajudam na comunicação, veja a tabela.

Tabela 21: Facetas da Extroversão e Introversão

Onde isso é importante	Facetas de Extroversão	Facetas de Introversão
Formas de se conectar	Iniciador: Sociável, simpático, apresenta pessoas	Receptor: Reservado, controlado, é apresentado
Comunicando sentimentos, pensamentos e interesses	Expressivo: Demonstrativo, fácil de conhecer, autor revelador	Contido: Controlado, mais difícil de conhecer, privado
Relacionamentos profundos	Gregário: Quer pertencer, ampliar círculo, participar de grupos	Íntimo: Busca intimidade, um a um, encontra pessoas
Formas de se comunicar, socializar e aprender	Ativo: Interativo, quer contato, escuta e fala	Reflexivo: Observador, prefere espaço, lê e escreve
Nível e tipo de energia	Entusiasmado: Cheio de vida, energia, busca destaque	Quieto: Tranquilo, gosta de solidão, busca conhecimento

Fonte: MBTI®

Por outro lado, o excesso de expressividade também pode ser prejudicial, a depender do ambiente profissional que se encontre, de modo que o tipo é apenas mais um elemento que podemos olhar, na evolução de nosso autoconhecimento e também na busca de realizarmos nossa essência através do trabalho, que é a tese defendida neste livro.

Do mesmo modo podemos pensar que quem é **Sensação** é bom em trabalhos de rotina, são organizados, detalhistas checam tudo e quem é **Intuição** é bom em atividade de criação, trabalhos que não tem rotina nem tentos detalhes a serem checados. Quem é **Pensamento** é bom em tomar decisões lógicas e racionais e quem é **Sentimento** é bom em lidar com o público em geral, considerar o que os outros sentem antes de tomar uma decisão. Por fim, quem é **Julgamento** é bom em planejamento, cumprimento de prazos, atividades que precisam ser feitas rapidamente desde que estruturadas, organizadas, que tenha cronograma e quem é **Percepção** é bom em atividades cuja rotina muda a todo o momento, trabalhos que podem demorar, mas que tenham dinamismo, improvisos, espontâneos e flexíveis.

Conhecer o tipo nos ajuda a entendermos melhor nosso estilo de liderança, de comunicação, nossas contribuições para as empresas, os nossos ambientes de trabalho e nossos estilos de aprendizagem preferidos, entendemos melhor nosso processo de tomada de decisões, como gerenciamos conflitos, além de revelar as dificuldades eventuais que possamos ter e as soluções para nosso desenvolvimento.

3.4 Vocação

No mundo animal, é fácil identificar a vocação afinal: **"Se quisermos que um animal suba numa árvore, é melhor encontrarmos um esquilo do que treinarmos um peixe".**

Schopenhauer (2001, p. 17) vai dizer que:

> "Do mesmo modo como o peixe se sente bem apenas na água, o pássaro apenas no ar, a toupeira apenas embaixo da terra, todo homem se sente bem apenas na atmosfera que lhe é apropriada; pois o ar da corte, por exemplo, não é respirável para todos. Por não entender tudo isso suficientemente, muitos fazem todo gênero de tentativa destinada a fracassar; em particular exercem uma violência em relação ao próprio caráter, mesmo se, em geral, acabam tendo de ceder a ele: e aquilo que dessa maneira, contra a sua natureza, atingem com esforço, não lhes dará nenhum prazer; o que aprendem dessa maneira permanecerá morto"

Ou seja, estas falas nos dão a ideia de que há em nós uma "natureza vocacionada", para os animais, eu realmente concordo, mas para os humanos, será que eles têm mesmo uma vocação clara? E se tem, será que ela alcança a todos? Todos nós temos uma vocação natural?

Fernanda Montenegro, atriz brasileira muito premiada incluindo uma indicação para o Oscar e hoje imortal na Academia Brasileira de Letras, disse em uma entrevista as vésperas de completar 90 anos de idade o seguinte:

"Nunca almejei esses títulos. Aceitei minha vocação como um bicho impetuoso".

Adiante, na mesma entrevista, e falando sobre sua vocação para o teatro, ela completa: "por uma deformação profissional vinda do teatro, sempre enxergo a vida pelo olhar dos personagens que interpretei. Não tenho como exercer outro ofício".

É marcante ver uma pessoa com tanta experiência de vida falar em vocação e ofício, vocação para ser atriz, mas e alguém que passou sua vida como escravizado, será que concordaria que essa teria sido essa sua vocação?

Aristóteles, filósofo grego, detinha escravos em seu poder, certa vez disse que: "a humanidade se divide em duas: os senhores e os escravos; aqueles que tem o direito de mando, e os que nasceram para obedecer" (Gomes, 2019, p. 63). Para ele "os homens não são naturalmente iguais, mas que uns nascem para a escravidão e outros para o domínio" Rousseau (2011, p. 15).

Em Ética a Nicômaco, o filósofo ao dissertar sobre a felicidade, de que ela não viria necessariamente do trabalho, nem do prazer corporal, mas do desenvolvimento das virtudes, fica claro que ele não considerava os escravos como realmente seres humanos com direito a felicidade:

> Além do que, uma pessoa qualquer — até um escravo — pode fruir os prazeres do corpo não menos que o melhor dos homens, mas ninguém considera o escravo partícipe da felicidade — a não ser que também o considere partícipe da vida humana. Com efeito, a felicidade não reside em tais ocupações, mas, como já dissemos, nas atividades virtuosas (Aristóteles, 1991. pp. 232-233).

Esta ideia nos faz compreender a escravidão como vocação, ideia que permeava no pensamento grego, trazida inclusive na República de Platão, anteriormente a fala de Aristóteles, mas veja só, Platão entendia que as cidades gregas não deveriam ter escravos de origem helênica, para evitar separações e ódios internos na cidade.

O que você acha disso? Certas pessoas nasceram para serem escravizadas? Seria esta a vocação de 24 milhões de negros que ao longo de quase 4 séculos foram capturados na África, sendo que metade disso, morreu no próprio solo africano antes de embarcar em navios negreiros, e outros quase 2 milhões morreram durante a viagem, dentro dos navios negreiros antes de chegarem aos seus sombrios destinos.

Rousseau (2011) no século 18 no clássico livro O contrato social, ao dissertar sobre escravidão, vai afirmar que "as palavras escravatura e direito são contraditórias" (p. 21) isto porque para ele "de qualquer lado que se considerem as coisas, direito de escravidão é nulo, não somente porque é ilegítimo, senão porque é absurdo e nada significa".

Antes da Primeira Revolução Industrial, em meados do século XVIII, as ocupações eram suavemente transmitidas de pai para filho, e cada indivíduo escolhia seu próprio chamado à luz de suas próprias inclinações.

Se você colocasse numa máquina do tempo, um camponês europeu do ano de 1300 e o levasse até o ano de 1800 na mesma região, ele mal notaria alguma diferença. Durante séculos, nada mudou. É claro que houve acontecimentos importantes, e estes ficaram escritos nos livros, mas as mudanças no trabalho humano eram muito poucas. O mundo do trabalho muda mesmo com a primeira revolução industrial (Scheidel, 2020; Bregman, 2018).

Max Weber (2013, p. 101) em Ética Protestante e o espírito do capitalismo, explica a ética do trabalho da seguinte forma: todas as pessoas são designadas por Deus a trabalhar em uma vocação um chamado: "a sua vocação era algo que o homem deveria aceitar como uma ordenação divina, à qual deveria adaptar-se".

Uma vez que todos são chamados por Deus a trabalhar em sua vocação, trabalhar com afinco e dedicação ao seu chamado é sinal de salvação e o retorno deste trabalho, o dinheiro recebido, é a prova divina de que o indivíduo fez a escolha certa, de maneira análoga, esbanjar o fruto do trabalho é uma corrupção, um desvio de conduta. Trabalhar muito e consumir pouco produz o acúmulo de riqueza, o que alimenta o capitalismo. No final das contas Deus ajuda, quem se ajuda (WEBER, 2013).

Para Sandel (2020, p. 59), Weber vislumbra o que ele chama de uma "versão inicial de arrogância meritocrática", pois a salvação ou danação eterna já estava nos planos de Deus, os escolhidos seriam salvos e os não escolhidos... bem, estes precisam aceitar seu destino. "A combinação entre esforço humano e sanção providencial impulsiona a meritocracia. Isso acaba com a ética da sorte e promete alinhar sucesso mundano e merecimento moral" (p. 63). "Se a prosperidade for sinal de salvação, o sofrimento é sinal de pecado" (p. 67).

Caplow (1954) afirma que esta crença é uma crença paralela e realizada sobre a seleção de parceiros conjugais também. Nenhuma das opiniões é muito precisa, mas, por várias razões, o estudo histórico da seleção ocupacional é mais difícil do que a seleção conjugal, pois a maioria da população era rural até o final do século XVIII. Portanto, um avô agricultor, um pai operário e um filho trabalhando dentro de um escritório, já seria suficiente para provar que essa inclinação não é hereditária, mas está mais conectada com a transformação do mundo do trabalho na sociedade. A ideia de habilidade natural, também fica fragilizada, pois a avó poderia ter habilidade para trabalhar no escritório, já que em sua época não existia um?

No mais, estudos mostram que um avô fazendeiro, tem mais chances de garantir um neto empresário ou trabalhador qualificado do que um avô trabalhador rural fazer o mesmo por seu neto, que terá estatisticamente mais chances de continuar uma saga como vendedor ambulante ou operário (Scheidel, 2020; Sandel, 2020; Ribeiro, 2017).

Desde Francis Galton no século XIX, já existem estudos falando sobre a seleção natural da elite, sua tese era de que um homem notável teria filhos notáveis. Aliás, Galton, que era primo de Charles Darwin, em um artigo chamado ("*Regression towards Mediocrity in Hereditary Stature*") investigava a altura dos filhos em relação à dos pais e apresentou um fenômeno muito importante que é o conceito estatístico de regressão à média, descoberto em 1886, que numa explicação bem simplória, seria a ideia de que quando uma variável extrema aparece na sua primeira medição, ela tenderá a ser mais próxima da média em sua segunda medição. De modo que pais altos tendem a ter filhos, na média mais altos, mesmo que um seja baixo, os outros provavelmente retornarão à média (Kahneman, 2012; Visher, 1948; Schneider, 1938).

Ou seja, influência genética, e também o desenvolvimento econômico, que leva ao estado de bem-estar social, incluindo assistência sanitária, médica e melhores condições de saúde, faz com pessoas nestas condições tenham melhor alimentação e cresçam mais (estatura) de geração em geração, além de terem maiores possibilidades intelectuais, uma vez que pobreza gera falta de alimentação e falta de alimentação, hoje se sabe, inibe muito do desenvolvimento intelectual das pessoas (DEATON, 2017; DUCKWORTH, 2016; ANANDI MANI, 2013; RAINE, 2013).

Como afirma Adrian Raine (2013, p. 244 – tradução nossa): "Pobreza nutritiva leva a baixo QI".

E como mobilidade social é algo lento, e na maioria dos países uma elite econômica prevalece sobre a elite intelectual, há uma ruptura muito severa sobre a ideia de vocação como um chamado, e a possibilidade de realizá-la. Já que o acesso ao mundo do trabalho torna-se muito mais limitado para o indivíduo de poucos recursos financeiros e, portanto, menor acesso às possibilidades.

Vide o caso do escândalo de compras de vagas nas universidades america-nas, revelado em 2019, quando pessoas foram presas, inclusive a atriz Lori Loughlin, famosa por ter participado da série Full House (Três é demais) da Netflix. Havia um esquema montado para burlar as regras do acesso as melhores escolas à custa de subornos e fraudes, além de que bilionários por fazerem doações patrimoniais as escolas, garantem que seus filhos, mesmo sem precisar de qualquer tipo de teste meritocrático, tenham o acesso. E com melhor formação, mais possibilidades no mundo do trabalho (EXAME, 2019).

Sandel (2020) recorda que Thomas Jefferson acreditava na ideia de uma a**ristocracia natural**, baseada em virtude e talento, como Confúcio na China antiga, que acreditava que aquelas pessoas que se destacavam por virtude e habilidade é que deveriam governar.

Estas ideias também podem ser percebidas nas falas de Platão na república, de que o governante deveria ser o rei filósofo, o mais competente: "porque nele somente os verdadeiramente ricos governarão - não aqueles que são ricos em ouro, mas aqueles que são abastados na riqueza necessária aos felizes, a saber, uma vida boa e sábia" (Platão, 2014, p. 297).

Por volta da metade do século XX, Edward Thorndike (1934), num estudo sobre a previsão do sucesso vocacional, descobriu que, quando a análise dos padrões de carreira iniciática era restrita aos graduados do ensino médio (com a população universitária economicamente privilegiada excluída), havia pouca ou nenhuma influência do status parental no sucesso ocupacional. De fato, apesar das numerosas circunstâncias que possibilitam aos pais facilitar a colocação de seus filhos em posições vantajosas, o principal mecanismo para a herança do nível ocupacional parece ser o sistema educacional (Caplow, 1954, p. 78).

Exceto pela minoria minúscula cujas escolhas ocupacionais são cristalizadas na infância ou adolescência, as escolhas ocorrem nos pontos em que são incorporadas ao sistema educacional (CAPLOW, 1954).

De modo que o estudo psicológico das diferenças profissionais que começa com a tentativa de Francis Galton de explicar a herança ocupacional em termos de "habilidade natural", acumulou uma enorme massa de informações sobre as diferenças individuais e variações ocupacionais no desempenho e recompensa. A orientação profissional com base nos resultados dos testes tornou-se uma técnica bem estabelecida na indústria e por alguns governos. A medição de aptidões, habilidades, capacidades, interesses, atitudes, reações cinéticas e quase todas as outras características detectáveis dos indivíduos é analisada na maioria das organizações que buscam encontrar o perfil certo para a posição certa (CAPLOW, 1954).

Mas, mesmo com tudo isso, não podemos afirmar de forma definitiva, se há mesmo uma vocação, um chamado para todos nós neste mundo. Afinal:

O que você nasceu para fazer?

O que você faz como ninguém?

O que você faz com prazer?

O que você faria, por você, por alguém, pela cidade ou pais mesmo sem receber dinheiro em troca?

Responder essas perguntas nem sempre é uma tarefa simples, principalmente sabendo que é através disso que você dará ou poderá dar um rumo para sua vida.

É comum ter clientes que se sentem "perdidos" e não realizados profissionalmente, mas também é comum, encontrar pessoas realizadas profissionalmente, mas que dizem faltar algo.

Em muitos casos, eles relacionam essas sensações com uma falta de definição do que seria a sua "verdadeira vocação".

E os mais jovens, caramba, como muitos sofrem para escolher uma profissão, já definida num catálogo com uma infinidade de opções, mas que ao olharem para si, veem também uma infinidade de talentos e gostos (ou não!), o que torna uma árdua tarefa essa escolha.

Para teóricos das teorias desenvolvimentistas, a identidade vocacional começa a ser trabalhada desde cedo, a criança vai recebendo informações, dados e vivências vindas do contato com o seu meio social durante toda a vida, com o passar do tempo as experiências e conhecimentos vão moldando a formação da vocação, o que Piaget chama de *habitus* (Sampaio, 2013).

E, ainda, há aqueles que precisam trabalhar para ganhar a vida, não têm tempo de descobrir o que querem, precisam encarar o que se tem disponível por aí. Nas palavras de Pascal: "a oportunidade que determina a escolha de uma profissão" (Weber, 2013, p. 117).

Adam Smith já trazia um texto neste sentido para ele:

> "A diferença entre as personalidades mais diferentes, entre um filósofo e um carregador comum da rua, por exemplo, parece não provir tanto da natureza, mas antes do hábito, do costume, da educação ou formação. Ao virem ao mundo, e durante os seis ou oito primeiros anos de existência, talvez fossem muito semelhantes entre si, e nem seus pais nem seus companheiros de folguedo eram capazes de perceber nenhuma diferença notável" Smith (1996, p. 75).

Com percebido, o tema vocação é bastante amplo, então vamos fazer mais algumas reflexões a respeito.

Gosto muito de uma frase atribuída a Aristóteles: **"onde se cruzam os nossos talentos e as necessidades do mundo, aí está nossa vocação".**

Você pode acreditar em carma, em vidas passadas, em destino, em qualquer coisa da metafísica, mas isso pode apenas te explicar um conceito, fazer "fechar a conta" na sua cabeça sobre o inexplicável que lhe faz ser quem é, mas pode não satisfazer uma pergunta essencialmente sua, que sua cabeça martela o tempo todo e que anseia ainda por uma resposta direcionada única e exclusivamente a você, com seu RG e CPF, qual é o seu propósito?

O fato é que sempre vejo pessoas buscando um propósito - claro que nem todas, pois nem todos param para refletir sobre sua própria existência, alguns apenas fazem, cumprem as tarefas do dia a dia, e seguem assim por anos a fio, sem nunca se questionar. Para estes, o solilóquio shakespeariano: **"ser ou não ser"**, nunca será uma questão. Porém, o que observo, e o que acontece também comigo, é que **é necessário encontrar um porquê**, e esse porquê pode ser respondido por sua vocação.

Vocação é um termo derivado de "*vocatio*" ou "*vocare*" que em latim significa "chamar" ou "chamado divino" do verbo convocar, e chama para uma vida de santi-dade, especialmente em um mosteiro ou como clérigo, porém, segundo Weber (2013) esta palavra como a conhecemos hoje, é produto da Reforma Protestante do século XVI liderada por Martinho Lutero, embora ela já havia existido na idade média e na Grécia antiga, Lutero ao traduzir a Bíblia, mais especificamente o livro de Eclesiastes criou um sentido de objetivo de vida para esta palavra[37], uma ideia de ter um campo definido para se trabalhar, que era uma forma de valorizar o cumprimento do dever em afazeres mundanos. Seria um modo de vida aceitável para Deus para aqueles que não viviam a vida monástica, era o cumprimento das obrigações impostas ao indivíduo por sua posição no mundo.

Para o filósofo Echenique (2010) a vocação é um chamado que cada um tem da sua própria felicidade. Não sendo um termo político, religioso, científico nem

---

37 Weber explica que a Lutero usou a palavra *Beruf* em alemão e outras traduções em inglês usaram *calling*, dando sempre o sentido de chamado, que até então, nenhuma outra bíblia continha tal palavra com este sentido. Até a idade média *vocatio* não era traduzida como *Beruf*, esse conceito não era conhecido, porque somente o homem livre poderia engajar-se numa *Beruf*, porém, não haviam homens livres naquela época.

artístico, mas um termo fundamentalmente filosófico. Tem a ver com **"a compreensão consciente do destino"**. A vocação seria a oportunidade que todo ser humano tem de conquistar seu destino, ao mesmo tempo integrar-se a sociedade sendo útil aos demais, através do trabalho que lhe é próprio e que permite se realizar e ser feliz. Desta forma o trabalho não é mais visto como um mal necessário[38], mas como forma de realizarmo-nos como humanos. O que inclusive elimina qualquer tipo de preconceito ou tratamento injusto, pois um sapateiro vale tanto quanto um médico, um cozinheiro tanto quanto um engenheiro, o que distingue um profissional do outro é somente a qualidade superior e isso depende de uma educação vocacionada em função da natureza de cada um.

Por causa disso, muitos acreditam que esse "chamado" é algo que deve ser esperado e que vai surgir de repente, como uma luz. A convocação do destino, a realização de um sonho, um estado de felicidade pleno.

No entanto, é preciso ter um papel ativo na definição de nossas vocações. E é somente conhecendo bem a si mesmo e sabendo informações sobre diversos assuntos que você conseguirá descobri-las. Quando a gente se conhece, sabe o que faz sentido para si, e tem consciência de nossas potencialidades fica mais fácil para escolher.

A vocação não deve ser procurada de forma direta, ela é como a luz para os olhos, ou seja, os olhos não veem a luz, mas os objetos iluminados por ela. Ela é uma eterna companheira invisível (ECHENIQUE, 2010 p. 122).

Para isso, precisamos ter consciência de nossas potencialidades e escolhas, e uma grande questão enfrentada por muitos, neste processo de descoberta, é o dinheiro: escolher o que dá dinheiro ou o que eu gosto, tenho prazer em fazer?

Seria possível conciliar as duas coisas?

Sim e não, poderá ser necessário fazer escolhas, e **a escolha é um talento que deve ser desenvolvido**, requer autoconhecimento e objetivos claros.

Autoconhecimento porque nos leva à consciência das nossas potencialidades; **escolhas** que nos levam à realização dos nossos **objetivos**, nos dão completude, será isso o chamado?

Echenique (2010) entende que grande parte do nosso potencial se manifesta quando trabalhamos por prazer, por gostarmos de fazer alguma coisa, segundo ele ninguém trabalha como voluntário fazendo algo de que não gosta, por isso, esse tipo de trabalho desvinculado dos fatores de pressão do dia-a-dia, se mostra tão interessante para o estudo da vocação e citando Platão, na República, o filósofo nos mostra como as pessoas, desde pequenas, deveriam ser orientadas vocacionalmente.

Enfim, ao trazer essas visões sobre vocação quis provocar a seguinte discussão: ela de fato existe?

38 Vide definição de trabalho na página 11.

As visões apresentadas, do sociólogo Max Weber e do filósofo Michel Echenique se mostram em caminhos diferentes, enquanto para Weber o trabalho feito representa a vontade divina manifestada pelo homem, para Echenique, ela tem uma pré-disposição da alma. Echenique acredita na reencarnação e por ter sido muito ligado a filosofia oriental, seu pensamento traz a bagagem daquela região.

Mas será que podemos nos guiar sob a ideia de vocação, apenas olhando duas linhas de pensamento? Há inúmeras outras formas de pensar, incluindo outras vertentes filosóficas ou religiosas.

Nas palavras de Karl Marx: "Não é a consciência do homem que lhe determina o ser, mas, ao contrário, o seu ser social que lhe determina a consciência", ou seja, assim como as condições de trabalho dependem do contexto histórico e social talvez a vocação também assim seja.

Veja agora algumas dicas que podem ajudar você nesse processo de encontrar ou refletir sobre sua vocação:

Exercite o autoconhecimento

Para descobrir um trabalho que irá trazer satisfação, é preciso saber muito claramente tudo que você gosta. Com base nisso, descubra suas paixões, coisas que te incentivam, dão prazer.

Leia sobre assuntos do seu interesse

Como sua vocação muito possivelmente tem relação com os assuntos que você gosta, a leitura sobre eles pode facilitar na hora da escolha. Mantenha-se sempre informado.

Converse com amigos e familiares

Peça a pessoas que convivem com você e o conhecem bem para falar sobre suas melhores características. Muitas vezes, a gente nem percebe nossas qualidades. A partir daí é possível encontrar profissões que se relacionam com os traços da nossa personalidade.

Viaje e conheça novas culturas

Viajar é uma ótima forma de abrir a sua mente para um mundo de opções. Caso tenha possibilidade de ir ao exterior, aproveite-a! O contato com novas culturas e uma experiência internacional podem fazer com que sua visão da realidade mude, além de estimular o próprio conhecimento, não se limite a Miami, Disney e NY, vá ao oriente, dê uma chance para que o vasto conhecimento do outro lado do Greenwich te faça algumas provocações e reflexões existenciais, tem muita coisa além do consumo para se experimentar em uma viagem. Se a grana tá curta, não tem problema, visite outros bairros, cidades próximas ao seu entorno, o simples ato de ver outras formas de vida, o modo e no que as pessoas trabalham, irá te provocar reações.

Pesquise e estude

Procure saber mais sobre as áreas ligadas ao que você gosta de fazer, converse com profissionais da sua área de interesse, conheça suas rotinas, visite empresas. Dessa forma, é possível entender e vivenciar a experiência profissional de fato. Conhecer a realidade das profissões é fundamental, pois muitas delas se mostram diferentes no dia a dia do que geralmente se imagina.

Lembre-se sempre:

"Se você não sabe onde quer ir, qualquer caminho serve"

(Lewis Carroll, que era matemático, no livro clássico Alice no País das Maravilhas)

Assista também a entrevista: Como encontrar sua vocação?

3.5 Interesses

John Dewey (1859 - 1952), filósofo e pedagogo norte-americano, definiu 'interesse' como um processo ativo e dinâmico que tem seu lado emocional e é dirigido pela identificação do sujeito com ideias e objetivos.

Segundo o filósofo: "interesse verdadeiro é o resultado que acompanha a identificação do 'eu' com um objeto ou ideia, indispensável à completa expressão de uma atividade que o próprio 'eu' iniciou" (DEWEY, 1954, p. 52).

Para muitos, motivação e interesse são sinônimos, e não há consenso ou uma delimitação exata entre os termos, mas podemos colocar da seguinte forma:

O interesse é o que você faz, as coisas que você gosta, que lhe chamam a atenção, ele pode ser um dos componentes da motivação; já a motivação pode não ser por algo de interesse. A motivação é o porquê fazer o que você faz.

E partir do interesse e da motivação, você ainda precisa desenvolver a competência, que é uma das exigências do mercado de trabalho.

Por exemplo; eu me interesso por música, mas não me motiva a ponto de aprender a tocar um instrumento, ou mesmo que eu aprenda a tocar, tenho interesse inclusive de tocar em bares nos fins de semana?

Mais ainda, mesmo que eu me motive a este ponto, conseguirei viver dentro do padrão que desejo, fazendo isto?

É uma pergunta importante, o interesse é tamanho a ponto de se transformar em motivação para fazer? E se for, a motivação poderá superar adversidades que possam surgir ao longo do caminho?

O mais utilizado dos testes de interesse é o *Strong Vocational Interest Inventory* criado na década de 1920 por Edward K. Strong, da Universidade de Stanford. O inventário consiste em cerca de 400 perguntas, relacionadas a atividades, preferências, esportes e hobbies, atitudes gerais, traços de personalidade, aspirações e, é claro, preferências ocupacionais diretas.

Por exemplo, utilizando a escala de preferência ocupacional de Holland, que vimos no capítulo 3.4-Vocação, em cada preferência podemos detectar certos interesses, como a tabela mostra. E estes interesses podem ser graduados numa escala entre: muito pouco, pouco, moderado, alto, e muito alto interesse.

Tabela 22:

Preferência ocupacional	Interesses
Realista	Máquinas, redes de computadores, atletismo, trabalhando ao ar livre
Investigativa	Ciência, medicina, matemática, pesquisa
Artística	Autoexpressão, Apreciação de arte, comunicação, cultura
Social	Pessoas, trabalho em equipe, ajuda, serviço comunitário
Empreendedora	Negócios, política, Liderança, empreendedorismo
Convencional	Organização, dados gestão, contabilidade, investindo, sistemas de informação

Fonte: *Strong Interest Inventory* - CPP

Já na teoria de Roger Birkman, que vimos no capítulo 3.2-Personalidade, quando ele classificou "a sociedade natural" de acordo com os quatro tipos de personalidades: os fazedores em vermelho, em verde os faladores ou comunicadores, amarelo para os administradores e azul para os pensadores. Pode-se elencar também seus interesses, utilizando a mesma tabela, acrescentando duas variáveis importantes: **Tarefa e Pessoas**[39]. Para Birkman, estas duas variáveis podem apontar as inclinações profissionais, resta saber se essas inclinações de Tarefa ou Pessoas são de envolvimento direto ou indireto, conforme figura 14.

39 Para saber mais sobre o *assessment*: http://oineditoviavel.com.br/loja/detalhes/orientador-de-carreira/37/assessments

Figura 14: Interesses segundo Birkman

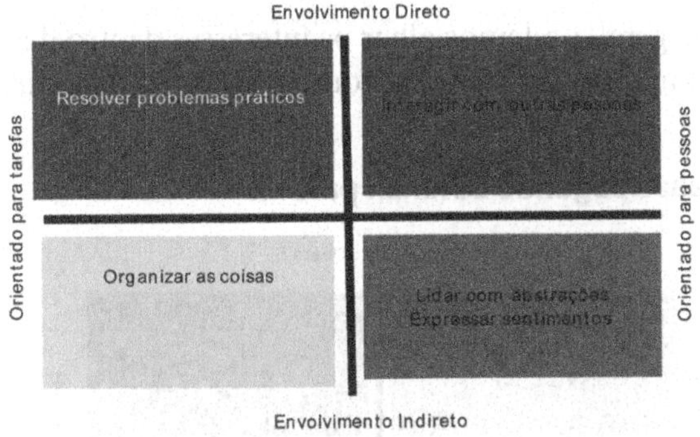

Fonte: Birkman Preview

E o que isso significa?

Os fazedores, tem envolvimento direto e orientado para tarefas, são pessoas que tem interesse em trabalhar com coisas, que implementam, consertam (máquinas, arvores, casas). Tem um foco em ação e realização. Tipos de trabalho que tem interesse (mecânico, ao ar livre, científico) envolve trabalhar com máquinas, resolver problemas práticos, atitudes "mão na massa". Trabalhar ao ar livre, trabalho com esportes, interesse no meio ambiente, trabalho que envolve análise e pesquisa, produção de conhecimento intelectual a partir de análises do campo.

Já o quadrante que tem envolvimento direto orientado para pessoas, são os faladores ou comunicadores, que trabalham com pessoas e usam persuasão (professores, vendedores). Tem um foco em comunicação e relacionamento. Tipo de trabalho (persuasivo, serviço social) envolve persuadir pessoas, motivar os outros, trocar ideias, debater, serviços que envolvam ajudar os outros, ensinar e acolher, entender os sentimentos e pensamentos dos outros.

No quadrante temos os administradores, as pessoas que trabalham com processos/sistemas (administração, escritórios, contadores, analistas). Eles têm envolvimento indireto e orientado para tarefas. Tem foco em administração e organização. Tipo de trabalho (administrativo, numérico) envolve sistemas de valores, apreciam ordem e exatidão, regras e procedimentos, trabalhar com números e dados financeiros, valoriza medidas e registros, fatos e dados concretos.

Finalizando, temos os de envolvimento indireto e orientado para pessoas, estes são os pensadores, que trabalham com ideias (estrategistas, formuladores de políticas públicas, designers). Tem um foco em planejamento e imaginação. Tipo de trabalho (artístico, literário, musical) envolve criar obras de valor estético, expressar ideias artisticamente, trabalhar o apreciar as artes plásticas, apreciar o impacto das palavras, poder sentir prazer em ler, escrever ou trabalhar com palavras, gostar de estudar teorias, tocar, cantar ou escrever música, apreciar concertos, ouvir música, valoriza harmonia.

De uma forma geral, podemos olhar os interesses dentro dessa classificação proposta por Birkman, desta maneira, como observado na figura 15:

Figura 15: Interesses segundo Birkman parte 2

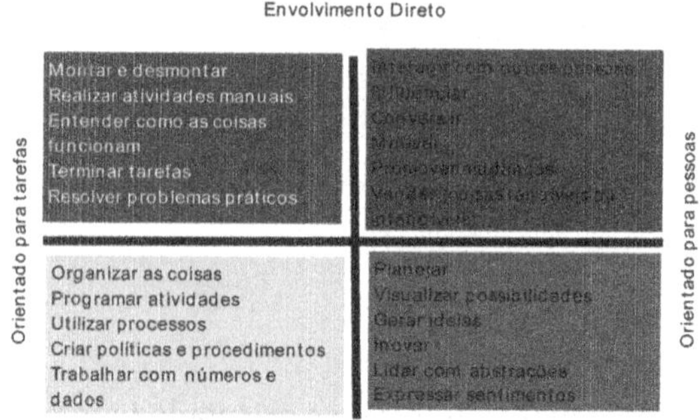

Fonte: Birkman Preview

Assim, analisando nossos interesses podemos ter uma ideia mais clara de nossa inclinação profissional, se quisermos satisfazê-los profissionalmente, o que nem sempre é o caso, muitas vezes os interesses são deixados apenas como um *hobby*, uma atividade de puro entretenimento.

Como já dito: "Trabalho consiste em tudo que um corpo é obrigado a fazer e prazer consiste naquilo que um corpo não se é obrigado a fazer" (Twain, 2007, p. 22 – tradução nossa)

E mais, ainda na mesma obra Twain complementa: "Existem cavalheiros ricos na Inglaterra que dirigem carruagens de quatro cavalos a trinta ou trinta quilômetros por dia, no verão, porque o privilégio lhes custa um dinheiro considerável; mas se lhes fosse oferecido um salário pelo serviço, isso iria transformá-lo em trabalho e então eles se demitiriam" (Twain, 2007, p. 22 – tradução nossa).

Você tem algum tipo de atividade que faça por lazer? Um *hobby*? É comum constatar que pessoas encontram sua vocação na vida, através de um *hobby*, faziam sem nenhum interesse comercial, mas acabaram convergindo o lazer em profissão. Mas, por outro lado, como mostra Twain, há também um risco, ao transformar um *hobby* em lazer você deixa de ter um lazer.

Ibarra (2007) mostra o caso de um consultor que após um período sabático onde explorou a atividade de mergulho, seu *hobby*, fez dela um modo de vida, se tornando dono de uma escola de mergulho, porém, isso o fez concluir que o *hobby* perdeu o apelo e então, decidiu voltar a sua carreira tradicional.

Fink e Capparell (2013, p. 38) definem o interesse como o "WHAT" o que você gosta de fazer ou onde gravita em termos de suas atividades, na visão dos autores, "alimentar nossos interesses mais vitais é tão essencial para alimentar o espírito de uma pessoa quanto a água para uma planta".

Para evoluir na análise de interesses, liste as coisas que você tem interesse, não se limite, elabore uma lista longa. Tente calibrar seus interesses pensando em coisas que te chamam atenção.

Uma vez de posse desta lista, agora classifique cada um deles de forma numérica de 1 a 99, utilizando a escala da tabela 23:

Tabela 23: Escala de preferências de interesse

Menos que 10	algo que você prefere delegar a outras pessoas
10 - 39	Algo que você provavelmente preferiria não fazer se tivesse a opção
40 - 60	Algo que você pode pegar ou sair
61 - 75	Algo que provavelmente é uma atividade regular
76 - 90	Algo que você provavelmente sentirá que não pode viver sem
Acima de 90	Uma verdadeira paixão que pode mudar a vida

Fonte: Fink e Capparell (2013, p. 38 tradução nossa)

Há que se observar a diferença entre interesse e paixão, pois interesses não são necessariamente onde você é bom, ou seja, interesse não necessariamente é uma habilidade ou talento, tampouco uma necessidade. Interesse é diferente de proficiência! Nem sempre os interesses significam competências, ou seja, eu posso ter interesses em várias coisas, mas desenvolver competência em outra completamente diferente, por isso a questão social, oportunidades, momento de vida etc., também são relevantes neste processo.

"Interesses não são descobertos por meio de introspecção. Pelo contrário, são acionados por interações com o mundo à nossa volta" (Duckworth, 2016, p. 116).

Não espere nunca encontrar o trabalho perfeito, há muitas possibilidades que se encaixam nos seus interesses, e nem sempre é fácil encontrar remuneração fazendo apenas o que nos interessamos, além de que certos interesses na vida, muitas vezes são muito efêmeros, mas comece olhando os interesses, preste atenção a eles, eles ajudam demais!

Estudos de meta-análise, com dados de quase cem pesquisas com profissionais adultos de quase todas as profissões, mostram que as pessoas ficam muito mais satisfeitas com o trabalho quando fazem algo que coincida com seus interesses pessoais. Outra pesquisa, também de meta-analise, com sessenta pesquisas feitas ao longo de sessenta anos, evidencia que pessoas apresentam um melhor desempenho no trabalho quando fazem os que lhes interessa (Duckworth, 2016, p. 109)

Assim, nas palavras da pesquisadora que prega que a excelência vem do hábito de fazer muitas vezes a mesma coisa, e se essa coisa é algo que te interessa: "Meu conselho para vocês é: pensem naquilo que mais gostem de fazer na vida e tentem fazer isso o tempo todo. A vida é breve! Corram atrás dos seus sonhos". (2016, p. 107).

Os instrumentos oferecidos aqui são apenas um tijolo nessa construção, outros tijolos sempre precisam ser colocados também ao longo do tempo.

3.6 Competências

O que é Competência?

Existem muitas definições para o termo competência, Competência na definição de McClelland (1973), por exemplo, é "um conjunto de conhecimentos, características e atitudes que afetam ou influenciam a performance individual no trabalho".

Outra definição importante, foi dada por Scott B. Parry:

> "Um agrupamento de Conhecimentos, Habilidades e Atitudes correlacionados, que afeta uma parte considerável da atividade de alguém, que se relaciona com o desempenho, que pode ser medido segundo padrões preestabelecidos e que pode ser melhorado por meio de treinamento e desenvolvimento". (DIAS, 2015, p. 75).

Ser competente é sair do estado "inconsciente incompetente" e chegarmos ao estado "inconsciente competente", ou seja, é sair do lugar "de não saber" e, por isso, não fazer, para fazer sem perceber que se faz, portanto, ser competente de forma inconsciente. Vamos simplificar. Observe a figura 16:

Figura 16: As 4 fases do aprendizado

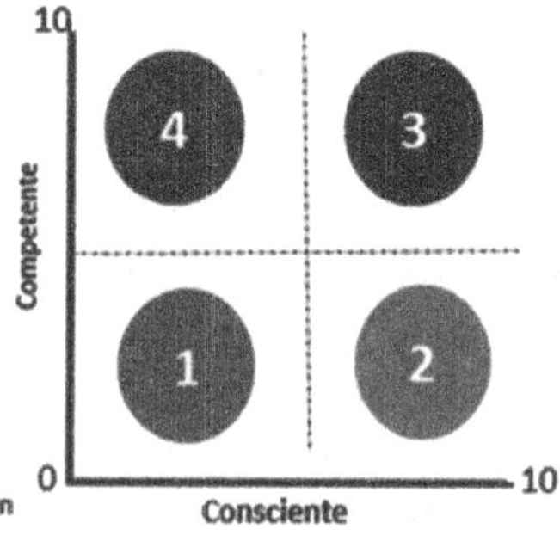

Fonte: Dias (2015 p. 104)

A partir do eixo vertical competência, podemos medir de zero competência, portanto incompetência, até o nível 10, de total competência. Do mesmo modo para o eixo horizontal, medimos a inconsciência, nível zero, até a total consciência, nível 10.

No quadrante 1, temos o Inconsciente incompetente: eu não sei que não sei (não tenho consciência da existência e, portanto, não tenho competência); é o estado que pode me levar a curiosidade.

No 2, temos a consciência incompetente: aqui eu já sei que não sei, já sei que existe, mas não faço; tenho consciência (mente), mas não tenho competência (atitude); é o estado da confusão.

No quadrante 3, agora é a consciência competente: eu sei que sei, faço, mas não naturalmente, preciso acionar o mecanismo da atitude; é o estado do entendimento.

E por último, no quadrante 4, é a inconsciência competente: nem sei que sei ou não sei o quanto sei, mas faço naturalmente, está incorporado em mim, tenho a atitude naturalmente aplicada; é o estado da excelência.

Ao chegar ao nível 4, podemos dizer que aprendemos que temos a competência. É assim para qualquer coisa, para qualquer conteúdo que vemos. Portanto, é um exercício diário. A aprendizagem é uma mudança estável do comportamento, por meio do desenvolvimento das aptidões, que resulta na aquisição de conhecimentos, aprimoramento de habilidades e formação ou mudança de atitudes.

Para sair do quadrante 1 e chegar ao 4, é necessário esforço, dedicação e claro, tempo. É tornar o difícil em fácil. Afinal, tudo que hoje é fácil pode ter sido um dia difícil, do mesmo modo que tudo que hoje é difícil, poderá ser um dia fácil, basta combinar, dedicação e tempo. Como ensinou Fritz Perls: "Aprender é descobrir que algo é possível".

Nas organizações o desenvolvimento de competências se dá em diferentes níveis, Treinamento, quando se refere a tarefa, Desenvolvimento, quando se fala em carreira, essa combinação muitas vezes recebe a sigla de T&D nas empresas, uma área estratégica em Recursos Humanos, e também Educação, de forma mais ampla, como elucida Eboli (2004, p. 148):

Treinamento: objetivo é melhorar o desempenho das pessoas, com foco em uma tarefa específica, e de alcance de curto prazo.

Desenvolvimento: o propósito de capacitar os profissionais a assumir novas e futuras posições na carreira, tendo alcance de médio prazo.

Educação: com a finalidade de formar a pessoa para a vida e para o mundo, tendo assim alcance de longo prazo.

Dweck (2017) citando Alfred Binet, um dos criadores do teste de QI no início do século XX vai dizer que: "com a prática, o treinamento e, acima de tudo, o método, somos capazes de aperfeiçoar nossa atenção, nossa memória e nossa capacidade de julgamento, tornando-nos literalmente mais inteligentes".

Ou seja, competência é aprendizagem e por ser aprendizagem todos podem ser competentes. A pesquisadora traz em sua tese a ideia de dois tipos de mentalidade ou *mindset*, mentalidade fixa e mentalidade de crescimento, ambas têm reflexo na vida e no desenvolvimento das competências que as pessoas desenvolvem. Para ela, as pessoas de mentalidade fixa tendem a ter menos sucesso na vida, enquanto as de mentalidade de crescimento acabam tendo mais, por entenderem que suas capacidades de inteligência não são estáticas, mas em expansão. Ela elenca as seguintes situações e como cada mentalidade lida com a situação:

Tabela 24: Mindset

	Mindset fixo:	Mindset de crescimento:
Inteligência	estática	pode ser desenvolvida
Leva a um desejo de	parecer inteligente e assim uma tendência a evitar desafios	aprender e assim uma tendência a abraçar desafios
Em relação a obstáculos:	tende a ficar na defensiva ou desistir facilmente	persistem na dificuldade
Quanto ao esforço	enxergam como algo infrutífero ou pior	veem como caminho para a excelência
Críticas	ignoram o *feedback* negativo útil	aprendem com a crítica
Sucesso dos outros	Sentem-se ameaçados pelo sucesso dos outros	Encontram lições e inspirações no sucesso dos outros
Como resultado	provavelmente se acomodam mais cedo e conquistam menos que todo seu potencial possibilita	alcançam altos níveis de conquistas

FONTE: adaptado pelo autor de: (DWECK, 2017)

Jung e Kyrillos (2015) mostram uma pesquisa feita ao longo de 17 anos que analisou a personalidade e o comportamento de 4.500 executivos das 500 maiores companhias do mundo, para saber o que havia em comum entre eles e o que os diferenciava dos demais colaboradores. Três qualidades se destacaram em todos os líderes: equilíbrio, flexibilidade e comunicação.

Equilíbrio, flexibilidade e comunicação, podemos tratar como competências comportamentais, ou socioemocionais, ou o que hoje se chamam *softskills*. Mas não existem apenas competências comportamentais, elas também podem ser técnicas, as chamadas *hardskills*, ou *techskills*:

- **Técnicas:** são aquelas referentes à atividade em que a pessoa está inserida. Depende da função do cargo:
- Advogado: Direito
- Contador: Contabilidade
- Encanador: Hidráulica
- Vendedor: Técnica de Vendas

As competências técnicas recebem o acrônimo STEM de ciência[40], tecnologia, engenharia e matemática.

40 *Science* no original em inglês

- **Comportamentais:** são aquelas relacionadas ao comportamento ou atitude esperada por quem ocupa a posição, deveria traduzir em gestos a cultura da organização, o propósito que a organização tem sua razão de existir, sua missão, seus valores e sua visão. Geralmente, nas avaliações de competência é isso que as empresas fazem, tentam encontrar pessoas que tenham as competências necessárias para as tarefas e posições que as organizações precisam desempenhar.

Por sua vez, as competências comportamentais recebem o acrônimo HECI de humanidades, ética, criatividade e intuição. Que tem ganhado cada vez mais destaque quando se discutem as competências do futuro, mas não é de agora que as competências comportamentais têm peso na carreira dos indivíduos.

> "Os profissionais são contratados pela competência técnica, mas demitidos pelas competências comportamental e emocional. A máxima, com variações, é constante em consultorias e departamentos de RH. Não é à toa que muitas companhias contam com avaliações de competências emocionais nos relatórios de desempenho. As habilidades técnicas podem ser ofuscadas pela falta de controle sobre as emoções, dizem" (DIAS, 2015, p. 78).

Falaremos especificamente sobre competências emocionais no capítulo sobre Inteligência Emocional, mas para finalizar, trago um dado interessante de uma pesquisa feita pela The School Of Life em conjunto com a Robert Half. A pesquisa feita com 491 profissionais (296 líderes e 195 liderados) investigando habilidades emocionais que os profissionais gostariam de desenvolver, mostrou que em primeiro lugar há divergência entre líderes e liderados, espírito empreendedor (27,36%) para os líderes e confiança (33,33%) para liderados, porém, para ambos, a segunda habilidade mais desejada é a boa e velha calma (VALOR, 2021).

Figura 17: habilidades emocionais que profissionais gostariam de desenvolver

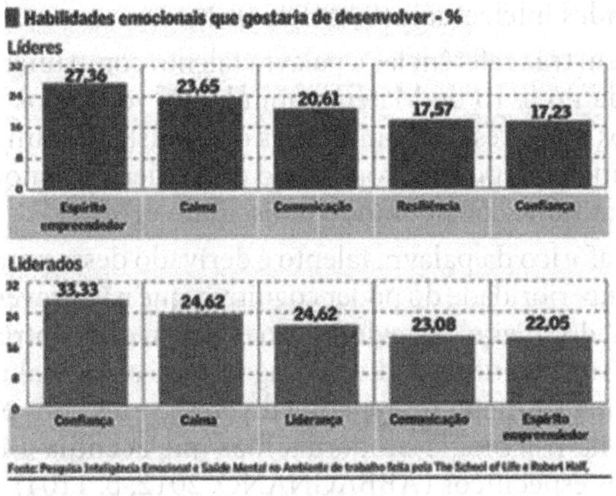

Fonte: Valor 9 set 21

O que reforça meu pensamento de que o básico, o mais humano, se bem feito sempre trata melhores resultados.

Falaremos especificamente sobre competências emocionais no capítulo sobre Inteligência Emocional.

3.6.1 Talento

> "As pessoas tendem a ser boas no que amam e amam o que são boas em fazer", mas "Se você é uma pessoa talentosa, isso não significa que você ganhou algo. Significa que você tem algo a oferecer".

Talento é a capacidade de pessoas gerarem resultados acima da média em uma situação específica. E por que específica? Porque o que é considerado talento para uns pode não ser para outros. Gardner esclarece que "em nossa própria sociedade, igualmente, pode haver modelos contrastantes e inclusive contraditórios daquilo que conta como um talento e do que deverá contar no futuro, o que é considerado talento na China pode parecer uma normalidade, ou um defeito em Chicago, ou vice-versa.

"Será talentoso o indivíduo que demonstrar no exercício das funções de uma organização, um grau de prontidão de suas competências superior à média; funcionários talentosos conseguem resultados superiores aos dos outros e, às vezes, superiores aos resultados esperados" Afirma Roncati in (Dias, 2015, p. 80).

Segundo o dicionário Aurélio talento é "aptidão natural ou desenvolvida".

Se você perguntar a qualquer atleta de alto nível sobre talento, com certeza dirá das horas que passa ou passou treinando para chegar àquele nível, ou seja, é questão de treino, de dedicação.

Logo: competências + talentos = resultados superiores

"Somos o que repetidamente fazemos. A excelência, portanto, não é um feito, mas um hábito". Dizia Aristóteles, quase 2.500 anos atrás.

Vale dizer que talento na Grécia antiga era uma moeda de metal, era comum filósofos receberem talentos dos governantes como forma de reconhecimento por suas capacidades intelectuais (SAMPAIO, 2012).

A Bíblia também traz referências a palavra talento como uma moeda, segundo a história, contada no livro de Mateus capítulo 25, versículos de 14 a 30, Jesus distribuiu talentos para três discípulos, dois deles distribuíram seus talentos e o multiplicaram, um deles, porém, com medo de perder suas moedas as guardou. Jesus criticou tal atitude, considerando o discípulo egoísta.

O sentido metafórico da palavra talento é derivado dessa parábola evangélica, representa uma "superioridade do poder cognitivo, que não provem do ensino, mas da aptidão natural do sujeito". Esta definição também é encontrada em Kant, que distingue talento em engenho produtivo, sagacidade e originalidade: este último gênio. Esta doutrina kantiana foi repetida diversas vezes com poucas variações, está presente até na psicologia moderna, mas que acentua a importância dos chamados talentos específicos (ABBAGNANO, 2012, p. 1104).

Mas, "o talento não é suficiente para o sucesso", diz Angela Duckworth (2016, p. 27) no livro Garra, ela que é professora da psicologia da Universidade da Pensilvânia, argumenta com base a muitos estudos, que o talento multiplicado pelo esforço, gera habilidade, e a habilidade, multiplicada pelo esforço que gera o êxito. Para ela, "o talento é a rapidez com que as habilidades de uma pessoa aumentam quando ela se esforça" (p. 54) e, "uma pessoa com o dobro do talento, mas metade da garra de outra pode alcançar o mesmo nível de habilidade, mas mesmo assim produzir muito menos no decorrer do tempo. Isso acontece porque à medida que os esforçados aprimoram sua habilidade, estão também empregando essa habilidade" (p. 62), para fazer o que se propuseram a fazer. Ela inclusive propõe um teste "garrômetro", para medir o nível de garra das pessoas:

Tabela 25: Teste nível de garra

Teste: Como anda a sua garra? Selecione abaixo, em cada pergunta, como você se vê:					
	Nada a ver comigo	Não muito a ver comigo	Um pouco a ver comigo	Bastante a ver comigo	Totalmente a ver comigo
1-Novas ideias e novos projetos às vezes me distraem dos anteriores	5	4	3	2	1
2-Obstáculos não me desestimulam. Eu não desisto com facilidade	1	2	3	4	6
3-Muitas vezes eu defino um objetivo, mas depois prefiro buscar outro.	5	4	3	2	1
4-Sou um trabalhador esforçado	1	2	3	4	5
5-Tenho dificuldade para manter o foco em projetos que exigem mais de alguns meses para terminar	5	4	3	2	1
6-Eu termino tudo o que começo	1	2	3	4	5
7-Meus interesses mudam de ano para ano	5	4	3	2	1

Teste: Como anda a sua garra? Selecione abaixo, em cada pergunta, como você se vê:					
8-Sou dedicado. Nunca desisto	1	2	3	4	5
9-Já estive obcecado durante algum tempo por certa ideia ou projeto, mas depois perdi o interesse	5	4	3	2	1
10-Já superei obstáculos para conquistar um objetivo importante	1	2	3	4	5
Some os pontos que fez em cada pergunta e divida por 10. A resposta esta no final do livro.					

Fonte: Duckworth (2016, p. 67)

Gladwell (2008, p. 43) citando os estudos de K. Anders Ericsson na academia de Música de Berlim reforça o compromisso teórico "de que a excelência em uma tarefa complexa requer um nível de prática mínimo está sempre ressurgindo em estados de *expertise*. Na realidade, afirma o autor, os pesquisadores chegaram ao que acreditam ser o número mágico para a verdadeira excelência: 10 mil horas". "Essas pesquisas indicam que são necessárias 10 mil horas de prática para se atingir o grau de destreza pertinente a um *expert* de nível internacional - em qualquer atividade" diz o neurologista Daniel Levitin citado por Gladwell, (2008, p. 43), reforçando que "10 mil horas equivalem a cerca de três horas por dia, ou 20 horas por semana, de treinamento por 10 anos".

Mas essa teoria não é imune a críticas, Epstein (2020) no livro Por que generalistas vencem em um mundo de especialistas, que inclusive recebe um texto de recomendação de Gladwell na capa: "O livro me fez perceber que tudo o que eu pensava estava errado", contrapõe o argumento das 10 mil horas, citando o caso do tenista Roger Federer, por exemplo, que antes de se dedicar ao tênis, praticou diversos outros esportes, e isso o teria ajudado a ter uma performance diferenciada, afinal lidar com ambientes complexos e flexíveis requer mais do que apenas a especialização.

A questão seria de que em certas situações, a dedicação e a especialização farão a diferença, como por exemplo, no esporte ou na música, mas isso não se aplica em todas as áreas da vida profissional.

Epstein, citando o caso do psicólogo László Polgar que queria provar que gênios são produzidos e não natos, e por isso fez suas três filhas desde muito cedo exímias enxadristas, e que realmente alcançaram muito sucesso na carreira de enxadristas, ganhando muitos prêmios e reconhecimento mundo afora, embora nunca tivessem se tornado campeãs mundiais, é inconteste o sucesso que tiveram na carreira, mas Epstein rebate a tese de László e de muita gente que acredita que enxadristas teriam um raciocínio muito diferente de outras pessoas que não jogam xadrez.

De um ponto de vista mais amplo, Epstein questiona o quanto do mundo e das coisas que os humanos querem aprender e fazer são como o xadrez?

Kahneman (2012), por exemplo, afirma que a intuição é possível em situações como o xadrez, porque na realidade não é intuição, mas repetição de movimentos anteriores, armazenados na memória, ou seja, a ultra especialização que estes profissionais têm, mas que só servem ao mundo do xadrez, não pode ser aplicada em previsões sobre o futuro da economia, do clima, ou de um simples orçamento anual da empresa que trabalha, tampouco na reforma de sua casa, em relação a gastos e prazo de conclusão, por exemplo.

De modo que um excelente enxadrista poderia não ter sucesso profissional em outra área se não xadrez. Há um velho ditado que diz: "treinar muito xadrez faz você uma pessoa cada vez mais capaz em... jogar xadrez".

3.6.2 Dom

Dom vem do latim *donu*, que significa presente, dádiva. As pessoas nascem com algo especial, que lhes permite realizar bem alguma coisa, com extrema facilidade. É a concessão de capacidades especiais (características) para o desempenho de um determinado serviço ou profissão.

Aristóteles, ao explicar sobre a importância da dedicação e estudo no desenvolvimento de qualquer conhecimento, especificamente falando das competências requeridas ao legislador, vai dizer que: "os que perlustram essas compilações sem o socorro da experiência não possuirão o reto discernimento (a menos que seja por um dom espontâneo da natureza), embora talvez possam tornar-se mais inteligentes em tais assuntos". (Aristóteles, 1991, p. 244).

Para o filósofo, o dom, algo que foi herdado da natureza pelo indivíduo, seria capaz de superar o conhecimento adquirido pelo esforço e dedicação.

Dois mil anos depois o astro de Hollywood Will Smith, que não sei se também é filosofo, dá outra definição, para ele dom é um talento inato: "Talento é um dom inato. A habilidade é desenvolvida durante horas e horas de treinamento em seu ofício" (Duckworth, 2016, p. 62).

Muita gente atribui a Amadeus Mozart, o dom da música, afinal, o compositor e pianista austríaco, desde muito cedo teria feito obras grandiosas, mas Gladwell (2008) citando o psicólogo Michael Howe em Desvendando o gênio, desmonta essa tese, segundo ele muitas composições de Mozart quando criança, não tinham tanta excepcionalidade, os arranjos eram para obras de outros músicos e as primeiras peças, provavelmente foram escritas por seu pai. E o que é considerado uma obra-prima (a número 9, K 271), só foi criada quando Mozart tinha 21 anos de idade, quando ele já estava compondo concertos havia 10 anos.

Há quem tenha dom, mas não talento. Talento é a aptidão, é um conjunto de habilidades. O talento pode ser desenvolvido com treino, disciplina e obstinação. Vale a pena lembrar que é necessária transpiração e disciplina para desenvolvê-lo.

Vocação, como já vimos, é um termo derivado do verbo no latim "*vocare*" que significa "chamar". Esse chamado pode ser ouvido como o prazer e a felicidade em realizar determinadas tarefas. Quando fazemos algo que nos dá prazer, e com relativa facilidade, estamos atendendo à nossa vocação.

O que acontece quando juntamos essas três possibilidades? Acompanhe a letra abaixo:

"O grande mestre do céu, nosso criador
Quando nascemos um dom nos dá
E cada um segue a vida o seu destino
E nós nascemos só pra cantar

Quem canta os males espanta, a gente é feliz
Tal qual um pássaro livre no ar
Pensando bem nos temos algo em comum
Porque nascemos só pra cantar
Disse o poeta, o artista vai onde o povo está
Por isso cantamos a qualquer hora em qualquer lugar"

Música "Nascemos pra Cantar" – Chitãozinho e Xororó

E não é do que trata a canção acima?

Não é a imagem que temos da dupla sertaneja que a canta? O feliz encontro do dom de cantar bem com o talento musical desenvolvido ao longo de décadas e a vocação para a vida artística. Só poderia resultar numa carreira bem-sucedida de mais de 50 anos de estrada e de tremendo sucesso.

Realmente: "As pessoas tendem a ser boas no que amam e no que são boas em fazer" afirmou Roger Birkman.

3.6.3 Capacidade versus capacitação

Capacidade vem do Latim *CAPACITAS*, que significa o volume que pode ser contido num recipiente, compreensão. E capacitação é o ato de se capacitar.

Você tem capacitação para ser médico (a)? Se você for médico use engenheiro (a) para esta pergunta.

Provavelmente sua resposta será não.

Agora, e se eu te disser que se você se formar em medicina ou engenharia daqui a 8 anos, você vai receber 50 milhões de dólares. Você teria motivação suficiente para se capacitar?

Muito provavelmente sua resposta agora seria sim. Essa é a diferença entre ter capacitação para ser médico e ter a capacidade de ser. Agora, com a promessa de 50 milhões de dólares, você tem um bom motivo para usar sua capacidade para capacitar-se.

Veja, as pessoas discutem economia não sendo economistas, e política sem entender o que faz um vereador, um deputado estadual, até um prefeito muitas vezes, que em campanha promete medidas que só são possíveis se alterada a constituição federal, que é competência de deputados federais e senadores, nunca dele. Mas, estas mesmas pessoas, se você disser a elas que está há dias com dor nas costas, elas te dirão: Vá ao médico!

Por quê? Porque, elas parecem ter capacidade de discorrer sobre economia e política, mesmo que muitas vezes não tenham nenhuma capacitação para tal, mas não possuem, capacidade e nem capacitação para discorrer sobre uma dor nas costas, que requer um conhecimento médico.

Como se falar sobre economia e política, também não requeresse de nós algum tipo de capacitação prévia para tal. Temos a capacidade? Sim, temos, mas será que se nos capacitarmos não veríamos de forma mais ampla e, portanto, poderíamos ter outras visões?

Novamente, o efeito **Dunning-Kruger**[41] pode nos ajudar a compreender esse fenômeno, que é a ideia da superioridade ilusória, o efeito evidencia que indivíduos que possuem pouco conhecimento ou pouca competência sobre um assunto muitas vezes acreditam saber mais que outros mais bem preparados. Ou seja, embora saibam muito pouco sobre tal assunto, possuem mais confiança que os *experts* e estudiosos sobre o tema.

Aristóteles vai diferenciar os níveis de capacitação das pessoas definindo como experimentados, aqueles que têm a devida capacitação para o assunto, e como inexperientes, aqueles que ainda não têm a devida capacitação, diz ele:

> "embora as pessoas experimentadas em qualquer campo julguem com acerto das obras que se produzem nele e compreendam por que meios e

41 Vide o capítulo 2.7 Empreendedorismo figura 4.

de que modo essas obras são realizadas, e que coisas se harmonizam com outras coisas, os inexperientes devem dar-se por muito felizes quando podem julgar se a obra foi bem ou mal feita, como no caso da pintura" (Aristóteles, 1991, p. 243).

De um modo simples, podemos dizer que todos temos capacidade para qualquer coisa, mas ter a capacitação, vai requerer esforço. A capacitação é aprendizagem e como já falamos quando discorremos sobre competências, ela pode ser desenvolvida.

Mas não é simples, mesmo pessoas talentosas, que tenham nascido com dons, não se tornarão capacitadas em nada, se não se esforçarem e tomarem ação para tal.

Por quê?

Porque nosso cérebro está o tempo todo procurando maneiras de poupar esforço. Ele quer automatizar o máximo possível os hábitos, para, caso precise de energia para uma fuga imediata, ele tenha energia para tal.

A título de curiosidade, "o cérebro do homo sapiens equivale a algo entre 2% e 3% de seu peso corpóreo, mas ele consome de 20 a 25% da energia de seu corpo, isto em repouso. (HARARI, 2016; JUNG; KYRILLOS, 2015). "Em comparação, o cérebro de outros primatas requer apenas 8% de energia em repouso" (HARARI, 2016, p. 17).

Isto explica por que aprender algo novo é desgastante, porque consome nossa energia além dos 25% em "módulo *stand by*".

Assim, capacitar-se, aprender algo novo, requer esforço:

> "se deixado por conta própria, o cérebro tentará transformar quase qualquer rotina num hábito, pois os hábitos permitem que nossas mentes desacelerem com mais frequência. Este instinto de poupar esforço é uma enorme vantagem. Um cérebro eficiente exige menos espaço, o que permite uma cabeça menor, tornando o parto mais fácil e, portanto, causando menos mortes de bebês e de mães. Um cérebro eficiente também nos permite parar de pensar constantemente em comportamentos básicos, tais como andar e escolher o que comer, de modo que podemos dedicar energia mental para inventar lanças, sistemas de irrigação e, por fim, aviões e vídeo games. (Duhigg, 2012, p. 43)

No livro O poder do hábito, Charles Duhigg, jornalista do The New York Times, investigou padrões de comportamento de consumidores e empresas e compreendeu que o hábito pode ser enxergado como uma espécie de circuito com três estágios:

Primeiro há uma deixa, um estímulo que manda seu cérebro entrar em modo automático, algo te chama atenção, desperta interesse um gatilho acontece. Depois há a rotina, que pode ser física, mental ou emocional e finalmente, há uma recompensa, que ajuda seu cérebro a saber se vale a pena memorizar este *loop* específico (deixa, rotina, recompensa) para o futuro. Com o tempo, este *loop* se torna cada vez mais automático, de modo que a deixa e a recompensa vão se entrelaçando, até que poderosamente surja um senso de antecipação do desejo que leva finalmente a consolidação do hábito (Duhigg, 2012).

Então: 1º tem a deixa, estímulo ou gatilho, eu chamo de motivo ou interesse, qual é? A fome, uma casa, a educação dos filhos, o status social, estética?

Em 2º vem a rotina, como dito, pode ser física, mental ou emocional, eu chamo de repetição. Por exemplo, para surfar você precisa passar a arrebentação das ondas ou para tonificar músculos na academia você precisa queima-los, estressa-los nos aparelhos, e para isso você precisa da repetição.

E em 3º vem a recompensa, ela ensina o seu cérebro que vale a pena, te dá a sensação de realização, a sensação de que vale a pena.

De modo que nós todos temos capacidade, mas nem todos têm a capacitação para aquilo que nos propomos muitas vezes a discutir.

Um dom, um talento pode facilitar o desenvolvimento da competência, mas essa sempre será específica, o dom, o talento em algo, não leva automaticamente esta pessoa a poder falar sobre tudo a ter competência sobre tudo, um dom, um talento, não habilita ninguém a ser talento em tudo na vida. "Todo mundo é ignorante, só que em coisas diferentes".

Por isso empresas olham competências. As competências necessárias para o desenvolvimento das organizações e consequentemente o desenvolvimento de seus profissionais.

E se talento é a capacidade de pessoas gerarem resultados acima da média em uma situação específica, os talentos entregam desempenho, mas buscam recompensas e quando isso acontece, surge o comprometimento e o engajamento.

Ver entrevista feita na FIPECAFI

3.7 Motivações

"A motivação é um desejo mantido em expectativa devido a crença de que será alcançado"
Paul J. Meyer

Os motivos são os "porquês' do comportamento humano, motivos são às vezes definidos também como necessidades, desejos ou impulsos, no campo da psicologia e psicanálise, nomes como libido foi dado por Freud (1856-1939) e energia psíquica por Jung (1875-1961), mas antes deles, Arthur Schopenhauer (1788-1860) determinava como Vontade, e muito mais distante ainda, Platão (427/8-347/8 a.C.) no livro banquete já fazia referência ao desejo como Eros, mas é de Epicuro (341-270 a.C.), o mestre da felicidade, que eu mais gosto quando o assunto é motivação, Epicuro traz uma abordagem que divide as necessidades humanas em 3 classes:

As **naturais e necessárias:** por exemplo, o alimento, a fome, sede e sono são necessidades naturais para qualquer ser humano e se essas necessidades não forem satisfeitas causam dor. Porém, tais necessidades são fáceis de serem satisfeitas. Basta comer, beber e dormir que elas são preenchidas.

As **naturais e não necessárias:** aqui o filósofo já coloca os desejos e satisfações mais difíceis de serem satisfeitos, por exemplo, o sexo, é natural praticá-lo, mas não necessariamente necessário, diferente da comida e bebida, ninguém irá morrer se não fizer, aliás, tem gente até que prega castidade, outros são considerados assexuais, porque simplesmente não sentem a necessidade de fazê-lo. De qualquer forma, satisfazer tal necessidade não é tão simples, nem todo mundo está feliz com seu/sua parceria, ou mesmo que esteja, não significa que não busque aventuras, enfim, é um desejo para Epicuro, mais difícil de ser satisfeito.

Veja que Epicuro não estava errado, diferente da sede, que saciamos com água, o sexo, pode não ser tão simples mesmo praticando-o, recentemente psicólogos da Universidade de Tecnologia de Queensland na Austrália, descobriram numa pesquisa sobre disforia sexual, que muitas pessoas, de todo o mundo e de ambos os sexos sofrem do fenômeno. A disforia é o reverso da euforia, e acomete muitas pessoas após o ato sexual. A pesquisa revela que os fatores que a desencadeiam podem estar relacionados a hormônios que afetam a área cerebral responsável pela regulação de sentimentos e emoções, estresse psicológico, disfunções sexuais, além de fatores culturais (BBC, 2018).

E por último, Epicuro traz as necessidades **não naturais e, portanto, não necessárias:** aqui ele se refere ao luxo, pompa, brilho etc., que são infinitas e, portanto, bastante difíceis de serem satisfeitas, é difícil se não impossível determinar os limites de nossos desejos razoáveis em relação à posse e poder. Porque o contentamento de cada pessoa, a esse respeito, não repousa numa quantidade absoluta, mas meramente relativa.

Harari (2016) no livro Sapiens, narra um episódio ocorrido em 1519, quando o espanhol Hernán Cortez e seus conquistadores invadiram o México. Quando os nativos - os índios astecas que usavam ouro para esculturas, joias, mas não como moeda - questionaram Cortez sobre o porquê de os espanhóis terem tanta paixão por ouro, o conquistador respondeu: "Porque eu e meus companheiros sofremos de uma doença do coração que só pode ser curada com ouro" (HARARI, 2016, p. 181).

Interessante notar que os índios produziam suas trocas com suas moedas, os grãos, os tecidos etc., o ouro era apenas objeto decorativo, algo natural, mas não necessário. De modo que sim, precisamos concordar com Epicuro, que as necessidades não naturais e, portanto, não necessárias, são mais difíceis de serem saciadas, como lembrou Schopenhauer (2015, p. 50): "a riqueza assemelha-se a água do mar; quanto mais dela se bebe, mais sede se tem. O mesmo vale para a glória".

Desde Epicuro até os dias de hoje, as necessidades e motivações humanas são tema de discussão, pesquisa e formulação de teorias, afinal todos nós temos nossas motivações pessoais. E ninguém nos dá isso, podemos até nos inspirar em outra pessoa, usá-la como exemplo, mas a motivação verdadeira, a necessidade de satisfazê-la, isso só conseguimos olhando para dentro de nós.

Na década de 1950, Abraham Harold Maslow (1908-1970), pesquisador e psicólogo norte-americano, através de seus estudos e pesquisas, mostrou sua teoria sobre o que nos motiva à ação, conhecida por Hierarquia de necessidades, popularmente chamada de Pirâmide de Maslow, embora Maslow nunca se referisse a sua teoria como uma pirâmide.

Maslow que teve como seu mentor Alfred Adler, o pai do complexo de inferioridade, tornou-se um dos fundadores da psicologia humanista, que ao invés de colocar foco na doença ou no anormal, preocupa-se com a saúde mental positiva (KLEINMAN, 2015).

Para Maslow (1954, p. ix) ao longo da vida, vamos buscando preencher as necessidades à medida que evoluímos, e cada vez que preenchemos uma necessidade vamos em direção à próxima, como ele mesmo diz no prefácio de seu livro *Motivation and Personality*, o título que havia planejado inicialmente para o livro era "*Higher Ceilings for Human Nature*" em tradução livre tetos mais altos para a natureza humana.

Logo, quem tem necessidades fisiológicas não vai pensar em ter um propósito de vida, uma causa para transcender, para deixar um legado; essa pessoa precisa primeiro preencher a sua necessidade básica de sobrevivência, como na figura 18:

Figura 18: Hierarquia das necessidades de Maslow

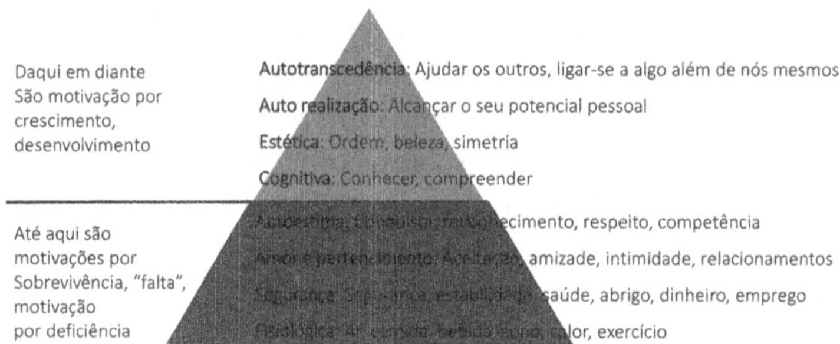

Fonte: autor

Em resumo, para Maslow, temos necessidades mais básicas, como as físicas e biológicas, de segurança e estabilidade, sociais e amorosas, relativas ao ego e a estima e, por fim, autorrealização. Estas motivações se dão pela falta, pela sobrevivência, ou seja, é a deficiência que as gera. Porém, assim que estas são supridas, começam a brotar as motivações por desenvolvimento, por crescimento. E aí entram autotranscendência, autorrealização, estética e cognitiva (DIAS, 2015).

Mas, não se pode ver as necessidades apenas como uma linha contínua progressiva, as necessidades podem surgir de forma regressiva também ou serem puladas, exemplo:

Uma pessoa muito rica, em buscando de sua autorrealização, supostamente ela supriu todas as suas necessidades anteriores, decide viajar o mundo para promover uma campanha de erradicação da fome e doenças, porém, se nesta viagem em seu iate, acontecer um acidente que a jogue ao mar, nenhum pensamento de autorrealização deve passar por sua cabeça neste momento, pelo contrário, ela estará brigando por sua própria sobrevivência, querendo respirar enquanto tenta se livrar da água que invade sua boca, estará totalmente motivada em satisfazer sua necessidade fisiológica mais primitiva, respirar.

Outro exemplo pode ser Mahatma Gandhi, que frequentemente sacrificava suas necessidades fisiológicas de alimentação e segurança para conseguir satisfazer uma autorrealização, Gandhi fazia jejuns, dias a fio sem ingerir alimentos, protestando contra as injustiças, lutando contra a Grâ Bretanha pela independência da Índia.

E no caso de Gandhi, quero fazer uma pequena observação, mas extremamente relevante, que é o fato dele lutar com a própria vida pela independência de seu povo indiano, se despir do conforto material em prol de sua causa, ainda assim era um ser humano como outro qualquer, que tinha vícios e virtudes, pois apesar de sua luta justa e digna, ele cometeu racismo explicito ao escrever sobre o povo *kafir*:

> A nossa é uma luta contínua contra a degradação que nos querem infligir os europeus, que desejam nos degradar até o nível dos primitivos kafir [africanos negros]... cuja única ambição é colecionar certo número de gado para comprar uma esposa e depois passar a vida na nudez e na indolência (MLODINOW, 2013, p. 146).

Porque trago esta citação aqui? Porque concordo muito com a ideia de Paulo Freire de dizer que somos seres incompletos, em construção, mesmo alguém que tenha se libertado dos desejos materiais, tenha uma vida dedicada a uma causa, ainda assim, este ser carece de evolução e terá motivos, ou motivação para continuar a se melhorar sempre.

Pois bem, saindo do caso específico de Gandhi, se você conseguiu preencher todas as necessidades anteriormente citadas da hierarquia de Maslow, a última seria o seu mais alto grau de evolução, em que você busca lutar por uma causa, deixar um legado, afinal as outras necessidades todas já se tornaram menores, ou seja, estamos sempre buscando preencher uma necessidade e preencher essa necessidade é o que nos motiva, nos leva a agir, é por ela que lutamos, é por ela que nos engajamos. "O desejo é que nos move", disse Platão há 2.500 anos.

Martin Seligman (2004), o pai da psicologia positiva e autor de Felicidade Autêntica fala da **rotina hedonista**[42], que faz com que as pessoas se adaptem rápida e inevitavelmente às coisas boas, vendo-as como naturais. Com o acúmulo de bens materiais e de realizações, as expectativas aumentam, o que vai ao encontro da classificação de Epicuro. Este é um conceito chamado de **"adaptação ou esteira hedonista"**, proposto em 1971 por dois psicólogos dos estudos sobre felicidade humana, Phillip Brickman e Donald Campbell, no artigo intitulado *Hedonic Relativism and Planning the Good Society.*

Schopenhauer (2001, pp 28; 29) em seus escritos sobre a felicidade dizia que: "a fonte da nossa insatisfação reside nas nossas tentativas, continuamente renovadoras, de aumentar o limite constituído pelas pretensões, enquanto o outro fator, que o impede, permanece imutável", ou seja, sempre desejamos mais o que podemos alcançar. Para ele a verdadeira sabedoria de vida estava em se refletir sobre qual deveria ser a quantidade indispensável do querer de cada um.

Seligman (2004, p. 172) reforça esta visão quando se refere a moderação como virtude, para ele a moderação é uma visão sóbria sobre apetites e desejos, já que a pessoa moderada não reprime suas vontades, mas espera pela oportunidade de satisfazê-la, de modo a não prejudicar a si e nem aos outros.

Do ponto de vista acadêmico, as discussões sobre motivação se iniciam com a Teoria X de Douglas McGregor, a ideia contida nela é de que as pessoas não gostam de trabalhar e, portanto, precisam ser gerenciadas, motivadas e controladas.

42 Hedonismo é ter o prazer como o bem supremo, a única coisa que importa.

Nas décadas de 1920 e 1930 surgem as preocupações pelo movimento das **relações humanas**, iniciado em 1924 pelo pesquisador Elton Mayo da *Harvard Graduate School of Business Administration* na fábrica da *Western Electric Company*, em Hawthorne, Estado de Illinois nos Estados Unidos. A pesquisa buscava encontrar os melhores métodos de trabalho visando a melhoria de produtividade fabril através da melhor iluminação do ambiente, porém, descobriu-se que a melhoria da produtividade não estava nos aspectos de produção, mas sim no fator humano e, a partir de então, considerou-se que a administração deveria levar em conta tais aspectos, assim surgiu a Teoria Y (MAXIMIANO, 2021; BASS, 2008; HERSEY; BLANCHARD, 1977):

Tabela 26: Comparativo das Teorias X e Y de McGregor

Teoria X	Teoria Y
O trabalho é intrinsecamente desagradável para a maioria das pessoas	O trabalho é tão natural quanto o jogo, desde que as condições sejam favoráveis
Poucas pessoas são ambiciosas, tem desejo de responsabilidade; a maioria prefere ser orientada pelos outros	O autocontrole é frequentemente indispensável para a realização de objetivos da organização
A maioria das pessoas tem pouca capacidade para criatividade na solução de problemas da organização	A capacidade para criatividade na solução de problemas da organização está muito distribuída na população
A motivação ocorre apenas nos níveis fisiológicos e de segurança	A motivação ocorre no nível social, de estima e autorrealização, bem como no nível fisiológico e de segurança
Para a realização de objetivos da organização, a maioria das pessoas precisa ser estritamente controlada e muitas vezes obrigada a buscar objetivos da organização	As pessoas podem orientar-se e ser criativas no trabalho, desde que adequadamente motivadas

FONTE: (HERSEY; BLANCHARD, 1977, p. 60).

Segundo McGregor (1960), fundamentado na natureza e nas motivações humanas, as pessoas preferem ser dirigidas e não estão interessadas em assumir responsabilidades, assim como Schein (1978) descreve o homem "racional-econômico", motivado primeiramente por incentivos econômicos é um ser passivo, irracional, cujos sentimentos devem ser neutralizados. Isto tem direta relação com a percepção de que o foco é sempre a realização eficiente da tarefa, entretanto, o próprio Schein também aborda a questão do homem-social e do homem autorrealizador, aquele que procura sentido e realização em seu trabalho, muito embora Schein admita que, na realidade, o homem é mais complexo que apenas estes constructos (MAXIMIANO, 2021; HERSEY; BLANCHARD, 1977;):

Tabela 27: Hipóteses sobre a motivação humana de Schein

Homem econômico-racional	A motivação encontra-se na perspectiva do ganho econômico. O motivo importante é ter bens materiais, o homem é um ser passivo, que deve ser manipulado, motivado e controlado pela organização, é um ser irracional, em que os sentimentos devem ser neutralizados e controlados. Similar à Teoria X de McGregor.
Homem-social	A motivação é o grupo. Os motivos importantes são o reconhecimento e a aceitação pelos colegas, supõe que o homem é basicamente motivado por necessidades sociais, busca sentido nas relações sociais no trabalho e reage mais a essas relações do que a incentivos e controles da organização.
Homem autorrealizador	A motivação é a realização interior, uma satisfação íntima. Uma vez que as outras necessidades estão bem satisfeitas, ele procura sentido e realização em seu trabalho, automotivado, e maduro em seu trabalho, disposto a integrar os seus próprios objetivos aos objetivos da organização.
Homem complexo	A motivação não tem causa única. Diversos motivos ou causas são importantes para mover o comportamento. Este homem desafia as habilidades de diagnóstico, mais complexo que o homem racional-econômico, social ou autorrealizador, é um ser capaz de aprender novos motivos e motivado a partir de muitos tipos diferentes de necessidades.

FONTE: adaptado pelo autor de (HERSEY; BLANCHARD, 1977; MAXIMIANO, 2021).

Gibson, et. al (2006) trazem um apanhado de teorias motivacionais em seus estudos sobre organizações (empresas), como por exemplo, McClelland que entende a motivação como níveis de necessidade de realização[43], necessidades de poder[44] e necessidades de afiliação[45], onde:

43 Achievement
44 Power
45 Affiliation

Realização: estão as necessidades de sucesso, avaliado segundo algum padrão pessoal, como a valorização do sucesso, o gosto por metas desafiadoras e ambição elevada.

Poder: as necessidades de exercer domínio; de influenciar outras pessoas, por exemplo, na busca de posições que tenham poder, tentativas de influenciar outras pessoas, valorização do poder como forma de satisfação pessoal ou de realizar metas coletivas.

Afiliação: as necessidades de relacionamento e amizade, valorização das relações humanas, preferência por atividades que proporcionem contatos.

Dentro das teorias de motivação no trabalho destaca também Herzberg que traz a teoria dos dois fatores, que são primeiro os fatores motivadores e depois os fatores condições de higiene, e higiene no sentido médico, de prevenção ambiental, que são fatores que não provocam crescimento na capacidade de produção do trabalhador, porém, se não existentes provocam perdas na realização do trabalhador devido às condições do trabalho.

Então os fatores motivadores são o trabalho em si, e a realização, o reconhecimento pela realização, o desafio do trabalho, a responsabilidade, crescimento e desenvolvimento, o orgulho e o prestígio. Já, os fatores de higiene estão no ambiente, que são os programas e administração, a supervisão, as condições de trabalho, relações interpessoais, dinheiro, status, segurança, estabilidade e políticas de administração de pessoal.

Ainda no campo das motivações dos trabalhadores, Clayton Alderfer traz a Teoria ERG: *Existence*[46], *Relatedness*[47] e *Growth*[48] onde:

- **Existência:** são as necessidades básicas, fisiológicas e de segurança de Maslow;
- **Relacionamento:** compreende as necessidades de relações pessoais significativas e as necessidades de estima de Maslow;
- **Crescimento:** é a necessidade ou desejo intrínseco de crescimento pessoal e autorrealização, aqui há uma diferença com o pensamento de Maslow, pois Alderfer acredita que a satisfação das necessidades não é sequencial, mas simultânea. Ela opera segundo dois princípios: Mais de uma necessidade pode funcionar ao mesmo tempo e se uma necessidade de ordem elevada permanece insatisfeita, aumenta o desejo de satisfazer uma de ordem inferior.

---

46 Existência

47 Relacionamento

48 Crescimento

Figura: 19 - Comparativo das teorias motivacionais

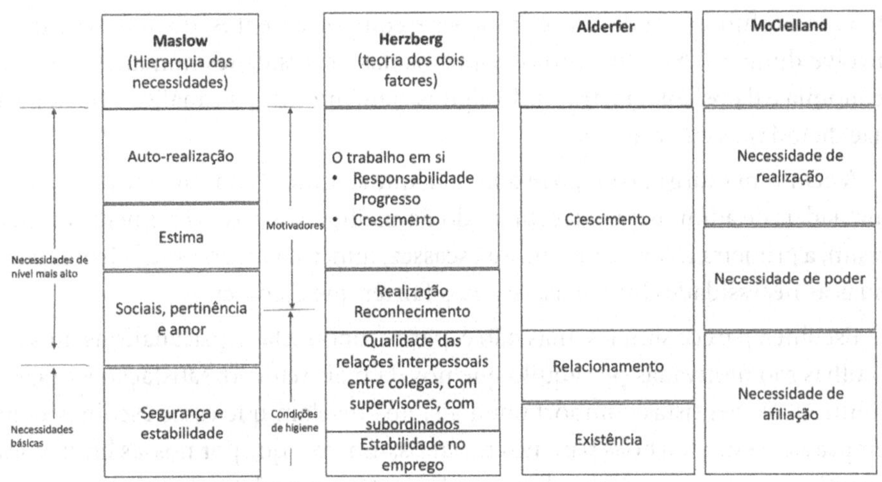

Fonte: Gibson, et. al (2006), p. 145

E mais recentemente Daniel Pink (2010) em seu conceito de motivação 3.0, trouxe a ideia de Autonomia, Excelência e Propósito como motores da motivação.

Autonomia: Dá-se pela combinação de tarefa, tempo, técnica e time. A ideia de que todos precisam e querem algum tipo de autonomia para exercer sua criatividade, deixar sua marca. Como um artista, ter autonomia para mostrar sua arte, mesmo que isso seja apenas o seu trabalho rotineiro. Direito a liberdade, espaço, lugar de fala, enfim.

Excelência: Podemos simplificar o conceito trazendo a ideia de que precisamos ser competentes em alguma coisa. Como afirma Dweck apud Pink (2010, p. 111) "o esforço é uma das coisas que dão sentido a nossa vida. Significa que nos importamos, que algo é importante para nós e que estamos dispostos a trabalhar por isso". Sem o esforço nossa existência seria pobre.

Propósito: Um propósito é aquilo que transcende um contexto, vai além do instante em que se vive. O propósito representa encontrar algum sentido no que se faz e para a vida que se tem. "O propósito produz energia propulsora para a vida" afirma o teórico criador do conceito de *Flow*[49], Csikszentmihalyi *apud* Pink (2010, p. 119) o que Victor Frankl reproduziu como sendo uma frase de Nietzsche: "Quem tem um porquê viver, pode suportar quase qualquer como" (FRANKL, 1987, p. 3).

49 O conceito de Flow será explorado no capítulo 3.11-Propósito.

3.7.1 Motivações: economia, psicologia e carreira

No meu livro Finanças comportamentais: desejos, tentações e felicidade eu faço um profundo estudo sobre emoções e comportamentos, quando o assunto envolve dinheiro. Nele exploro os aspectos das necessidades humanas a luz da economia e da psicologia, trazendo alguns elementos de psicanálise e filosofia a mãe de todas as ciências.

A economia surge do grego *oikonomia*, que significa "administração da casa", numa ideia de administrar os recursos do domicílio, escassos e geralmente finitos. Assim, a primeira lei da economia é a escassez, nunca há recursos suficientes para todas as necessidades humanas, isso nos faz ter que escolher.

Escolher, parece simples, mas não é, para economistas e psicanalistas, nossas escolhas são motivadas por aquilo que nos dá mais retorno; satisfação e prazer. Contudo, os cientistas comportamentais, nos revelam que essas escolhas nem sempre são assim tão boas para nós mesmos, uma vez que por nossas limitações cognitivas, não conseguimos olhar o todo, ou termos todas as informações para analisar antes de decidir.

Mais ainda, nossa capacidade computacional (cérebro) se esgota muito facilmente, nos levando a uma fadiga mental se ficarmos ponderando muito sobre as escolhas a serem feitas e acabamos por escolher a alternativa "boa o suficiente" para aquela situação, nós tendemos a ignorar as probabilidades e escolhemos o mais fácil, tendemos a simplificar e acabamos por escolher o fácil, o que não gera dor, ao invés do que seria o mais inteligente e ponderado muitas vezes.

Do filosofo moral Adam Smith no século XVIII o pai da economia clássica, passando por Wilhelm Wundt, em 1879, na Universidade de Leipzig na Alemanha que cria a psicologia, ou mesmo Sigmund Freud fundador da psicanálise, no final do século XIX e início do XX, até chegar aos laureados com prêmio Nobel de economia na última década, Daniel Kahneman (psicólogo) e Robert Shiller e Richard Thaler, estes sim, economistas, passando por Herbert Simon, também laureado em 1978, podemos concluir que: "A razão é escrava da emoção e existe para racionalizar a experiência emocional", utilizando a frase de Wilfred Bion.

Em suma, o ser humano é limitadamente racional, ele quer ser racional, mas não possui a capacidade, as habilidades e os conhecimentos para isso, porque as emoções são sempre mais fortes que a razão, dado o nosso processo de evolução histórico. É como se tivéssemos um relógio existencial, analógico com 60 minutos, como na figura 20.

Figura 20: Relógio existencial

Fonte: autor

Se nós, seres humanos dividíssemos a história de nossa existência num tempo de 60 minutos, seria como se nós tivéssemos passado 55 minutos no módulo primitivo, das emoções mais primitivas, tentando apenas sobreviver. E nos últimos 5 minutos é que desenvolvemos um pouco nosso raciocino mais apurado, a razão para alguns, a intelectualidade para outros.

Porém, os 55 minutos ainda gritam muito forte dentro de nós, ele tem um peso desproporcional na nossa tomada de decisão. Ainda é muito incipiente o efeito dos últimos 5 minutos em nosso comportamento.

Lidar com a angústia de querer satisfazer todas as nossas necessidades, com os parcos recursos de tempo, financeiros e cognitivos que temos, é sem dúvida um grande desafio da vida real de todos nós.

Essa luta é o que Belchior expressa no verso da canção Coração Selvagem: "Não quero o que a cabeça pensa eu quero o que a alma deseja".

A motivação não é racional, ela é um desejo...

Quantos negócios se desfazem por brigas de ego?

Quantas carreiras acabam por comportamentos irracionais, ataques de explosão emocional?

Quem nunca saiu de uma dieta, assaltou uma geladeira porque viu um doce e não resistiu?

Quem nunca disse que jamais teria o comportamento X e diante de um estado de paixão incorreu no comportamento X várias vezes?

A razão orienta, mas é a emoção que movimenta, o filósofo Cícero que viveu entre o ano 63 e 106 disse que "Os homens decidem muito mais problemas por meio do ódio, amor, luxúria, raiva, tristeza, alegria, esperança, medo, ilusão ou alguma emoção interna, que pela realidade, autoridade, qualquer normal legal, precedente judicial ou estatuto".

Platão, traz uma fala de Sócrates no diálogo com Fedro, explicando que o corpo humano é como uma carruagem, nós somos os condutores, os pensamentos, são as rédeas e os sentimentos, emoções são representados por dois cavalos distintos. (PLATÃO, 2012)

A metáfora nos mostra que a razão (*logos*) é o cocheiro, conduzindo cavalos gêmeos de paixão (*Eros*) e apetite ou desejos (*Thymus*). O cocheiro está no caminho certo, todavia a razão está sendo conduzida por paixões e apetites.

Figura 21: Alegoria da carruagem de Platão

Fonte: internet

Afinal, "Eu posso resistir a tudo, exceto à tentação"[50]

A gente quer prazer para aliviar a dor, a gente não quer só comida a gente quer diversão e arte, e por aí vai a música Comida dos Titãs. A medida que satisfazemos uma necessidade outra surge e também precisa ser satisfeita.

E quando a gente não consegue satisfazer, o que acontece?

As frustrações!

A frustração pode ser definida como o "bloqueio da realização do objetivo". Este fenômeno é definido através da condição do indivíduo, e não do ambiente externo. Uma pessoa pode ser frustrada por uma barreira imaginária e pode não ser frustrada por uma barreira real (Hersey e Blanchard, 1977).

---

50 Foi uma frase de: Lady Windermere´s Fan, A Play About a Good Woman, Obra de 1892 de Oscar Wilde

De modo que quando continua o bloqueio da realização do objetivo, pode ocorrer um comportamento irracional no indivíduo, que não consegue lidar com a frustração, de várias formas:

Agressão: que é o comportamento destrutivo, gera luta, hostilidade, por exemplo, contra o objeto ou a pessoa que "causa a frustração", muitas vezes elege-se um "bode expiatório", como vimos no capítulo 2.7-Empreendedorismo. Bode expiatório é a expressão da psicanálise usada para definir uma pessoa, ou algo, sobre a qual recaem as nossas culpas, de modo a facilitar para nós a administração da tensão, é um método compensatório que as pessoas comumente adotam para manter uma imagem irrepreensível de si mesmas (VRIES, 2010).

Afinal, os outros (o chefe, o par afetivo, os filhos, a TV, o clima, o cachorro etc.) são sempre mais culpados que nós mesmos e merecem os castigos que damos a eles.

Racionalização: quando o indivíduo apresenta desculpas do tipo: "Se não consegui foi por conta do meu chefe" ou "Na verdade, eu nem queria isso", embora possa parecer com a eleição do bode expiatório, aqui as falhas e os erros são perdoados e desculpados, tanto para o próprio sujeito como para os outros, de modo a que seja preservada a sua autoestima. O indivíduo condena outra pessoa ou objeto por sua incapacidade para atingir um objetivo ou diminui a *posteriori* a vontade prévia de alcançá-lo.

Regressão: o indivíduo não se comporta de acordo com a idade, regride para o comportamento infantil mais primitivo, tem um "acesso de raiva", faz "beicinho" como uma criança de 2 anos de idade, por exemplo. Uma pessoa que não consegue uma promoção no trabalho e age de modo infantil para com as outras pessoas.

Fixação: acontece quando o indivíduo continua a apresentar repetidamente o mesmo padrão de comportamento, embora a experiência já tenha mostrado que isso seja algo improdutivo. É uma incapacidade de aceitar a mudança, congelando as respostas antigas e habituais impedindo o uso de novas e mais eficientes. Pode ser exemplificado com o empreendedor que frustrado com o desempenho de seu negócio, ignora alternativas e usa sempre a mesma, mesmo que as variáveis originadas de novos problemas sejam distintas das originadas em problemas anteriores.

Resignação ou apatia: neste caso ocorre depois de uma prolongada frustração, a pessoa perde a esperança de atingir o seu objetivo e afasta-se da realidade (fonte da frustração). É um fenômeno característico de pessoas em tarefas rotineiras, chatas que não veem esperança de melhorias.

Tolerar as frustrações é sempre sinal de amadurecimento, **amadurecer é não ter tudo que queremos.**

Acontece que nem sempre é possível, uma vez que quando a intolerância a frustração prevalece, mecanismos poderosos como fantasias serão acionados, é o caso, por exemplo, das correlações ilusórias[51], excesso de confiança e diversas

51 Correlação em estatística é uma interdependência de duas ou mais variáveis. É o caso de atribuir o sucesso do empreendimento ao uso de um crucifixo no peito, a roupa da sorte no

outras heurísticas que influenciam nosso julgamento. Como afirma Bion apud Ferreira (2008, p. 213): "Imaturidade, confusão, desamparo e impotência são substituídos, naqueles que são intolerantes à frustração, por prematuridade, ordem, onipotência e poder".

Do ponto de vista de carreira, o que é importante aqui?

Compreender suas motivações, perceber se o trabalho está satisfazendo suas necessidades, pois as necessidades são nossos desejos e expectativas em relação ao mundo, as condições ideias para funcionarmos bem nele.

Avalie novamente o que foi trazido no capítulo Interesses, e pense agora no aspecto mais de satisfação das necessidades.

Onde você estaria mais satisfeito nos quadrantes da figura 22? Lembre-se, você não precisa estar satisfeito plenamente no seu trabalho, um *hobby* pode ser a saída para satisfazer uma necessidade também.

Figura 22: Necessidades segundo Birkman

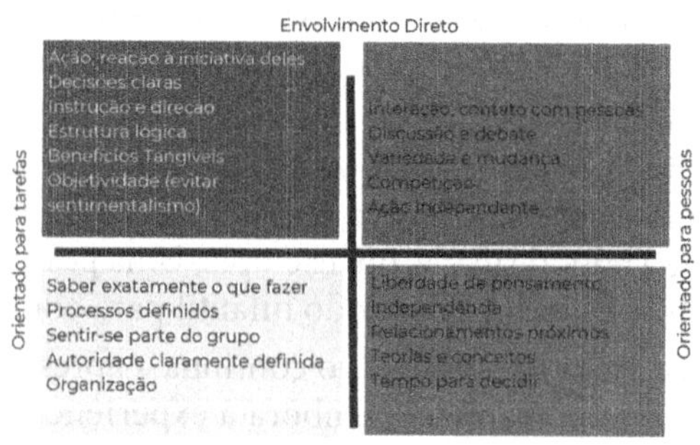

Fonte: Birkman Preview

Além desta análise sobre os eixos tarefa ou pessoas, envolvimento direto ou indireto, um teste interessante pode ser este, trazido por Robbins e Coulter (1998).

QUE NECESSIDADES SÃO AS MAIS IMPORTANTES PARA VOCÊ?

Instruções: Coloque em ordem as respostas para cada uma das questões a seguir. A resposta mais importante ou mais verdadeira deve receber 5, a seguinte 4, a outra 3, a próxima 2 e finalmente a menos importante ou menos verdadeira deve receber 1.

---

dia de fechar contratos ou o uso da camisa especial no dia do jogo do time. Não há a menor correlação entre a camisa que você usa e o resultado do time em campo, mas o indivíduo acredita que sim.

QUE NECESSIDADES SÃO AS MAIS IMPORTANTES PARA VOCÊ?
O trabalho de que eu mais gosto compreende

A 4_ Trabalhar sozinho

B 3_ Uma mistura de passar tempo com outras pessoas e passar um tempo sozinho

C 1_ Fazer discursos

D 2_ Debater com outras pessoas

E 5_ Trabalhar em funções externas ao escritório da empresa

1. De uma forma geral, a coisa mais importante para mim em um trabalho é se

A __ O salário é suficiente para atender às minhas necessidades.

B __ Ele dá a oportunidade de companheirismo e boas relações humanas.

C __ É um trabalho seguro com um bom plano de benefícios.

D __ Ele me dá liberdade e a oportunidade de me expressar.

E __ Existe a chance de avançar com base em minhas realizações.

2. Se eu fosse pedir demissão de um emprego, isto aconteceria possivelmente porque

A __ Era um trabalho perigoso, como por exemplo trabalhar em condições de baixa segurança ou equipamento inadequado.

B __ O emprego contínuo era questionável por causa das incertezas do negócio ou das fontes de recursos.

C __ Era um trabalho que as pessoas desprezavam.

D __ Era um trabalho solitário, que dava pouca oportunidade para discussão e interação com os outros.

E __ O trabalho carecia de um significado pessoal para mim.

3. Para mim, as recompensas mais importantes ao trabalhar são aquelas que

A __ Advêm do próprio trabalho - missões importantes e desafiadoras.

B __ Satisfazem as necessidades básicas pelas quais as pessoas trabalham - um bom salário, uma boa casa e outras necessidades econômicas.

C __ Possuem benefícios como seguro-saúde, férias, planos de aposentadoria etc.

D __ Refletem a minha competência - tal como ser reconhecido pelo trabalho que faço e saber que sou um dos melhores em meu trabalho ou profissão.

E __ Vêm dos aspectos humanos do trabalho - ou seja, a oportunidade de fazer amigos e ser valorizado como um membro da equipe.

4. Meu moral ficaria mais baixo em um trabalho no qual

A __ O futuro fosse imprevisível.

B __ Outros empregados tivessem reconhecimento e eu não, para fazer um trabalho da mesma qualidade.

C __ Meus colegas fossem hostis ou guardassem ressentimentos.

D __ Eu me sentisse sufocado e incapaz de crescer

E __ O ambiente de trabalho fosse pobre - sem ar-condicionado, estacionamento difícil, pouco espaço e luz, banheiro precários.

5. Ao decidir se aceito ou não uma promoção, eu estaria mais preocupado em saber se

A __ O trabalho seria uma fonte de orgulho e eu seria visto com respeito pelos outros.

B __ Aceitá-lo seria uma aposta de minha parte e eu poderia perder mais do que ganhar.

C __ As recompensas econômicas seriam favoráveis.

D __ Eu gostaria das novas pessoas com as quais iria trabalhar e se me daria bem com elas.

E __ Eu poderia explorar novas áreas e fazer trabalhos mais criativos.

6. O tipo de trabalho que me estimula mais é aquele no qual

A __ Existe um espírito de família entre os empregados e todos compartilham os bons momentos.

B __ As condições de trabalho - equipamento, materiais e ambiente - são fisicamente seguras.

C __ A administração é compreensiva e existe pouca chance de eu perder meu emprego.

D __ Posso ver os frutos de meu trabalho do ponto de vista de meus valores pessoais.

E __ Existe reconhecimento pelas realizações.

7. Eu pensaria em mudar de emprego se minha atual posição

A __ Não oferecesse segurança e benefícios.
B __ Não desse a chance de aprender e me desenvolver.
C __ Não desse reconhecimento pelo desempenho.
D __ Não permitisse contatos pessoais estreitos.
E __ Não fornecesse recompensas financeiras.

8. A situação de trabalho que me causaria mais estresse seria

A __ Ter um desentendimento sério com meus colegas.
B __ Trabalhar em um ambiente de trabalho inseguro.
C __ Ter um chefe imprevisível.
D __ Não poder me expressar.
E __ Não ser apreciado pela qualidade do meu trabalho.

9. Eu aceitaria um novo cargo se

A __ A função fosse um teste para o meu potencial.
B __ O novo emprego oferecesse um salário e um ambiente melhores.
C __ O novo emprego fosse seguro e oferecesse benefícios de longo prazo.
D __ A posição fosse respeitada por outros em minha organização.
E __ Fosse possível ter boas relações com colegas e chefes.

10. Eu trabalharia depois do expediente se

A __ O trabalho fosse desafiador.
B __ Eu precisasse de uma renda extra.
C __ Meus colegas também estivessem trabalhando até depois da hora.
D __ Eu precisasse fazer isso para manter meu emprego.
E __ A empresa reconhecesse a minha contribuição.

Fonte: Reproduzido de Human Behavior: Why People Do What They Do, de Manning e Curtiss.

O resultado do teste encontra-se no final do livro.

No *Homo economicus*[52] enfatizou-se o aspecto humano racional e as funções de consumo e produção, deixando-se de lado as demais dimensões humanas (morais, religiosas, emocionais, políticas etc.). Os economistas tradicionais enfatizavam que a satisfação do agente econômico racional (o ser humano) estava ligada ao desenvolvimento econômico. Contudo, esta visão é confrontada hoje por pesquisadores laureados com prêmio Nobel. De modo que não dá mais para ignorar que a satisfação plena, não se resolve apenas com dinheiro e assim, pensar sobre trabalho se torna até mais complexo, pois não é apenas satisfazer uma única necessidade, mas um combinado delas, e acaba sendo muitas vezes como o ditado popular: "quanto mais se tem, mais se quer". Falaremos mais sobre isso no capítulo 6.12-Qualidade de vida, bem-estar e felicidade.

Ao falar sobre motivações, satisfação de necessidades, não posso deixar de trazer um ensinamento budista, considerando que o budismo não é uma religião, mas uma filosofia de vida, ele influenciou a obra do filósofo Arthur Schopenhauer, quando ele traz a ideia de um mundo como Vontade e representação. O mundo é Vontade, que é o nome que ele deu para o desejo, e a representação é a nossa percepção sobre o mundo.

Para o budismo, existem quatro nobres verdades sobre a vida:

Dukkha: a verdade do sofrimento, ela é inerente a toda forma de existência, estamos fadados a nascer, crescer, envelhecer e morrer.

Samudaya: a verdade da origem do sofrimento, é a causa do problema, os sentimentos baixos, ignorância, desejo, ganância que coadunam com as três características da existência: 1-nada no mundo concreto é independente de si mesmo, 2-tudo está em constante mudança e nada é permanente e 3-nada pode ser concluído de forma absolutamente definitiva.

Nirodha: a verdade do fim do sofrimento é o desapego de tudo que é mundano, assim transcendemos as três características da existência.

Margha/Magga: a verdade do caminho para o fim do sofrimento é o caminho do meio ou Nobre Caminho Óctuplo propõe a temperança e evita soluções extremas nem uma vida de miséria tampouco uma entregue aos luxos.

O caminho do meio ou Nobre caminho Óctuplo, é distribuído em 3 vertentes: Sabedoria, Ética e Meditação conhecida como espada tripla;

Sabedoria:

1- **Entendimento (opinião/compreensão) correto:** entender as 4 nobres verdades as coisas são como são é necessário aceitar isso.

52 Vide definição dada no capítulo 2.3-Trabalho

2- **Pensamento (intenção)correto:** um pensamento por vez, cultivar o amor, compaixão, desapego e a bondade e se livrar dos maus sentimentos ou venenos da mente, ganância, raiva, ignorância, orgulho e ciúme.

Ética:

3- **Fala (palavra) correta:** não mentir, não semear discórdia, não ofender, não falar mais que o necessário nem com linguajar baixo, buscar cumprir o que se diz.

4- **Ação (conduta) correta:** não prejudicar tão pouco ferir ou matar outros seres, praticar apenas o que leva ao bem-estar comum.

5- **Modo (meio) de vida correto:** não ter como meio de vida, algo que cause danos a outros seres, mesmo que as leis morais atuais permitam isso.

Meditação:

6- **Esforço correto:** se esforçar para melhorar e superar dificuldades, realizando o que é necessário e evitando assim estados maléficos da mente.

7- **Consciência (atenção) correta:** ter consciência plena de seus sentimentos e atos, do corpo e da mente e assim poder verificar o que é verdadeiro e o que não é, tanto no mundo exterior e interior.

8- **Concentração (meditação) correta:** saber refletir e meditar, compreendendo-se a si mesmo e mantendo-se desperto.

Falaremos mais sobre isso quando falarmos de Inteligência Emocional, mas para finalizar, vale mais uma citação schopenhaueriana: "a verdadeira sabedoria de vida está em que se reflita sobre qual deve ser a quantidade indispensável do querer" (Schopenhauer, 2001, p. XII).

3.8 Valores

Responda a seguinte pergunta: O que é um valor para você?

Agora, liste seus valores, máximo 10:

Dos 10 valores listados, agora coloque-os por prioridade ou grau de importância para você.

1	6
2	7
3	8
4	9
5	10

"Em geral, o que deve ser objeto de preferência ou de escolha. Desde a Antiguidade essa palavra foi usada para indicar a utilidade ou o preço dos bens materiais e a dignidade ou o mérito das pessoas". Essa é a definição básica de valor dada por Abbagnano (2012, p. 1.176).

O filósofo Immanuel Kant vai explicar que "o que diferencia coisa de pessoa é o valor. O valor das coisas é extrínseco a elas, é atribuído a elas. E se chama preço. Posso trocar 5 coisas dessas por uma daquelas. Pessoas, da mesma forma, também tem um valor, mas o valor da pessoa não é extrínseco, é intrínseco, faz parte dela, não é atributo. E se chama dignidade" (Gaudêncio, 1994, p. 81).

Mas não é sobre o valor, no sentido preço que quero explorar aqui, quero falar dos valores que orientam e guiam a vida das pessoas, aqueles que influenciam o comportamento, constituem-se muitas vezes naquilo que não podemos abrir mão para podermos nos sentir bem conosco, com nossa consciência, são os valores humanos, que em trabalho investigativo sobre a natureza motivacional deles, Gouveia (2003) compreende que:

> Uma vez que os valores são usualmente definidos com referência a outros construtos, que têm significados próprios e bem definidos, é difícil reconhecer sua própria legitimidade [...]. Por exemplo, os valores têm sido considerados como tipos específicos de necessidades (Maslow, 1954), atitudes (Levy, 1990) e crenças (Rokeach, 1973), ou como uma combinação de crenças e concepções desejáveis (Schwartz & Bilsky, 1987), metas, necessidades e preferências (Dose, 1997). Porém, os valores precisam ser pensados com independência destes construtos; eles poderiam referir-se unicamente à sua origem ou a algum processo cognitivo subjacente (GOUVEIA, 2003, p. 432).

Quando falamos de valores humanos podemos citar como exemplo: respeito ao próximo, integridade, justiça, humildade, paz de espírito, honestidade, família, amor próprio, fidelidade, liberdade entre outros, embora também possa existir diferença de significado para um mesmo valor entre as pessoas, por exemplo, Seligman (2004) explica que coragem para um Samurai e coragem para um missionário podem ser materializadas de forma muito diferentes, embora continuem sendo o mesmo valor.

Segundo Bonifácio (2014) grande parte das pesquisas sobre valores utilizam um instrumento chamado Inventário de Valores de Schwartz (SVS) que identifica fontes de mudança de valores, relacionadas ao envelhecimento do indivíduo, como a faixa etária, onde pessoas mais velhas dão mais importância a valores que envolvem segurança física e econômica, em oposição a pessoas mais jovens que valorizam autoexpressão e qualidade de vida e isto é afetado pela forma como se viveu, por exemplo, pessoas que viveram em ambientes prósperos tendem a não se preocupar tanto com valores mais materialistas, ao contrário, pessoas que passaram por períodos de recessão financeira em sua juventude.

Outro fator é o próprio envelhecimento físico, pois o avanço da idade implica perda de energia, força física, memória e acuidade dos sentidos, o que faz o indivíduo valorizar mais a segurança e evitar riscos, além de tradições ao invés do hedonismo.

Em suma as fases da vida formam as fontes sistemáticas de mudança de valores, adolescentes não buscam e ou valorizam as mesmas coisas que adultos e idosos, como diz o autor: "envelhecer traz maior entendimento da compaixão com o sofrimento do mundo e maior respeito à fragilidade da natureza. Talvez isso se deva à maior consciência da própria vulnerabilidade" (Schwartz, 2005, *apud* Bonifácio, 2014, p. 76).

Torres, Schwartz e Nascimento (2016), atribuem a Rokeach (1973) o primeiro trabalho de psicologia com intuito de medir valores humanos neste campo científico, e, citam Schwartz (1992) que sintetiza que os valores humanos podem ser definidos como:

> (1) crenças ligadas à emoção de forma intrínseca que, quando ativadas, geram sentimentos positivos e negativos; (2) um construto motivacional que orienta pessoas para agirem de forma adequada; (3) algo que transcende situações e ações específicas, diferindo das atitudes e normas sociais, além de orientar as pessoas em diversos contextos sociais; (4) algo que guia a seleção e avaliação de ações, políticas, pessoas e eventos e compõe critérios para julgamentos; (5) algo que se ordena de acordo com a importância relativa dada aos demais valores e, assim, formariam um sistema ordenado de prioridades axiológicas Torres, Schwartz e Nascimento (2016, p. 342).

Em seu livro *The nature of human values de 1973*, Milton Rokeach, um psicólogo polonês-americano, argumenta que o conceito de valores, mais do que qualquer outro, é o conceito central em todas as ciências sociais. Sendo a principal variável dependente[53] no estudo da cultura, sociedade e personalidade humana, e também a principal variável independente[54] no estudo das atitudes e comportamentos sociais. Deixando abertas as portas de seu argumento para estudos em ciências sociais, filosofia e religião e além desta abordagem multidisciplinar sobre o tema, Rokeach conseguiu distinguir valores humanos de outros conceitos, como interesses, atitudes e traços de personalidade, reafirmando a importância do tema no processo de desenvolvimento e compreensão da vida humana.

53 São conceitos elementares de estatística, variáveis independentes são aquelas que são manipuladas enquanto que variáveis dependentes são apenas medidas ou registradas. Por exemplo, uma função é uma relação entre termos, como x e y, em que o valor de y depende do valor de x; portanto, x é a variável independente e y a variável dependente.

54 idem

Para Bonifácio (2014, pp. 61-62) as principais características dos valores são:

Eles são crenças: vinculadas a emoção, que são ativadas em determinadas situações, exemplo, no trabalho se uma pessoa considera proposito um valor, pode ficar desmotivada se não encontra sentido no seu trabalho, o oposto é verdadeiro e ela se sentira realizada.

São um constructo motivacional: são objetivos desejáveis, as pessoas dedicam tempo e energia para obtê-lo, se paz é um valor podem lutar para uma sociedade mais pacífica.

Transcendem situações e ações específicas: são objetivos abstratos que distinguem de normas e atitudes relacionadas a certas situações, exemplo, honestidade que é um valor na escola, no trabalho, na família, nos negócios etc.

Guiam a seleção e avaliação de ações, políticas, pessoas e eventos: servem como padrões e critérios de escolha, ficando evidentes quando conflitam entre escolhas.

São ordenados por importância: as pessoas possuem uma estrutura ordenada de importância, dando mais peso para alguns valores do que outros. Por exemplo, um sujeito pode ter como valor a sua liberdade plena, mas por querer um relacionamento amoroso estável com alguém que por acaso, não aceite a liberdade plena de seu parceiro (a), porque para esta pessoa, fidelidade seja um valor muito forte, maior do que liberdade plena, por exemplo. Assim, este sujeito deverá hierarquizar seus valores, perguntando a si mesmo, o que é mais importante neste momento, a liberdade ou a relação afetiva? O próprio Rokeach (1973) afirma que, as pessoas possuem os mesmos valores, mas diferem-se uns dos outros hierarquizando esses valores.

E sobre esta questão, quero trazer aqui experiências debatidas em sala de aula, nas aulas de Ética, conduta e gestão do capital humano e Ética empresarial.

O que fazer quando a organização para a qual você trabalha tem valores de conduta diferentes dos seus valores essenciais?

Figura 23: Conflito de valores

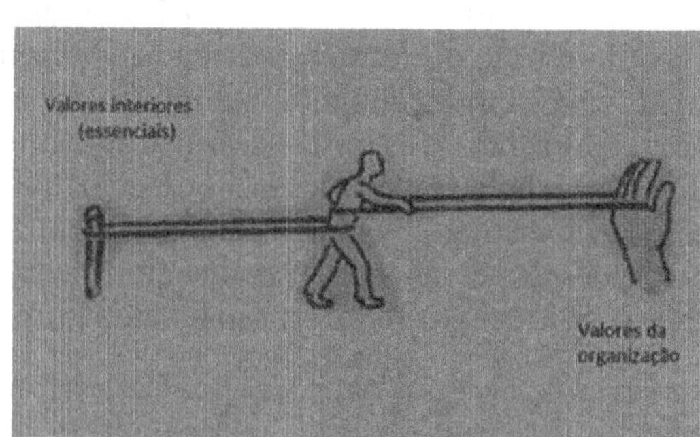

Fonte: Adaptado pelo autor de Senge (1994, p. 142)

O que fazer quando a organização diz que seus valores, expondo-os nas paredes do escritório são: Honestidade, Transparência, Impacto social e coisas similares, mas sabe-se que, na prática, ela participa de esquemas de corrupção?

A corrupção é definida pela Transparência Internacional como **"abuso de poder conferido para benefício particular"**, pode se manifestar de várias formas como: suborno (propinas, doações, facilitações de doações), conflitos de interesses, conluios (cartéis, manipulação de propostas, fixação de preços), porta giratória (promessa de emprego futuro, por exemplo, quando uma entidade privada oferece trabalho a agentes públicos como recompensa por alguma facilitação dada por este àquela), patronagem (favorecimento ao empregar, nomeação política), agenciamento de informações ilegais, uso de informação privilegiada (mercado de ações, por exemplo) e evasão fiscal (crime tributário).

A corrupção é entendida pela ACFE: *Association of Certified Fraud Examiners* como uma modalidade de fraude, que é definida de forma geral pelos dicionários como: "**qualquer ato ardiloso, enganoso, de má-fé**, com o intuito de lesar ou ludibriar outrem, ou de não cumprir determinado dever".

Contudo, a corrupção não deve ser olhada apenas pelo aspecto monetário, corromper-se não necessariamente envolve dinheiro, caráter e comportamento também são passíveis de serem corrompidos.

A corrupção é um substantivo feminino, que significa deterioração, decomposição física de algo; putrefação, modificação, adulteração das características originais de algo. Um arquivo do seu computador pode ter sido corrompido, assim como seu vizinho que assessora um político e até ontem andava de transporte público e hoje tem um carrão na garagem sem ter mudado de trabalho, sido promovido, juntado dinheiro ou feito um financiamento. Permanecer-se rigorosamente dentro das regras de uma ética socialmente aceita, também é prova de não ter sido corrompido na vida.

Então, o que fazer quando a organização diz que seus valores, expondo-os nas paredes do escritório são: Honestidade, Transparência, Impacto social e coisas similares, mas sabe-se que, na prática, ela participa de esquemas de corrupção?

Aí entram em ordem hierárquica de valores explicada por Rokeach (1973), ou o sujeito nega a se comportar de tal maneira ou se corrompe aceitando o comportamento que é contra seus próprios valores, talvez visando um ganho financeiro, sucumbindo a aceitação social, ou puro desvio de caráter.

Estudos da ACFE (2020) mostram que, 42% das pessoas que cometeram fraudes alegaram que a cometeram por uma mesma razão. Viviam uma vida com gastos financeiros maiores do que os ganhos financeiros obtidos de forma legal, ou seja, se habituaram a um padrão de vida que não era mais "possível" abrir mão, o que é isso se não hierarquizar o valor, estabilidade, conforto, status social a frente de ética, caráter, honradez e tantos outros valores mais voltados ao senso coletivo e as virtudes humanas.

Das teorias sobre fraude, a teoria de Cressey (1953), sociólogo, criminologista e penalista americano, é a mais utilizada até os dias atuais para explicar o fenômeno. Para ele, as fraudes ocorrem quando três elementos estão presentes: **Oportunidade, pressão** e **racionalização**. A fraude é sempre uma ação humana, e ela acontece quando o indivíduo enxerga uma **oportunidade**, sofre algum tipo de **pressão**, qualquer que seja ela, interna, externa, por status social, ego, sociabilidade, material etc., e quando este indivíduo **racionaliza** ou cria justificativas psíquicas para o ato, como por exemplo, acreditar que não está fazendo nada que outra pessoa não faria em seu lugar.

Um exemplo é dado por um agente público condenado por fraude e corrupção, ao sair da cadeia e dá uma entrevista a impressa[55] respondendo à pergunta: O senhor é corrupto?

E ele responde: *"Existia um sistema que me seduziu, fui me acostumando a certos luxos. Uma viagem aqui um vinho ali. Mentalmente eu me justificava dizendo que não deixava que os contratos fossem superfaturados. A verdade é que as licitações eram viciadas e eu sabia quem ia ganhar"*.

Na palavra "seduziu" e na frase "mentalmente eu me justificava", os elementos pressão e racionalização ficam claros em sua atitude, como ele teve antes disso a oportunidade, a fraude se materializou.

Por isso é importante, saber quais são os seus valores, e quando houver conflitos entre eles, qual será sua escolha hierárquica?

Tamayo e Schwartz (1993, pp. 331-332) estudando a estrutura motivacional dos valores humanos analisaram 60 valores, sendo 56 transculturais e 4 específicos à cultura brasileira, e destes, 10 foram considerados como a estrutura motivacional universal dos valores, a saber:

Tabela 28: estrutura motivacional universal dos valores

1	Hedonismo (HE)	a gratificação de necessidades físicas é transformada em valores socialmente reconhecidos. A meta motivacional deste grupo de valores é o prazer e a gratificação sensual.
2	Autorrealização (AR)	a sua meta é o sucesso pessoal obtido através de uma demonstração de competência que, geralmente, leva ao reconhecimento social.
3	Poder social (PO)	o funcionamento da sociedade parece exigir algum sistema de estratificação de função e de responsabilidade. Desta forma, surgem no grupo as relações de dominação e submissão. Para justificar este fato da vida social, o poder é transformado em valor. Necessidades individuais de dominação e de controle podem também ser transformadas em valores relativos ao poder. Segundo Schwartz a meta deste tipo de valores é a procura de status social, prestígio e controle sobre pessoas e recursos.

55 FONTE: Revista Veja edição 2587 ano 51 de 20/06/2018. Entrevista Páginas Amarelas.

4	Autodeterminação (AD)	os valores de autodeterminação procuram a independência de pensamento, ação, opção
5	Conformidade (CO):	a sua meta motivacional é o controle de impulsos e do próprio comportamento em conformidade com as expectativas sociais
6	Benevolência (BE):	a meta motivacional é o interesse e a preocupação com o bem-estar das pessoas íntimas
7	Segurança (SE):	a meta dos valores deste tipo é a integridade pessoal e de pessoas e grupos de identificação, assim como a estabilidade da sociedade e de si mesmo
8	Tradição (TR):	etimologicamente significa a transmissão, a transferência de princípios, ideais e costumes. Todas as sociedades desenvolvem usos, costumes, práticas e símbolos que representam o seu destino e a sua experiência comum. A tradição é algo que brota da comunidade e que se transforma em símbolo da sua própria sobrevivência (Durkheim, 1954). A meta motivacional dos valores relativos à tradição é o respeito e a aceitação dos ideais e costumes da sua sociedade.
9	Estimulação (ES)	os valores deste grupo têm como meta a procura de excitação, novidade e mudança, que parecem ser necessárias para poder manter um nível satisfatório de funcionamento.
10	Filantropia (Fl):	compreensão e aceitação dos outros e preocupação com o bem-estar de todos. Schwartz denomina este tipo motivacional "universalismo". Em português a palavra filantropia expressa diretamente o interesse teórico e prático pela felicidade dos homens.

Fonte: Tamayo e Schwartz (1993, p. 331-332)

De seu estudo de valores adjacentes, Tamayo e Schwartz (1993) entendem que certos tipos representam mais os interesses individuais (autorrealização, hedonismo, estimulação, autodeterminação e poder), outros valores expressam primariamente interesses coletivos (benevolência, tradição e conformidade) e ainda existem valores que expressam interesses tanto individuais como coletivos (filantropia e segurança), situam-se nas fronteiras destas duas áreas, e ainda que valores podem apresentar conflitos entre si, uma vez que podem apresentar-se com formas de interesses opostos.

Exercitando seus valores

Em relação à tabela abaixo circule os valores que você entende mais lhe representem. Você pode consultar a sua lista de valores mencionada no início deste capítulo e tentar fazer uma correspondência, caso os nomes estejam muito diferentes.

Tabela 29: Valores por bloco

Bloco	Valores
1	Cooperação, generosidade, trabalhar para outros
2	Beleza, originalidade, Independência, imaginação
3	Tomada de risco, status, Competição, influência
4	Precisão, estabilidade, eficiência
5	Independência, curiosidade, aprender
6	Tradição, praticidade, senso comum

Agora de todos eles, tente colocá-los numa hierarquia:

1º ____________

2º ____________

3º ____________

Usando elementos da Escala de preferência ocupacional de Holland, veja como a coluna "bloco" da tabela 29, se relaciona com a coluna "bloco: preferência ocupacional" da tabela 30. A tabela 30 possui mais colunas com elementos da teoria vocacional, como valores, atividades de trabalho e exemplos de ocupações na tabela 13.

Tabela 30: Valores por bloco

Bloco: Preferência ocupacional	Valores	Atividades de trabalho	Exemplo de ocupações
1 Social	Cooperação, generosidade, trabalhar para outros	Cooperação, generosidade, trabalhar para outros Ensinar, cuidar de Pessoas, aconselhamento, Treinamento de funcionários	Terapeuta, Professor, Enfermeiros, Líderes religiosos, funcionários de escolas, assistentes sociais, fisioterapeutas, consultores, bibliotecários
2 Artística	Beleza, originalidade, Independência, imaginação	Composição de música, Executando, escrita, Criando arte visual	Músico, fotografo, design gráfico, dançarino, editor de livros, musicista, professor de artes, comediante

Bloco: Preferência ocupacional	Valores	Atividades de trabalho	Exemplo de ocupações
3 Empreendedora	Tomada de risco, status, Competição, influência	Vender, gerenciar, Persuasão, marketing	Vendedor, Empresário, Florista, advogado, jornalista de TV, diretor de acampamento, inspetor de alfândega, diretor de escola
4 Convencional	Precisão, estabilidade, eficiência	Criação de procedimentos E sistemas, organizando, Manter registros, desenvolver Aplicações de computador	Contador, auditor, caixa de banco, participante de banca de julgamento de teses, carteiro, secretária, oficial de justiça
5 Investigativa	Independência, curiosidade, aprender	Executando trabalho de laboratório, Resolvendo problemas abstratos, Conduzindo pesquisas	Cientista, Pesquisador, Matemático, Físico, Químico, Médicos, arquiteto, farmacêutico, técnico em saúde, meteorologista
6 Realista	Tradição, praticidade, senso comum	Equipamentos de operação, Usando ferramentas, construção, Reparação, fornecendo segurança	mecânico, lenhador, engenheiro, militar, atleta, fazendeiro, piloto, eletricista, carpinteiro

Fonte: Teste Strong; Mauer e Tarulli, 1997; Baldwin, Rubin e Bommer, 2008

Reveja os capítulos Interesses e Ocupações profissionais, para avaliar mais elementos da tabela ocupacional, enfim, é um exercício para trazer mais clareza no desafio de encontrar-se profissionalmente e um elemento importante é conhecer nossos valores. Como vimos neste capítulo, os teóricos propõem que há uma natureza motivacional dos valores humanos.

A seguir, na tabela 31, você encontra a Lista de valores pessoais da escala de Tamayo e Schwartz (1993), analise-a, ela é uma fonte interessante par refletirmos sobre nossos próprios valores.

Os valores, 6, 18, 43 e 53 foram valores identificados como valores característicos do Brasil e os valores 2, 7, 8, 11, 15, 21, 23, 25, 30 e 45 são os valores que não encontram equivalência de significado entre as nações estudadas por Schwartz.

Tabela 31: Lista de valores pessoais da escala de Tamayo e Schwartz

Nr	Valor	Significado	Valores Universais
1	Igualdade	Oportunidades iguais para todos	Universalismo
2	Harmonia interior	Em paz comigo mesmo	Universalismo
3	Poder Social	Controle sobre os outros, dominio	Poder
4	Prazer	Satisfação de desejos	Hedonismo
5	Liberdade	Liberdade de ação e pensamento	Autodeterminação
6	Trabalho	Modo digno de ganhar a vida	Benevolência
7	Uma vida espiritual	Ênfase em assuntos espirituais	Benevolência
8	Senso de pertencer	Sentimento de que os outros se importam comi	Segurança
9	Ordem social	Estabilidade na sociedade	Segurança
10	Uma vida excitante	Experiências estimulanes	Estimulação
11	Sentido da vida	Um propósito na vida	Benevolência
12	Polidez	Cortesia, boas maneiras	Universalismo
13	Riquezas	Posses materiais, dinheiro	Poder
14	Segurança nacional	Proteção da minha nação contra inimigos	Segurança
15	Autorespeito	Crença em meu próprio valor	Autodeterminação
16	Retribuição de valores	Quitação de débitos	Segurança
17	Criatividade	Unicidade, imaginação	Autodeterminação
18	Vaidade	Preocupação e cuidado com minha apareência	Poder
19	Um mundo em paz	Livre de guerras e conflitos	Universalismo
20	Respeito pela tradição	Preservação de costumes vigentes a longo temp	Tradição
21	Amor maduro	Profunda intimidade emocional e espiritual	Benevolência
22	Autodisciplina	Autorestrição, resistência à tentação	Universalismo
23	Privacidade	O direito de ter um espaço pessoal	Tradição
24	Segurança familiar	Proteção para minha família	Segurança
25	Reconhecimento Social	Respeito, aprovação pelos outros	Poder
26	União com a natureza	Integração com a natureza	Universalismo
27	Uma vida variada	Cheia de desejos, novidades e mudanças	Estimulação
28	Sabedoria	Compreensão madura da vida	Universalismo
29	Autoridade	Direito de liderar ou mandar	Poder
30	Amizade Verdadeira	Amigos próximos e apoiadores	Benevolência
31	Um mundo de beleza	Esplendor da natureza e das artes	Universalismo
32	Justiça social	Correção da injustiça, cuidado par acom os mais	Universalismo
33	Independente	Ser autossuficiente e autoconfiante	Autodeterminação
34	Moderado	Evitar sentimentos e ações extremadas	Tradição
35	Leal	Ser fiel aos amigos e grupos	Benevolência
36	Ambicioso	Trabalhar arduamente, ter aspirações	Realização
37	Aberto	Ser tolerante a diferentes ideias	Universalismo
38	Humilde	Ser modesto, não me autopromover	Tradição
39	Audacioso	Procurar a aventura, o riso	Estimulação
40	Protetor do ambiente	Preservar a natureza	Universalismo
41	Influente	Exercer impacto sobre as pessoas e eventos	Realização
42	Respeitoso para com os pais e idodos	Reverenciar pessoas mais velhas	Conformidade
43	Sonhador	Ter sempre uma visão otimista do futuro	Universalismo
44	Autodeterminado	Escolher meus próprios objetivos	Autodeterminação
45	Saudável	Gozar de boa saúde física e mental	Segurança
46	Capaz	Ser competente, eficaz, eficiente	Realização
47	Ciente dos meus limites	Submeter-me às circunstâncias da vida	Tradição
48	Honesto	Ser sincero, autêntico	Benevolência
49	Preservação da minha imagem pública	Proteger a minha reputação	Poder
50	Obediente	Cumpri meus deveres e obrigações	Conformidade
51	Inteligente	Ser lógico, racional	Realização
52	Prestativo	Trabalhar para o bem-estar dos outros	Benevolência
53	Esperto	Driblar obstáculos para conseguir o que quero	Realização
54	Que goza a vida	Gostar de comer, sexo, lazer, etc	Hedonismo
55	Devoto	Apegar-me fortemente â fé religiosa	Tradição
56	Responsável	Ser fidedigno, confiável	Benevolência
57	Curioso	Ter interesse por tudo, espirito exploratório	Autodeterminação
58	Indulgente	Estar pronto a perdoar os outros	Benevolência
59	Bem-Sucedido	Atingir os meus objetivos	Realização
60	Limpo	Ser asseado, arrumado	Segurança

3.9 Engajamento

Segundo o estudo State of the Global Workplace 2021 Report, o engajamento reflete o envolvimento e entusiasmo dos funcionários em seu trabalho e local de trabalho. Empresas com alto engajamento dos funcionários alcançam maior produtividade, maior fidelidade / engajamento do cliente, melhor segurança, menor rotatividade e maior lucratividade, entre outros resultados positivos, de acordo com um estudo com mais de 100.000 unidades de negócio mundo afora (Gallup, 2021).

O engajamento pode ser definido como: "estar envolvido, entusiasmado e comprometido com o trabalho", Hamel e Zanini (2020) ou como: **o nível de comprometimento emocional e intelectual do trabalhador**, segundo pesquisa da AON/Valor Carreira (Valor Carreira, 2017, p. 26) ou ainda como "a atitude positiva e dedicada em relação ao trabalho e ao empregador" (Bigarelli, 2021).

Metáforas para explicar engajamento são muito comuns, como por exemplo, a história do porco e da galinha, no café da manhã americano. A galinha dá o ovo, portanto ela está apenas participando do café da manhã, já o porco não, ele verdadeiramente está engajado, porque para o café da manhã existir ele precisa dar o bacon, ou seja, ele realmente dá a vida. A mesma história é contada como bife a cavalo, aquele que vem debaixo de ovos fritos, e neste caso o animal que morre é o boi ou a vaca, galinha continua apenas fornecendo os ovos.

Globalmente, a situação do engajamento beira apenas 20% da força de trabalho, segundo as pesquisas do Gallup, o percentual evoluiu muito pouco nos últimos anos, de 2009 a 2020 o percentual saiu de 12% para 20%, conforme mostra a figura 2 do capítulo 2.3-Trabalho.

Outra pesquisa, da ADP Research Institute mostrou que no âmbito global, com 27 mil funcionários de 25 países, o nível de engajamento foi de apenas 14% em 2020. O Brasil ficou acima da média, apontando para 18% de cerca de mil trabalhadores entrevistados. Mas uma descoberta da pesquisa foi que há uma correlação entre estar engajado e ser resiliente. Entre os não totalmente engajados, apenas 5% é resiliente e, entre os 100% engajados, 10% é resiliente (Bigarelli, 2021).

Isso significa dizer que 80% da força de trabalho ativa, ou está apenas cortando pedra ou apenas ganhando a vida, recobrando a história da catedral, que vimos no capítulo 2.3-Trabalho.

A propósito, responda: quem é você hoje no seu trabalho atual?

O cortador de pedra, o que está ganhando a vida ou aquele (a) que está construindo uma catedral?

Se o engajamento traz comprometimento, e quem está engajado oferece desempenho e busca reconhecimento, significa dizer que há uma massa humana subaproveitada no mundo todo.

Estas pessoas não enxergam nenhuma conexão com a possibilidade de realizar os seus próprios objetivos, alinhar seus propósitos com aquilo que fazem no dia a dia em seus trabalhos.

De acordo com as pesquisas de engajamento, da AON e Mercer, para a publicação do anuário Valor Carreira que elabora o *ranking* das melhores empresas em gestão de pessoas, a forma de medir o engajamento é perguntando as pessoas, perguntas como:

- Esta empresa me motiva a contribuir além do que é esperado para realizar meu trabalho?
- Sinto me motivado a ir além do que normalmente esperam de mim para ajudar no sucesso desta empresa?
- Esta empresa me inspira a dar o melhor de mim todos os dias?
- Tenho orgulho de trabalhar nesta empresa?
- Eu dificilmente penso em deixar esta empresa para trabalhar em outro lugar?
- Recomendaria essa empresa como um lugar para trabalhar?
- Além das perguntas, observa-se também os comportamentos das pessoas engajadas que podem ser observados por atitudes como:
- Falar bem sobre a empresa, para os colegas de trabalho, potenciais funcionários e clientes;
- Permanecer e compartilhar o desejo de fazer parte da organização;
- Empenhar-se com motivação e atitudes que contribuam para o sucesso do negócio.

De acordo com as pesquisas, muitos fatores impactam a experiência das pessoas em seus trabalhos e, portanto, o seu engajamento. Fatores como a cultura da organização para qual trabalham, a agilidade que a organização tem ou não para inovação, por exemplo, a relação com a liderança, o ambiente de trabalho, a percepção da recompensa recebida se justa ou não, a atratividade de carreira materializada através de oportunidades de desenvolvimento, a qualidade de vida, as atividades feitas, o nível de autonomia no trabalho, práticas e políticas e o modo como a organização é gerida.

Embora, para Hamel e Zanini (2020, p. 57) não há segredo sobre o que impulsiona o engajamento. De Douglas McGregor com a teoria X até Daniel Pink, como citado no capítulo 3.7-Motivações, a fórmula não mudou em sessenta anos de pesquisas na área, ela combina propósito, autonomia, coleguismo e a oportunidade de crescer. Mas infelizmente, os níveis de engajamento também não mudaram muito, como evidenciado pelas pesquisas citadas anteriormente. Os autores citam que "parece que cada geração redescobre os elementos essenciais do engajamento humano e depois não faz nada".

O consultor Tracy Maylett, autor do livro, Magic: The Five Keys to Unlock the Power of Employee Engagement, afirma que quase metade do engajamento de um funcionário, vem da sua relação com sua liderança direta. Maylett também afirma, com dados de uma pesquisa com mais de 32 milhões de respostas em 70 países que uma liderança engajada, aumenta em mais de 200% a probabilidade de o subordinado também estar (Arcoverde, 2019).

Eu chamo isso de fatores micro e macro de RH, sendo micro a relação diária entre líderes e liderados, e macro as políticas, práticas e toda a estrutura da organização para o trabalho e é a combinação de fatores micro e macro que podem gerar engajamento nas pessoas, mas há uma complexidade de fatores que afetam o engajamento das pessoas com seus trabalhos, inclusive, a organização para qual a pessoa trabalha, poderá prover tudo isso que foi citado anteriormente e o indivíduo mesmo assim não se sentir engajado, isto porque o engajamento é também um fenômeno psíquico, e usando a fala de Freud (1976a, p. 16): ***"Psique, assim como mente, é algo misterioso, incapaz de ser descrito nos mesmos termos que nós descrevemos mesas, árvores e átomos".***

Para terminar, me responda de 0 a 10: Qual o seu nível de engajamento com o seu trabalho?

0	1	2	3	4	5	6	7	8	9	10

3.10 Propósito

Um propósito é aquilo que transcende um contexto, vai além do instante em que se vive. Ele representa um sentido no que se faz e para a vida que se tem.

"O propósito produz energia propulsora para a vida" disse Csikszentmihalyi ao escritor Daniel Pink numa entrevista (Pink, 2010, p. 119).

Csikszentmihalyi (1990) é o teórico criador do conceito de "*Flow*", compreendido como a experiência ótima de vida[56], que ele denomina como o estado oposto da condição da entropia psíquica, é o que faz alguém feliz, uma combinação de desafio e competência na medida correta. O "*Flow*" é a maneira como as pessoas descrevem seu estado de espírito quando a consciência é harmoniosamente ordenada e desejam seguir o que estão fazendo por si mesmas. É a profunda imersão em um trabalho, a ponto de perdemos a noção do tempo.

Conforme nos mostra a figura 24. O nível de desafio e habilidades, estão na medida exata A1 e A4, provoca o "*Flow*", mas quando o desafio é maior que a habilidade A3, gera ansiedade e quando oposto, há muita habilidade e o trabalho é pouco desafiador A2, gera tédio.

56 *The optimal experience" no original em inglês.*

Figura 24: Flow

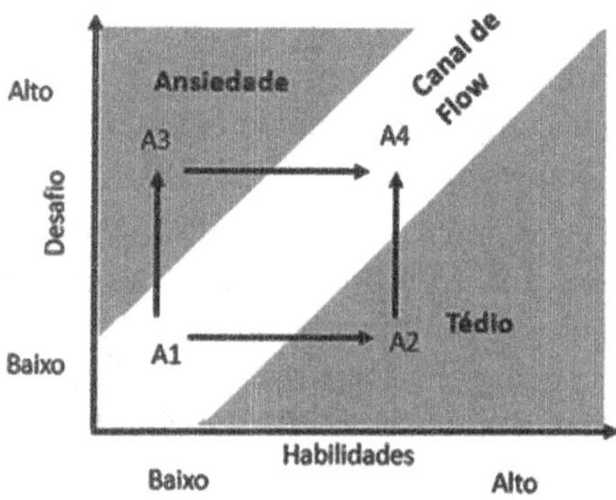

Fonte: Csikszentmihalyi (1990, p. 74)

O fenômeno neuroquímico, é chamado de estresse provocativo consiste no seguinte: durante os desafios do estresse, o cérebro direciona o corpo a produzir os hormônios do estresse de ação rápida epinefrina e adrenocorticotrofina (ACTH), esses hormônios produzem hiperconcentração o que nos faz desconectarmo-nos do tempo. Ao contrário dos neuroquímicos evocados pelo estresse crônico incessante, o efeito fisiológico do estresse provocativo é eliminado rapidamente após o término do desafio (ZAK, 2017).

Então, por quanto tempo conseguimos ficar em estado de *Flow* em nossos trabalhos? Quando estamos em *Flow*, não vemos a hora passar, o tempo parece que tem outra dimensão de medida, o envolvimento é tanto que quando se percebe, passaram se horas. Mas quanto tempo conseguimos ficar em *Flow* ao longo de uma semana, por exemplo?

Gosto de trazer essa reflexão sobre o *Flow*, antes de olhar por um lado mais duro, a questão do propósito.

Viktor Frankl no clássico livro: "Em busca de sentido", diz que: "A vida é sofrimento, e sobreviver é encontrar significado na dor, se há, de algum modo, um propósito na vida, deve haver também um significado na dor e na morte. Mas pessoa alguma é capaz de dizer o que é este propósito. Cada um deve descobri-lo por si mesmo, e aceitar a responsabilidade que sua resposta implica". (Frankl, 1987, p. 4).

Vale lembrar que Frankl, é um sobrevivente do Holocausto, ele relatou neste livro sua experiência dramática em quatro campos de concentração nazistas. Ele foi um neuropsiquiatra austríaco, fundador da escola vienense de psicoterapia, que tinha oposições a escola freudiana, seu conceito terapêutico ficou conhecido como Logoterapia.

Freud (1976c) dissertando sobre o futuro de uma Ilusão, o mal-estar na civilização, vai trazer uma visão mais dura ainda sobre o propósito:

> A questão do propósito da vida humana já foi levantada várias vezes; nunca, porém, recebeu resposta satisfatória e talvez não a admita. Alguns daqueles que a formularam acrescentaram que, se fosse demonstrado que a vida não tem propósito, esta perderia todo valor para eles. Tal ameaça, porém, não altera nada. Pelo contrário, faz parecer que temos o direito de descartar a questão, já que ela parece derivar da presunção humana, da qual muitas outras manifestações já nos são familiares. Ninguém fala sobre o propósito da vida dos animais, a menos, talvez, que se imagine que ele resida no fato de os animais se acharem a serviço do homem. Contudo, tampouco essa opinião é sustentável, de uma vez que existem muitos animais de que o homem nada pode se aproveitar, exceto descrevê-los, classificá-los e estudá-los; ainda assim, inumeráveis espécies de animais escaparam inclusive a essa utilização, pois existiram e se extinguiram antes que o homem voltasse seus olhos para elas. Mais uma vez, só a religião é capaz de resolver a questão do propósito da vida. Dificilmente incorreremos em erro ao concluirmos que a ideia de a vida possuir um propósito se forma e desmorona com o sistema religioso. Voltar-nos-emos, portanto, para uma questão menos ambiciosa, a que se refere àquilo que os próprios homens, por seu comportamento, mostram ser o propósito e a intenção de suas vidas. O que pedem eles da vida e o que desejam nela realizar? A resposta mal pode provocar dúvidas" Freud (1976c, p. 49).

No filme Amigos, Sempre Amigos[57] estrelado por Billy Crystal e Jack Palance, este um pacato *cowboy* americano, que vive numa fazenda recebendo turistas, faz este diálogo abaixo com um visitante da fazenda, personagem de Billy, um turista de 39 anos de idade que foi ao encontro do *cowboy* porque estava na crise da meia idade e começava a questionar suas escolhas de vida e carreira, e está nesta viagem para tentar encontrar respostas:

Figura 25: Cena do diálogo

Fonte: cenas do filme Amigos, Sempre Amigos de 1991

57 City Slickers (1991)

Você sabe qual é o segredo da vida? Pergunta o cowboy

Não, qual é? Diz o visitante

Uma coisa, apenas uma coisa. Você se atém a ela e tudo o mais não significa merda nenhuma. Diz o cowboy com o dedo em riste.

Isso é ótimo, mas qual é essa coisa? O seu dedo? Diz Billy

Rindo o cowboy responde: essa coisa é o que você precisa descobrir

Pois bem, o diálogo é bom, mas ele mais provoca do que responde, afinal, qual é essa coisa que você precisa descobrir?

Para falar sobre propósito, volto a falar da história de um viajante visitou uma pedreira e perguntou a três trabalhadores o que eles estavam fazendo:

"Você não está vendo?" disse o primeiro, irritado.

"Estou cortando pedra!".

O Segundo respondeu: "Estou ganhando a vida".

Mas o terceiro largou sua ferramenta e estufou o peito e orgulhosamente disse: "Estou construindo uma catedral".

Isso é propósito, puro e simples, ver sentido no que se faz!

O propósito para Dutra (2017) tem como fundo a aceitação de quem somos e essa seria a base para a construção do projeto de carreira e do desenvolvimento profissional, segundo o autor, as pessoas têm um propósito mesmo que de forma não consciente. O autor cita ainda que as pessoas mais maduras têm mais facilidade para encontrar um propósito devido ao seu repertório majorado sobre si mesmos, quando comparado aos mais jovens.

Peter Drucker em 1969 argumentou que as organizações sem fins lucrativos deveriam servir de modelo para empresas com fins lucrativos porque as organizações sem fins lucrativos dependem de uma cultura de propósito. Os voluntários optam por se envolver com organizações sem fins lucrativos porque acreditam em seu propósito. O que é necessário neste mundo hoje não é principalmente riqueza. É visão. É a convicção do indivíduo de que há oportunidade, energia, propósito para sua Sociedade. Todos ficam felizes quando o preço das ações sobe, mas a motivação de longo prazo exige um propósito (Zak, 2017, p. 186 tradução nossa).

Paul Zak (2017) entende que o desempenho de uma organização é uma engenharia na qual três componentes precisam trabalhar em conjunto. Esses componentes são conhecidos pela sigla POP[58], que significa **pessoas, organização** e **propósito**. Por pessoas ele quer dizer selecionar as pessoas certas para a organização. Em suma, a contratação de alguém alinhado à cultura de uma organização é muito importante. Seus experimentos em neurociência, assim como de muitos

58 People, Organization and Process no original em inglês

outros laboratórios, mostraram que grupos de indivíduos com um claro senso de propósito formam fortes laços e atuam em altos níveis. Culturas inclusivas e envolventes geram e sustentam o compromisso com o propósito.

Isso não é novo, Aristóteles na Grécia antiga já falava sobre ter um objetivo na vida, antes dele Sócrates falava sobre a vida que valia a pena, era aquela que tinha sentido, aquela que você sabia porque estava vivendo.

Se meu propósito é ser feliz o que eu faço que me deixa feliz? A felicidade não é um fim em si mesmo (Frankl, 1987).

O professor Kets de Vries (2010), afirma que os melhores lugares para trabalhar empreendem um esforço no sentido de responder às necessidades humanas, em especial três;

Comunidade: é necessário haver uma conduta de boa cidadania, com respeito e colaboração, o foco é sempre o bem-estar do grupo.

Prazer: é preciso divertir-se com coisas novas e com contínuo aprendizado, criatividade e inovação fazem parte da cultura, o que torna as pessoas mais produtivas.

Significado: O significado constitui uma força motivacional muito forte para muitas pessoas, é preciso saber que de alguma forma você está contribuindo com algo para a sociedade através do seu trabalho, significado traz engajamento.

De modo que fazer um lucro não é mais propósito de uma corporação do que conseguir o suficiente para comer é o propósito da vida humana. Conseguir o suficiente para comer é uma exigência da vida: o objetivo da vida, espera-se, é um pouco mais amplo e desafiador. Da mesma forma com negócios e lucro, afirma Zak (2017).

O propósito **é aquilo que transcende um contexto!**

Assim, antes de terminar este capítulo quero te deixar estas perguntas: qual o sentido da sua vida? Este sentido você descobriu ou ele foi construído? Qual é o seu propósito?

Responda as seguintes perguntas:

1- O que em sua vida está incompleto? (relacionamentos, trabalho, saúde física e mental, dinheiro?)

2- O que você gostaria de fazer para se considerar completamente realizado (a)?

3- O que você gostaria de aprender?

4- Qual (is) o (s) filme (s)/livro (s) mais inspirador(es) que você já viu?

5- Quais as coisas mais importantes da sua vida?

6- Faça uma lista das coisas que faria se tivesse apenas mais um mês de vida.

7- No seu enterro, 1 amigo, 1 familiar, 1 colega de trabalho, quem seriam?

8- O que eles diriam de você?

9- Como você gostaria de ser lembrado (a)?

10- Se você tivesse todo o dinheiro do mundo em suas mãos o que mudaria na sua vida?

11- Como seria o inferno para você?

12- No inferno as pessoas nunca poderiam ...

13- No inferno as pessoas teriam que ....

14- O que não existiria no inferno?

15- Identifique momentos especialmente gratificantes.

16- O que foi importante nesses momentos para você?

17- O que lhe traz mais alegria no dia a dia?

18- Quais qualidades você mais valoriza nos seus amigos?

19- O que é importante nessas qualidades?

20- Se você pudesse ser um animal, que bicho seria? Por quê?

21- Pense em três pessoas que você admira.

22- Que características essas pessoas têm que você admira?

23- Se você estivesse em seu leito de morte e quisesse ensinar as crianças as três coisas mais importantes que aprendeu na vida, quais seriam elas?

24- O que vai estar escrito na sua lápide?

Faça perguntas para si mesmo, questione-se e escreva sobre suas reflexões, escrever é um excelente exercício, porque ajuda a consolidar o pensamento.

Agora, elenque, nas colunas abaixo as seguintes informações, não precisa se limitar a quantidade de linhas, pode incluir quantas quiser.

Tabela 32:

Suas qualidades e talentos	Coisas que tem prazer em fazer	Seus valores

"Ter compaixão e misericórdia pelos moribundos" esse era o propósito da Madre Teresa de Calcutá.

Para a cantora Elis Regina era outra coisa: "A mim não interessa ser uma boa cantora a mais. Quero usar o dom que a mãe natureza me deu para diminuir a angústia de alguém. Essa ideia é que pode dar sentido ao meu trabalho".

Malcom Gladwell vai dizer que propósito ou missão de vida **"é usar os talentos na potencialidade máxima sem interferência dos valores".**

De modo que você pode construir ou descobrir seu propósito com um exercício bem simples, use as informações que colocou na tabela 32, e preencha as lacunas abaixo e depois, diga a você mesmo o texto com as informações que incluiu:

Meu propósito de vida/carreira é....(insira aqui suas qualidades/talentos) .....
Através de ...... insira aqui suas habilidades, coisas que gosta de fazer.............
Para .... insira aqui seus valores ....

Por exemplo, se você gosta de organizar, trabalha com contabilidade e gosta disso, tem como um valor a prosperidade, você pode pensar dessa forma, se você identificar que seu propósito é ser mesmo um(a) contador(a):

Meu propósito de vida/carreira é...... organizar empresas ....
Através da ......contabilidade..............
Para .... gerar prosperidade............

Ou, se você se descobre um professor (a), poderia ser assim:

Meu propósito é ....(compartilhar conhecimento)...................
Através de ....(do ensino e pesquisa)....................
Para ....(desenvolver líderes de uma sociedade melhor) ....

Você também pode usar outro modelo para fazer este exercício, que seria esse:

Minha missão é:
Ser............ Talentos/Características.............
Por meio de .... Comportamentos...................
Para conquistar .... Objetivos gerais/financeiros...................

Escreva várias versões, mude a ordem, grave a fala cada vez que inserir algo novo ou mudar a ordem das palavras. Faça isso por dias e dias até "achar" aquela que seja perfeita para você! Tenha sonoridade, você se reconheça, entenda que é por esse slogan que vale a pena trabalhar todos os dias.

Eu encontrei isso para mim:

"Meu propósito é aplicar uma objetividade inspiradora para aprender e ensinar, com respeito e integridade, pessoas se desenvolverem"

E é por isso que todos os dias eu ao levantar da cama, penso, se vou ensinar, se vou aprender, pesquisar, escrever, roteirizar, prospectar, enfim, todos os dias que penso que minha missão é aprender para ensinar as pessoas se desenvolverem e eu me desenvolvo junto.

Arthur Bender, em *Personal Branding*, traz um texto que gosto muito:

> Você se levanta de madrugada para tomar o avião das seis da manhã para uma reunião com clientes. Está exausto porque ficou na empresa até as onze da noite preparando sua apresentação, chegou em casa e teve de preparar todo o material, a mala etc. Foi se deitar às duas da manhã. E acorda amassado, sentindo que não dormiu nada, olha-se no espelho e sente o corpo cansado, pedindo mais algumas horas de sono. E, em seu diálogo interior, você se pergunta: por que diabos estou fazendo isso? Por que esse sacrifício todo? Então olha para seus objetivos e sente a força deles. Você diz: "Estou aqui para conseguir aquilo que tracei para a minha vida. E estou feliz porque isso que estou fazendo é mais um passo para eu chegar lá. É isso que gosto de fazer e vou fazer porque sei quanto será importante para a conquista dos meus objetivos!". Se você não tem metas nem objetivos claros, garanto que essa mesma cena terá outro significado e outro peso na sua vida. Um peso e uma força que prejudicam a saúde (BENDER, 2009, p. 79)

Ter um propósito nos proporciona maior felicidade, otimiza recursos, supera barreiras de uma maneira mais natural e principalmente estabelece um sentido para a vida.

Voltaremos ao tema propósito, no capítulo 6.12 – Qualidade de vida, bem-estar e felicidade, e faremos um teste sobre prazer e propósito.

3.11 O *homo psychologicus*

O comportamento humano é produto de um fluxo enorme de muitas variáveis, boa parte delas psíquicas, intangíveis que o indivíduo possui, ainda sofre as consequências da psique de um grupo que está inserido e outras ainda independentes disto, que advém do contexto social em que se encontra, como mostra um esboço possível na figura 26:

Figura 26: fatores que influenciam o comportamento humano

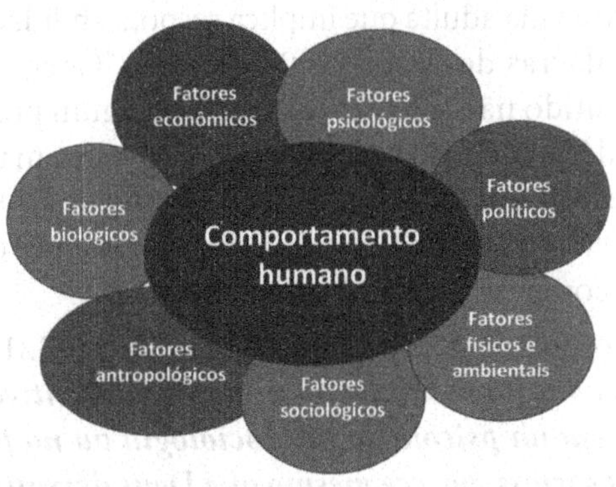

Fonte: desconhecido

Assim, o comportamento humano é um grande desafio para o mundo do trabalho, tentando compreender o "homem real" com suas questões sociopsicológicas ao invés de contentar-se com o que é esperado do "homem econômico"[59] a escolha que dá maior satisfação, Daniel Read propõe a ideia de um *homo psychologicus* aquele que:

> "desconsidera importantes fatores de decisão, dá peso indevido a alguns fatores relativamente a outros, planeja fazer a coisa certa, mas acaba não seguindo seus planos, é mais seguro do que deveria com respeito às suas decisões ou crenças, confia nos outros mais do que deveria, é ainda mais digno de confiança do que deveria ser, e é desproporcionalmente influenciado por pequenas mudanças no contexto da escolha" (READ, 2015, p. 129).

É muito em linha com o que o Nobel de economia de 1978 Herbert Simon chamou de racionalidade limitada, o indivíduo **quer ser racional, mas não possui a capacidade, as habilidades e os conhecimentos para isso** (Simon, 1979).

Em seu texto sobre o mal-estar na civilização, ao concluir seu argumento e expressar imparcialidade, Freud diz que sabe de muito pouco, mas tem uma certeza: "os juízos de valor do homem acompanham diretamente os seus desejos de felicidade, e que, por conseguinte, constituem uma tentativa de apoiar com argumentos as suas ilusões" (Freud, 1976c, p. 91).

O que ele queria dizer aqui era: primeiro, não sabemos tanto sobre os motivos de nosso próprio comportamento, segundo, somos influenciados por muitas coisas, coisas inclusive que nem sabemos e terceiro, buscamos sempre felicidade, prazer, satisfação e por isso ficamos ainda mais sujeitos das influências e não conseguimos explicar exatamente o porquê.

59 Ou *homo economicus* vide definição no capítulo 2.3 Trabalho

Contudo, citando o autor de Pequeno Príncipe Antoine de Saint-Êxupéry: "ser um adulto, uma mulher, um homem é aceitar a responsabilidade" (p. 145), Judith Viorst discorre sobre a vida adulta que implica responsabilidades, principalmente profissionais, nas palavras de Viorst (2002, p. 160): "Chega um tempo em que não nos é mais permitido não saber" e diz que "em algum ponto antes ou depois do fim da segunda década de vida, o homem chega a um marco importante – o fim da infância. Deixou um lugar seguro e não pode mais voltar. Entrou para um mundo onde a vida não é justa, onde a vida raramente é o que deveria ser. Talvez chegue até a comprar um seguro de vida".

De modo que como cita o professor Maximiano (2021, p. 198): ***"Não há verdades absolutas e muito menos conhecimentos definitivos sobre o comportamento humano, seja na psicologia, na sociologia ou na filosofia originária de todas as ciências sociais, parece mesmo que Deus deixou os problemas mais fáceis para as ciências exatas".***

3.12 Âncoras de carreira

Edgar Schein (1978), especialista em carreira, por meio de uma pesquisa longitudinal na Sloan School do Massachusetts Institute of Technology (MIT) nos anos 70, examinando as razões pelas quais um grupo de pessoas (44 homens) tinham feito suas escolhas de carreira atuais, identificou um padrão de respostas. Para Schein, o trabalhador gradualmente vai ganhando autoconhecimento ao lon-go do tempo em sua carreira e por isso desenvolve um autoconceito ocupacional mais claro. Esse autoconceito tem três componentes, que juntos constituem o que ele chamou de âncora de carreira da pessoa:

1. Talentos e habilidades autopercebidos (com base no sucesso real em uma variedade de ambientes de trabalho)
2. Motivos e necessidades autopercebidos (com base em oportunidades percebidas por testes e diagnósticos feitos em situações reais e no *feedback* de outros
3. Atitudes e valores autopercebidos (com base em encontros reais entre si e as normas e valores da organização empregadora e dos ambientes de trabalho).

Nome âncora é porque é algo que te puxa para um centro, um ponto onde o indivíduo consegue se estabilizar, reúne um padrão de talentos, motivos e valores autopercebidos que servem para guiar, delimitar, estabilizar e integrar a pessoa na carreira.

Schein (1978) esclarece que muitas análises de escolha ocupacional enfatizam exclusivamente motivos e valores, deixando de levar em consideração o papel crítico dos talentos e habilidades autopercebidos com base na experiência real de trabalho. Em muitos casos, a pessoa não sabe quais são realmente seus talentos até que sejam testados em situações da vida real. Âncoras de carreira só podem ser descobertas depois de vários anos da carreira, porque não é possível conhecê-las até que se encontre uma série de situações da vida real para experimentá-las e somente após a experimentação, destas situações da vida real é que as habilidades, motivos e valores irão se aprimorando e de fato interagir e se encaixar na opção de carreira disponível.

As âncoras são competências, preferências e valores relacionados ao trabalho, a que uma pessoa não renunciaria caso fosse forçada a fazer uma nova escolha profissional.

Schein (1978; 1996) determinou inicialmente cinco e depois revisou para oito âncoras que norteiam as decisões de carreiras dos profissionais e as classificou como:

Tabela 33 - Âncoras de carreira

Âncora de carreira	Explicação
Autonomia / Independência	Pessoas que têm pouca tolerância pelas regras estabelecidas por outras pessoas, por procedimentos e outros tipos de controle que limitem sua independência para desenvolver competências profissionais
Segurança / Estabilidade	A principal preocupação é com a estabilidade e segurança. Normalmente, associada a pacotes de benefícios e empregos de longo-prazo em uma organização e estabilidade em uma área geográfica
Competência técnico-funcional	O senso de identidade é adquirido através da aplicação de suas habilidades técnicas e a realização profissional vem por meio dos desafios enfrentados. tornar-se um expert em determinados assuntos é uma necessidade
Competência administrativa/ gerência geral	São minoria. Estes profissionais orientados para a gerência geral têm um vínculo psicológico com a organização – o sucesso dela será o seu sucesso. Desejo de alcançar uma posição que requer o uso de habilidades interpessoais, políticas, analíticas e financeiras associadas à gestão

Âncora de carreira	Explicação
Criatividade empreendedora	Profissionais comprometidos e focados na criação (e não gestão) de novos produtos, serviços ou organizações. Necessidade de um projeto próprio do indivíduo.
Dedicação / Serviço a uma causa	Aqui o importante é que o trabalho seja compatível com os valores pessoais do profissional para ajudar a sociedade e melhorar o mundo de alguma forma
Desafio puro	Profissionais movidos pela superação de obstáculos e solução de problemas. Necessidade de testar habilidades com determinação para vencer oponentes ou competir com eles e resolver problemas desafiadores.
Estilo de vida	Profissionais que buscam aliar as necessidades pessoais às exigências da carreira. Querem integrar trabalho, família e questões pessoais em um estilo de vida coerente

Fonte: feito pelo autor com base em SCHEIN (1978; 1996)

E qual seria a sua âncora?

Para isso temos um exercício, o questionário extraído de Career Anchors de Edgar H. Schein e adaptado para Administração de Recursos Humanos no Brasil pelos professores: Joel Souza Dutra e Lindolfo Albuquerque da FEA/USP.

O objetivo deste exercício é familiarizar você com instrumentos que permitam a percepção, análise e tomada de decisões acerca de sua carreira profissional.

Inicialmente preencha o questionário e efetue a tabulação dos dados para ter uma ideia de sua âncora e após procure efetuar a entrevista com outra pessoa que te conheça para avaliar as respostas.

A finalidade deste questionário é estimular seus pensamentos sobre suas próprias áreas de competência, seus motivos e seus valores. Isoladamente, este questionário não revelará sua âncora de carreira, porque é muito fácil ser tendencioso nas respostas. Entretanto, estimulará seu pensamento e o preparará para a discussão com seu parceiro (a).

Procure responder às perguntas tão honestamente quanto possível e trabalhar rapidamente. Respostas extremadas, a não ser em situações em que você claramente tem sentimentos fortes em uma ou outra direção.

Como classificar os itens

Para cada um dos próximos 40 itens, classifique o quanto este item é verdadeiro para você em geral, atribuindo-lhe um número de 1 a 6. Quanto maior o número, mais este item é verdadeiro para você. Por exemplo, se o item diz "Sonho em ser o presidente de uma empresa", você o classificaria assim:

"1" se a afirmação nunca é verdadeira para você
"2" ou "3" se a afirmação é verdadeira para você ocasionalmente
"4" ou "5" se a afirmação é verdadeira para você com frequência
"6" se a afirmação é sempre verdadeira para você

Escreva a classificação que se aplica ao seu caso no espaço em branco, à esquerda de cada item. Use a escala seguinte para classificar quanto cada item é verdadeiro para você:

Nunca Verdadeiro para Mim	Ocasionalmente Verdadeiro para Mim		Frequentemente Verdadeiro para Mim		Sempre Verdadeiro para Mim
1	2	3	4	5	6

Tabela 34: Teste âncoras de carreira

Classificação 1-6	Questões
	1-Sonho em ser tão bom no que faço, de tal forma que meus conhecimentos especializados sejam constantemente procurados.
	2-Sinto-me mais realizado em meu trabalho quando sou capaz de integrar e gerenciar o esforço dos outros.
	3-Sonho em ter uma carreira que me dê a liberdade de fazer o trabalho à minha maneira de no tempo por mim programado
	4-Segurança e estabilidade são mais importantes para mim do que liberdade e autonomia
	5-Estou sempre procurando ideias que me permitam iniciar meu próprio negócio.
	6-Sinto-me bem em minha carreira apenas quando tenho a sensação de ter feito uma contribuição real para o bem da sociedade.
	7-Sonho com uma carreira na qual eu possa solucionar problemas ou vencer com situações extremamente desafiadoras
	8-Preferiria deixar meu emprego do que ser colocado em um trabalho que comprometa minha capacidade de me dedicar aos assuntos pessoais e familiares

Classificação 1-6	Questões
	9-Sinto-me sucedido em minha carreira apenas quando posso desenvolver minhas habilidades técnicas ou funcionais a um nível de competência muito alto.
	10-Sonho em dirigir uma organização complexa e tomar decisões que afetem muitas pessoas.
	11-Sinto-me mais realizado em meu trabalho quanto tenho total liberdade de definir minhas próprias tarefas, horários e procedimentos.
	12-Preferiria deixar meu emprego do que aceitar uma tarefa que possa colocar em risco minha segurança na organização.
	13-Montar meu próprio negócio é mais importante para mim do que atingir uma alta posição gerencial como empregado.
	14-Sinto-me mais realizado em minha carreira quando posso utilizar meus talentos a serviço dos outros.
	15-Sinto-me realizado em minha carreira apenas quando enfrento e supero desafios extremamente difíceis.
	16-Sonho com uma carreira que me permita integrar minhas necessidades pessoais, familiares e de trabalho.
	17-Tornar-me um gerente técnico em minha área de especialização é mais atraente para mim do que tornar-me um gerente geral.
	18-Sentir-me-ei bem-sucedido em minha carreira apenas quando me tornar um gerente geral em alguma organização.
	19-Sentir-me-ei bem-sucedido em minha carreira apenas quando alcançar total autonomia e liberdade
	20-Procuro trabalhos em organizações que me deem senso de segurança e estabilidade.
	21-Sinto-me realizado em minha carreira quando tenho a oportunidade de construir alguma coisa que seja resultado unicamente de minhas próprias ideias e esforços.
	22-Utilizar minhas habilidades para tornar o mundo um lugar melhor para se viver e trabalhar, é mais importante para mim do que alcançar uma posição gerencial de alto nível.
	23-Sinto-me mais realizado em minha carreira quando solucionei problemas insolúveis ou venci o que aparentemente era impossível de ser vencido.
	24-Sinto-me bem-sucedido na vida apenas quando fui capaz de equilibrar minhas necessidades pessoais, familiares e de carreira.
	25-Preferiria deixar meu emprego do que aceitar uma tarefa de rodízio que me afaste da minha área de experiência.
	26-Tornar-me um gerente geral é mais atraente para mim do que tornar-me um gerente técnico em minha área de especialização.

Classificação 1-6	Questões
	27-Para mim, poder fazer um trabalho à minha própria maneira, sem regras e restrições, é mais importante do que segurança.
	28-Sinto-me mais realizado em meu trabalho quando percebo que tenho total segurança financeira e estabilidade no trabalho
	29-Sinto-me bem-sucedido em meu trabalho apenas quando posso criar ou construir alguma coisa que seja inteiramente de minha autoria.
	30-Sonho em ter uma carreira que faça uma real contribuição à humanidade e à sociedade
	31-Procuro oportunidades de trabalho que desafiem fortemente minhas habilidades para solucionar problemas.
	32-Equilibrar as exigências da minha vida pessoal e profissional é mais importante do que alcançar alta posição gerencial.
	33-Sinto-me plenamente realizado em meu trabalho quando sou capaz de empregar minhas habilidades e talentos especiais.
	34-Preferiria deixar minha organização do que aceitar um emprego que me afastasse da trajetória de gerência geral.
	35-Preferiria deixar minha organização do que aceitar um emprego que reduza minha autonomia e liberdade.
	36-Sonho em ter uma carreira que me dê senso de segurança e estabilidade.
	37-Sonho em iniciar e montar meu próprio negócio
	38-Preferiria deixar minha organização do que aceitar uma tarefa que prejudique minha capacidade de servir aos outros.
	39-Trabalhar em problemas praticamente insolúveis para mim é mais importante do que alcançar uma posição gerencial de alto nível.
	40-Sempre procurei oportunidades de trabalho que minimizassem interferências com assuntos pessoais e familiares.

Agora, reveja suas respostas e localize todos os itens aos quais deu pontos mais altos.

Selecione os TRÊS que lhe pareçam os mais verdadeiros e acrescente a cada um desses itens mais QUATRO pontos. Agora você pode classificar seu questionário, mas as notas não terão significado real até que você leia os textos seguintes.

Na tabela 35 você encontrará espaços em branco para cada um dos quarenta itens, arranjados de forma que você possa transferir facilmente os números das suas classificações para a tabela de pontos. Após transferir todos os números, some as colunas e divida-as por cinco (quantidade de itens) para obter sua média de pontos de cada uma das oito dimensões de âncoras de carreira. Não se esqueça de acrescentar os quatro pontos extras para cada um dos três itens principais, antes de totalizar e tirar a média dos pontos.

Tabela 35:

TF		GG		AI		SE		CE		SD		DP		EV	
1		2		3		4		5		6		7		8	
9		10		11		12		13		14		15		16	
17		18		19		20		21		22		23		24	
36		26		27		28		29		30		31		32	
33		34		35		36		37		38		39		40	
Total															
Dividir	/5		/5		/5		/5		/5		/5		/5		/5
Média															

As médias mais altas representam suas âncoras mais fortes, veja o gabarito do teste na tabela 36.

Tabela 36: Gabarito teste âncoras de carreira

TF: Técnica/Funcional	Se sua âncora de carreira é a competência em alguma área técnica ou funcional, você não abriria mão da oportunidade de aplicar suas habilidades nessa área e de continuar desenvolvendo essas habilidades a um nível cada vez mais alto. Você obtém seu senso de identidade com o exercício dessas habilidades e sente-se totalmente realizado quando seu trabalho lhe permite ser desafiado nessas áreas. Você pode estar disposto a gerenciar outras pessoas em sua área técnica ou funcional, mas não se interessa pelo gerenciamento em si e evitaria a gerência geral, porque precisaria desistir de sua própria área de especialidade. Seus pontos do inventário nesta área estão na primeira coluna da folha de pontos, sob TF.
GG: Gerência Geral	Se sua âncora de carreira é a competência para a gerência geral, você não abriria mão da oportunidade de subir a um nível alto o suficiente que lhe permita integrar os esforços de outras pessoas em suas funções e ser responsável pelo resultado de determinada unidade da organização. Você quer total responsabilidade pelos resultados e identifica seu próprio trabalho com o sucesso da organização para qual trabalha. Se você está em uma área técnica ou funcional atualmente, aceita a situação como uma experiência de aprendizado necessária; entretanto, ambiciona alcançar um cargo com funções generalistas o quanto antes. Ter um alto cargo gerencial técnico não interessa. Seus pontos do inventário nesta área estão na segunda coluna da folha de pontos sob GG.

AI: Autonomia/ Independência	Se sua âncora de carreira é a autonomia/independência, você não renunciaria à oportunidade de definir seu próprio trabalho, à sua própria maneira. Se você está numa organização, quer permanecer em funções que lhe permitam flexibilidade com relação a quando e como trabalhar. Se você não tolera regras e restrições organizacionais de qualquer espécie, busca ocupações nas quais tenha a liberdade que procura, tais como ensino ou consultoria. Para manter sua autonomia, você recusa oportunidades de promoção ou avanço. Talvez você até procure ter seu próprio negócio para alcançar a sensação de autonomia; entretanto este motivo não é o mesmo que a criatividade empreendedora descrita mais adiante. Seus pontos no inventário dessa dimensão estão na terceira coluna da folha de pontos, sob as letras AI.
SE: Segurança/ Estabilidade	Se sua âncora de carreira é a segurança/estabilidade, você não abriria mão da sua segurança ou estabilidade no trabalho ou organização. Sua principal preocupação é alcançar a sensação de ser bem-sucedido, para ficar tranquilo. A âncora está demonstrada na preocupação pela segurança financeira (tais como aposentadoria e planos de pensão) ou segurança no emprego. Essa estabilidade pode significar trocar sua lealdade e disposição de fazer qualquer coisa que seu empregador lhe peça por uma promessa de garantia de emprego. Você se preocupa menos com o conteúdo do seu trabalho e o posto que pode alcançar, embora possa chegar a um alto nível, se seus talentos assim o permitirem. No que se refere a autonomia, todo mundo tem certas necessidades de segurança e estabilidade, especialmente em épocas que os encargos financeiros são grandes ou quando se está para enfrentar a aposentadoria. Entretanto, as pessoas ancoradas dessa maneira estão sempre preocupadas com essas questões e constroem toda sua autoimagem em torno do gerenciamento da segurança e estabilidade. Seus pontos no inventário dessa dimensão estão na Quarta coluna da folha de pontos sob as letras SE.
CE: Criatividade Empreendedora	Se sua âncora de carreira é a criatividade empreendedora, você não renunciaria à oportunidade de criar sua própria organização ou empreendimento, desenvolvidas com sua própria capacidade e disposição de assumir riscos e superar obstáculos. Você quer provar ao mundo que pode criar um empreendimento que seja o resultado do seu próprio esforço. Talvez você trabalhe para outros em alguma organização, enquanto aprende e avalia oportunidades futuras, mas seguirá seu próprio caminho assim que sentir que tem condições para isso. Você quer que seu empreendimento seja financeiramente bem-sucedido, como prova de sua capacidade. Seus pontos no inventário estão na quinta coluna da folha de pontos, sob as letras CE.

SD: Serviço/Dedicação a uma Causa	Se sua âncora de carreira é serviço/dedicação a uma causa, você não renunciaria à oportunidade de procurar um trabalho onde pudesse realizar alguma coisa útil, como por exemplo, tornar o mundo um lugar melhor para se viver, solucionar problemas ambientais, melhorar a harmonia entre as pessoas, ajudar aos outros, melhorar a segurança das pessoas, curar doenças através de novos produtos etc. Você busca essas oportunidades, mesmo que isto signifique mudar de organização e não aceita transferências ou promoções que o desviem do trabalho que preencha esses valores. Seus pontos no inventário dessa dimensão estão na sexta coluna da folha de pontos sob as letras SD.
DP: Desafio Puro	Se sua âncora de carreira é desafio puro, você não abriria mão da oportunidade de trabalhar na solução de problemas aparentemente insolúveis, para vencer oponentes duros ou superar obstáculos difíceis. Para você, a única razão significativa para buscar um trabalho ou carreira é que este lhe permita vencer o impossível. Algumas pessoas encontram esse desafio puro em alguns trabalhos intelectuais, como por exemplo, o engenheiro interessado apenas em desenhos extremamente difíceis; outras encontram seu desafio em situações complexas, tais como um consultor estrategista, interessado apenas em clientes à beira da falência e que já esgotaram todos os recursos; algumas o encontram na competição interpessoal, como o atleta profissional ou o vendedor que define cada venda como uma vitória ou derrota. A novidade, variedade e dificuldade tornam-se um fim em si e se alguma coisa é fácil, imediatamente torna-se monótona. Seus pontos no inventário nessa dimensão estão na sétima coluna da folha de pontos sob as letras DP.
EV: Estilo de Vida	Se sua âncora de carreira é o estilo de vida, você não abriria mão de uma situação que lhe permita equilibrar e integrar suas necessidades pessoais, familiares e as exigências de sua carreira. Você que fazer todos os principais segmentos de sua vida trabalhar em conjunto para um todo integrado e, portanto, precisa de uma situação de carreira que lhe dê suficiente flexibilidade para alcançar tal integração. Talvez você precise sacrificar alguns aspectos da sua carreira (por exemplo, uma mudança geográfica que fosse uma promoção, mas que desestruturaria toda sua situação de vida), e você define o sucesso em termos mais amplos do que simplesmente sucesso na carreira. Você sente que sua identidade está mais vinculada ao modo de viver sua vida como um todo, onde você se estabelece, como lida com sua situação familiar e como você se desenvolve, do que com qualquer trabalho ou organização. Seus pontos no inventário dessa dimensão estão na oitava coluna da folha de pontos sob as letras EV.

E antes de finalizar este capítulo baseando no filósofo Rousseau, segundo o qual o homem é um ser diferente dos demais, ele transcende sua natureza: enquanto a vaca muge e come capim, o sapo coaxa, o pombo voa e o pássaro canta, o homem tem a capacidade de criar, improvisar, inventar, inovar, empreender e pensar em novas soluções. Por isso não se assuste se você se reconhecer em muitas âncoras.

4. PARTE 3: EU SOU EU E MINHAS CIRCUNSTÂNCIAS

Para o budismo, a existência humana tem três características:

Primeiro, nada no mundo concreto é independente de si mesmo;

Segundo tudo está em constante mudança e nada é permanente, e;

Terceiro, nada pode ser concluído de forma absolutamente definitiva;

Diante deste ensinamento, não é difícil compreender a fala de Ortega y Gasset (1996, p. 322, tradução nossa) quando diz que, "eu sou eu e minhas circunstâncias", e, portanto, a carreira é uma interação entre o indivíduo e o mundo, nas palavras de Bohoslavsky (1998) citado por Sampaio (2013):

> "Uma escolha madura depende da elaboração dos conflitos, e não de sua negação, assim uma escolha madura implicará a identificação de seus próprios gostos, interesses, aspirações, e a identificação com o mundo exterior, com as profissões e ocupações. Uma escolha madura dependerá da identificação consigo mesmo" Sampaio (2013, p. 63).

Depois de muito estudar e pesquisar, para saber um pouco e mesmo assim ainda esquecer vez por outra o que estudei, tenho a visão de que o trabalho e, portanto, a carreira, depende de duas coisas: Economia e Psicologia.

Economia, do grego *oikonomia* remetia às regras da casa, do domicílio, das questões domésticas, define-se como o estudo da "alocação dos recursos finitos", isto é, da forma que dispomos de tudo o que possui escassez, de tudo o que não é sem fim (FERREIRA, 2011, p. 17).

E já sabemos, desde que Thomas Carlyle disse que era a ciência lúgubre, nenhum economista acerta suas previsões, seja para a taxa do dólar, seja para os efeitos na economia de medidas que se tomam todos os dias por governos.

É claro que há um pouco de exagero nesta fala, vez por outra alguém acerta, mas dificilmente acerta duas vezes, de modo que sempre sou um pouco cético com previsões econômicas, mas não culpo os economistas, eles se baseiam em modelos, e de acordo com os modelos as respostas serão aquelas que eles nos apresentam, mas nenhum modelo consegue ainda prever o futuro, tão pouco o comportamento humano, razão pela qual eu me apaixonei pela economia comportamental e escrevi um livro sobre o tema, ministro cursos de finanças comportamentais, que junta dois interesses que sempre tive, finanças pessoais e comportamento humano.

E comportamento, é algo que começou a me chamar muita atenção em 2005 quando, eu um contador, decidi fazer um MBA em gestão estratégica de pessoas, que me levou a estudar psicologia, que me levou para a filosofia e que me faz todos os dias estudar alguma coisa relativa a comportamento, seja para formular meus cursos de Ética, Liderança, Gestão de Pessoas, Carreira e Finanças comportamentais, enfim, a psique humana está sempre em meus estudos.

E por isso digo, para falar de trabalho e carreira, precisamos tratar de dois assuntos, Economia, que eu chamo de tema externo, e Psicologia, que eu chamo de tema interno, que é sempre você, sou eu, somos nós, mas podemos simplificar chamando de autoconhecimento, ou como John Holland elaborou: "autoconhecimento e conhecimento da profissão", e a profissão, vai depender muito da economia.

4.1 Interno

Para as questões internas, eu usei a parte 2 do livro, nela temos uma sequência de assuntos ligados autoconhecimento que são importantes para pensarmos, inclusive independentemente de carreira.

Como disse Peter Drucker certa vez: **"Nunca tivemos tantas opções para decidir nosso destino. Nenhuma escolha será boa, porém, se não soubermos quem somos".** Afinal, não existe paraíso para quem não sabe do que gosta.

No mundo da Quarta Revolução Industrial o autoconhecimento torna-se imperativo, pois estamos na grande maioria das vezes decidindo na extrema incerteza, e tendo que agir na extrema urgência.

Por exemplo, muita gente me pergunta: Vale a pena mudar de emprego se for para ganhar mais?

E eu sempre devolvo com outra pergunta: O que é ganhar mais?

É ganhar mais experiência?

É ganhar mais liberdade?

É ganhar mais flexibilidade de agenda?

É ganhar mais horas de sono?

É ganhar mais responsabilidade?

Ou é ganhar mais dinheiro?

Existe perspectiva de ganhar mais dinheiro onde você está agora, no curto, médio ou longo prazo?

São sempre apostas, mas antes de deixar ser influenciado apenas pelo ganhar mais dinheiro é bom pensar com cuidado, ganhar mais dinheiro e perder um bom plano de saúde? Benefícios diretos e indiretos devem ser levados em conta.

É importante avaliar o que é mais importante, ganhar mais dinheiro e ter que se deslocar uma hora a mais no trânsito, todos os dias, faz sentido?

Mudar uma rotina familiar, abrir mão de outras coisas não monetárias, enfim, não podem ser vistas apenas do ponto de vista de remuneração financeira e isso envolve um exame mais profundo do indivíduo. Seu momento de vida, seus valores, sua personalidade, e tudo que discutirmos na parte 2 do livro.

Então, **mais vale um pássaro na mão do que dois voando ou quem não arrisca não petisca?**

Veja, que são dois ditados populares, que se contrapõe, se você estiver em uma determinada situação, por exemplo, de ter recebido uma oferta de trabalho que lhe pagará mais, mas trará novos desafios, numa área que você não tem tanto domínio quanto acreditam que você tenha ou como você tem no atual trabalho, qual destes ditados você seguirá?

Cuidado para não se fixar nisso e isso se tornar uma crença imutável, porque, isto é, o mesmo que dizer: "Deus ajuda quem cedo madruga".

Na realidade isso quer dizer algo do tipo: "quem se esforça é recompensado" e não que você necessariamente tenha que acorda cedo todos os dias, se for assim, coitados daqueles que trabalham a noite, Deus não irá ajuda-los.

De modo que na vida ou na carreira, não tem verdade absoluta, tudo é relativo, tem horas que **"mais vale um pássaro na mão do que dois voando"** e outras, onde **"quem não arrisca não petisca"**.

A chave do sucesso é saber escolher, o que na hora certa, mas para isso você precisará ter muito claro quais são seus objetivos e quais são os valores que te conduzem, com isso, vai ficar mais fácil decidir quando deixar o pássaro voar ou não.

4.2 Externo

O filósofo Platão no livro A República avisa que se cada cidadão fabricasse para si todas as coisas que precisasse para viver, como sua comida, bebida, moradia, ferramentas de trabalho, caça, diversão, utensílios etc., essa pessoa só poderia fazer bem aquilo que por natureza fosse seu talento, o resto das coisas ficariam mal feitos, caras e pouco atrativas, mas pelo contrário se cada cidadão fizesse o que lhe era propício, poderia fornecer um produto de boa qualidade, barato e bonito e poderia assim receber de outros todo o mais que precisasse. Desta forma a sociedade se tornaria racional e poderia criar condições para o sustento de todos os seus cidadãos.

Ou seja, Platão descreve o funcionamento do mercado, não com a perspectiva de mercado financeiro ou de capitais, que ouvimos no noticiário atual de que o mercado acordou de bom humor e a bolsa subiu, ou que pela declaração de algum fulano de empresa ou do governo e por isso o mercado reagiu e a bolsa fechou em menos 20 pontos. Para Platão o mercado se dá em função dos talentos de cada cidadão. Para o filósofo, a sociedade humana evolui a partir dos valores humanos, espirituais, sociais, morais e não pelo que o mercado dita. A soma de cidadãos atuando com seus talentos torna a sociedade mais próspera, produtiva, bela e justa. O talento, logo não é apenas uma questão educacional do indivíduo, mas uma questão de política para a sociedade.

Porém, vivemos tempos bem diferentes das ideias platônicas. E a economia, ou o poder econômico, entenda: dinheiro, dita as regras do jogo, dizem até que a política se faz na economia, em nenhuma democracia um líder político consegue sobreviver se seu governo for uma catástrofe na economia.

Assim como qualquer grande ideia que você tenha, para se transformar em algo real, você será perguntado: qual o retorno do investimento? Ou o famoso: isso dá dinheiro?

As transformações na economia não acontecem sem lutas, esforços, negociações, imposições e até mesmo jogo sujo, fora das regras, ou até modificando as regras para parecer justo e legal o que se pretende fazer, como a Guerra do Ópio entre Grã-Bretanha e China (1840-1842), quando os ingleses fizeram fortuna exportando drogas para a viciada população chinesa, ingleses estes da alta corte que possuíam ações das empresas e forçavam o consumo (HARARI, 2016).

Essas mudanças criam campos de força entre os "beneficiados" e os "prejudicados", afinal, "só compreendemos um sistema quando tentamos transformá-lo", nos alerta Kurt Lewin (1890-1947) em sua *Teoria da Análise de Força de Campo.*

Aliás, "campo" aqui como uma palavra bem apropriada quando falamos em transformações que o capitalismo traz – um exemplo de resistência e de visões diferentes pode ser obtido no relato de Ludwig von Mises (1881-1973) em sua 1ª lição – O capitalismo:

> Na Alemanha, os aristocratas prussianos – tendo perdido muitos trabalhadores para as indústrias capitalistas, que ofereciam melhor remuneração – cunharam uma expressão especial para designar o problema: "fuga do campo" – Landflucht. Discutiu-se, então, no parlamento alemão, que tipo de medida se poderia tomar contra aquele mal – e tratava-se indiscutivelmente de um mal, do ponto de vista da aristocracia rural. O príncipe Bismarck, o famoso chanceler do Reich alemão, disse um dia num discurso: "Encontrei em Berlim um homem que havia trabalhado em minhas terras. Perguntei-lhe: "Por que deixou minhas terras? Por que deixou o campo? Por que vive agora em Berlim?. E, segundo Bismarck, o homem respondeu: "Na aldeia não se tem, como aqui em Berlim, um

Biergarten tão lindo, onde nos podemos sentar; tomar cerveja e ouvir música. (Campos, et. al, 2016, p. 24)

Neste sentido, a sociedade vai criando leis, formulando propostas, vivendo experiências que vão resultar nas regulamentações futuras entre patrões e empregados, direitos e deveres, e todo o arcabouço jurídico necessário para regulação das relações trabalhistas.

O capitalismo levou o mundo à globalização, fato que já era previsto por pensadores desde o século XIX. Em 1848, Karl Marx e Friedrich Engels, em seu Manifesto Comunista, já traziam alguns trechos interessantes que previam os efeitos da globalização, o tal mundo plano de Friedman[60] (2005):

> [...] tudo que é sólido se desmancha no ar [...] a unilateralidade e a intolerância são cada vez mais inviáveis, e do sem-número de literaturas nacionais e locais emerge uma literatura mundial [...] a burguesia, mediante o rápido aprimoramento de todos os instrumentos de produção, mediante meios de comunicação imensamente facilitados, arrasta todas as nações, mesmo as mais bárbaras, para a civilização [...] a burguesia cria um mundo à sua própria imagem e semelhança [...] (Friedman, 2005, pp. 233-235)

Minha interpretação, quase 200 anos depois, essa última parte sobre a burguesia é o sinal claro de uma globalização, de produtos, serviços e cultura, que traz junto todo o avanço em medicina, saneamento básico, instituições democráticas, formas de governo etc., embora, segundo Schwab (2016) cerca de 1,3 bilhão de pessoas ainda não tenham acesso à eletricidade e mais da metade da população mundial, viva em países em desenvolvimento sem acesso à internet, somam cerca de 4 bilhões de pessoas.

O indicador de medição macro econômico de um país é o PIB[61] (Produto Interno Bruto) que basicamente é a soma do valor monetário de bens e serviços produzidos em uma determinada economia, criado a partir das ideias do Economista Simon Kuznets em 1937 e oficializado como ferramenta padrão para avaliar a economia de um país em 1944 após a conferência de Bretton Woods[62].

---

60 O próprio Friedman assume que o mundo não é verdadeiramente plano, mas afirma utilizar-se de uma licença poética para classificá-lo como tal. [...] sei que o mundo não é plano [...]estou convencido de que de o mundo vem se encolhendo e se achatando desde há algum tempo [...]utilizei uma licença poética ao dar a este livro o título de O mundo é plano[...] Friedman, 2005 p. 349.

61 A fórmula para medir o PIB de um país é: Consumo + Gastos do Governo + Investimento privado + Exportações - importações (PIB = C+I+G+X-M)
Onde:
C representa o consumo privado
I é a totalidade de investimentos realizada no período
G equivale aos gastos do governo
X é o volume de exportações
M é o volume de importações

62 Oficialmente conhecida como Conferência Monetária e Financeira das Nações Unidas, foi uma reunião com representantes de 44 nações que se reuniram de 1 a 22 de julho de 1944 em Bretton Woods, New Hampshire, nos Estados Unidos, para acordarem sobre uma série de novas regras para o sistema monetário internacional pós-Segunda Guerra Mundial.

Observa-se hoje que os países que oferecem maior liberdade econômica apresentam maior produtividade e prosperidade, o que resulta em crescimento econômico e do PIB per capta e renda média, conforme dados da *Heritage Foundation*[63].

Como defendido por Francis Bacon (1561-1626): "conhecimento é poder", e o avanço científico é prova disso.

Desde que o ser humano percebeu que investir recursos em pesquisa pode dar retorno financeiro, nunca mais o mundo foi o mesmo, seja para exploração territorial, geográfica, fomento bélico, busca por especiarias, avanço da medicina, conquista espacial e outros objetivos, investe-se dinheiro onde há perspectiva de maior retorno, quase um efeito Pigmaleão[64]: invisto porque dá retorno e o retorno reinvisto para dar mais retorno ainda.

Olhando para o mundo de hoje, podemos pensar nas megatendências, que segundo Schwab (2016) podem ser catalogadas em três categorias: **física**; por exemplo, carros autônomos, produtos de impressoras 3D; **digital** com *blockchain*, criptomoedas, inteligência artificial etc. e **biológica** com o uso de tecnologia para alterações genéticas, DNA etc.

Mas isso tudo envolve várias questões, como urbanização, por exemplo, é cada vez maior o fluxo de pessoas vivendo em cidades criando verdadeiras megalópoles mundo afora, gerando imenso desafio para infraestrutura, mobilidade, segurança etc. As mudanças demográficas, idem, que afetam a área de saúde, entretenimento. Mudanças climáticas também geram desafios em questões de sustentabilidade e prevenção de riscos, além de toda a questão ambiental ou ecológica.

E, acima disso tudo ainda é necessário olhar para o que se chama de base da pirâmide, pessoas que vivem com menos de USD 2,00 por dia, no mundo total somam 4 bilhões de pessoas nestas condições, segundo a ONU.

Figura 27: A pirâmide econômica

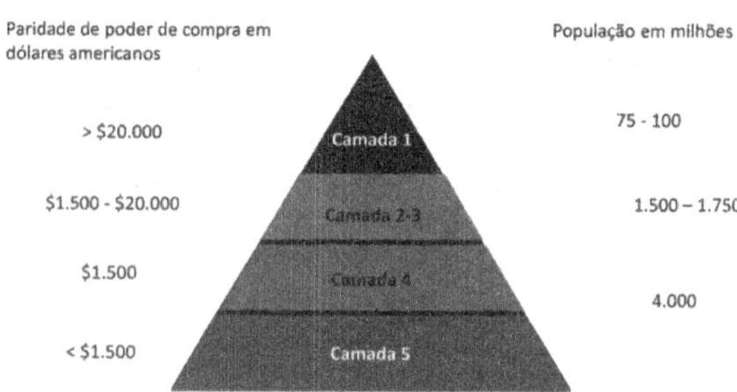

Fonte: *Prahalad, 2005*

---

63 Fonte: http://www.heritage.org/index/heatmap) Acesso em 01/01/2016

64 Efeito Pigmaleão (também chamado efeito Rosenthal), é o nome dado em psicologia ao fenômeno em que, quanto maiores as expectativas que se têm relativamente a uma pessoa, melhor o seu desempenho.

Wilkinson e Pickett (2009) apontam que sociedades desiguais tendem a ser mais violentas, logo, maior número de pessoas encarceradas, maiores níveis de obesidade, de doenças mentais e como consequência, baixa expectativa de vida e baixos níveis de confiança, os pesquisadores mostram que as sociedades mais iguais, após conseguirem rendimentos médios, melhoram o bem-estar, reduzem os níveis de stress, uso de drogas e diminui a mortalidade infantil.

O público base da pirâmide gera um desafio à parte. Não podemos ver a globalização como um mundo plano de fato, achatado e igual, as barreiras culturais existem e dificultam o posicionamento de seus tentáculos em todos os cantos no mesmo molde. Uma mesma propaganda que leva milhões de pessoas a consumirem um produto nos Estados Unidos e na América Latina, pode ser um desastre do ponto de vista cultural de um nepalês, um indiano ou um tailandês. E isso dificulta enormemente o ingresso de indústrias multinacionais em locais base da pirâmide. "Se quiser, no entanto, participar ativamente destes mercados, o setor privado deve aprender a inovar. Produtos, serviços e processos de administração tradicionais não funcionam" (PRAHALAD, 2005, p. 33).

Não foi a cultura varejista global do WalMart que incluiu os consumidores da base da pirâmide no Brasil, por exemplo, quem fez isto foi as Casas Bahia, empresa local. Ela criou para seus clientes a capacidade de consumir e, ao se transformarem em consumidores, os pertencentes à base da pirâmide ganham dignidade. Este é o ponto cultural, não se pode impor uma cultura dominante pura e simplesmente; quem o faz está fadado ao fracasso. O pensamento é justamente o contrário: adaptar o modelo de negócio ao consumidor base da pirâmide. O conceito de mobilidade social só é possível com inclusão da base da pirâmide no mercado:

> Os pobres não têm ressentimento dos ricos, apenas querem fazer parte do mesmo grupo e ter acesso aos mesmos produtos e serviços, não dizem: parem o trem da globalização, queremos saltar, eles dizem parem o trem da globalização nós queremos embarcar, mas alguém tem de nos ajudar a construir uma plataforma melhor. (FRIEDMAN, 2005, pp. 358-359)

Por sorte, existem os chamados empreendedores sociais, desde 2006, quando o mundo conheceu o Grameen Bank, fundado por Muhammad Yunnus, laureado com o Nobel da Paz naquele ano, consagrando o modelo de microcrédito criado por ele em Bangladesh em meados dos anos 70. É também uma alternativa para fomento da economia local e inspiração para este tipo de empreendedorismo, feito por pessoas que acreditam que negócios podem resolver problemas sociais, o que abre campo para gente talentosa conseguir viabilizar projetos pensando não apenas no retorno financeiro, mas no impacto social, ambiental e também econômico, muito inspirado nesse olhar para a base da pirâmide.

"Déficits fiscais já provaram ser uma das principais fontes de fragilidade nos sistemas sociais e econômicos" (TALEB, 2014, p. 57). Assim, também parte do que chamo externo é também responsabilidade de governos, controle de contas públicas, fomento ao investimento em infraestrutura, regulação, educação, enfim tudo que compõe um sistema econômico.

A ONU lançou o desafio para até o ano 2030 em 17 objetivos que se desdobram em 169 metas, conhecidos como Objetivos de Sustentabilidade (ODS), ou metas do milênio, figura 28. Estima-se que negócios envolvendo estes objetivos alcancem US$ 7 trilhões anuais, sendo quase US$ 4 trilhões em países em desenvolvimento.

Figura 28: Objetivos de Desenvolvimento Sustentável

Fonte: ONU/agenda2030

Isto abre um imenso leque de oportunidades de carreira para todos, se de fato, levados a sério, ao que parece ainda não está sendo. No Brasil, segundo a Rede Brasil do Pacto Global, temos apenas 20 empresas que de fato tem implementação efetiva na estratégia considerando as ODS. A pesquisa Integração dos ODS na Estratégia Empresarial – 2018 feita com 142 empresas que compõe a Rede Brasil do Pacto Global identifica as principais razões pelas quais as empresas aderem à agenda 2030, basicamente por questões de Compliance e risco reputacional e menos por oportunidades de negócio e retenção de talentos[65].

Não vislumbro uma alternativa fora do mundo capitalista. Participo do pensamento de que o modelo carece de ajustes, pois apesar do retrospecto histórico de melhoria da qualidade de vida mundial, ainda assim existem milhões, de pessoas na extrema pobreza – e para quem foi atingido por raio, não faz sentido falar de estatísticas.

Meu pensamento não diverge muito do que disse em 1830, ainda durante a primeira revolução industrial, o matemático Charles Babbage, que é considerado um dos pais do computador, devido a criação de sua máquina calculadora, na primeira metade do século XIX:

65 Maioria das Empresas ainda desconhece a agenda 2030, Amália Safatle, Valor Econômico, 28/03/2019

"Embora convencido, devido as minhas observações, que a prosperidade e o sucesso do produtor são essenciais para o bem-estar do trabalhador, devo admitir que essa relação, em muitos casos, é remota demais para ser entendida pelo último. Embora seja perfeitamente verdadeiro que o trabalhador, como classe, receba vantagens da prosperidade de seus empregadores, não acredito que cada indivíduo participe dessas vantagens na proporção exata de sua contribuição. Também não acredito que a vantagem resultante seja tão imediata quanto poderia ser sob sistema diferente" (MAXIMIANO, 2021, p. 52).

Apenas, precisamos dar à base da pirâmide desenvolvimento econômico, pois o crescimento econômico mundial não foi, até aqui, suficiente. Crescimento econômico é ampliação quantitativa da produção, bens que atendem as necessidades, crescimento do PIB. Já o desenvolvimento vai além, traz dentro de si o crescimento econômico, mas é mais amplo. **Desenvolvimento econômico** tem relação com as condições de vida das pessoas, é um conceito relativo, mas traz alguns pontos cruciais, como renda per capta, indicadores sociais, infraestrutura disponível e serviços públicos, dentre outros fatores (GREMAUD, VASCONCELOS, TONETO JR, 2009).

Portanto, se a economia não gira, num mundo capitalista as pessoas não têm onde trabalhar, sem trabalhar não tem renda, sem renda não consomem e os negócios minguam, e em casa que falta pão, todos brigam e ninguém tem razão.

Vejo que, no fundo, a grande maioria quer pertencer à classe média, e a classe média como disse Friedman, (2005) é um estado de espírito, e não de rendimentos. Pode-se mentalmente se considerar classe média com 2 ou 200 dólares por dia. Essa classe é descrita por pessoas que acreditam ter um caminho para fugir da pobreza ou da baixa renda em busca de um padrão de vida melhor inclusive para seus filhos. Para Schwab, a classe média possui quatro características tradicionais: educação, saúde, aposentadoria e casa própria.

No Brasil, chamar alguém de classe C pode soar depreciativo; elogio é ser chamado de classe A ou classe B. No entanto, ser chamado de Nova Classe Média soa ascendente, prospectivo, traz a ideia de alguém que progrediu, difere inclusive de *nouveau riche*, que mostra origem. Nova Classe média é alguém que continuará progredindo futuramente dando melhores condições aos seus filhos, como boa educação, por exemplo (NERI, 2011).

Voltando a definição de trabalho: **atividade destinada a utilizar as coisas naturais ou modificar o ambiente para satisfação das necessidades humanas.**

Desde quando não existia economia propriamente dita, o homem trabalha, não podemos viver num mundo onde o rabo agora balança o cachorro, a economia não tem o direito de fazer o ser humano obsoleto.

Como afirmou Pastore (1998) "a obsolescência humana é uma tragédia de proporções colossais, quando ocorre, ela produz efeitos dramáticos nos campos econômicos, pessoal e social".

O desafio, disse Neri (2011), "é combinar as virtudes do Estado com as virtudes dos mercados, sem esquecer de evitar as falhas de cada um dos lados".

Zingales (2021) afirma que o antagonismo Estado-mercado é um bordão que já deu o que tinha de dar e quanto mais cedo nos livrarmos dessa relíquia pós-feudal, mais depressa seremos capazes de usar Estados e mercados para tratar dos desafios reais de hoje. Para ele, por exemplo, regimes de assistência social não são inimigos do funcionamento dos mercados, porque esses podem ajudar os mercados a se tornarem mais resilientes. De modo que a escolha não seria entre Estado e mercado, mas entre programas de assistência social que promovem mercados e programas que os distorcem.

Uma economia de mercado, em que o vencedor leva tudo, à qual a classe média tem cada vez menos acesso, pode transformar-se lentamente em mal-estar e abandono democrático, agravando os desafios sociais e diminuindo nossas capacidades humanas essenciais, como autorreflexão, compaixão e empatia (SCHWAB, 2016).

O próprio Adam Smith, pai da economia clássica, também tratou das questões da divisão do trabalho, por meio das quais um trabalhador alocado a uma tarefa específica torna-se mais produtivo do que aquele que faz todas as etapas da produção de um único bem, gerando crescimento econômico e valor aos produtos. Enfim, ele descreveu o que conhecemos hoje pelo nome de capitalismo, mas na época o conceito ficou conhecido como **"mão invisível"** do mercado, aquela ideia de que ao buscar o seu próprio interesse o indivíduo acaba promovendo benefícios a toda a sociedade, conforme abordamos no capítulo 2.3-Trabalho.

Smith que era um filósofo moral, antes de economista, em seu livro Teoria dos Sentimentos Morais de 1759, quase duas décadas antes de seu clássico Riqueza das Nações, deixa claro que a natureza humana não era apenas, sobre o autointeresse, vários outros motivos como afeto, simpatia, amizade, amor e desejo de aprovação social, eram ainda mais fortes, principalmente quando as pessoas atingiam um nível mais elevado de maturidade psicológica (SISODIA; WOLFE; SHETH, 2015).

Como ele mesmo traz em seu texto explicando a simpatia humana:

> "Por mais egoísta que se suponha o homem, evidentemente há alguns princípios em sua natureza que o fazem interessar-se pela sorte de outros, e considerar a felicidade deles necessária para si mesmo, embora nada extraia disso senão o prazer de assistir a ela. Dessa espécie é a piedade, ou compaixão, emoção que sentimos ante a desgraça dos outros, quer quando a vemos, quer quando somos levados a imaginá-la de modo muito vivo. É fato óbvio demais para precisar ser comprovado, que frequentemente ficamos tristes com a tristeza alheia; pois esse sentimento, bem como todas as outras paixões originais da natureza humana, de modo algum se limita aos virtuosos e humanitários, embora estes talvez a sintam com uma sensibilidade mais delicada. O maior rufião, o mais empedernido infrator das leis da sociedade, não é totalmente desprovido desse sentimento" (Smith, 2015, p. 69).

O desafio que nos faz, é unir economia e empatia, pois a **"empatia é responsável pela maior parte de nossa compreensão do que existe de alheio ao eu nas outras pessoas"** já afirmava Freud (Bass, 2008).

Enfim, tudo isso gera movimento nas economias e afetam as carreiras, os empregos e os trabalhos e neste sentido os indicadores ESG representam uma esperança atual para o mundo do trabalho. Falaremos mais sobre eles no capítulo ESG.

4.3 Fatores ESG

John Elkington, cofundador da organização não governamental internacional SustainAbility, em seu livro *Cannibals With Forks: The Triple Bottom Line of 21st Century Business*, entendia a agenda da sustentabilidade como uma tentativa de harmonizar os resultados financeiros tradicionais com o pensamento emergente sobre os resultados ambientais, na intenção de não abandonar a prosperidade econômica, não menosprezar a qualidade ambiental e tampouco o elemento que os negócios preferem ignorar - a justiça social. Elkington (1997, p. 2).

Para ele, a ideia de **sustentabilidade** compreendia a fusão de três pontas: lucro (*profit*), pessoas (*people*) e meio ambiente (*planet*).

Tais elementos formam um tripé, o chamado ***Triple bottom line***, mas ele preferiu usar a palavra garfo (*fork*) para explicá-los.

Figura 29: O Triple Bottom Line

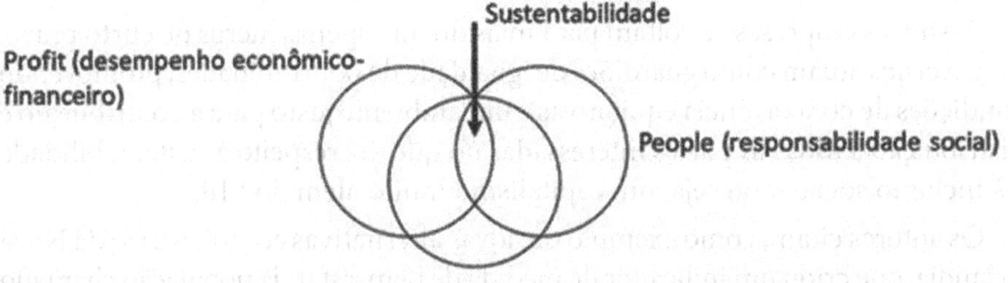

Fonte: Autor

Assim, os capitalistas (*cannibals*) não precisariam deixar de ser quem são, apenas deveriam aprender a usar o talher - em uma analogia de um capitalismo sustentável, afinal, seria um enorme progresso se um canibal usasse um garfo.

O autor foi profético ao dizer que o triunfo do capitalismo poderia ser apenas mais um sinal da crescente homogeneização ou "coca-colonização" (alusão ao domínio da Coca-cola no mundo) da economia mundial. Para ele, "mesmo com o processo de globalização, a pressão para reconhecer e expressar aspectos ecológicos, a diversidade econômica, social, cultural e política se intensificará" (Elkington, 1997, p. 330).

Cabe dizer que a definição de desenvolvimento sustentável, dada pela ONU, consta do documento chamado Relatório Brundtland (nome da norueguesa Gro Harlem Brundtland que era a presidente da comissão mundial sobre meio ambiente e desenvolvimento) de 1997 e é também conhecido por Nosso Futuro Comum. "O desenvolvimento sustentável é aquele que atende às necessidades do presente sem comprometer a possibilidade de as gerações futuras atenderem às suas próprias necessidades". Ele contém dois conceitos-chave: **necessidades**, as necessidades essenciais humanas e **limitações** em relação ao meio tecnológico e meio-ambiente (Brundtland, 1991, p. 46).

Atualmente, todos esses conceitos estão presentes nos debates da comunidade internacional, mas talvez não no radar das pessoas e organizações. Eles constituem o que hoje se denomina critérios ESG (*environmental, social e governance*), sigla para representar a medição de critérios socioambientais que as empresas precisam ter para atrair investidores da dita nova economia.

Schwab e Vanham (2021) atualizaram o conceito de Elkington (1997) e trouxeram a perspectiva do capitalismo de partes relacionadas (*stakeholder capitalism*). Trata-se de um capitalismo que não seria o capitalismo de Estado de países como a China, por exemplo, nem o capitalismo de acionistas (*shareholder capitalism*) como nos Estados Unidos, mas sim de um capitalismo moderno em que os interesses de todas as partes na economia e na sociedade são levados em consideração.

Assim, as empresas se voltam para mais do que apenas lucros de curto prazo. Os governos atuam como guardiões de igualdade de oportunidades, promovendo condições de concorrência equitativas e um ambiente justo para a contribuição e distribuição a todas as partes interessadas no que diz respeito à sustentabilidade e à inclusão social – ou seja, um capitalismo muito além do PIB.

Os autores citam, como exemplo de novas alternativas ao PIB, o caso da Nova Zelândia, que criou um indicador de medida de bem-estar da população chamado *Living Standard Framework* ("estrutura de padrões de vida", em português), que mede quatro capitais essências para o país: **capital natural** (aspectos do meio ambiente), **capital humano** (capacidades das pessoas para se envolverem em trabalho, estudo, recreação e atividades sociais, incluindo habilidades, conhecimentos, saúde física e mental), **capital social** (normais sociais, cultura e valores) e **capital financeiro e físico** (mais intimamente associado ao PIB, bem como aos ativos físicos e financeiros, à fabricação, à infraestrutura, ao sistema financeiro etc.) (Schwab; Vanham, 2021).

Vale dizer que essa ideia da Nova Zelândia não é tão novidade assim, pois o Butão, um pequeno reinado da região do Himalaia e que tive a oportunidade de visitar, desde 1972, prega a ideia de um índice de felicidade para seu povo[66], que foi elaborado pelo Rei Jigme Singye Wangchuck, neste índice o cálculo da "riqueza" de um país deve considerar outros aspectos além do PIB, que visa apenas ao desenvolvimento econômico.

O FIB se baseia em quatro pilares:

I. **Boa governança:** considerada um pilar da felicidade porque determina as condições em que os butaneses prosperam. Embora as políticas e os programas desenvolvidos no Butão estejam geralmente alinhados com os valores do FIB, também existem várias ferramentas e processos empregados para garantir que os valores sejam realmente incorporados à política social.

II. **Desenvolvimento socioeconômico sustentável equitativo:** a economia deve prosperar, valorizando, inclusive, as contribuições sociais, como tempo livre para lazer e família.

III. **Preservação e promoção da cultura:** a felicidade advém também da preservação da cultura butanesa, bem como do desenvolvimento da resiliência cultural, que pode ser entendida como a capacidade de a cultura manter e desenvolver identidade, conhecimento e práticas culturais, sendo capaz de superar desafios e dificuldades provenientes de outras normas e ideais.

IV. **Conservação ambiental:** considerada uma contribuição fundamental para o FIB porque, além de fornecer serviços críticos como água e energia, acredita-se que o meio ambiente contribua para estímulos estéticos e outros que podem ser diretamente curativos para pessoas que apreciam cores vivas e luz, brisa não contaminada e silêncio no som da natureza.

Esses quatro pilares do FIB direcionam nove domínios[67] universalmente aceitos por serem, além de comuns, não atrelados a nenhuma crença ou religião específica. Tais domínios se desdobram em vários indicadores específicos que são comparados a cada nova pesquisa e ajudam na elaboração de objetivos diante da formulação das políticas públicas do país.

A pesquisa feita por amostragem, em parte com coleta de dados em formulários, em parte eletrônica, gerou uma série de informações e indicadores que são analisados, correlacionados, tanto de forma quantitativa como qualitativa e, posteriormente, divulgados em relatório específico.

A seguir, apresento os nove domínios citados e uma breve explicação de cada um, bem como alguma explicação de indicador (GNH Centre Bhutan, 2021):

---

66 *Gross National Happiness* (GNH), em inglês e traduzido como FIB (Felicidade Interna Bruta)

67 Os nomes originais em inglês são: I. *Living standards*; II. *Education*; III. *Health*; IV. *Ecological diversity and resilience*; V. *Community Vitality*; VI. *Time-use*; VII. *Psychological well-being*; VIII. *Good Governance*; IX. *Cultural diversity and resilience*

I. **Padrões de vida econômico:** conforto material, renda, segurança financeira, propriedade privada, acesso a bens eletrônicos etc., são elementos mensurados no PIB, por exemplo, avalia-se a renda individual e familiar, a segurança financeira, o volume de dívidas, a qualidade das habitações, ou seja, o padrão econômico das pessoas.

II. **Educação:** um olhar atento sobre os tipos de conhecimentos, valores e habilidades que se adquire, além de taxa de alfabetização, habilidades artesanais, alfabetização cultural e histórica, bem como anos de escolaridade. Leva em conta fatores como participação em educação formal e informal, competências aprendidas, envolvimento na educação dos filhos, valores em educação, educação ambiental etc.

III. **Saúde:** física e mental, preocupação com a qualidade da saúde da população e atendimento médico a todos; um olhar atento às tentativas suicidas, ao alcoolismo etc. Mede a eficácia das políticas de saúde (saúde, invalidez, padrões de comportamento arriscados, exercício físico, trabalho, sono, nutrição etc.).

IV. **Meio Ambiente:** olha-se a diversidade e a resiliência ecológica, a percepção das pessoas sobre o meio ambiente, a alimentação, a responsabilidade pela conservação do ambiente natural (que traz o silêncio para descansar, por exemplo). Visa capturar a percepção dos cidadãos quanto a qualidade da água, do ar, do solo, e da biodiversidade, exemplo: qual o acesso a áreas verdes, como está o sistema de coleta de lixo etc.

V. **Vitalidade comunitária:** o foco aqui são as relações e a interação dentro da comunidade, a coesão social e o voluntariado, a segurança e a frequência de socialização com vizinhos, por exemplo. Avalia o nível de confiança, a sensação de pertencimento, a vitalidade dos relacionamentos afetivos, a segurança em casa e na comunidade, a prática de doação e de voluntariado.

VI. **Uso do tempo:** o gerenciamento equilibrado do tempo é muito valorizado na cultura butanesa. Mede-se, por exemplo, quanto tempo é gasto no trabalho, fora do trabalho, durante o sono, o tempo que se passa assistindo à televisão, cozinhando, comendo, mede-se o tempo no trânsito (só existe um semáforo em todo o país, na cidade de Paro, e é atração turística). Trata-se de uma busca no equilíbrio entre trabalho e vida pessoal, muito significativo para a qualidade de vida, especialmente o tempo para lazer e socialização com família e amigos. Para o conceito do FIB reconhece-se a importância do dinheiro, porém ele é importante, desde que sua busca não comprometa horas de sono, lazer e convívio familiar. Detalhe que a Organização Mundial do Trabalho (OIT), em estudo, revelou que trabalhar mais de 55 horas semanais, causa risco de morte[68]

68 Revista Veja, 26 de maio de 2021, p. 23

VII. **Bem-estar psicológico:** ligado à qualidade de vida, à satisfação com a vida e à espiritualidade. Busca identificar o grau de satisfação e de otimismo que cada indivíduo tem em relação a sua própria vida (emoções, positivas e negativas, autoestima, sensação de competência, estresse e atividades espirituais).

VIII. **Boa governança:** como as pessoas percebem as funções do governo, o retorno em serviços para a população. Tem a ver com responsabilidade, honestidade e transparência. Busca identificar como a população enxerga o governo, a mídia, o judiciário, o sistema eleitoral, e a segurança pública, mede ainda a cidadania, ou seja, o envolvimento dos cidadãos com as decisões e processos políticos.

IX. **Resiliência e promoção cultural:** o acesso à cultura, a diversidade cultural e a resiliência, a força das tradições e dos festivais culturais, o código de conduta e etiqueta do Butão. Avalia as tradições locais, festivais, valores nucleares, participação em eventos culturais, oportunidades de desenvolver capacidades artísticas, e discriminação por causa de religião, raça ou gênero. No Butão usa-se um traje muito peculiar, chama-se Gho o traje masculino e Kira, o feminino, que é uma espécie de túnica, muito tradicional, embora, muitas pessoas vistam-se com roupas mais ocidentalizadas, como jeans, camisetas etc.

Os nove domínios demonstram claramente que, da perspectiva do FIB, muitos fatores inter-relacionados são importantes na criação de condições para a felicidade.

Por exemplo, o FIB considera a importância da segurança material como um desses fatores – avaliar se as pessoas desfrutam de padrões de vida suficientes e equitativos está incluído na pesquisa do FIB. Da mesma forma, a felicidade dos seres humanos não é vista como separada do bem-estar de outras formas de vida, e a diversidade e a resiliência ecológica estão incluídas na medida do FIB. O equilíbrio entre o desenvolvimento material e não material e a natureza multidimensional e interdependente do FIB são características-chave que distinguem o FIB do PIB como uma medida do progresso de um país.

De acordo com esses nove domínios, o Butão desenvolveu 38 subíndices, 72 indicadores e 151 variáveis que são usadas para definir e analisar a felicidade do povo butanês (CENTRE FOR BHUTAN STUDIES & GNH RESEARCH, 2021).

Os indicadores são perguntas relacionadas a: satisfação de vida; emoções positivos e negativas; espiritualidade; dias saudáveis; incapacidade; saúde mental; trabalhos; horas de sono; alfabetização; escolaridade; conhecimento; valor; Zorig Chusum (habilidades artísticas); participação cultural; fale da língua nativa; Driglam namzha (um caminho de harmonia); participação política; serviços; desempenho de governança; direitos fundamentais; doação (tempo e dinheiro); segurança; relacionamento com a comunidade; família; danos à vida selvagem; questões urbanas; responsabilidade com o meio ambiente; questões ecológicas; renda per capita; bens; habitação, dentre outros.

Vale dizer que apesar de o FIB ter surgido no início dos anos 70, o antigo código legal do Butão, datado de 1629, afirmava que: **"se o governo não pode**

criar felicidade para seu povo, então não há nenhum propósito para o governo existir" (GNH Centre Bhutan, 2021, tradução nossa, grifo nosso).

Como uma nação budista, certamente o cultivo da compaixão decorre dessa sabedoria antiga, na qual o foco não deve ser apenas no progresso econômico, mas em uma sociedade humana florescente que viva em harmonia com a natureza.

De acordo com o que apresentamos aqui, existem muitas pesquisas que mostram que a riqueza por si só não contribui para a satisfação ou felicidade da vida. Há uma frase que diz: "riqueza pode contribuir para a nossa felicidade, mas não é o fator mais importante; por si só a riqueza falha em nos trazer satisfação plena".[69] O FIB mede a qualidade do desenvolvimento desses elementos de uma maneira mais holística, e acredita-se que o desenvolvimento benéfico da sociedade humana ocorre quando o desenvolvimento material e espiritual se dá concomitantemente.

O Butão tem sido considerado um exemplo vivo e muito forte desta mentalidade. O significado do nome do país, na língua local é "dragão" e diz respeito a como conduzir o verdadeiro desenvolvimento humano.

Entender que o conceito de geração de valor ou geração de resultados pode ser muito maior que apenas o que representa a palavra *lucro* é essencial para a vida e se aplica bem aos conceitos de sustentabilidade, defendidos por John Elkington, ainda nos anos 90 e agora com a versão ESG.

Os investidores que olham para o longo prazo têm levado em conta os critérios ESG em suas alocações de capital mundo afora, que ajuda a contribuir para um ambiente de negócios mais ético, transparente e sustentável. Além de que propicia oportunidades profissionais para a carreira de muita gente (Cotias, 2021).

E como isso se dá na prática? Veja a figura 30 da gestora JGP para o seguimento da moda.

Figura 30: ESG no mercado da moda

O ESG da moda

Pontos sensíveis na cadeia produtiva

Ambiental	Social	Governança
Emissões	Direitos humanos/ relação com a comunidade	Questões éticas de distribuição da cadeia
Uso de energia	Sistema de vendas e transparência no setor	Desenvolvimento de produtos - do design à cadeia produtiva e suprimentos
Consumo e tratamento de água	Práticas laborais ao longo da cadeia - condições de trabalho e segurança transacional	Transparência
Uso de produtos químicos nocivos	Saúde e segurança no trabalho	Engajamento da liderança com problemas na cadeia de produção
Demais impactos ao meio ambiente		

Fonte: JGP

Fonte: Valor, 6 ago, 2021

69 Atribuída a Dalai Lama, segundo o guia que me conduziu durante meu passeio pelo Tibet.

Atuar nestes três pilares é estar atuando com as práticas ESG, ao que parece, a sociedade butanesa está na vanguarda desse pensamento, e que começa a ter algum efeito no mundo dos negócios. Dessa forma, podemos entender que definitivamente não é possível pensar em lucros sem considerar as pessoas e seus sentimentos, tampouco o meio ambiente.

Tanto é que Pesquisa da PwC, com 50 empresas, em sua maioria de capital aberto, revelou que 75% estudavam usar metas ESG em seus planos de remuneração dos executivos ou reforçar seus esquemas atuais. O número de empresas que incluem métricas ESG ao decidir as bonificações dos executivos dobrou desde 2018. Cerca de 20% das 6,5 mil firmas pesquisadas levam em conta esses fatores, pelo relatório anual da ISS ESG (Institutional Shareholder Services). "Esperamos que a remuneração dos executivos, de curto e longo prazo, esteja alinhada às tendências de desempenho e que integre totalmente objetivos específicos ESG" - afirmou Jean-Jacques Barbéris da Amundi, gestora de ativos de 1,7 trilhão de euros. E ainda, segundo a ISS ESG, empresas como a Microsoft incluíram a diversidade como métrica para a remuneração dos executivos, enquanto a Nestlé levou em conta a segurança e saúde dos funcionários nos pacotes de remuneração. Já a BHP incluiu o uso de energia e as mudanças climáticas (Mooney, 2021; Campos e Bigarelli, 2021).

E finalizando, o relatório *Measuring Stakeholder Capitalism Towards Common Metrics and Consistent Reporting of Sustainable Value Creation* de setembro de 2020 do Fórum Econômico Mundial, trouxe uma série de iniciativas e métricas para implementação e acompanhamento de iniciativas ESG e inclusive, amplia o P de *profit*[70] original de John Elkington para Prosperity[71], pois trata abertamente da remuneração dos trabalhadores e não apenas da geração de riqueza da sociedade/empresa para a qual se trabalha, uma vez que remuneração justa e digna é também um aspecto de responsabilidade social das organizações.

Por exemplo, neste aspecto há o indicador "Pay equality %" que mede a proporção do salário base e remuneração de cada funcionário/categoria por locais significativos de operação para áreas prioritárias de igualdade: mulheres para homens, grupos étnicos menores e maiores e outras áreas de igualdade relevantes. E também o "Wage level %" que mede: 1. Proporções do salário mais baixo por gênero em comparação com salário mínimo local e 2. Proporção da remuneração total anual do CEO para a mediana da remuneração total anual de todos os seus funcionários, exceto o CEO.

Há uma discussão muito forte sobre as discrepâncias salariais existentes nas empresas, por exemplo, Sandel (2020) argumenta que no fim da década de 1970, CEOs de grandes empresas estadunidenses lucraram trinta vezes mais que do que o trabalhador padrão, em 2014, eles receberam trezentas vezes mais.

70 Lucro

71 Prosperidade

No Brasil um levantamento com dados de 2019 mostrou que em algumas empresas a diferença chegava a 600 vezes mais (Schincariol, 2020).

Figura 31: Diferenças salariais

Empresa	Relação maior salário/remuneração média
Lojas Americanas	663
Pão de Açúcar	649
Magazine Luiza	526
Intermédica	476
Itaú Unibanco	473
Cogna	438
Hapvida	438
CVC	413
Santander	364
JBS	362
Carrefour	360
Localiza	334
Raia Drogasil	313
Bradesco	305
Minerva	240
BRF	235
B2W	235
B3	156
Cia. Hering	153
Klabin	148

Fonte: Valor, 28 set, 2020

Gary Hamel e Michele Zanini (2020) mostram que, a remuneração média do CEO nas 350 maiores empresas dos Estados Unidos é de $ 17,2 milhões por ano, ou 278 vezes o salário de um funcionário de linha de frente típico, o que significa que a remuneração do CEO cresceu 940% desde 1978.

E Jan Eeckhout, professor de economia da Universidade de Pompeu Fabra, em Barcelona, no livro O Paradoxo do Lucro, mostra que houve um aumento da produtividade nas últimas décadas, mas esse aumento de produtividade não foi distribuído proporcionalmente em forma de remuneração para os trabalhadores (Cavalcanti, 2021).

A AS You Sow, organização sem fins lucrativos dedicada à promoção de responsabilidade socioambiental e corporativa evidencia que existem CEOs com remuneração entre 1.500 a 2.400 vezes mais que a média dos trabalhadores da empresa, conforme mostra a figura 32.

Figura 32: Salários de CEOs e produtividade americana

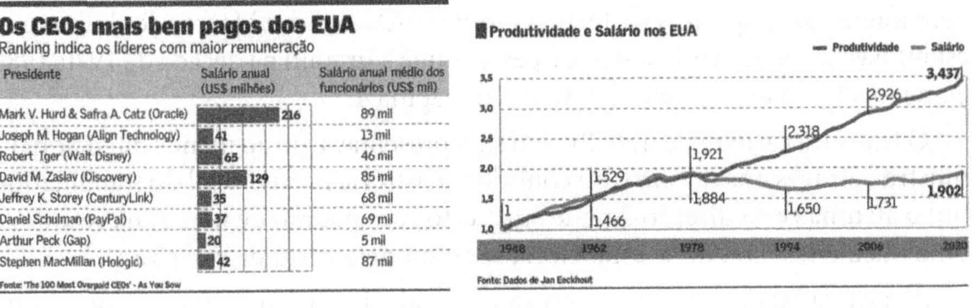

Os CEOs mais bem pagos dos EUA
Ranking indica os líderes com maior remuneração

Presidente	Salário anual (US$ milhões)	Salário anual médio dos funcionários (US$ mil)
Mark V. Hurd & Safra A. Catz (Oracle)	216	89 mil
Joseph M. Hogan (Align Technology)	41	13 mil
Robert Iger (Walt Disney)	65	46 mil
David M. Zaslav (Discovery)	129	85 mil
Jeffrey K. Storey (CenturyLink)	35	68 mil
Daniel Schulman (PayPal)	37	69 mil
Arthur Peck (Gap)	20	5 mil
Stephen MacMillan (Hologic)	42	87 mil

Fonte: 'The 100 Most Overpaid CEOs' - As You Sow

Fonte: AS YOU SOW e Jan Eeckhout, Valor 4 jul, 2021

O relatório *The Employer's Guide to Financial Wellbeing 2019-2020*, mostrou que no Reino Unido 36% dos trabalhadores têm preocupações financeiras e pessoas com a vida financeira desorganizada têm 4,1 vezes mais chance de ter ataques de pânico e 4,6 vezes mais potencial de sofrer de depressão na comparação com os pares com a vida financeira estabilizada, o que impacta diretamente na produtividade no trabalho.

No Brasil a Confederação Nacional Comércio de Bens e Serviços (CNC) mostra que cerca de 73% da população brasileira estava endividada em 2021. Segundo a ABEFIN (Associação Brasileira de Educadores Financeiros) com dados de 2018, 84% dos funcionários de 100 empresas no Brasil enfrentavam dificuldades para lidar com o dinheiro, tinham prejuízos ou não entendiam de finanças (SARAIVA, 2021).

Preocupações ESG tem ganhado cada vez mais força no mundo do trabalho, isto é refletido na fala do então presidente mundial da Siemens Joe Kaeser em entrevista do Financial Times ao final de 2019, quando pressionado pelos investidores para fazer mais demissões na empresa, ele disse que a **situação estava se deteriorando**, e que "se pressionarmos para elevar ainda mais o valor dos acionistas, vamos tornar os ricos ainda mais ricos, porque basicamente ajudamos quem tem capital a ficar mais rico e isso não tem como ser sustentado, **"vamos ter carros queimados nas ruas e não carros autoguiados"** fazendo referência aos carros autônomos, o futuro da indústria automobilística, contra o futuro dos trabalhadores que sem emprego e renda, não serão consumidores.

Isto foi uma clara preocupação ou discurso de que sim, responsabilidade social faz parte da agenda das organizações ou se não, deve fazer!

4.4 O contrato psicológico

Durante as pesquisas que fiz para escrever este livro, me deparei com uma bem interessante, que foi este texto do ministro Alexandre Marcondes Filhos que estava nas carteiras profissionais de pessoas que a tiraram na década de 1970/1980 e que foi citado no capítulo, 2.1-Carreira página 4.

O texto, e a carteira de trabalho em si, representava, ou ao menos intencionava mostrar, através dos registros ali contidos, a história profissional do trabalhador, tinha ali uma certa direção do que era "certo", um padrão de honra, na realidade uma obediência ao que se estabelecia ser o modelo certo de carreira.

A carteira buscava refletir o contrato de trabalho, físico, assinado, que regeria as relações entre trabalhador e empregador, naquele documento havia apenas uma definição de carreira, mas será que era suficiente?

Harry Levinson, no artigo *Men, Management and Mental Health* de 1962, propôs o conceito de "contrato psicológico" entre líderes e liderados, ele argumentou que, se a administração não prestasse atenção às necessidades conscientes e subconscientes de seus funcionários, o desempenho organizacional seria afetado negativamente. (Northouse, 2016 p. 299).

O contrato psicológico pode ser definido, na visão de Boxall, Purcell e Wright (2007, p. 133 – tradução nossa) como: **"as percepções de ambas as partes na relação de trabalho, organização e indivíduo, das promessas recíprocas e obrigações implícitas nessa relação".**

O contrato psicológico representa o modo como se estabelecem as relações de trabalho entre líderes e liderados que não estão escritas, por isso é um contrato psicológico e não um instrumento formal pré-estabelecido e assinado para reger essa relação.

Etzioni (1961) na obra *A comparative analysis of complex organization*, define três tipos de contratos psicológicos, a partir de sua visão de três tipos de organização, definidos pelo tipo de poder exercido sobre as pessoas. (MAXIMIANO, 2021; BASS, 2008; HERSEY; BLANCHARD, 1977).

1) Alienatório: quando existe obediência sem questionamento, são relações de trabalho onde o objetivo é controlar o comportamento e se baseia em punições principalmente. Campos de concentração, prisões, são exemplos deste contrato. Se as restrições fossem removidas a coerção deixaria de existir, ninguém trabalharia para estas organizações.
2) Calculista: quando existe a obediência interesseira, se baseia na recompensa, A. Remuneração é o principal meio de controle destas organizações. As empresas são normalmente assim. Etzioni sustenta que outros fatores como satisfação pelo cargo, estima, até certo ponto também podem determinar o emprenho e a obediência, mas a remuneração pesa mais.

3) Moral: quando existe a disciplina interior. Baseado em crenças e símbolos. Quando o trabalho depende muito mais do comprometimento de seus participantes do que de recompensas. Como organizações voluntárias, religiosas, paramilitares, organizações políticas e ideológicas, onde o trabalho, não é nem sequer remunerado, mesmo às vezes podendo ser, no entanto, o poder normativo é o principal meio de controle dos participantes, que geralmente apresentam altos níveis de comprometimento.

Tabela 37 - Contrato psicológico e tipos de poder e organização, segundo Etzioni.

Tipo de contrato psicológico	Tipo de poder	Tipo de organização
Alienatório: obediência sem questionamento	**Coercitivo:** baseia-se em punições	**Coercitiva:** objetivo é controlar o comportamento
Calculista: obediência interesseira	**Manipulativo:** baseia-se em recompensas	**Utilitária:** objetivo é obter resultados por meio de barganhas com os funcionários
Moral: disciplina interior	**Normativo:** baseia-se em crenças e símbolos	**Normativa:** objetivo é realizar missão ou tarefa em que os participantes acreditam

FONTE: Adaptado pelo autor de: Maximiano (2021); Bass (2008); Etzioni (1961)

Assim, antes de terminarmos este ponto, gostaria de lhe perguntar. Qual é o seu contrato psicológico hoje?

E para a gente pensar sobre a importância do contrato psicológico, eu digo que: **as pessoas trabalham por dinheiro, e podem até morrer buscando-o, mas jamais dariam a vida por ele, já por uma causa...tem muita gente por aí dando a própria vida.**

4.5 A teoria do Capital Humano

A essência da teoria do capital humano é a de que as pessoas se educam e como principal efeito de sua educação vem a mudança provocada nas habilidades e conhecimentos de quem estuda. Assim quanto maior o nível de escolaridade, maior será o desenvolvimento das habilidades cognitivas e de produtividade. Como consequência positiva materializa-se na melhora no nível de renda, na qualidade de vida e nas oportunidades profissionais e sociais do indivíduo educado.

Claro que esta teoria também tem suas críticas, segundo Cunha (2007) uma vez que ela só reconhece duas realidades sociais, a maximização da utilidade individual e o livre-mercado. Outra crítica é que ela entende que o status socioeconômico das pessoas é obtido e limitado pelo investimento em educação, o que não é verdade, pois ignora todo um conjunto de fatores que podem explicar injustiças sociais, bem como uma visão de que o estudo produz renda, quando até mesmo na visão de livre mercado, sabemos que não é o estudo em si, mas percepção de valor, entrega que os outros tem do trabalho. Exemplo, um atleta, que usa o seu físico e ganha medalhas, é altamente educado? Um jogador de futebol mundialmente famoso tem alto nível de estudo? Certamente não, e terá renda muito maior que doutores em física, vencedores de Nobel.

O fato é que estatisticamente na média, pessoas com maior nível educacional sim, tem maior renda na média, mas o estudo por si só não define renda. E alguém que não estudou continua sendo um capital humano.

O estudo de Firpo e Portella denominado Indicadores de qualidade do egresso do ensino técnico e profissionalizante, mostra que ensino técnico abre mais portas do que ensino superior incompleto, por exemplo. Os trabalhadores que cursaram ensino técnico e profissionalizante levam vantagem diante dos que concluíram apenas o ensino médio ou tem superior incompleto, apesar de que a qualidade de inserção no mercado, dos que tem superior completo sejam melhores que esses (Carneiro, 2021a). Veja os números na figura 33.

Figura 33: Comparação trabalhadores em nível educacional

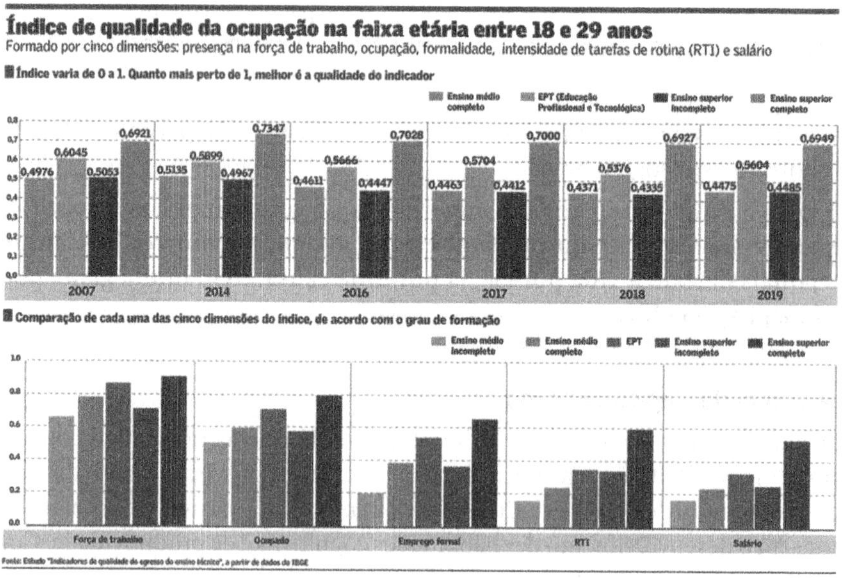

Fonte: Valor, 29 dez, 2021

Uma das ideias deste livro é falar com todos os públicos, discutir carreira das mais diferentes formas, mas sem perder a essência de cada um, independentemente de formação ou não, por isso é um livro também sobre o capital humano, o ativo intangível mais precioso em qualquer organização.

No Brasil dos anos 80 ficou famoso o caso da lanchonete chamada: O engenheiro que virou suco, na Avenida Paulista em São Paulo, o dono era o engenheiro Odil Garcez Filho, que havia sido demitido de seu emprego, não sei qual era o seu faturamento com a lanchonete, nem quanto era seu salário como funcionário da empresa, mas sei que foi seu capital intelectual que o fez encontrar esta alternativa e é só o capital humano é o que pode mudar o mundo.

Segundo o Instituto Brookings, até os anos 80 ativos intangíveis representavam 38% do valor de mercado de empresas, do ano 2000 em diante essa representatividade chegou a 85%. Na era moderna, o capital humano é que faz a diferença nas organizações e isso se dá, através das competências individuais de cada um, agregada ao todo nas organizações.

4.6 Novas competências

Falando em novas competências, além do que já discutimos no capítulo específico Competências, no livro Organizações Exponenciais, há um trecho que me chama muita atenção:

> "Como John Seely Brown observou, a vida útil de uma habilidade aprendida costumava ter cerca de 30 anos. Hoje, ela diminuiu para cerca de cindo anos. Em seu livro recente, comece por você: adapte-se ao futuro, invista em você e transforme sua carreira, o fundador do Linkedin, Reid Hoffman, observa que as pessoas aprenderão cada vez mais a gerenciar a si mesmas como empresas, com gestão de marca (PTM![72]), e as funções de marketing e vendas serão reduzidas ao indivíduo. Da mesma forma, Ronald Coase, que ganhou o Prêmio Nobel de Economia em 1991, observou que as empresas são mais como famílias do que como indústrias, e que as empresas são mais um conceito sociológico do que econômico (ISMAIL; MALONE; VAN GEEST, 2015, p. 55).

Se eles estiverem certos, o que podemos pensar a respeito é: **competências tem vida útil cada vez mais curta**, o que requer aprendizagem constante e as pessoas devem se preparar para serem empreendedoras de si mesmas.

A aprendizagem contínua é imperativa, sempre foi na realidade, mas agora sendo chamado de "*life long learning*" que é aprender por toda a vida.

Este livro Organizações Exponenciais foi lançado no Brasil em 2015, mas em 2013 quando lancei O inédito viável, esse era o mote principal do livro, tratar-se

72 Propósito Massivo Transformador, os autores de Organizações Exponenciais defendem que as organizações passem a ter um PTM como se fosse a sua missão, a sua razão de ser, embora os autores digam que PTM é diferente de missão, minha visão é de que se trata da mesma coisa na essência, mas na forma ficou diferente, claro, todo autor quer lançar algo novo, mas neste caso mudaram apenas no nome.

como um empreendimento, o maior e melhor empreendimento é nossa própria vida e ela merece uma boa gestão de nossa parte.

A extinção e o surgimento de novas carreiras têm levado os jovens a refletirem bastante na hora de escolher suas profissões. Por conta das alterações do mercado e das demandas que cada profissão institui a cada período histórico, os profissionais devem estar sempre buscando conhecimentos novos e se atualizando, de modo a ficarem bastante conectados com as notícias de sua especialidade ou área de formação.

O mercado de trabalho atual exige algumas características comportamentais importantes para que os profissionais possam se adaptar à nova realidade. Dentre elas, podemos citar: conhecimento do negócio, flexibilidade para lidar com mudanças, saber trabalhar em equipe e principalmente ter disposição para aprender e se reciclar de forma muito rápida.

Também é necessário ter uma visão geral de tudo que o cerca. Ou seja, ter noções de administração, economia, recursos humanos, comunicação, finanças e todas as áreas ligadas direta ou indiretamente ao negócio. Além disso, como a tecnologia é peça fundamental nos dias atuais, é preciso buscar estar sempre inteirado a ela. Todas essas mudanças devem ser absorvidas por todos que almejam obter sucesso no novo cenário.

Quem diria, 25 anos atrás, que telefones iriam competir e tomar o mercado das máquinas fotográficas? E há 15 anos as emissoras de TV nem sonhavam que sofreriam com a concorrência de sites que transmitem vídeos feitos e compartilhados pelos próprios usuários.

Equipamentos fabricados por empresas que antes não competiam no mesmo mercado se tornaram concorrentes diretos, os mercados se fundiram. Hoje a concorrência está em todo lugar para as empresas e o mesmo vale para as profissões – a sua pode estar sendo ameaçada neste instante por alguém que você nem esteja vendo, o que vale dizer que só porque você não vê, ou não consegue perceber com clareza, não quer dizer que a ameaça não exista. E que em pouco tempo pode deixar de ser uma ameaça para se transformar em realidade.

Bem-vindo, não à era da mudança, mas à mudança de era. E é bom sempre lembrar aquela famosa expressão evolucionista: as espécies vivas que sobrevivem não são as mais fortes nem as mais inteligentes; são aquelas que conseguem se adaptar e se ajustar às contínuas demandas e desafios do meio ambiente.

O Fórum Econômico Mundial tem trazido anualmente, desde sua edição de 2016, o panorama com as habilidades emergentes e as em declínio, dentro do relatório *The Future of Jobs Report*, o Fórum publica o material a partir da pesquisa feita nos países e com parceiros rastreando as habilidades multifuncionais que estão em crescente demanda.

O relatório visa, além de outras coisas, informar aos governos, organizações e trabalhadores as necessidades de aprendizagem e desenvolvimento de novas competências profissionais, além das competências técnicas de cada tipo de trabalho.

Utilizam-se muito das palavras *reskilling* e *upskilling*, embora ambas possam ter a mesma tradução em português, como requalificação, o sentido dado torna-se um pouco distinto quando se fala em desenvolvimento de novas competências, onde:

Reskilling: se refere a um trabalhador que aprende um novo conjunto de habilidades para realizar um trabalho diferente. Por exemplo, um contador que aprende linguagem computacional para se transformar em programador, engenheiro de software.

Upskilling: é quando um funcionário aprende habilidades adicionais para estar mais bem equipado para fazer seu trabalho. Por exemplo, um contador que aprenda linguagem computacional para continuar sendo um contador, mas com habilidades em tecnologia.

Por exemplo, no relatório de 2020, apontado para o futuro do trabalho em 2025, eles elencaram as 15 habilidades mais importantes[73].

1. Pensamento analítico e inovação
2. Aprendizagem ativa e estratégias de aprendizagem
3. Resolução de problemas complexos
4. Pensamento crítico e análise
5. Criatividade, originalidade e iniciativa
6. Liderança e influência social
7. Uso, monitoramento e controle de tecnologia
8. Projeto e programação de tecnologia
9. Resiliência, tolerância ao estresse e flexibilidade
10. Raciocínio, resolução de problemas e ideação
11. Inteligência emocional
12. Solução de problemas e experiência do usuário
13. Orientação de serviço
14. Análise e avaliação de sistemas
15. Persuasão e negociação

---

73 No relatório em inglês são: 1 Analytical thinking and innovation; 2 Active learning and learning strategies; 3 Complex problem-solving; 4 Critical thinking and analysis; 5 Creativity, originality and initiative; 6 Leadership and social influence; 7 Technology use, monitoring and control; 8 Technology design and programming; 9 Resilience, stress tolerance and flexibility; 10 Reasoning, problem-solving and ideation; 11 Emotional intelligence; 12 Troubleshooting and user experience; 13 Service orientation; 14 Systems analysis and evaluation; 15 Persuasion and negotiation.

De modo geral falar sobre *reskilling* e *upskilling* é relevante porque é uma forma de liberar mais o potencial de capital humano, é importante entender o que os trabalhadores são capazes de fazer, muito mais do que entender o que eles fizeram antes, afinal o futuro é logo ali.

De todas as habilidades citadas anteriormente, uma delas me chama mais atenção, a inteligência emocional, isto porque o próprio Klaus Schwab fundador e presidente do Fórum Econômico Mundial, em seu livro A Quarta Revolução Industrial, afirma que os líderes atuais não estão preparados para o desafio de nosso tempo, ou seja, nem as lideranças estão devidamente capacitadas para lidar com as demandas da sociedade atual, ele diz:

> "os níveis exigidos de liderança e compreensão sobre mudanças em curso, em todos os setores são baixos quando contrastados com a necessidade em resposta à quarta revolução industrial, de repensar nossos sistemas econômicos, sociais e políticos. O resultado disso é que, nacional e globalmente, o quadro institucional necessário para governar a difusão das inovações e atenuar as rupturas é, na melhor das hipóteses, inadequado e, na pior, totalmente ausente" (SCHWAB, 2016, p. 17).

O autor afirma ainda que na literatura acadêmica, a inteligência emocional permite que os líderes sejam mais inovadores e ajam como agentes de mudança, ela é a base vital das habilidades cruciais para o sucesso na era da quarta revolução industrial.

> Acadêmicos especializados no estudo da inteligência emocional mostram que a diferença entre os grandes decisores e os decisores comuns está em seu grau de inteligência emocional e na capacidade de a cultivarem e forma contínua (SCHWAB, 2016, p. 109).

A inteligência emocional será capaz de nos trazer a "serenidade no caos", algo que tenho falado muito, pois dar inteligência às nossas emoções será cada vez mais necessário para lidarmos com este mundo em que os velhos jeitos de agir não servem mais, mas os novos ainda não foram inventados.

Por isso, o próximo capítulo é dedicado totalmente a esta habilidade a Inteligência Emocional.

4.7 A inteligência Emocional

De 0 a 10, qual o seu nível de inteligência emocional?

0	1	2	3	4	5	6	7	8	9	10

Mas, o que é inteligência emocional?

Uma forma de avaliar os motivos de determinados comportamentos de uma pessoa é através do conceito de inteligência emocional, que emergiu na literatura acadêmica nos anos 90 com os trabalhos de Salovey e Mayer (1990), os criadores do nome **Inteligência Emocional**, como um importante estudo em psicologia e tem sido amplamente estudado por pesquisadores e captado a atenção de muitos praticantes (BASS; RIGGIO, 2014; NORTHOUSE, 2016; STEIN; BOOK, 2011).

Mas veja, isso não é tão novo, em 1870, Charles Darwin publicou o primeiro livro moderno sobre o papel da expressão emocional na sobrevivência e adaptação das espécies, *The expression of emotions in Man and animals*, o que é entendido como os primeiros passos para as teorias da Inteligência Emocional. Em 1920, Edward Thorndike, psicólogo americano, cunhou o termo "inteligência social". Depois, David Wechsler (1943), um dos criadores do teste de inteligência conhecido como quociente de inteligência (QI) reconheceu, em 1940, a importância dos fatores emocionais para a completude de mensuração do teste, porém, está inclusão não ocorreu (STEIN; BOOK, 2011).

Segundo Goleman (1998) foi ele quem primeiro trouxe o termo inteligência emocional para uma ampla audiência com seu livro homônimo de 1995, e foi ele quem primeiro aplicou o conceito aos negócios com seu artigo de 1998 na *Harvard Business Review*. O autor descobriu que, embora as qualidades tradicionalmente associadas à liderança, como inteligência, dureza, determinação e visão, sejam necessárias para o sucesso, elas eram insuficientes. Líderes verdadeiramente eficazes também são distinguidos por um alto grau de inteligência emocional.

De fato, houve uma série de avanços nos estudos da inteligência emocional ocorridos em 1980, quando o psicólogo israelense nascido na América Dr. Reuven Bar-On começou seu trabalho de campo. Em 1985, Dr. Bar-On pensando ter encontrado uma resposta parcial de sua pesquisa, que tinha perguntas como: Porque pessoas com alta capacidade intelectual não apresentam sucesso na vida?

Ele chamou este achado de **Quociente Emocional (QE)**. Este quociente trazia um paralelo com as medidas de longa data das habilidades cognitivas ou racionais até então conhecidas como QI ou Quociente Inteligente, uma medida individual de intelecto, capacidade analítica, logica e habilidades racionais e concentrada em habilidades verbais, espaciais, visuais e matemáticas.

Após longos períodos de estudos e adicionando elementos da psicologia positiva, que ganhava aceitação junto aos pesquisadores e a sociedade, somando a aparição do livro de Goleman, o pensamento sobre Inteligência Emocional se cristalizou e ganhou a atenção da mídia (STEIN; BOOK, 2011).

Segundo Goleman (1995) o QI não explica muito como pessoas em igualdade de condições intelectuais, de escolaridade e de oportunidade seguem caminhos tão diferentes.

O pesquisador Howard Gardner percebeu essas limitações das formas pensar sobre inteligência e, portanto, dos testes de QI, a conclusão de Gardner foi de que a Escala de Inteligência Stanford-Binet[74] não previa desempenho bem-sucedido de ponta a ponta ou num subconjunto consistente de atividades que um ser humano executa ao longo da vida. Gardner contribuiu com a teoria das inteligências múltiplas reconhecendo uma visão multifacetada da inteligência, que oferece assim um quadro mais rico da capacidade e do potencial de uma criança para o sucesso na vida do que meramente o indicado no padrão de QI.

Como afirma Castro (1977 p. 11) "Quando o psicólogo Binet dizia que inteligência era o que seu teste media, ele não estava sendo apenas pedante ou pretensioso, até hoje operacionalmente, inteligência é o que medem os testes"

Para Northouse (2016, p. 28) a inteligência emocional pode ser definida como habilidade de perceber e expressar emoções, de usar as emoções para facilitar o pensamento, para entender e raciocinar com as emoções, e para gerenciar eficazmente as emoções dentro de si mesmo e nas relações com os outros.

Salovey e Mayer (2002) os criadores do nome, definem a inteligência emocional como: **"a capacidade de perceber emoções, acessar e gerar emoções de modo a auxiliar o pensamento, a compreender as emoções e os significados emocionais e a regular as emoções de maneira promotora do crescimento emocional e intelectual"** (Stein; Book, 2011, p. 13, tradução nossa).

E no desenvolvimento do instrumento de medição da inteligência emocional ela foi definida como um conjunto de habilidades emocionais e sociais que influenciam a maneira como nos percebemos e nos expressamos, desenvolvemos e mantemos relacionamentos sociais, lidamos com desafios e usamos informações emocionais de maneira efetiva e significativa.

Bar-On (1997) chama-a um conjunto de capacidades não-cognitivas, competências e habilidades que influenciam a capacidade de ter sucesso em lidar com demandas ambientais e pressões (STEIN; BOOK, 2011, p. 13).

Ou seja, como visto, existem diferentes maneiras de definir a inteligência emocional, para Goleman ela inclui autoconhecimento ou autoconsciência, autor-regulação, motivação, empatia e habilidade social. Para Salovey ela representa

74 Os psicólogos parisienses Alfred Binet e Theodore Simon, que desenvolveram os primeiros testes formais de inteligência cognitiva ou Quociente Inteligente (QI), requeridos pela escola de Paris para categorizar as crianças de acordo as suas habilidades, criaram testes baseados em julgamento, resolução de problemas e raciocínio, que levou à formulação do conceito de idade mental, baseado no grau de desenvolvimento intelectual da pessoa. Este teste (Binet-Simon) migrou para os Estados Unidos em 1910, através do psicólogo Henry Goddard, e foi popularizado e amplamente aplicado na população americana por Lewis Terman, da Universidade de Stanford, sob a égide de teste de Stanford-Binet (STEIN; BOOK, 2011).
Importante dizer que o próprio Binet não considerava o quociente de inteligência como sendo suficiente para definir a personalidade de um indivíduo, suas ideias estavam mais direcionadas a identificar dificuldades de aprendizagem e com o teste oferecer programas educativos que permitissem a recuperação da deficiência, como afirmou: "com a prática, o treinamento e, acima de tudo, o método, somos capazes de aperfeiçoar nossa atenção, nossa memória e nossa capacidade de julgamento, tornando-nos literalmente mais inteligentes" (Dweck, 2017).

a autopercepção, autoexpressão, relações sociais, tomada de decisão e gerenciamento de estresse. Da mesma forma existem diferentes instrumentos para medi-la (NORTHOUSE, 2016; GOLEMAN, 1995; STEIN; BOOK, 2011).

De acordo com Goleman (1998, p. 3) outros pesquisadores confirmaram que a inteligência emocional não apenas distingue líderes destacados, mas também pode estar ligada a um forte desempenho. As descobertas de David McClelland, pesquisador em comportamento humano e organizacional, são um exemplo.

Há um debate no campo sobre o quão grande é o papel da inteligência emocional em ajudar as pessoas a serem bem-sucedidas na vida. Alguns pesquisadores, como Goleman (1995), sugeriram que a inteligência emocional desempenha um papel importante em saber se as pessoas são bem-sucedidas na escola, em casa e no trabalho. Outros, como Mayer, Salovey e Caruso (2000), fizeram afirmações mais brandas sobre a importância da inteligência emocional para enfrentar os desafios da vida (NORTHOUSE, 2016).

Para Northouse (2016) como uma habilidade ou característica de liderança, a inteligência emocional parece ser uma construção importante. A premissa subjacente sugerida por esta estrutura é que as pessoas que são mais sensíveis às suas emoções e o impacto de suas emoções nos outros serão líderes mais eficazes.

Caruso do Centro da universidade de Yale, afirma que a inteligência emocional não deve ser vista como oposta à inteligência racional, ela é a intersecção entre ambas. (SCHWAB, 2016).

Como as duas palavras sugerem: inteligência e emocional, ela é uma combinação de domínio afetivo (emoções) e do domínio cognitivo (pensamento) e a interação entre os dois domínios. Enquanto a inteligência está preocupada com a capacidade do indivíduo em aprender informações e aplicá-las a tarefas da vida, a inteligência emocional está preocupada com a capacidade de compreender emocionalmente e aplicar esse entendimento à essas tarefas (NORTHOUSE, 2016).

Os pesquisadores Mayer, Salovey e Caruso desenvolveram um instrumento para medição da Inteligência Emocional, o MSCEIT: Mayer-Salovey-Caruso-Emotional-Intelligence-Test.

Neste teste existem quatro partes para a definição:

1. **Perceber ou sentir emoções:** a capacidade de reconhecer como você e aqueles ao seu redor estão sentindo.
2. **Usar as emoções para ajudar o pensamento:** a capacidade de gerar uma emoção, e depois raciocinar com essa emoção (também chamado de Facilitação Emocional do Pensamento ou Emoções Assimilantes).
3. **Compreender as emoções:** a capacidade de compreender emoções complexas e "correntes" emocionais, como as emoções passam de um estágio para outro.

4. **Gerir as emoções:** a capacidade que nos permite gerir as emoções em si e nos outros.

Já no caso de Goleman, ele elenca cinco competências originais de Quociente Emocional, sendo:

Internas:

✓ Autoconsciência (eu me conheço)

✓ Autocontrole (eu me gerencio)

✓ Automotivação (eu me mobilizo)

Externas:

✓ Consciência dos outros (eu considero os outros)

✓ Habilidades sociais (eu gerencio os outros)

Mas o instrumento que mais me identifico, aplico e tenho colecionado experiências de aplicação nos últimos anos com meus clientes em trabalhos de orientação profissional ou não, é o instrumento desenvolvido pelo Dr. Reuven Bar-On[75] que também dividiu a inteligência emocional em cinco áreas amplas de aptidões e competências e quinze subescalas:

1 – **AUTOPERCEPÇÃO:** Aborda o como você se vê, composto pelas subescalas;

1.1 - Autoestima significa respeitar a si mesmo, gostar de si próprio e conhecer suas imperfeições.

1.2 - Autorrealização é a vontade de evoluir continuamente, dar-se objetivos e buscar cumpri-los.

1.3 - Consciência Emocional inclui reconhecer e compreender as próprias emoções. Saber as origens, os gatilhos que as despertam.

2 – **AUTOEXPRESSÃO:** Aborda o como você se mostra, compreende as três subescalas;

2.1 - Expressão emocional é expressar abertamente os próprios sentimentos de maneira verbal e não verbal.

2.2 - Assertividade envolve a comunicação aberta de sentimentos, crenças e pensamentos de maneira socialmente aceitável.

2.3 - Independência é a capacidade de dirigir a si próprio e estar livre da dependência emocional dos outros.

---

75 Reuven Bar-On, (1997). The Bar-On Emotional Quotient Inventory (EQ-i): A test of emotional intelligence. Toronto, Canada: Multi-Health Systems

3 - RELAÇÃO INTERPESSOAL: Avalia o modo como você interage com as pessoas, composto por;

3.1 - Relações interpessoais se referem à habilidade de desenvolver e manter relações mutuamente satisfatórias.

3.2 - Empatia é reconhecer, compreender e apreciar como as outras pessoas se sentem.

3.3 - Responsabilidade social é contribuir voluntariamente com a sociedade, com os grupos sociais e para o bem-estar dos outros, por exemplo, não jogar mais gasolina numa discussão acalorada.

4 - TOMADA DE DECISÕES: Avalia como você utiliza as informações emocionais para resolver problemas e desafios, composto por;

4.1 - Solução de problemas é a capacidade de encontrar soluções para problemas em situações nas quais as emoções estão envolvidas.

4.2 - Teste de realidade é a capacidade de manter a objetividade, vendo as coisas como elas realmente são.

4.3 - Controle dos impulsos é a capacidade de resistir a um impulso, tendência ou tentação de agir.

5 - GERENCIAMENTO DO ESTRESSE: Avalia como você está lidando com situações de mudança, imprevisibilidade e pressões, é formado por;

5.1 - Flexibilidade significa adaptar emoções, pensamentos e comportamentos às circunstâncias ou ideias desconhecidas, imprevisíveis e dinâmicas, "é a arte de envergar sem quebrar".

5.2 - Tolerância ao estresse envolve lidar com situações estressantes ou difíceis e acreditar que é possível gerenciar ou influenciar essas situações de maneira positiva.

5.3 - Otimismo é um indicador da atitude positiva. Isso envolve permanecer esperançoso e resiliente, mesmo diante de eventuais contratempos.

Para cada subescala é possível atribuir um valor, e assim chegar ao nível de Inteligência Emocional do indivíduo, do grupo e até mesmo numa avaliação no formato 360°, onde o indivíduo faz sua autoavaliação e é comparado com a avaliação que os pares, superiores e colaboradores fizeram dele.

Cada vez mais, as empresas avaliam e buscam profissionais que estejam emocionalmente preparados. Em um ambiente competitivo e de mudanças, o profissional que em uma situação emocionalmente instável consegue manter o autocontrole, foco, automotivação, planejamento e bons relacionamentos, se destaca no mercado de trabalho.

"Toda a aprendizagem tem uma base emocional"
Platão

Importante que se diga que a inteligência emocional responde por até 45% dos resultados do indivíduo. Já o QI responde por, no máximo, 20%. O que sobra são fatores como sorte, onde o indivíduo nasceu, dinheiro desde a infância e outros componentes como relações sociais, a dita meritocracia, que veremos em capítulo específico mais adiante, enfim.

A boa notícia é que você consegue desenvolver a sua inteligência emocional, diferentemente da inteligência cognitiva, que se mantém num mesmo nível da juventude até a idade adulta, a inteligência emocional pode ser aprendida e desenvolvida.

Há agora uma variedade de maneiras diferentes de ensinar e aprender sobre a inteligência emocional. Seja qual for o seu nível atual, com o apoio certo, atividades e compromisso, você pode melhorá-lo. Ao contrário de sua inteligência cognitiva (do QI), que atinge a idade de dezessete anos e permanece constante durante a maior parte de sua vida, até começar a diminuir na velhice, sua inteligência emocional pode ser melhorada em qualquer idade na vida e ela aumenta com a experiência de vida.

A pesquisa do Dr. Reuven Bar-On, usando o Inventário de Quociente Emocional (EQ-i), confirma que a inteligência emocional aumenta com a idade, com picos no grupo etário de quarenta a quarenta e nove anos, mantendo o mesmo nível após essa fase. Isso poderia significar que após os 50 anos poucas experiências novas aumentam ou melhoram nossa inteligência emocional.

Mas eu prefiro pensar que o autoconhecimento é uma tarefa sem limites cronológicos ou biológicos – nunca paramos de aprender, nem devemos!

Nossas necessidades são diferentes

Convivemos com outras pessoas, sejam da nossa família, comunidade ou trabalho – e ser capaz de entender, interpretar e usar o conteúdo emocional na vida é útil para todos nós. No entanto, trabalhos diferentes podem exigir diferentes níveis e aspectos da inteligência emocional. Por exemplo, se você trabalha em algo que envolve um alto grau de contato com outras pessoas, pode precisar de mais de uma capacidade de gerenciar as emoções, enquanto que se você é um líder do tipo conselheiro, pode precisar de uma maior capacidade de compreender suas próprias emoções.

Existem algumas diferenças entre homens e mulheres

Quando o Inventário de Quociente Emocional de Reuven Bar-On foi usado como estudo de 7.700 homens e mulheres, verificou-se que, embora não houvesse diferença entre homens e mulheres no QE total (ou Quociente Emocional), as mulheres obtiveram maior pontuação em todas as três habilidades interpessoais: empatia, relacionamento interpessoal e responsabilidade social. Os homens obtiveram maior pontuação em relação às dimensões interpessoais (autorrealização, assertividade), gestão do estresse (tolerância ao estresse, controle de impulsos) e adaptabilidade (testes de realidade, resolução de problemas).

De acordo com o Dr. Bar-On, "as mulheres são mais conscientes das emoções, demonstram mais empatia, relacionam-se melhor interpessoalmente e agem com mais responsabilidade social do que os homens. Por outro lado, os homens parecem ter melhor autoestima, lidam melhor com o estresse, são mais flexíveis, resolvem melhor os problemas e são mais otimistas do que as mulheres".

Ser emocionalmente inteligente aumenta sua inteligência geral

Se você está sendo sistemático sobre a compra de seus mantimentos em um supermercado, ou ser organizado sobre a definição e realização de um plano de negócios, ou mesmo seus objetivos de vida, você precisa de um bom QI. (quociente de inteligência). Ao resolver um problema, ser realista sobre o que é viável envolve algum conhecimento prático. Concentrar-se na inteligência emocional não significa jogar fora as diretrizes e estruturas que você aprendeu muito tempo atrás para ajudar a organizar sua vida cotidiana. Uma consciência dos aspectos emocionais do que está acontecendo aumentará as habilidades medidas pelo QI. Como o psicólogo David Wechsler disse em 1940, indivíduos com QI idênticos podem diferir muito acentuadamente em relação à sua capacidade efetiva de lidar com o meio ambiente.

Profissionalmente: a importância das competências técnicas (ligadas à área de trabalho específica) e emocionais (comum a todos):

Quando escrevi meu segundo livro: O inédito viável na gestão de pessoas: reflexões e filosofia prática sobre liderança, tive acesso a uma pesquisa que evidenciava que a capacidade mais desejada pelos executivos era a de desenvolver pessoas (88%). No entanto, apenas 31% afirmavam que os líderes de suas equipes possuíam essa habilidade. Ou seja, era possível perceber que só inteligência cognitiva não era suficiente (DIAS, 2015).

São os casos comuns de 'gênios indomáveis', aqueles que sabem tudo do ponto de vista técnico de sua função, mas muito pouco em relação aos seus próprios sentimentos e emoções. E como esse indivíduo vai gerenciar um time, liderar uma equipe? Surgem daí os conflitos, que sempre resultam em perda de tempo, dinheiro, clima, dentre outras perdas.

Pesquisa da CPP Global (2008), no estudo *Human Capital Report*, feito com mais de 5.000 pessoas em nove países, concluiu que 85% dos funcionários de diversas organizações experimentam situações de conflitos em algum grau, bem como que choques de personalidades e guerras de egos são a maioria absoluta das causas motivadoras dos conflitos.

Estatísticas indicam que, se uma pessoa é contratada por sua capacidade técnica ou estratégica, é o seu comportamento que vai decidir ou não pela sua permanência na empresa. Além disso, dificuldades de relacionamento são a causa número um para demissões ou pedido de demissões – geralmente queremos mudar de chefe, e não necessariamente de empresa.

Por esse motivo, questões com foco comportamental são frequentes em entrevistas de emprego e nas avaliações periódicas que as empresas fazem de seus colaboradores para promoções e desenvolvimento. A Inteligência Emocional está presente o tempo todo, cuide dela, desenvolva-a constantemente.

Emoção e Raciocínio não são antagônicos – são complementares

Por que é importante medir?

Porque quem não mede não gerencia! E não se melhora o que não se mede!

Tente se autoavaliar a partir da tabela 38. Você deve olhar para cada subescala que está no centro da tabela, são as quinze subescalas do teste pelo Dr. Reuven Bar-On comentado anteriormente.

Para cada subescala tem uma nota para o quanto você se avalia, positivamente (alta inteligência emocional) ou negativamente (baixa inteligência emocional).

A medida geral é entender o seu nível de inteligência emocional e as subescalas que precisam ser desenvolvidas.

Tabela 38: *Assessment* simplificado de Inteligência Emocional

Baixa inteligência emocional	Subescala	Alta inteligência emocional
-10 - 9 - 8 - 7 - 6 - 5 - 4 -3 -2 -1 0		0 +1 +2 +3 +4 +5 +6 +7 +8 +9 +10
Eu não acredito muito em meu próprio potencial	Autoestima	Eu tenho confiança em mim mesmo
Eu não estabeleço metas para mim	Autorrealização	Eu estabeleço metas bastante desafiadoras para mim

Baixa inteligência emocional	Subescala	Alta inteligência emocional
Eu não consigo reconhecer e compreendo minhas próprias emoções	Consciência Emocional	Eu reconheço e compreendo minhas próprias emoções
Eu não me sinto confortável em compartilhar com os outros como estou me sentindo	Expressão emocional	Eu me sinto confortável em compartilhar com os outros como estou me sentindo
Eu não falo tudo que quero com as pessoas, e quando falo elas não me entendem ou não gostam da forma como falo.	Assertividade	Eu falo tudo que quero com as pessoas, e elas ouvem numa boa
Na maioria das vezes eu preciso consultar pessoas para decisões	Independência	Na maioria das vezes eu tomo decisões de forma autônoma
Eu não consigo criar relações de ajuda mútua com outras pessoas	Relações interpessoais	Eu consigo efetuar trocas sociais significativas para mim
Algumas pessoas dizem que eu sou insensível às necessidades dos outros	Empatia	As pessoas dizem que eu consigo reconhecer e compreender como elas estão se sentindo
Eu não me envolvo nenhum pouco com o que acontece na comunidade onde moro, não faço trabalhos sociais, e sempre sou daqueles que gostam de ver o circo pegar fogo.	Responsabilidade social	Eu me envolvo com tudo o que acontece na comunidade onde moro, faço trabalhos sociais, e sempre sou da turma do "deixa disso".
Eu fico ansioso e não consigo superar as emoções envolvidas em um problema	Solução de problemas	Eu apesar do impacto emocional envolvido consigo focar na busca por solução em um problema
Eu tendo a fantasiar e ver coisas que não existem, fugir da realidade quando fortemente envolvido por uma emoção	Teste de realidade	Eu tenho a capacidade de manter a objetividade, vendo as coisas como elas realmente são, mesmo quando fortemente envolvido por uma emoção
Todos falam que eu ajo primeiro e penso depois	Controle dos impulsos	Todos falam que eu ajo primeiro e penso depois
Eu não sou capaz de mudar e estar aberto a mudanças, além de não ser tolerante a novas práticas	Flexibilidade	Eu sou capaz de mudar e estar aberto a mudanças, além de ser tolerante a novas práticas
Toda vez que sou fortemente pressionado eu perco a calma	Tolerância ao estresse	Eu acredito que é possível lidar bem e gerenciar determinadas situações consideradas difíceis de maneira positiva
Todos ficaram surpresos com minha visão tão negativa e até cínica do mundo	Otimismo	As pessoas comentam que eu adoto uma atitude positiva em quase tudo que eu me envolvo

Este *assessment* não deve ser tomado como um teste psicométrico, aqui eu apenas estou apresentando uma simplificação do teste criado pelo Dr. Reuven Bar-On, esta tabela não tem os critérios de validade e confiabilidade exigidos para ser tornar um teste psicométrico. Este modelo é apenas para ilustrar como o teste verdadeiro opera, e para que você tenha uma ideia de como é importante fazer o seu próprio teste e conhecer os seus resultados de inteligência emocional. [76]

O teste real tem perguntas menos objetivas que as que estão aqui, e são estas perguntas menos objetivas que vão levar ao entendimento do comportamento, é um pouco do método de psicologia analítica, onde se pergunta sobre o comportamento para encontrar o motivo que levou a ele.

Precisamos de alta inteligência emocional para vencermos os desafios que a vida nos impõe, e no mundo do trabalho, nos imporá cada vez mais.

4.8 Cultura organizacional

Para Hofstede (2001) a cultura é a programação coletiva da mente que distingue os membros de um grupo ou categoria de pessoas de outro.

Ela pode ser definida por níveis como: nacionalidade, etnia, religiosidade, linguística, gênero, origem social, geração, empresa enfim, cada recorte que se pode identificar: símbolos, hábitos, crenças, regras, valores, preconceitos, cerimônias, rituais etc., comuns em um grupo de pessoas, estamos diante de uma cultura:

A cultura organizacional não é diferente, ela retrata a vida das empresas e molda o comportamento das pessoas que nela trabalham, cada empresa, de acordo com sua história, cria uma cultura que orientará o comportamento dos seus integrantes.

Edgar Schein vai definir cultura organizacional como:

> "O conjunto de pressupostos básicos que um grupo inventou, descobriu ou desenvolveu ao aprender como lidar com os problemas de adaptação externa e integração interna, e que funcionaram bem o bastante para serem considerados válidos e ensinados a novos membros como a forma correta de perceber, pensar e sentir em relação a esses problemas" (Schein, 1985 apud Fleury, Shinyashiki, Stevanato, 1996, p. 23)

A cultura é transmitida e aprendida por vários meios, sendo os mais importantes: as histórias, os heróis, os símbolos e a linguagem. Eles formam um conjunto de valores, atitudes, crenças e normas compartilhado pela maioria dos colaboradores da organização (BANOV, 2015; MAXIMIANO, 2021; SCHEIN, 1990).

Podemos dizer que cultura é a personalidade do grupo, porque ela incorpora aspectos das personalidades individuais que pertencem ao grupo e são moduladas como que numa espécie de contrato psicológico entre os participantes do grupo.

---

76 Para saber mais sobre o *assessment* http://oineditoviavel.com.br/loja/detalhes/inteligencia-emocional/23/assessments

A cultura é tão forte, no sentido de moldar o que vale e o que não para o grupo, que há uma frase famosa atribuída a Peter Drucker, o guru da administração, que é: "a cultura devora a estratégia todos os dias no café da manhã".

Figura 34: Cultura

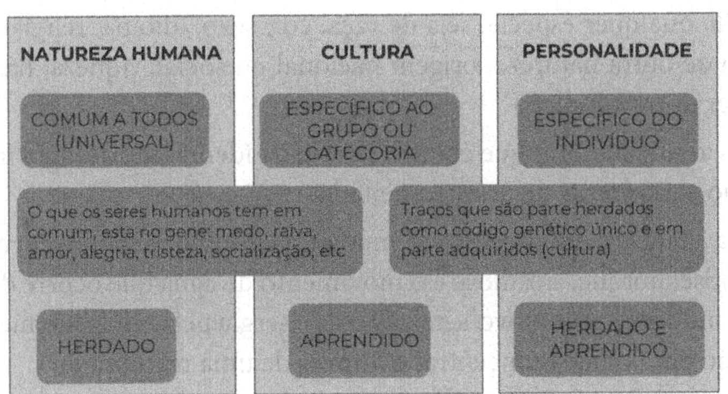

Fonte: Treff (2016)

No sentido de que muitas estratégias fracassam, porque elas têm de mudar comportamentos de pessoas e isso não é tarefa simples. Mudanças culturais demandam tempo e esforço direcionado.

Para Vries (2010) a mente aberta, autoconfiança, capacidade de lidar com a ambiguidade e de relacionar com as pessoas, além de curiosidade é que possibilita mudanças culturais, mas isso vai depender de o indivíduo ter o que os alemães chamam de *Weltanschauung*[77], compreender que há outras verdades além das suas e, portanto, culturas diferentes, não são boas ou ruins, são apenas diferentes.

O instituto IPSOS (2021) fez uma pesquisa mundial para entender as tensões mundiais na sociedade, em primeiro lugar apareceu as tensões entre ricos e pobres (74%), pessoas que apoiam diferentes partidos políticos (69%), classes sociais diferentes (67%), imigrantes versus nativos (66%), progressistas versus conservadores (65%), diferenças de etnia (62%), elite versus trabalhadores (62%), diferentes religiões (57%), homens e mulheres (48%), com formação universitárias ou não (47%), jovens versus idosos (46%) moradores da cidade e fora das cidades (42%).

O que esta pesquisa revela? Que grupos culturais por divergirem, criam tensões na sociedade, cada grupo tem sua cultura e, portanto, conflita com as outras que antagonizam sejam em qual campo essa cultura estiver.

77 Traduzido seria algo como visão de mundo

Meu modo de lidar com guerras culturais é sempre relembrar da Declaração Universal dos Direitos Humanos que desde 1948 traz em seu artigo I o seguinte texto: "Todos os seres humanos nascem livres e iguais em dignidade e direitos. São dotados de razão e consciência e devem agir em relação uns aos outros com espírito de fraternidade" e no artigo II item 1: "Todo ser humano tem capacidade para gozar os direitos e as liberdades estabelecidos nesta Declaração, sem distinção de qualquer espécie, seja de raça, cor, sexo, idioma, religião, opinião política ou de outra natureza, origem nacional ou social, riqueza, nascimento, ou qualquer outra condição".

Simples assim, lembrar que cultura é parte da identidade de alguém, de uma organização e, portanto, deve ser respeitada.

A figura 35 ilustra um processo de mudança cultural, ela pode ser comparada a uma osmose, porque, a osmose é o movimento de água que ocorre dentro das células, quando a água se move, sem gasto de energia pela célula, do meio menos concentrado para o mais concentrado através de uma membrana.

Como falamos de mudar ideias para mudar comportamento, podemos dizer que se trata de uma **osmose mental**, pois a ideia se desloca de uma rejeição total para uma assimilação total. Exemplo:

Até pouco tempo atrás, era comum ouvir gente falar sobre cabelo ruim, atribuído aos cabelos de origem africana, cabelo bom era apenas cabelos lisos, mais europeus.

A primeira vez que alguém me disse, quando eu disse que eu tinha cabelo ruim, que eu estava sendo preconceituoso comigo mesmo, achei um exagero. Afinal era só cabelo. Mas com o tempo, estudando sobre o tema racismo, fui entendendo que ruim e bom, que são adjetivos, não fazem o menor sentido para cabelo, afinal, isso é um juízo de valor. Os cabelos são diferentes, mas quem disse que um é bom e outro é ruim? Na verdade, isso foi apenas mais uma, das milhares de outras coisas negativas que foram colocadas sobre o que tem origem africana.

Então o processo de mudança para Meyer (2014), vai da rejeição total até a assimilação total e funciona assim:

Na 1ª exposição – rejeição total = "eu rejeito porque entra em conflito com as minhas ideias preconcebidas" - sou eu dizendo, imagina, isso é só cabelo, nada a ver dizer que é preconceito.

Na 2ª exposição - resistência – "bem, eu compreendo, mas não aceito" – aqui já compreendi o ponto da pessoa, mas ainda assim não fazia sentido para mim.

Na 3ª exposição – aceitação parcial – "concordo com as ideias, mas tenho reserva quanto ao uso" – Pensei, é, faz sentido, mas não precisamos incorporar isso no dia a dia.

Na 4ª exposição - aceitação total - "sabe, essa ideia expressa exatamente aquilo em que eu estava pensando" - Aqui já incorporamos a ideia, ela agora faz total sentido em nossa mente.

Na 5ª exposição - assimilação parcial - "usei essa ideia hoje, é magnífica" - quando está incorporada no comportamento.

E por último, na 6ª exposição - assimilação total - "dei essa ideia a um amigo ontem, agora a ideia me pertence" - Agora nos tornamos evangelistas da ideia e queremos evangelizar os outros.

Figura 35: Mudança Cultural

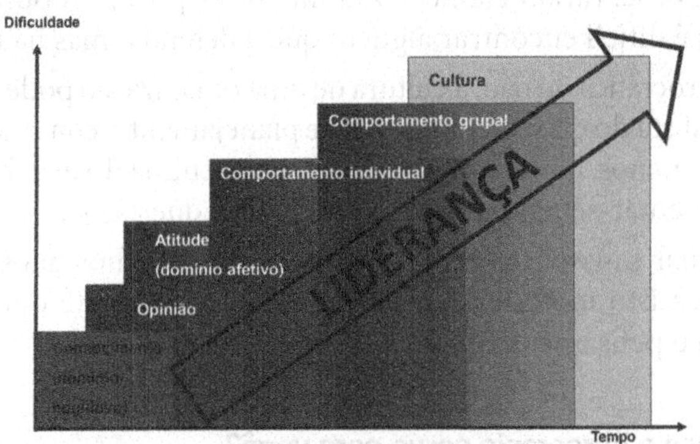

Fonte: Adaptado pelo autor de (HERSEY; BLANCHARD, 1977, p. 2)

Pesquisa da Mercer (2021) revelou que problemas culturais podem cancelar uma fusão, inviabilizá-la, gerar atrasos, enfim as sinergias preestabelecidas podem não se materializar por questões comportamentais. Em 43% das transações de M&A que ocorreram em todo o mundo, questões culturais impactaram negativamente o preço, atrasaram ou impediram o fechamento de transações conclui a pesquisa com mais de 1.400 profissionais em 54 países que fizeram parte de mais de 4.000 transações de M&A.

Porém, pouca gente se atenta a cultura da empresa quando pensa em buscar trabalho.

É comum você ouvir história como essa: André sonhava em trabalhar numa grande empresa, passou anos namorando o trabalho. Admirava as pessoas que ali trabalhavam, e só tinha elogios. Quando aconteceu o convite para ele trabalhar lá, não pensou duas vezes, largou o emprego atual e se mudou. Porém, apenas meses de trabalho no novo emprego e ele decidiu sair: **"não me adaptei aquela cultura"**, alegou.

Você deve investigar sempre em qual cultura está ou estará, e se essa cultura tem aderência aos seus valores, por exemplo:

Cultura Organizacional pode ser mais burocrática, quando numa empresa grande, menos burocrática, quando numa *startup*.

Lembrando que apesar de usamos a palavra burocracia de forma pejorativa, ela não tem essa origem. Buro vem de *BUREAU*, termo francês para gabinete ou escritório e cracia vem de *KRÁTOS*, palavra grega para poder. A burocracia é apenas um conjunto de regras definidas para que a organização opere de maneira precisa e impessoal, a falta dela faz com que o caos se instale, e o excesso inibe a criatividade, a agilidade e tende a travar os processos, embora muita gente reclame da burocracia, muitos se valem dela para garantir seus postos de trabalho.

Como bem observaram Hamel e Zanini (2020, p. 92): "A burocracia é como a pornografia: é difícil encontrar alguém que a defenda, mas há muito disso".

Além de burocrática ou não, a cultura de uma organização pode ser uma cultura mais individualista do que coletiva, mais de planejamento, como uma empresa de engenharia ou menos, como um varejo, mais masculina do que feminina, enfim, é importante atentar-se para a cultura, onde quer que esteja.

Vamos avaliar se você tem mais adequação a trabalhos mais ou menos burocráticos. Para isto marque um círculo em cada resposta que achar melhor represente o seu pensamento:

Tabela 39: Teste a burocracia serve para você?

		Concordo Plenamente	**Concordo**	**Não concordo nem discordo**	**Discordo**	**Discordo veementemente**
1	Eu gosto de fazer parte de uma equipe e ter meu desempenho avaliado em termos da minha contribuição para a equipe	-2	-1	0	1	2
2	Não se deveria comprometer as necessidades de ninguém para que um departamento cumprisse suas metas	-2	-1	0	1	2
3	Eu prefiro um trabalho onde o chefe me deixe em paz	-2	-1	0	1	2
4	Gosto da agitação e da sensação de assumir riscos	-2	-1	0	1	2

		Concordo Plenamente	Concordo	Não concordo nem discordo	Discordo	Discordo veementemente
5	As pessoas não deveriam quebrar as regras	2	1	0	-1	-2
6	O tempo de casa em uma organização deveria ser bem recompensado	2	1	0	-1	-2
7	Eu respeito a autoridade	2	1	0	-1	-2
8	Se o desempenho de uma pessoa não é adequado, seu empenho e esforço são irrelevantes	-2	-1	0	1	2
9	Gosto de coisas fáceis de prever	2	1	0	-1	-2
10	Eu preferiria que minha identidade e status viessem de minha habilidade profissional do que da organização onde trabalho	-2	-1	0	1	2

Fonte: Robbins e Coulter (1998, p. 64)

Agora, some os pontos de todas as respostas que você circulou. O resultado será entre +20 e -20, o que significa que quanto mais alto o número (positivo), mais à vontade você estará em uma cultura formal, estável, regida por regras e estruturada. Isto é sinônimo de grandes corporações em ambientes estáveis e órgãos do governo.

Pontos negativos significam preferência por culturas pequenas, inovadoras, flexíveis e orientadas para equipes, que possuem maiores chances de serem encontradas em centros de pesquisa, pequenos negócios, *startups*, pequenas clínicas iniciantes.

Considerando a respostas obtidas neste teste simples, você avalia que os ambientes de trabalho em que atua, têm adequação as suas preferências de cultura organizacional?

Extrapole além de ser mais ou menos burocrático, pense de forma ampla em relação a tudo que define a cultura de onde está ou deseja ir e escreva aqui sua resposta, é importante que você reflita sobre cultura organizacional e você, seus valores etc.

A cultura é o que as pessoas fazem, não o que elas dizem! Ela não é o que está afixado nas paredes em textos que representam, missão, visão e valores da organização, ela é o que as pessoas fazem no dia a dia, que pode ou não estar aderente ao discurso.

Há um dito popular que diz: "a cultura é o que acontece quando o chefe sai."

A cultura é!

5. PARTE 4: E O FUTURO NÃO É MAIS COMO ERA ANTIGAMENTE

"Não há mal que sempre dure nem bem que nunca acabe"

Vivenciamos, atualmente, uma grave crise no mundo do trabalho. Porém, crises assim acompanham o mundo há séculos, desde sempre, na verdade. O que se pode comprovar, acompanhando a história, é que durante esses períodos de crise sempre surgiram grandes ideias e situações que modificaram para sempre um momento.

Quando se olha para o futuro, muitos especialistas garantem que não haverá trabalho para todos, mas eu te pergunto, hoje tem? Ou, ao longo da história sempre teve?

"A única coisa constante é a mudança" (Heráclito)

A carreira não foge disso, sempre passando por mudanças. Costumo comparar a carreira com fenômenos cíclicos, como na figura 36, com exemplos até clichês, mas verdadeiros na essência: verão/inverno, tempestade/bonança, dia/noite, sístole/diástole[78].

Figura 36: Movimentos cíclicos

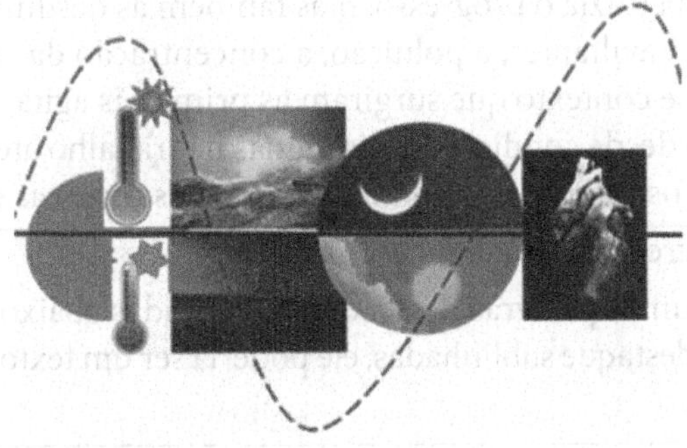

Fonte: autor

---

78 São os nomes dos movimentos do coração. A Diástole: é a dilatação quando ele puxa o sangue, enchendo suas cavidades, nesse momento faz o oposto da Sístole que é a contração quando ele expulsa o sangue de suas cavidades.

Tudo tem seu tempo e a sua evolução e na realidade a palavra evolução significa movimento gradual, sucessivo em determinada direção, mas muitas vezes a pensamos apenas como uma caminhada em sentido positivo, mas não é, evolução não é necessariamente uma coisa positiva, é apenas um movimento em direção a algo.

Câncer também evolui, e evolui para óbito muitas vezes, uma investigação também evolui, e elucida ou não, um mistério, enfim, evolução pode ser para o bem ou para o mal.

E toda crise é um momento que precede a evolução, tudo tem seu movimento, seu tempo, tudo tem sua crise e a evolução para um próximo estágio, por isso que é preciso aprender a gerenciar crises durante a sua carreira, pois ela não é uma linha reta, pelo contrário, tem altos e baixos como: verão/inverno, tempestade/bonança, dia/noite, sístole/diástole.

Por isso gosto de refletir sobre o futuro, sem desprezar o passado, como diria Cazuza na música O Tempo não Para: "eu vejo o futuro repetir o passado, eu vejo um museu de grandes novidades, o tempo não para".

Assim, "o futuro não é mais como era antigamente", também um verso musical de Renato Russo em índios, apesar de que o "futuro é uma astronave que tentamos pilotar", outro verso sensacional de música, agora de Toquinho em Aquarela.

E é esse futuro, que tentamos pilotar que a gente precisa tentar entender para se preparar melhor para os desafios de carreira.

5.1 Frankenstein, Jetsons e a Siri

Analise este texto abaixo:

> O sistema doméstico de produção dava lugar às fábricas, às máquinas, à força motriz. A tecnologia trazia o progresso, mas também as desumanas jornadas de trabalho, os salários aviltantes, a poluição, a concentração da riqueza nas mãos de poucos. Foi nesse contexto que surgiram as primeiras agitações entre operários, reivindicando desde condições mais dignas de trabalho até o direito a voto. Também surgiram os reformistas políticos e as ideias utópicas e anarquistas.

Quando você acredita que ele foi escrito?

Se tirarmos algumas palavras dele, como as grifadas abaixo e substituirmos pelas que estão em destaque sublinhadas, ele poderia ser um texto atual, concorda?

> O sistema ~~doméstico~~ / industrial de produção dava lugar às ~~fábricas, às máquinas, à força motriz~~/ Inteligência artificial. A tecnologia trazia o progresso, mas também as desumanas jornadas de trabalho, os salários aviltantes, ~~a poluição~~/ Burnout, a concentração da riqueza nas mãos de poucos. Foi nesse contexto que

surgiram as primeiras agitações entre operários, reivindicando desde condições mais dignas de trabalho até o direito a ~~voto~~/saúde mental. Também surgiram os reformistas políticos e as ideias utópicas e anarquistas.

O texto se torna muito atual, basta pensar nas longas jornadas nos escritórios, no trânsito de hoje em dia, principalmente nos grandes centros urbanos.

Nos índices de desigualdade social, que segundo a OXFAM International, ONG (organização não governamental) inglesa que faz levantamentos sobre desigualdade no mundo, em 2015 um número de 62 pessoas tinha mais dinheiro do que os 50% mais pobres da população mundial toda (Dias, 2016).

Em 2020, com dados de 2019, a mesma ONG trouxe em seu relatório a informação de que 2.153 pessoas, considerados os bilionários do planeta, detinham mais riqueza do que 4,6 bilhões de pessoas, e que o 1% mais rico da população detém o dobro da riqueza de 6,9 bilhões de pessoas (Oxfam, 2020).

Os dados podem ser observados na figura 37, coletada a partir da pesquisa anual do Credit Suisse.

Figura 37: Pirâmide comparativa da concentração de riqueza mundial

2010 comparado com 2020

Número de adultos (% da população mundial)	Valor da riqueza	Número de adultos (% da população mundial)
24.2 mn (0.5%)	1 milhão acima	56 mn (1.1%)
334 mn (7.5%)	USD 100.000 Até 1 milhão	583 mn (11.1%)
1,045 mn (23.5%)	USD 10.000 Até 100.000	1,715 mn (32.8%)
3,038 mn (68.4%)	USD 10.000	2,879 mn (55.0%)

FONTE: DIAS, 2022

Além da desigualdade, ainda temos as elevadas taxas de burnout, que em 2022 passou a compor o CID (Classificação Internacional de Doenças), e já afeta milhares de pessoas hoje mundo afora.

A Síndrome é bastante confundida com estresse, porém vai muito além – o *Burnout* manifesta-se como um embotamento emocional.

Embotamento emocional é a dificuldade de sentir e expres-sar emoções autênticas, é um modo desadaptativo de lidar com estímulos, pessoas e ambientes geradores de emoções negativas.

Assim, o *burnout* traz um sentimento de desistência, apatia, esgotamento e desesperança com a vida, enquanto que no estresse há um intenso envolvimento do indivíduo com um problema específico, tornando as emoções hiper-reativas e gerando ansiedade.

O profissional que sofre de *Burnout* perde completamente o sentido de sua relação com o trabalho – ele simplesmente não se importa mais, e qualquer tarefa lhe parece desgastante e inútil.

Burnout é uma doença específica do trabalho, inicialmente, ele foi conceituado como algo que acontecia aos empregados em profissões de ajuda a pessoas, como assistentes sociais, por exemplo.

Mas hoje ele é amplo, e pode afetar todos os profissionais, ele se caracteriza por basicamente três situações:

1- **Exaustão Emocional:** que é se sentir psicologicamente "esgotado" pelo trabalho. O indivíduo sente como se tivesse perdido a capacidade de sentir as emoções necessárias para realizar seu trabalho.
2- **Despersonalização:** está associada ao sentimento cínico, psicologicamente apartado e indiferente ao trabalho de uma pessoa.
3- **Realização Pessoal Reduzida:** sensação de que nosso trabalho não importa de verdade. Alguém que sente que não consegue obter resultados positivos de seus subordinados, por exemplo, não importa o quanto tente.

Desde 2016, a Organização Mundial da Saúde e o Fórum Econômico Mundial vêm alertando que problemas como depressão e ansiedade iriam impactar fortemente as sociedades e as economias. Previam inclusive que a depressão seria a doença mais incapacitante do mundo até 2020, embora em 2017 ela já tinha se tornado a causa mais frequente de afastamento do trabalho no mundo. A estimativa de gastos mundiais com doenças psíquicas é da ordem de 6 trilhões de dólares, até 2030, segundo estudos do relatório do Fórum de 2019, isso, antes da crise da COVID19 (EXAME, 2018).

De modo que, quando se fala de gestão de pessoas em organizações, o tema saúde mental, não pode ser negligenciado e ficar fora da agenda.

Como o trabalho se torna cada vez mais intelectual, esta **virtualização do fazer**, traz desafios que se deslocam do corpo para a mente, não é mais como nas primeiras décadas da Revolução industrial ou como no filme Tempos Modernos com Charles Chaplin, na cena clássica que ele só apertava parafusos e de tanto fazer o mesmo movimento, ao chegar em casa apertava os botões da roupa da esposa, numa. Agora, o desafio está na mente do trabalhador.

Então retomo a pergunta: Quando você acredita que o texto do início deste capítulo foi escrito?

Apesar de parecer atual, ele não é, o texto foi extraído do livro Frankenstein na versão brasileira de 1997, e ele traz o cenário político, econômico social da época em que Mary Shelley (1797-1851) autora do livro viveu.

O livro Frankenstein teve sua primeira versão publicada em 1818 e republicado em 1831, e trazia uma visão poética do "dilema do homem moderno no seu anseio de superar as próprias limitações" (SHELLEY, 1997, p. 3).

Portanto, este texto traz a visão do que era a Inglaterra num período entre 1760 e 1850, ainda durante a primeira revolução industrial, que foi iniciada naquele país, a partir de dois eventos: a invenção da **máquina a vapor** e o surgimento das **fábricas**.

Com isto, é que surgem as ferrovias, acontece a substituição do artesão (até então o trabalhador e, ao mesmo tempo, empresário) pelo operário especializado.

Os trabalhadores, alguns dos quais antes artesãos com habilidades únicas, tornaram-se apenas mais uma mercadoria, trabalhando nas linhas de montagem fordistas ao ritmo da nova maquinaria industrial, ou sua produção foi prejudicada pelas importações estrangeiras. Keynes escreveu que um "habitante de Londres" poderia participar do comércio globalizado, mas certamente ele sabia que apenas as classes privilegiadas poderiam fazê-lo, afinal os 5% dos cidadãos mais ricos do Reino Unido possuíam 90% da riqueza do país, por volta da virada do século 20. A maioria dos homens e mulheres e até crianças eram recursos para a era industrial, principalmente como trabalhadores com baixos salários (SCHWAB; VANHAM, 2021, p. 123).

Surge assim a sociedade industrial, e foi o início da produção mecânica, que abre a era onde surgem inúmeras invenções e o avanço da tecnologia, que alterou toda a estrutura social e econômica existente, há um crescimento das cidades, devido a migração dos trabalhadores do campo, surgem aí os sindicatos, o marxismo, darwinismo social entre outros temas relativos ao mundo do trabalho e seus impactos socioeconômicos, onde as organizações crescem de importância para a sociedade.

Este período marca uma série de conflitos humanos ligados ao mundo do trabalho, tanto que leva a Igreja Católica a publicar a encíclica *Rerum Novarum*, que versava sobre a condição dos trabalhadores, datada de 1891 assinada pelo Papa Leão XIII, trazia alguns pontos de reflexão para o momento, dizia ela:

Entre os deveres dos pobres e trabalhadores: devem desempenhar integral e conscientemente todo o trabalho que tiver sido voluntariamente acordado; não estragar a propriedade nem ferir a pessoa do empregador; não recorrer à violência nem a distúrbios; não se associar com homens perigosos que ardilosamente exageram as esperanças e fazem grandes promessas.

Já por outro lado, para os patrões eles deveriam tratar os empregados não como escravos; já que a justiça exige que a dignidade da personalidade humana seja respeitada. O trabalho lucrativo não é vergonhoso para o homem, mas motivo de respeito, já que lhe fornece os meios para sustentar sua vida. Contudo, é vergonhoso e desumano tratar as pessoas como coisas que usam para lucrar, bem como não lhes dar mais valor do que elas merecem. Da mesma forma, é desejável que os interesses religiosos e o bem-estar espiritual dos trabalhadores recebam a devida consideração.

Bem, passados, mais de 120 anos desta encíclica podemos dizer que bastante coisa mudou nesta relação de patrões e empregados, eu destaco que neste período as relações mudaram em todos os campos na sociedade, inclusive a igreja católica perdeu espaço para outras religiões, logo, as recomendações para o mundo do trabalho tem pouco efeito na cabeça de patrões e empregados, bem como do governo, mas algo para mim mudou muito, que é a mobilidade social, ao lermos esta encíclica, percebe-se que o mundo era claro, ou você é patrão ou você é empregado, mas foi justamente a revolução industrial que deu a possibilidade de pessoas comuns (não apenas nobres, religiosos ou aristocratas) mudarem sua condição social, afinal, uma ideia poderia virar um empreendimento dando certo traria lucros.

Com o advento da Revolução industrial o homem que até então trabalhava em casa, ou nos arredores, precisou se deslocar até o local de trabalho, a fábrica.

Quase 300 anos depois, a virtualização do trabalho nos dá a possibilidade, ao menos o trabalho intelectual e não físico, que não dependa de produzir algo tangível "*in loco*", de trabalharmos desde qualquer lugar, o "*anywhere office*"[79], inclusive de casa no modelo *home office*, extremamente explorado no período da pandemia da COVID19, ou seja, voltamos ao que era antes, porém, com essa virtualização do trabalho, isso significa muitas vezes que trabalhamos o tempo todo, pois o trabalho não fica mais no local de trabalho ele está na nossa cabeça.

E isso derruba alguns mitos, que as crianças que assistiram os Jetsons[80] na infância alimentaram sobre o futuro. No desenho animado, o pai da família, George Jetson é um empregado que trabalha apenas uma hora por dia, 2 dias por semana, usa um carro voador para se locomover, alimenta-se de pílulas, tem dois filhos, esposa e a sua disposição Rosie, uma empregada robô que faz tudo em casa.

Por mais que hoje pessoas possam ser auxiliados em casa por suas assistentes virtuais, ou usar a Siri para conversar com seus aparelhos *smartphones*, o futuro projetado pelos Jetsons, especialmente no mundo do trabalho, ainda é bastante diferente.

---

79 Numa tradução livre significa: "escritório em qualquer lugar", representa a ideia de que se pode trabalhar de qualquer lugar que se esteja, todo lugar pode ser um escritório.

80 Série animada de televisão produzida pela Hanna-Barbera e exibida no Brasil em meados dos anos 80.

Veja o caso dos entregadores de alimentação, ou motoristas de aplicativo, por exemplo, os chamados "info proletários", que é uma versão mais atualizada do que se chamava de *Mcjob*[81] anteriormente. Eles não trabalham apenas duas horas por dia, a remuneração é baixa e muitos usam bicicletas, patinetes, motocicletas, nada de carros voadores, aliás, nada de seguro e proteção social também.

Ao mesmo tempo, há um constante debate sobre o futuro do trabalho, que será cada vez mais automatizado por máquinas e robôs e, portanto, esses entregadores podem ser substituídos por drones, muito em breve.

Assim, qual seria o futuro do ser humano no mundo do trabalho?

Não tenho respostas, mas sei que não podemos ser misoneístas[82], como já aconteceu no século XIX no auge da primeira Revolução Industrial, quando Ned Ludd liderava um movimento na Inglaterra que reunia pessoas para destruir as máquinas a vapor por seu medo da perda de empregos que elas geravam, esse movimento ficou conhecido como luddismo.

Em 1813, 64 pessoas do grupo luddista haviam sido julgadas por acusações ligadas à violência do movimento, das quais 17 foram condenadas à morte. Na década de 1830, ocorreram distúrbios no sul da Inglaterra, envolvendo passeatas, incêndios, roubos e destruição de fábricas. Em resposta a esse movimento, foi que Charles Babbage escreveu o texto, já trazido aqui no capítulo 4.2-Externo na página 157:

Não temos respostas sobre o futuro do trabalho, já vivenciamos a era de Frankenstein, sonhamos em sermos como os Jetsons, e agora temos medo da Siri?

Pesquisa da Harris Poll de 2020 nos Estados Unidos mostrou que a profissão dos sonhos de 3 em cada 10 crianças entre 8 e 12 anos é se tornar Youtuber. No Brasil, outra pesquisa mostra que 80% dos jovens entre 9 e 17 anos seguem algum *influencer* ou canal nas redes sociais. E a pesquisa do Instituto Data Favela em parceria com o Locomotiva e Central Única das Favelas (CUFA) revela que 96% dos jovens moradores de comunidades gostariam de se tornar *gamers* profissionais e para 29% deles esse é o sonho maior da vida, maior que ter uma casa, por exemplo. O Brasil, com 84 milhões de adeptos aos jogos *online*, é o país que mais gera receita com *games* na América Latina e o 12º no *ranking* mundial (Cohen, 2021a; Goeking, 2021).

Além de *gamers*, comentaristas de partidas de *e-sports* e todas as atividades em torno deste mundo, também atrelado a cultura *geek* que também movimenta bilhões de dólares na economia além de gerar muitos empregos, veja algumas

81 É um termo pejorativo criado nos EUA para designar empregos de baixa qualidade se referia aos trabalhos de virar hambúrgueres na chapa quente das lojas do McDonalds. Porém, o termo não foi aplicado apenas para os trabalhadores da cadeia de *fast food*, mas a todo trabalho precário.

82 Misoneísmo é o medo e ódio irracionais de ideias novas, aversão, repulsa, desconfiança em relação a mudanças; ou aquilo que representa mudança; hostilidade para com o novo é também chamado de neofobia.

profissões que já existem hoje e que talvez há poucos anos nem suspeitaríamos dessa possibilidade: arquiteto de dados, *data protection officer*, gerente de *cyber security*, especialista em *cloud*, gerente de *data science*, organizador de *crowdfunding*, gestor de tráfego e analista de marketing digital (redes sociais), banqueiro de criptomoeda e isso é nada diante da enxurrada de outras que surgem por conta das novas tecnologias e o reflexo no comportamento humano.

Assim, fuja sempre do ímpeto destrutivo e, ao mesmo tempo, do medo imobilizador! Como diria Renato Russo da Legião Urbana: "Não tenho medo do escuro, mas deixe as luzes acesas".

Parafraseando mais uma música da Legião, Faroeste Caboclo: "Não é que o Santo Cristo estava certo seu futuro era incerto e ele não foi trabalhar". Ou seja, não é porque o nosso futuro seja incerto, e cabe dizer que ele sempre foi, que não devemos ir trabalhar e encontrar soluções. Como diz um provérbio alemão: "O medo faz o lobo maior do que ele realmente é".

E, "só os irresponsáveis e loucos não têm medo de nada", pertencem à natureza humana, o medo, a dúvida e a preocupação.

Estamos FUD!

Calma, FUD em inglês quer dizer: *Fear, Uncertainty and Doubt*, ou seja, medo, incerteza e dúvida, estamos todos FUD. E é natural! Todo ser humano sente isso, só os psicopatas que não (Vries, 2010 p. 353).

Falar do mundo do trabalho olhando o passado, é um pouco confortável, não concluímos com 100% de acerto, mas com um pouco de pesquisa, algumas análises, hipóteses, e com as consequências já materializadas, podemos dizer que mesmo que de modo rudimentar sabemos o que aconteceu.

Falar do presente, já é um pouco mais ariscado, pois você pode ser cobrado amanhã por uma opinião que deu hoje, sobre algo que ainda está acontecendo, então, mesmo que de forma arriscada é possível falar do presente, agora do futuro?

É muita presunção, ou excesso de confiança, o que nem sempre representa competência, pois falar do futuro é muito difícil, se você já fez uma reforma, mesmo que pequena em sua casa, sabe que prever o total de recursos gastos e o tempo de conclusão é um desafio, eu não conheço ninguém que tenha conseguido bater o que foi previsto, seja em gasto, seja em prazo com o que foi feito, e pior, sempre o prazo é para mais e o gasto idem.

Uma coisa é certa, se no passado o profissional se formava em alguma profissão e poderia pensar na sua aposentadoria naquela mesma profissão lá na frente, isso não é mais possível para muitas atividades, até porque se pensar bem, a palavra formado, quer dizer estar na forma, eu diria estar "empudinhado", feito um pudim.

A velocidade de mudança em qualquer profissão demanda que os profissionais estejam em formação contínua, ou seja, é quase uma "não forma", como a água, que em qualquer recipiente que se coloca ela se conforma e se adapta.

O medo é um estado emocional que nos deixa em estado de alerta, muitas vezes nos paralisando e pode se tornar um pré-estágio para a fuga.

Bauman (2008) define o medo como sendo o nome que damos a nossa incerteza, nossa ignorância da ameaça e do que deve ser feito.

Assim, coloque o medo a sua frente e você não andará, se colocar atrás, ele pode te impulsionar e você terá uma atitude pouco pensada, precipitada, por impulso, enfim, de qualidade duvidosa. Então, onde sobra colocar o medo?

Ao lado! Ou seja, ande com o medo ao seu lado, mesmo com medo continue caminhando.

"A coragem não é ausência do medo, mas a capacidade de seguir apesar da existência do medo"

Nossos medos muitas vezes nos impedem de fazer o que podemos desfrutar e até mesmo o que precisamos fazer. Imaginamos o pior e permanecemos presos em nosso medo. Alguns pensadores apontam que o medo nos impede de agir precipitadamente e mantém nossas ações em equilíbrio. Outros condenam o medo que nos impede de descobrir novas verdades sobre nós mesmos e sobre o nosso mundo.

Você sabia que 95% do que tememos nem sequer chega a se materializar? Embora a situação toda aconteça em nossa mente, nada aconteceu em nossa vida.

E o que podemos fazer com nossos medos? O primeiro passo é saber o que são. Não podemos fazer muito sobre eles se não admitimos que eles são parte de nós. O segundo passo é buscar a compreensão do que nos incomoda. Onde estaria nossa vida se ficássemos paralisados pela pergunta: "E se?".

Conhecimento e compreensão nos ajudam a superar nossos medos e romper os laços que nos impedem de atingir nosso potencial. Deixamos de ter aquela sensação própria da infância de que há monstros debaixo da cama ou escondidos no guarda-roupa.

Mas não é só isso. Sabendo racionalmente que não há nada a temer, ainda não sabemos o que vai acontecer quando tomarmos um risco calculado e ultrapassarmos os nossos medos. Não temos de pular imediatamente com os dois pés, mas podemos nos aproximar de uma nova situação engatinhando se quisermos. Algumas pessoas preferem já mergulhar imediatamente quando vão entrar em uma piscina, lago ou no mar; outros começam molhando apenas os pés, se acostumando com a temperatura da água e ir testando a profundidade.

Qual é a sua escolha?

Quais são seus principais medos?

O que eles o limitam de fazer?

Você sabe de que forma e quando você adquiriu esses medos?

O que você pode fazer para superá-los?

Como será sua vida quando você fizer isso?

Seu medo e como começar a superá-lo

Você tem medo de perder o emprego, medo de perder a parceria sentimental o relacionamento afetivo, medo de insetos, medo de animais, medo de avião, medo de altura, medo da violência urbana? não importa, a única forma de superá-los é encarando-os.

Por exemplo, a TCC (Terapia cognitivo comportamental) que você pode fazer sozinho, sem precisar de um especialista.

A exposição gradual e constante da pessoa ao objeto ameaçador é que fará a pessoa superar o medo. Não há uma fórmula geral, mas quanto mais exposição por mais tempo, mais rápido será a superação.

Exemplo, se você tem medo de baratas, experimente colocar uma foto de uma no seu local de trabalho, no primeiro dia por segundos, no segundo dia por minutos e vá com o tempo aumentando a exposição à foto, faça seu cérebro se acostumar com ela o próximo passo é conseguir observar vídeos delas por segundos, minutos etc. Vá enfrentando aos poucos, até um dia conseguir ver uma e não mais se desesperar.

Medo de perder o emprego? Quais as razões? Quais as evidências que isso pode acontecer no momento? Liste todas elas, e avalie com calma se realmente são evidências ou são suposições da sua cabeça, e se não são suposições, liste as possíveis alternativas caso isso realmente aconteça. Concentre-se no que é real, no que tem evidências sempre.

Medo de entrevistas de emprego? Mesma coisa, treine, faça muitas, exponha-se até naturalizá-las. Eu chamo isso de naturalização da adversidade. Quanto mais você naturalizar as adversidades da vida, maior resiliência, adaptabilidade e menor sofrimento terá.

Eu sempre tive medo de cobras, até o dia que fui convidado a tocar em uma como demonstração de uma TCC, com o tempo, meu cérebro foi se acostumando com a textura da pele, a temperatura do corpo do animal, os seus movimentos até que meu coração começou a desacelerar, fazendo com que um dia eu pudesse até carregá-las nos braços.

Figura 38: Exemplo de TCC

Fonte: Acervo pessoal

O modo como pensamos influencia o modo como sentimos, então precisamos mudar o modo que pensamos. Vide o Iceberg da psicologia social na figura 39.

Este modelo é bem elucidativo, pois ele mostra que o que pensamos e sentimentos está dentro de nós, ninguém vê, é como a parte inferior do iceberg, mas esta parte é a grande responsável pelo que externalizamos, aquilo que todos veem, o nosso comportamento. Assim, se queremos resultados distintos do que temos hoje, precisamos mudar o nosso comportamento, mas para isso, é preciso antes mudar a forma de pensar e sentir.

Figura 39: Iceberg da psicologia social

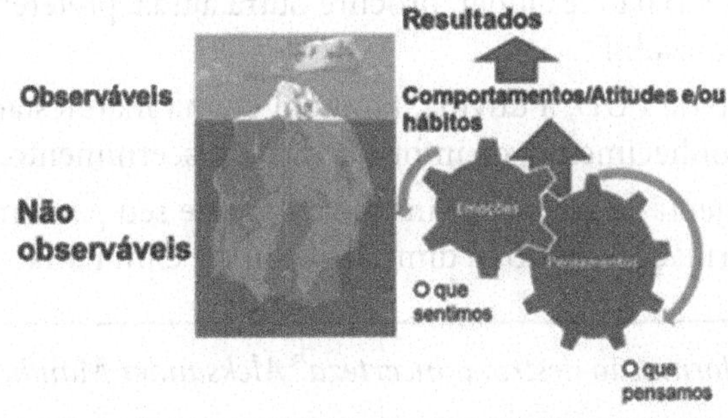

Fonte: DIAS (2015, p. 57)

Anote!

1. O que você faria se soubesse que não poderia falhar?

Muitas pessoas não perseguem seus sonhos ou definem metas porque elas têm medo de fracasso. Identifique o que está deixando dominar seus pensamentos e travando seu avanço. Dê nome. Um obstáculo claramente identificado está a meio caminho de ser superado.

2. Qual é a verdade da situação? Esse medo é real?

"O perigo é real. Mas o medo é uma escolha". Mude seu pensamento. Concentre-se na verdade da situação, não em seus medos.

3. Determinar um passo de cada vez na conquista de seus medos.

Você não tem controle total sobre o que pensa, mas pode escolher sobre o que deseja meditar. Assim, plante seus pés na ação e diga não ao medo.

4. Perguntar-se por que você quer iniciar determinada ação (por que você realmente quer fazê-la).

Suas razões são suficientes o bastante para superar seus medos? Se nossas razões são sólidas, podemos superar quase qualquer coisa.

5. Faça uma lista dos piores resultados possíveis.

Quais são as piores coisas que poderiam acontecer e como você poderia superá-las? Que habilidades e recursos você tem à sua disposição para lidar com desafios?

Deixo claro que existem medos, principalmente aqueles decorrentes de um TEPT (Transtorno de Estresse Pós-Traumático) que o indivíduo precisa de ajuda externa para superação, muitas vezes envolve até medicação, não se pode menosprezar os efeitos psíquicos causados em pessoas que sofrem assaltos, violências das mais diversas formas, sequestros, acidentes, desastres naturais, abusos de todo tipo, enfim, nem todo medo será passível de superação apenas com o que recomendo aqui. E mesmo estes medos que listo aqui, em certas situações podem e devem ser trabalhados em processos terapêuticos, psicanálises, enfim. Naquilo que este texto não te ajudar, procure outra ajuda, preferencialmente de profissional especializado!

Outro elemento de FUD, a dúvida, também é uma manifestação do medo, devido à falta de conhecimento, de informação ou discernimento.

Você pode alimentá-la até que se instale e domine seu pensamento ou pesquisar, reunir informações, dados e diminui-la ou até eliminá-la.

"A informação destrói a incerteza" Aleksander Mandic

Por que o Google faz tanto sucesso? Até virou verbo: "Gugar"

Porque ele tira nossas dúvidas, bem verdade que não todas, mas uma grande parte delas sim, de modo que pesquisar, reunir informações, dados é trabalhar para diminuir nossas dúvidas.

Por exemplo, se estamos incomodados com algo que não temos resposta, nossa mente fica inquieta até encontrar alguma resposta.

Wilson e Gilbert (2008) explicando um modelo de adaptação afetiva (AREA) demonstram que os eventos da vida chamam a nossa atenção, então reagimos a esse evento, e se pudermos explicá-lo, ou encontrarmos uma resposta, a atenção é retirada e nos adaptamos ao evento. Exemplo:

Tabela 40: Exemplo do modelo AREA

A	Atenção despertada	Sinto uma dor na perna
R	Reação	Me inquieta querer saber o porquê disso
E	Explicação	Me lembro que dois dias atrás tropecei ao sair do caro, pronto, encontrei uma explicação
A	Adaptação	Uma vez explicada, me adapto, talvez nem lembre mais da dor nos próximos minutos

Temos uma necessidade de respostas, conviver com a dúvida é angustiante para nós humanos, e é por isso muitas vezes que sofremos golpes. Quando alguém parece elucidar nossas dúvidas, tendemos a adaptação, ou aceitação daquela resposta que nos aliviou, mas muitas vezes apenas fomos ludibriados.

E a incerteza? A incerteza é imensurável, não há padrões objetivos para expressar suas probabilidades.

Louis Frankenberg foi pioneiro em escrever sobre finanças pessoais no Brasil, nas décadas de 1970 e 1980. Fundou e presidiu o Instituto Brasileiro de Certificação de Profissionais Financeiros (IBCPF) - atual Planejar -, entidade que certifica os profissionais CFP® no Brasil. Nas palavras do autor:

> A única certeza que temos em nossa vida é o caráter finito da mesma. A incerteza há de sempre nos acompanhar enquanto vivermos. Estamos permanentemente sob o signo da mudança e dos imprevistos. É a maior razão para jamais usarmos em nossas projeções e previsões, sejam quais forem, termos absolutos e imutáveis (Frankenberg, 2015a).

Freud (1996), já trazia questões sobre o tema, quando ilustra o princípio do prazer, demonstra, em sua visão, a necessidade humana de ter resposta para tudo, querer satisfação em tudo que faz, e não saber lidar com a angústia da incerteza, com o princípio da realidade, faz com que as pessoas se iludam e comecem a acreditar em qualquer coisa que "pareça" responder suas dúvidas.

Para Kahneman (2012), isso está em nosso DNA, pois o sobrevivente no processo evolutivo foi o covarde, aquele que decidiu não correr riscos, que se recusou a espiar o movimento debaixo do arbusto na savana. O corajoso certamente foi devorado pelo predador escondido. Isso demonstra o porquê de a autoconfiança nem sempre ser sinal de competência, bem como que **"uma apreciação imparcial da incerteza é o alicerce da racionalidade"** (Kahneman, 2012, p. 328, grifo nosso).

Após tantas pesquisas em ciências sociais, chego à conclusão que de fato, temos poucas certezas na vida, mas as incertezas são infinitas. Bertrand Russel certa vez disse que: "A causa fundamental do problema é que no mundo moderno os estúpidos são arrogantes cheios de certezas, enquanto os inteligentes estão cheios de dúvidas" (Russel, 2021, tradução nossa).

O neurocientista Paul Zak vai dizer que o estresse crônico que vem da incerteza sobre o que acontecerá em uma organização afeta partes do cérebro que minam a motivação e a cognição. A incerteza faz com que sejamos *hyperware*[83] de possíveis ameaças: precisamos prestar atenção a tudo, porque o perigo pode surgir em qualquer lugar. Isso rouba largura da banda neural do resto do cérebro, reduzindo a concentração e a produtividade. Também perdemos a capacidade de avaliar adequadamente eventos futuros e integrar vários fluxos de informações. A incerteza coloca o cérebro e o corpo em alerta máximo, querendo fugir dos leões e de seus primos corporativos, em um sentido neurológico verdadeiro, você não consegue pensar quando enfrenta uma alta incerteza e você certamente não pode ser um membro efetivo da equipe (Zak, 2017, p. 110 - tradução nossa).

"Foco é coerência com o objetivo".

Incerteza no fundo, também é mais uma manifestação do medo prolongada e exagerada que nos exaure. Então, se sabe onde está e para aonde vai, é questão de foco e tentar fugir da incerteza.

Tomar decisões, corrigir rotas, organizar e priorizar atitudes, manter a calma, ocupar-se.

5.2 Barbeiro em extinção

Em 17 de Maio de 2000 o jornal Gazeta Mercantil (que não existe mais) publicou um estudo realizado por Ruth Elena Dweck chamado: Corte de cabelo em ritmo industrial, onde a autora antecipava que o barbeiro era uma profissão em extinção, os dados não deixavam dúvidas, a diminuição da participação dos barbeiros no setor de higiene pessoal havia despencado entre 1985 e 1995 (PASTORE, 2001).

Pois bem, mais de vinte anos depois, tenho observado que o número de barbeiros cresceu, agora são chiques, o salão tem freezer com cervejas artesanais, mesa de sinuca, alguns têm espaço para motocicletas, hamburgueria, enfim. Não sei se existem tantos quanto lá no passado, mas os homens, principalmente os mais jovens, tem exibido cortes de cabelo, tratamentos e uma série de cuidados

---

83 Software que contém vários links para sites

que não me lembro se existiam no ano 2000. Parece que as previsões da senhora Dweck, mesmo baseada em números, não foi tão profética assim. Mudou a forma, a essência se preservou.

Música, filmes, livros, continuam sendo consumidos, mas de outras formas, não me lembro a última vez que comprei um CD, apesar de comprar livros em papel, mesmo que por livrarias *online*, mudou a forma, a essência que é ouvir música, assistir filmes e ler livros segue firme e forte.

Mangen, Walgermo e Brønnick (2013) da Universidade de Stavanger na Noruega, no artigo: *Reading linear texts on paper versus computer screen: Effects on reading comprehension*, evidenciam os benefícios da leitura em papel.

A BrainFacts mostra um comparativo que mostra que ler em papel tem mais benefícios que ler em formato digital.

Tabela 50: Papel versus Digital

Papel	Digital
Facilita a compreensão	**Dificulta a compreensão**
Proporciona mais atenção na leitura	**É atalho para dispersão**
É mais relaxante e mais seguro para a visão	**É mais cansativo e pode provocar problemas nas retinas**
Permite absorver mais detalhes nas narrativas	**Há evidente perda de nuances**

Fonte: Veja (2021a)

Outro dado interessante é quando do advento da luz elétrica, que marca o início da segunda revolução industrial, surge o cinema[84], a energia elétrica possibilitou a criação de câmeras de vídeo que registrassem movimentos e um avanço das máquinas de fotografia.

Conta-se que na primeira exibição de um filme, feita pelos irmãos Lumière em 1895 numa cidade francesa chamada La Ciotat, diante da imagem de um trem em movimento, o público teria corrido para o fundo da sala e alguns até para a rua de medo, é que o olho humano ainda não tinha visto uma imagem em movimento na tela, era algo muito inovador (Magaldi e Neto, 2018).

Cem anos depois desta cena, a indústria cinematográfica dos Estados Unidos tinha cerca de 30 mil pessoas trabalhando como artistas de cinema, se somassem os de TV o número chegaria a 120 mil. Em torno de cada artista trabalhavam cerca de 30 pessoas, entre as várias atividades de apoio, criação, manuseio de equipamentos, figurinos, roteiros etc., de modo que chegava a 900 mil empregos diretos gerados apenas por conta da indústria cinematográfica, isso não contando

84 A palavra cinema vem de cinésia ou sinésia, sinestésico que é relativo a movimento.

os empregos gerados após a exibição do filme, que naquela época era feito em salas de rua, shoppings centers, vídeolocadoras etc. (PASTORE, 2001).

O censo ocupacional da Grã Bretanha de 1841, ainda na primeira revolução industrial, listava 431 ocupações existentes, cem anos depois o dicionário ocupacional americano compilado a partir do United States Census Bureau continha 25 mil ocupações codificadas (CAPLOW, 1954).

Mas quem ousaria dizer que aquela imagem singela de *Arrivée d´un train en gare de La Ciolat*[85] mudaria hábitos das pessoas? Que pessoas ficariam em suas casas, pagando assinaturas de *streaming* para ver filmes?

Surgiu uma necessidade humana, para alguns até vicio, que ninguém poderia prever cem anos atrás. Em um dado momento, de tanto sucesso, até diziam o que o cinema mataria o teatro. Isto não aconteceu, pelo contrário, gerou concorrência para si própria.

Em Julho de 2019 depois de dez semanas de competição *online*, iniciada com 40 milhões de participantes, Kyle Giersdorf, um adolescente americano de 16 anos, cujo nome de guerra é Bugha, ganhou 3 milhões de dólares ao vencer a primeira Copa do Mundo de Fortnite, um jogo de computador, ele foi assistido por uma plateia de 20 mil fãs que lotavam o Arthur Ashe Stadium sede o US Open, um dos torneios que formam o Grand Slam, a elite da elite do tênis mundial, detalhe que o prêmio que Bugha levou para casa é apenas, US$ 800.000 a menos que o sérvio Novak Djokovic, o último ganhador do US Open[86].

Esta copa do mundo, além dos 20 mil fãs presentes no estádio na final, foi um recorde, o evento mais assistido da história dos "*e-sports*", como são chamados os jogos de computador, alcançando um público de 1,3 milhões de espectadores simultâneos durante a final[87].

Segundo dados da consultoria Newzoo, o mercado de games (*e-sports*) faturava em 2020 o triplo do que o mercado de *streaming* liderado pela Netflix, e o premiado Carlos Saldanha, codiretor da animação hollywoodiana A era do Gelo tornou-se conselheiro de arte da Wildlife uma empresa de *games*. Em 2021 o mercado de *e-sports* chegou à marca de US$ 1 bilhão de dólares de mercado com 730 milhões de espectadores para as plataformas de *live streaming* e o Comite Olímpico Internacional (COI) estuda a possibilidade de incluir os *e-sports* nos jogos olímpicos de Los Angeles em 2028 (VEJA, 2021, pp. 66-67; EXAME, 2020, p. 31).

O que pensariam os convidados que correram da imagem do trem lá em 1895 ao verem tudo isso? Será que alguém lá atrás ousou imaginar esse futuro?

---

85 Chegada de um trem à estação da Ciotat tradução do nome do filme exibido em 1895

86 Como os meninos se divertem. Revista Veja 7 de Agosto de 2019 edição 2646. Ano 52 no 32

87 https://www.torcedores.com/noticias/2019/07/copa-do-mundo-de-fortnite-2019-foi-o-evento-mais-assistido-da-historia-dos-esports

Esta história mostra duas coisas, primeiro: que nós humanos, não temos a mesma capacidade de processamento das máquinas, conforme a figura 3: Taxa de mudança do capítulo 2.5-Emprego. E segundo: que a sociedade se transforma, o ex-primeiro-ministro da Inglaterra Tony Blair uma vez disse que a siderurgia havia se tornado menos importante que o *rock and roll* para a Inglaterra, o aço gerava menos divisas do que o rock, dizia ele.[88]

Mesmo com Ludditas quebrando as máquinas a vapor na ilusão de que elas não iriam substituir seus trabalhos, isso não impediu o avanço da tecnologia e as mudanças que ela impôs a sociedade.

O mesmo fenômeno ocorreu com os cocheiros e ferreiros que desapareceram, mecânicos e vendedores de veículos tomaram seus lugares, a tecnologia mudou os tipos de trabalho (emprego), mas o volume total cresceu. Porém, até aqui a máquina substitua basicamente o trabalho braçal, na quarta revolução, os trabalhos intelectuais também estão sendo alcançados, por isto, esta revolução é tida como a mais veloz, abrangente e profunda e com impacto sistêmico, ela une os mundos físicos, biológicos e digitais. A tecnologia gera o desemprego onde ela entra, mas a eficiência ampliada aumenta a demanda e os empregos, mas claro, isso não é automático, tão pouco instantâneo e indolor, é preciso formular soluções em conjunto, governo, sociedade e organizações (SCHWAB, 2016; PASTORE, 2001a).

O economista Thomas Malthus (1766-1834) que viveu durante a primeira revolução industrial, prognosticou "o fim do mundo" pelo fato da população crescer a taxas geométricas e os alimentos a taxas aritméticas, esse descasamento matemático levaria a um destino em que todos passariam fome. O economista foi apenas mais um ser humano errando previsões sobre o futuro, como já mostramos aqui ao longo dos textos.

Seu erro foi não prever que as ciências agrícolas desenvolveriam vários e inovadores métodos de plantio e cultivo que produziriam comida para todos. Hoje onde os humanos passam fome, não é por falta de alimento, mas sim por falta de dinheiro para comprá-lo e sempre por razões políticas. O indicador de Prevalência da Subnutrição, que mede a porcentagem e número de pessoas que sofrem fome, indica que cerca de 820 milhões de pessoas sofreram de fome no mundo em 2018, por outro lado, as últimas estimativas da Organização das Nações Unidas para Alimentação e Agricultura (FAO) indicam que o número de pessoas obesas no mundo seja de 830 milhões, ou seja, há mais obesos do que famintos no mundo atualmente[89].

Todos os anos, a população dos Estados Unidos gasta mais dinheiro em die-tas do que a quantidade necessária para alimentar todas as pessoas famintas no resto do mundo (HARARI, 2016).

---

88 Jornal da Tarde, 6 de maio de 1998

89 Já existem mais obesos que famintos, Jose Graziano da Silva, Valor Econômico 16/07/2019

No passado, quem dirigia mal era chamado de barbeiro, como no futuro os carros serão autônomos, de fato esse barbeiro entrará em extinção, mas aquele que corta cabelos, faz barbas, continuará por aí a julgar pela diversidade de cortes que observo na cabeça dos mais jovens principalmente.

5.3 Longevidade

"Ninguém é tão velho que não espere que depois de um dia não venha outro"
Sêneca

No início do século XX homens e mulheres do mundo ocidental viviam na média 45 anos. Hoje, fala-se em algo como 70 a 85 anos, em países desenvolvidos, conforme mostram dados da Organização Mundial da Saúde e Banco Mundial trazidos por Deaton (2017) e Bregman (2018), mesmo existindo diferenças de médias entre países e até entre regiões, ou mesmo cidades, por exemplo, São Paulo onde vivo, tem expectativas de vida diferentes se você é um cidadão de um bairro mais elitizado ou se você é do miolo da periferia de um bairro distante há menos de 30 km do centro da cidade.

No Brasil, o IBGE já aponta algo como 76 anos a expectativa de vida, sendo que até a década de 1960 se falava em 50 anos, era de 62,5 anos em 1980, pulou para 70,4 em 2000 e 75,2 em 2014. Ou seja, em 4 décadas a expectativa de vida do brasileiro aumentou 25 anos e com isso surgiram demandas por novos produtos e serviços. Ademais, a alocação destas pessoas na economia já é uma necessidade e será cada vez mais presente num futuro próximo (IBGE, 2019; 2017; PWC; FGV/EASP, 2014; KALACHE; VERSA; RAMOS,1987).

Segundo pesquisa realizada pelo IBGE, "Síntese dos Indicadores Sociais - Uma análise das condições de vida da população brasileira - 2016", de 2005 a 2015 a parcela de adultos de 30 a 59 cresceu de 36% para 41%. Já a parcela de idosos (60 anos ou mais) subiu de 9,8% para 14, 3% nesse mesmo período.

O IBGE fez ainda uma comparação do cenário de crescimento do número da parcela de idosos do Brasil com o restante do mundo - e o resultado foi de um aumento expressivo para as próximas décadas. Enquanto a parcela de idosos mundial, atualmente em 12%, dobraria para 24% em 55 anos, no Brasil devemos chegar ao dobro do atual em muito menos tempo - 24 anos -, quase metade da estimativa mundial.

Segundo a Organização Mundial da Saúde em 2020, pela primeira vez na história, o número de pessoas com 60 anos ou mais superou o número de crianças com menos de 5 anos. Em 2050, a população mundial com 60 anos ou mais deve totalizar 2 bilhões, ante a 841 milhões de hoje. Oitenta por cento dessas pessoas viverão em países de baixa e média renda (WORLD HEALTH ORGANIZATION, 2021).

Figura 40: Envelhecimento global

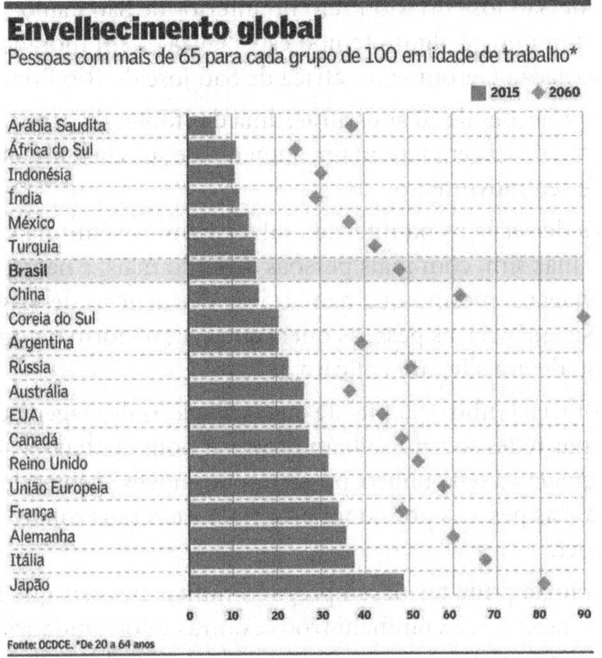

Fonte: OCDE

O aumento da vida humana se dá basicamente pelo casamento da prosperidade econômica e o avanço da ciência, que provoca melhores condições de saúde, alimentação, saneamento básico, segurança, tratamentos, vacinações e uma série de atividades que prolongam a média da vida humana.

Nas palavras de Bregman (2018, p. 12) numa alusão ao avanço científico e os benefícios que traz a saúde e ao prolongamento da existência humana, ironiza dizendo que: "estamos vivendo numa era em que profecias bíblicas estão se tornando realidade. O que parecia milagroso na idade Média agora é normal: cegos que voltam a enxergar, aleijados que podem andar e mortos que voltam a viver".

Deaton (2017) fala do **envelhecimento da morte**, também atribuído a ciência, pois com o avanço de vacinações e cuidados pré e neonatal, hoje no mundo, morrem mais idosos que crianças, mortes de bebês e crianças são 15% do total de falecimentos no mundo, e as pessoas de idade superior a sessenta anos, mais de 50%, mas novamente, esta estatística é bem menos animadora em países pobres, onde a mortalidade infantil é maior e a expectativa de vida de adultos menor, e nos países ricos, a esmagadora maioria das crianças chega à velhice e 80% das mortes estão neste grupo de idade.

Assim, precisamos falar sobre longevidade, mais especificamente sobre a economia da longevidade, ela é uma realidade bastante presente em diversas áreas, a cidade de São Jose do Rio Preto no interior de São Paulo, por exemplo, possui um condomínio, já algum tempo especializado em moradores idosos, a AGERIP – Associação Geronto Geriátrica de São José do Rio Preto.

Analisando projeções de 20 anos atrás, uma das fontes dizia que com a longevidade, as agências de viagens teriam um aumento de sua clientela, que já ocupava cerca de 20% de seu movimento.

Hoje, depois de serviços na internet, talvez nem existam mais tantas agências de viagem, mas sim, com mais pessoas vivendo mais, é natural pensar que o mercado de viagens, mesmo que não através de agências de viagem, tenham mais clientes. Na essência, as pessoas querem viajar, na forma, pode ser através de um agente ou de um site, um aplicativo.

Muito embora, eu tenho o palpite de que *influencers* de viagem, que mostrem suas aventuras nas redes sociais, saibam produzir bons conteúdos, tenham uma linguagem adequada ao seu público, possam ser os novos agentes de viagem, eles dão consultoria e as pessoas por conta própria, fazem seus roteiros e compram tudo pela internet.

Veja, a tecnologia pode ter desempregado muitas pessoas que trabalhavam em agências de viagens, mas também trouxe outras oportunidades de trabalho, como *influencers* especializados em viagens, neste exemplo.

De acordo com a empresa Cognizant uma possível profissão do futuro seria a de conversador, um profissional que num esquema de aplicativo, seria encontrado por um solitário para uma conversa, uma companhia. Seria uma espécie de parte de trabalho de gerontólogo, um profissional que trabalha com grupos específicos como idosos solitários, dependentes fisicamente ou mesmo abandonados pelas famílias (Arcoverde, 2019b).

Outra pesquisa, da Fundação Dom Cabral, aponta as 10 profissões do futuro ligadas ao fenômeno da longevidade, ou economia prateada, alusão a cor dos cabelos desta população. São elas 1-Cuidador de idosos, 2-Geriatra, 3-Gerontólogo, 4-Terapeuta ocupacional, 5-Cuidador remoto, 6-Bioinformacionista, 7-Consultor de bem-estar para idosos, 8-Conselheiro de aposentadoria, 9-Curador de memórias pessoais e 10-Especialisa em adaptação de casa (Carneiro, 2021).

O local de trabalho de um gerontólogo, por exemplo, pode ser múltiplo, desde hospitais, ambulatórios e clínicas, centros de saúde, casas de família, enfim, até governos podem contratar este profissional como política de saúde pública e bem-estar da população, quanto mais gente idosa, mais gerontólogo será preciso (OLIVEIRA, 2013).

E por falar em gente idosa, logicamente, esse novo cenário populacional provocou mudanças nas relações e na economia como um todo.

E esses números inevitavelmente já provocaram e devem provocar ainda mais mudanças no sistema previdenciário mundial, como o adiamento da aposentadoria dos trabalhadores, inclusive, o ministro da economia brasileiro foi criticado por sua fala: "Todo mundo quer viver 100 anos, 120, 130, não há capacidade de investimento para que o Estado consiga acompanhar"[90].

Soa um tanto quanto absurdo num mundo que dado o avanço da medicina e cuidados que faz a expectativa de vida aumentar, as pessoas não poderem viver porque a economia não os suporta, seria o rabo balançando o cachorro?

O ministro diz isso por sua total falta de visão sobre a vida, além do que se refere a dados e índices econômicos.

Isto porque, segundo Félix (2019, p. 14) "o capitalismo nunca absorveu a velhice", o indivíduo ganha longevidade pela saúde e tem que morrer porque a economia não consegue lidar com ele?

O problema "é que nenhum ser humano desenvelhece" completa (p. 139), e a velhice demanda aprofundamento do senso coletivo, de modo que quando a própria duração da vida humana parece excessiva, significa que perdemos a noção de humanidade, porque há nisso uma hegemonia das finanças sobre a vida humana, o valor da vida passa a ser meramente monetária. Precisamos buscar o bem-estar e evitar o Estado de mal-estar social. Devolver a economia o sentido humano, ela que é uma ciência social e não uma ciência do dinheiro e olhar a velhice não apenas como um custo social, de pessoas que precisam ser sustentadas, mas como humanos que tem potencial para inclusive movimentar a economia (FÉLIX, 2019).

Por exemplo, o produto frauda descartável, quanto tempo uma criança consome esse produto ao longo de sua vida? 2 anos. E um adulto, por quanto tempo poderá consumir fraudas?

Este é um exemplo apenas, de pensamento sobre a economia da longevidade, quanto geradora de produtos e serviços que movimentarão a economia, porém, o tema trabalho, as questões são mais complexas, por exemplo.

Sabe-se que pela primeira vez na história, cinco gerações convivem no mercado de trabalho ao mesmo tempo.

De acordo com Silva (2013), estudos sobre gerações são realizados no contexto europeu ou americano, este último inclusive como sendo a definição global adequada, contudo, não se pode generalizar, sem antes consideramos os eventos históricos, políticos, culturais e tecnológicos dos países fora destes eixos.

Embora a maioria dos autores adote períodos comuns para a classificação das gerações, é possível encontrar variações acerca do início e fim de cada geração definida. Há ainda os chamados **cuspers** que Lancaster e Stilman (2002) utilizaram para classificar pessoas que estão limítrofes, entre uma geração e outra ou

---

90 Guedes critica aumento da expectativa de vida: "Todo mundo quer viver 100 anos": https://economia.ig.com.br/2021-04-27/paulo-guedes-aumento-expectativa-de-vida.html

mesmo com um pé em cada geração e, portanto, podem possuir características de uma e de outra ao mesmo tempo. Segundo especialistas Valor (2018); Deloitte (2018) e Silva (2013), as definições mais comuns são as seguintes:

- Tradicionalistas (nascidos antes de 1945)
- De 1945 até 1964/1967 – Geração Baby Boomers
- De 1965/68 até 1977/79 – Geração X
- De 1980 até 1990/91 – Geração Y ou Millennials
- De 1988/94 e 2010 – Geração Z

E isso provoca pressão nos dois campos, na entrada e na saída do mundo do trabalho.

Como se aposentar se não há renda para se manter sem trabalho?

As pessoas precisam continuar trabalhando inclusive para se manterem, além de que com a melhoria das condições de saúde, uma pessoa de 60 anos pode-se considerar ainda bastante jovem e com vigor para o trabalho.

Então, os idosos não cedem espaços para os jovens. E como ficam os jovens sem oportunidades? Ou os idosos sem ocupação e sem renda?

Daí que longevidade é um tema que impacta sua carreira, seja porque você pode viver mais e então surge a pergunta, o que você fará com esse tempo a mais?

Vai ter renda para não precisar trabalhar? Vai querer e conseguir trabalho? De acordo com a expectativa de vida média, você acredita que chegará próxima dela? Quão próximo? Próximo menos do que ela ou mais do que ela? Como estará sua condição de saúde?

Sua condição de saúde física e mental depende muito do que você faz hoje, como está sua vida? Sua alimentação? Carga de atividade física? Relações sociais? Seu bolso? Seu desenvolvimento intelectual?

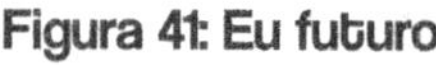
Figura 41: Eu futuro

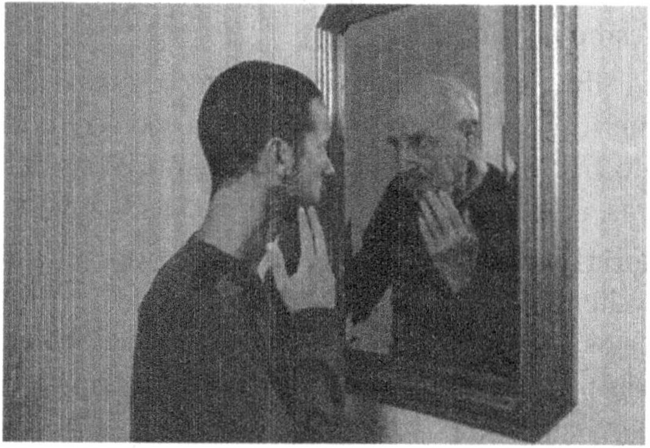

Fonte: Internet

Alguns anos atrás, meu amigo Cardozo fez 60 anos e na comemoração de seu aniversário, ele que andava de moto esportiva, disse que iria trocar de moto – qual moto decidiu comprar?

Ele comprou outra moto esportiva. E brincou, dizendo que, quando ficasse 'velho', aí sim, ele iria comprar uma Harley-Davidson.[91]

O envelhecimento populacional é um fenômeno atual e universal, ou seja, não é mais uma 'exclusividade' dos países desenvolvidos. O chamado 'Terceiro Mundo" se depara há décadas com a constante evolução desse fato também.

A população está envelhecendo, as pessoas estão vivendo mais tempo, e isso tem impacto na carreira – agora o jovem compete com uma pessoa que deveria estar aposentada, mas não está. Está no mercado de trabalho, e principalmente por duas questões: primeiro, porque ela ainda se sente jovem para trabalhar, e, segundo, porque ela provavelmente precisa da renda para se manter. Sim, obviamente algumas pessoas já alcançaram suas metas financeiras e estabilidade e continuam trabalhando por prazer, mas a maioria é por necessidade mesmo.

Se um dia fomos caçadores-coletores, depois nos tornamos agricultores, então veio a fábrica e viramos operários ou burocratas, buscávamos emprego, depois passamos a pensar em carreira, talvez de fato o futuro seja buscarmos projetos, mas uma coisa é certa, independente da forma, a essência será mantida, nos ocuparemos com algo, trabalho?

Vale lembrar que Goethe, o grande nome da literatura alemã, concluiu Fausto, sua obra mais representativa aos 80 anos de idade (Viorst, 2002, p. 300).

E para concluir, o brasileiro Walter Orthmann da cidade de Brusque em Santa Catariana aos 96 anos de idade, em 17 de janeiro de 2018, entrou para o Guiness Book, pelo recorde de 80 anos trabalhando na mesma empresa, sim, ele foi admitido aos 15 anos de idade no dia 17 de janeiro de 1938 e segue firme em seu posto de trabalho, em 2021 tomou vacinas contra a covid e segue sua vida.

5.4 Bem-vindos a era da criatividade

Quando foi seu último A-HA! ou momento Eureka?

Quando foi que você teve essa sensação de algo novo? De descoberta, provocou um A-há!

Criatividade vem do latim CREARE que significa erguer, produzir, também é CRESCERE, aumentar, crescer, mesma origem da palavra criança, porque ser criança é ser criativo.

91 Há um pensamento comum em grupos de motociclistas que pilotam motos esportivas de que os modelos da Harley-Davidson não sejam motos para jovens aventureiros de verdade. Obviamente que é mais uma lenda urbana criada por grupos sociais.

Para Robert Blake e Jane Mouton (1964, p. 136): "A criatividade é, encontrar novas ou melhores maneiras de fazer velhas coisas, ou encontrar novas coisas que sejam uteis".

Mas de onde nascem as boas ideias?

Elas podem vir de qualquer lugar e, muitas vezes, de onde menos se espera. Dificilmente aparecem "do nada", pois são resultados de várias conexões. A criatividade é um processo de criação diária e um exercício ao alcance de todos, defendo como uma competência natural do ser humano, usada desde sempre para sobreviver, pois muitas vezes nossa criatividade é gerada pelo desespero, de resolver o problema que temos num dado momento.

Outra forma de ser criativo é a inspiração, mas essa não acontece toda hora, geralmente ela vem de uma conexão que fazemos com várias coisas que vemos, sentimos, experimentamos e se conecta a algo que já conhecemos, queríamos criar, enfim, surgiu! Eureka, como disse Arquimedes, aquele que saiu nu correndo pela cidade de Siracusa ao descobrir como medir o peso da coroa do rei Hierão.

Lembre-se da história do filme Náufrago, sucesso com Tom Hanks e a bola de vôlei Wilson, ao se deparar com a situação de estar numa ilha deserta percebe-se que é necessário desenvolver criatividade para sobreviver, aprender a pescar, colher, plantar, talvez até domesticar animais e daí surge pecuária, agricultura, aprender a fazer previsões do tempo, construir ferramentas, enfim, a criatividade flui.

Aliás, essa história não é nova, ela nos lembra muito a história de Robinson Crusoé, um personagem ficcional do romance de Daniel Defoe (1719), inspirado em fatos, que é um náufrago que, 28 anos isolado numa ilha, torna-se caçador, pescador, ferramenteiro, construtor, pecuarista, enfim, um verdadeiro politécnico – um exemplo de como a necessidade é capaz de ativar a criatividade para a sobrevivência.

Da falta de recurso emerge a criatividade, porém, tal falta não pode ser tanta a ponto de extinguir as possibilidades.

Caplow (1954) demonstrou que o isolamento é, como a herança paterna, outro fator que claramente promove a herança de ocupações, fazendeiros, mineiros, operadores de moinhos, pescadores que costumam viver isolados sabem disto.

Ser criativo é o que nos move a pensar soluções, resolver problemas, criar alternativas, percorrer caminhos diferentes, produzir novos projetos. No campo profissional, essa habilidade pode representar o diferencial, ainda mais em tempos de crise, ser criativo e inovador é não vivenciar os efeitos nefastos da crise, mas usá-la como trampolim para um novo patamar.

Como nos ensina Nassim Taleb, sermos Antifrágil. A antifragilidade é melhor que resiliência, exemplo: uma mola, por ser resiliente, sempre voltará ao estado normal após sofrer o estresse de ser esticada. A antifragilidade é a ideia de se apropriar do impacto, do dano, do estresse para melhorar-se. Se a mola fosse antifrágil e não resiliente ela não voltaria ao estado normal após sofrer o estresse, ela voltaria melhor, como a aviação, que a cada acidente, se torna melhor, mais segura (Taleb, 2014).

No entanto, não existe uma receita pronta que faz com que tenhamos ideias criativas no momento em que queremos. Mas, a boa notícia é que a criatividade pode ser encarada como se fosse uma espécie de músculo. Ou seja, quanto mais exercitamos, mais ela pode ser desenvolvida.

Exemplo: eu uso a técnica dos 5 C´s;

1-CAMA: dormir bem! Uma boa noite de sono é revigorante para as ideias.

2-CHUVEIRO: enquanto tomo banho fico pensando na vida, muitas ideias surgem daí.

3-COLETIVO: andar de transporte coletivo (ônibus, trem, metro etc.) observando ao redor, vendo o caminho, o que e como as pessoas fazem nos traz *insights.*

E eu gosto de **4-CAMINHADA**, como diria o filósofo Nietsche as grandes ideias surgem nas caminhadas, é meu momento de pensar muito e organizar ideias.

E por último um lugar para anotar tudo que tiver de ideias, por exemplo, um **5-CADERNO** ao lado da cama para quando acordar de um sonho, de um *insight*, anotar tudo para não perder, e o mesmo vale para a caminhada, só que como era mais complicado levar um caderno, eu levo o **5-CELULAR** e anoto nele, em texto ou áudio.

Vale dizer que essa técnica eu adaptei da técnica em inglês dos 3 B´s: *bed, bath & bus* (cama, banho e ônibus) ou seja, usei a minha criatividade para inovar.

Também vale lembrar que de nada adianta ter boas ideias se não as colocar em prática, uma ideia que não se transforma em aplicação prática é mero desperdício de tempo, não quero dizer que gerar ideias é desperdício, o que quero dizer é que o mínimo é tentar viabilizá-la, e se não deu certo, tudo bem, vá para a próxima ideia, mas gerar ideias que nunca são testadas, aí sim é desperdício.

Não adianta apenas sonhar, é preciso concretizar os sonhos através da materialização deles na vida real.

Por isso, o planejamento é um passo importante entre ter a ideia e torná-la realidade. Digo que **criatividade com planejamento é inovação, sem planejamento é improviso!**

E como penso que criatividade é um músculo, listo aqui uma repetição de 10 séries, modalidade supino mental ou um *leg press* intelectual para você desenvolver esse músculo vital para sua estética cerebral.

Sempre que tiver um problema para resolver, gere ideias... o máximo que puder e use estas 10 dicas:

1- Suspender julgamentos em relação às ideias geradas, primeiro pense, depois tente implementar, nesta fase não existem ideias ridículas, infantis etc.

2- Pesar os prós e contras, pesar os benefícios que a ideia trará e depois os riscos, criar ações para mitigar os riscos e potencializar os benefícios.
3- Compartilhar a ideia ainda cru com outras pessoas, que não sejam ladrões, mas pessoas que possam contribuir com seu projeto, gente do bem.
4- Anotar ideias quando acontecem, deixar para depois pode ser um risco enorme, como dito, eu durmo com um caderno ao lado da cama e quando faço minhas caminhadas, levo o celular para gravar minhas falas de ideias que brotaram.
5- Usar o seu melhor horário para produzir, descubra o seu melhor horário e use-o para resolver as coisas mais difíceis neste momento
6- Faça coisas inusitadas, mude rotas, passe um dia com um profissional de outra área, leia temas que não costuma ler.
7- A geografia não nos impede de fazer mais nada, a internet e as redes sociais são prova disso.
8- Situações ideais nunca existirão, sempre vai faltar algo, tempo, recursos, vontade etc., portanto, crise é só mais um contratempo.
9- Relembre de problemas do passado e como os resolveu, vai perceber que é mais criativo do que pensas.
10- Inovação é um plágio não detectado, sua inovação é a soma de várias outras inovações de outras pessoas, mas com o seu olhar único, aliás, Inovação vem de *innovare* ou *in novus* que significa tornar jovem, logo, criatividade e inovação, representam a mesma coisa, do ponto de vista semântico.

Nós humanos não conseguimos imaginar algo que não exista, nós imaginamos coisas que existem, mas de modos diferentes. O famoso discurso de Steve Jobs na universidade de Stanford é sobre isso, quando ele diz que precisamos **conectar os pontos:** "Não dá para ligar os pontos olhando para frente, você os liga olhando para trás"[92].

Só conseguimos conectar pontos que existem, que estão no presente e no passado, e são essas conexões que geram o futuro.

"Se eu tivesse ouvido os usuários, ao invés do automóvel eu teria inventado uma carroça mais rápida" disse Henry Ford, sobre o automóvel, ele criou a partir do que já existia, que é também o que Steve Jobs dizia isso quando falava de pesquisa com consumidor, se você perguntar o que o consumidor quer, ele vai dizer alguma melhoria sobre o que existe, mas para criar algo novo, você precisa conectar coisas que existem e dar a elas nova função.

Por exemplo, o próprio iphone de Jobs, nada mais é que um telefone, com máquina fotográfica, tocador de música, calculadora, e tantas outras coisas que já existiam, mas agora todas reunidas num único equipamento que por ter conexão com a internet, que também já existia se torna algo inovador.

92 https://www.youtube.com/watch?v=45xrq0wpqv4

Problema: como vender mais bíblias?

Solução: ferramenta criada para indústria do vinho, foi esta a sacada de Gutemberg quando criou a prensa móvel na idade média.

Michael Jackson tinha um estilo único, mas ele copiou de Fred Stair, somou com o que viu de James Brown, adaptou para o seu jeito, e assim gerou inovação, não plágio.

Você também não é tão original, você é parte de sua mãe e de seu pai, essa mistura biológica fez você, sujeito único.

Há quantos anos existe a roda na humanidade? Você sabe?

E a mala de viagem? Há quanto tempo ela existe?

A roda tem aproximadamente 5 mil anos, a mala de viagem, não deve ter 300 anos, porque ela só começou a ser usada realmente após a Primeira Revolução Industrial (1750).

E há quanto tempo existe a mala de rodinhas?

Menos de meio século, porque é da década de 1980, ou seja, demorou 5 mil anos para alguém juntar uma roda e uma mala a criar algo inovador, a partir de duas coisas que já existiam.

Por isso, quando pensamos em mundo do trabalho, precisamos pensar em criatividade também, e essa qualidade humana que nos trará soluções sempre!

Não podemos ficar refém dos fatos, precisamos colocar objetivos e os objetivos nos impulsionam para o novo. Repare a figura 42.

Figura 42: Modelo reativo

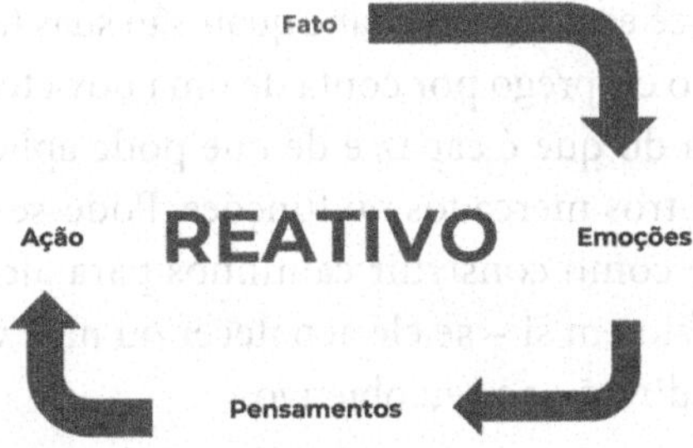

Fonte: seminário Hawai em 2014

Esse é o modelo reativo, acontece um fato, por exemplo, perdi o emprego, isso gera uma emoção, que gera um pensamento, e que me faz ou não tomar uma ação.

Exemplo: fui demitido.

Emoção: fiquei com raiva.

Pensamento: fui injustiçado, vou me mudar daqui, vou processar a empresa.

Ação: buscar novo trabalho, processar a empresa etc.

Isso é um modelo de como você fica preso aos fatos, ou seja, é reativo.

A reflexão que proponho aqui é inverter a ordem das coisas. Primeiro pensar um objetivo: o que quero da minha carreira, o que espero da minha carreira; depois, traçar um plano de ação. Ao traçar o plano, virão pensamento e emoção que serão importantes para os seus objetivos.

Figura 43: Modelo proativo

Fonte: seminário Hawai em 2014

A ideia é: Inverter a lógica. Isso é uma carreira bem gerenciada. Você não fica à mercê dos fatos porque os fatos vão mudar de qualquer forma, mas agora você tem um norte, um objetivo a seguir.

Por exemplo, se você está seguro e sabe quais são suas habilidades, não ficará com temor de perder o emprego por conta de uma nova tecnologia que chegou. Você tem consciência do que é capaz e de que pode aplicar sua experiência e conhecimentos em outros mercados ou funções. Pode-se requalificar, conhece seus objetivos, e sabe como construir caminhos para alcançá-los, enfim, não fica sofrendo com o fato em si – se ele acontecer ou não, você estará focado na execução da ação em direção ao seu objetivo.

Os resultados que nós temos na nossa vida são diretamente conectados com nossas atitudes, nossos hábitos, nosso comportamento e o contexto em que ele se dá, conforme o modelo de iceberg da psicologia social, já mostrado anteriormente na figura 39 do capítulo 5.1-Frankenstein, Jetsons e a Siri.

Mas não temos como gerenciar o contexto, só podemos gerenciar a nós mesmos. Então o que é imperativo? Agir naquilo que temos influência, responsabilidade e podermos agir.

Para entender isso preciso olhar para dentro de mim e compreender minhas emoções e os meus pensamentos, porque o jeito que eu penso e o jeito que eu sinto reflete o jeito que eu ajo, e o jeito que eu ajo define os resultados que eu tenho.

Então, se eu quero buscar resultados diferentes dos que eu tenho hoje, preciso ter comportamentos diferentes do que eu tenho hoje, e para isso eu preciso entender minhas emoções, meus pensamentos, para poder calibrar emoções e pensamentos e construir planos de ação, é a combinação de autoconhecimento e disciplina na execução dos objetivos, objetivos esses que foram pensados pela reflexão do autoconhecimento, importante dizer.

E para ajudar você a desenvolver criatividade, eu trago uma atividade que vai ajudar você a PENSAR FORA DA CAIXA!

Para isso é importante você pensar em algum produto ou serviço que deseja melhorar, mas talvez ainda não tenha descoberto como.

Pense um produto ou serviço existente, com o qual está tendo problemas ou que você acha que pode ser um bom ponto de partida para um desenvolvimento futuro.

É natural que muitas vezes seja difícil ter novas ideias quando você está tentando desenvolver ou melhorar um produto ou serviço.

Qual seria o produto ou serviço?

Escreva aqui:

Então, é aqui que as técnicas criativas como o SCAMPER podem ajudar. Esta ferramenta ajuda a gerar ideias para novos produtos e serviços, incentivando-nos a pensar sobre como podemos melhorar os existentes.

SCAMPER é um acrônimo para: **S**ubstituir, **C**ombinar, **A**daptar, **M**odificar, **P**ôr para outro uso, **E**liminar e **R**everter.

Você usa a ferramenta fazendo perguntas sobre produtos existentes, usando cada uma das sete ações acima. Essas perguntas ajudam você a ter ideias criativas para desenvolver novos produtos e para melhorar os atuais. O SCAMPER é realmente fácil de usar.

Para começar, faça perguntas sobre o produto ou serviço que você quer melhorar, usando o SCAMPER para orientá-lo.

Pense no máximo de perguntas e respostas que você puder, alguns exemplos de perguntas estão inclusos previamente.

Vejamos algumas das perguntas que você pode fazer para cada letra do SCAMPER:

Substituir

- Que materiais ou recursos você pode substituir ou trocar para melhorar o produto?

- Que outro produto ou processo você poderia usar?

- Que regras você poderia substituir?

Combinar

- O que aconteceria se você combinasse este produto com outro para criar algo novo?

- E se você combinasse propósitos de objetivos?

- O que você pode combinar para maximizar o uso deste produto?

Adaptar

- Como você poderia adaptar ou reajustar este produto para servir a outro propósito ou uso?

- O que mais é o produto?

- Quem ou o que você poderia emular para adaptar este produto?

Modificar

- Como você poderia mudar a forma, aparência ou sensação do seu produto?

- O que você poderia adicionar para modificar este produto?

- O que você poderia enfatizar ou destacar para criar mais valor?

Pôr para outro uso

- Você pode usar este produto em outro lugar, talvez em outro setor?

- Quem mais pode usar este produto?

- Como este produto se comportaria de maneira diferente em outro ambiente?

Eliminar

- Como você poderia otimizar ou simplificar este produto?

- Quais recursos, peças ou regras você poderia eliminar?

- O que você poderia atenuar ou diminuir?

Reverter

- O que aconteceria se você invertesse esse processo ou sequenciasse as coisas de maneira diferente?

- E se você tentar fazer exatamente o oposto do que está tentando fazer agora?

- Quais componentes você poderia substituir para alterar o pedido deste produto?

Por fim, observe as respostas que você encontrou. Alguma delas se destaca como solução viável?

Você poderia usar algum deles para criar um produto ou desenvolver um já existente? Se alguma de suas ideias parecer viável, você pode explorá-la mais a fundo.

Algumas ideias que você gera usando a ferramenta podem ser impraticáveis ou podem não se adequar às suas circunstâncias. Não se preocupe com isso – o objetivo é gerar o máximo de ideias possível.

A ideia de trabalhar algum produto ou serviço, é meramente para ajudar no processo de desenvolvimento ou desbloqueio criativo, você pode usar SCAMPER para sua carreira também, olhando na primeira coluna da tabela 51 e analisando sua carreira, o que você pode?

Tabela 51:

Substituir	regras, rotinas, competências, localização etc.
Combinar	com outras atividades, objetivos etc.
Adaptar	a outros propósitos, objetivos, pessoas, lugares etc.
Modificar	aparência, sensação, roupa, dar ênfase etc.
Pôr para outro uso	mudar clientes, fornecedores, onde mais? Etc.
Eliminar	o que pode ser eliminado? Partes? Atenuar? Etc.
Reverter	do que já foi feito, modificado, o oposto etc.

Outra técnica muito simples para desenvolver criatividade é perguntar: E se? Quanto mais "e se" você pergunta, mais criatividade é gerada.

Segundo Robert E. Franken no livro Human Motivation a criatividade "é a capacidade de **criar** ideias originais, conexões, **alternativas** ou possibilidades que sejam eficazes na **resolução de problemas**, na comunicação com outras pessoas e na inspiração de ideias novas e úteis em outras pessoas".

E um excelente caminho para criar ideias é, diante de qualquer situação, perguntar sempre: E se?

A criatividade é uma engrenagem do processo de inovação, que, conforme a figura 44, possui 4 fases: Definição, Descoberta, Decisão e Entrega.

Figura 44: 4 Fases do Processo de Inovação

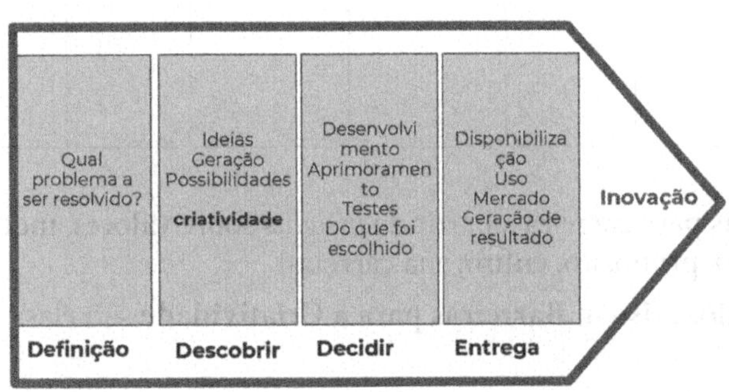

Fonte: Autor

O que você deve fazer agora é, com as ideias geradas aqui, elaborar planos de ação para implementação destas ideias de modo a concluir o processo de inovação. Para isso você pode utilizar o modelo 5W2H.

5W2H: é uma ferramenta de administração que busca garantir que todos os pontos, importantes para a construção de um plano de ação foram abordados. **5W** porque são **5** perguntas em inglês que se iniciam com a letra **W**, e **2** com a letra **H**, veja como:

→ **What** - O que é para ser feito?

→ **Why** - Por que será feito, é relevante, faz sentido?

→ **Where** - Onde será feito, local físico.

→ **When** - Quando será feito, o tempo, o prazo.

→ **Who** - Por quem será feito, dá responsabilidade a quem deverá fazê-lo e será cobrado pela execução.

→ **How** - Como será feito, o método, como será elaborado, desenvolvido etc.?

→ **How much** - Quanto custará fazer, o custo, importante para avaliarmos se temos os recursos necessários, se não, onde buscá-los, pois já sabemos o quanto será investido.

Tabela 52: Modelo de planilha 5W2H:

What	Why	Where	When	Who	How	How much
O que	Por que	Onde	Quando	Por quem	Como	Quanto custará
Ação 1						
Ação 2						
Ação 3						
Ação ...						
Ação N						

Gerar ideias para carreira a partir de *insights* sobre valores, motivações, interesses, vocação, propósito, enfim, sua carreira!

Mas cuidado, existem **Barreiras para a Criatividade** são elas:

Tabela 53: Barreira para a criatividade

Suposições incorretas: As pessoas tendem a considerar mais suposições do que as que geralmente existem	**SOLUÇÃO:** Listar todas as suposições e pensar sobre a situação como se cada uma delas não existisse
Conveniência: as pessoas querem desenvolver soluções imediatamente. Isso estimula o pensamento limitado	**SOLUÇÃO:** Dar tempo para esse estágio da tomada de decisão
"A" solução: As pessoas tendem a pensar que há somente uma solução para um problema; assim, há apenas uma questão.	**SOLUÇÃO:** Redigir questões de um modo que leve a várias soluções. De que maneiras podemos _________ para chegar a ____ (meta a ser atingida) ___?

E para caminharmos para o final deste capítulo, seguem **5** dicas para **Melhorar a Criatividade:**

Tabela 54: 5 dicas para melhorar a criatividade

Quantidade cria qualidade: Há uma maior chance de encontrar uma boa ideia entre 202 do que entre duas
Adie o julgamento; todas as ideias novas são iguais. Há um momento para criar e um momento para julgar. Não os misture. O julgamento precoce mata a criatividade
Pesar prós e contras após a geração de ideias: deixe as ideias fluírem, ficar calculando impactos antes de formar a ideia pode inibi-la, porque a visão ainda não está clara sobre ela e ela pode ser boa se melhor trabalhada.
Afaste-se da situação. A mudança de ambiente também muda os pensamentos. Talvez haja uma solução naquele romance que você queria ler! Além disso, relaxando, sua mente é liberada e obtém acesso a pensamentos que não conseguia atingir antes.
Nada é original: Lembre-se copiar de um é plágio, copiar de vários é originalidade.

E por último **inspire-se!** Como disse o saudoso Kobe Bryant, um gênio do basquete, que tinha um "estilo próprio" de jogar:

"Não há uma jogada que seja uma jogada nova. Todas as minhas jogadas foram roubadas dos vídeos que assistia, dos grandes jogadores, mas como não podia fazê-las por conta do meu tipo físico, adaptei-as, tento honrar os caras que vieram antes, porque aprendi muito com eles"

5.5 Daqui para frente tudo vai ser diferente

Eu vejo o futuro repetir o passado, eu vejo um museu de grandes novidades, o tempo não para, não para não, não para...
Cazuza, O Tempo Não Pára

O Fórum Econômico Mundial em 2016, quando comecei a escrever esse livro, previa que até 2020 mais de 1/3 das competências requeridas para a maioria das profissões que seriam relevantes em 2020 não eram consideradas fundamentais naquele ano (WORLD ECONOMIC FORUM, 2020; 2016).

A pergunta que eu faço hoje é, quais são elas? Talvez uma ou outra linguagem computacional, questões técnicas de programação, mas e fora do mundo da tecnologia da informação, quais eram essas novas competências?

Sempre que ouço previsões sobre o futuro, lembro do texto do professor Claudio Moura e Castro sobre a revolução na educação. Quando se falava sobre a educação do futuro.

Observe essas 3 frases:

"A escola deve ser viva, desafiadora, em vez de aborrecida, como uma prisão monótona".

"Os alunos devem crescer naturalmente, aprendendo pelo fazer, e não encabrestados às carteiras".

"O papel do professor é selecionar experiências significativas para os alunos, escolhendo problemas que despertem sua curiosidade, estimulando-os a investigar e desafiando-os a olhar para o mundo à sua volta".

Elas parecem frases de hoje, prevendo sobre o futuro da sala de aula, mas elas são de Pestalozzi, Froebel e John Dewey respectivamente, todos educadores do século 19.

Katz (1955) citando o filósofo William James falava sobre *tough-minded* (obstinado) e *tender-minded* (de mente macia) que são as diferenciações que o filósofo havia feito sobre a forma como as pessoas encaram as oportunidades de aprendizagem e conduzem suas vidas.

Essa citação não é muito diferente do que vimos em Dweck (2017) no livro Mindset, que citamos no capítulo 3.6-Competênias, quando a autora apresenta dois modelos de mentalidade: mentalidade fixa e de crescimento.

- *mindset* fixo, que cria a necessidade constante de provar a si mesmo seu valor
- *mindset* de crescimento, que se baseia na crença de que você é capaz de cultivar suas qualidades básicas por meio de seus próprios esforços.

E porque cito estes dois casos?

Porque na minha concepção, não podemos olhar o futuro do trabalho, apenas com a perspectiva do futuro. Faz-se necessário revisitar o passado e observar lições que ele nos dá. Ninguém é imune ao passado, somos todos frutos dele.

Assim, por mais que tenhamos um desafio sobre tecnologia e o quanto de empregos ela ceifará, dois pontos são relevantes neste debate.

Primeiro, o ser humano nunca é tão bom em previsões, afinal, tendência não é profecia.

E segundo, a cada passo em direção ao futuro, novas variáveis se formam e elas nos levam para outros futuros possíveis, fazendo com que aquele futuro desenhado seja apenas um grande direcionador, a imagem que ele se formará, ninguém consegue saber exatamente qual será.

Por exemplo, uma vez que uma impressora 3D seja acessível para todos, é infinito o número de inovações que podem surgir daí, o relatório Future of Work da comissão do Reino Unido, previa que em 2030, graças a produção decentralizada, fruto das impressoras 3D, poderia gerar 200 mil novos empregos (EXAME, 2015).

E não é apenas uma questão de tecnologia da informação, a economia verde também pode surpreender as previsões futuras. Pieroni e Bruno (2021) apresentam estudo que afirma que o turismo de natureza, ainda pouco explorado pelo potencial brasileiro, pode gerar 1 milhão de empregos e R$ 44 bilhões de impacto no PIB nacional, mostrando que este tipo de turismo pode transformar potencial natural em vetor estratégico do desenvolvimento.

Outro estudo de Nassif e Morceiro, aponta que um aumento de US$ 10 milhões na demanda final, gera, na média de cada subsetor da economia brasileira, cerca de 538 empregos diretos e indiretos, sendo 4,31% verdes e 0,74% tecnológicos (Fernandes, 2021).

Num livro de 1998 o professor Pastore afirmou que o relacionamento entre tecnologia e emprego, constitui-se numa verdadeira caixa-preta, ambas se relacionam com vários outros fenômenos de natureza econômica, institucional, educacional a até política, desta forma a simples coincidência de avanços tecnológicos com aumento de desemprego não é suficiente para concluir que a tecnologia seja destruidora de empregos (PASTORE, 1998).

Voltando nossos olhos para a primeira revolução industrial dois fatores podem ser responsabilizados pela não revolução inglesa, como houve a francesa. Na Inglaterra os direitos trabalhistas foram aumentados, dando maiores condições de dignidade a massa trabalhadora e segundo, o próprio aumento da produtividade das indústrias, favoreceu as classes menos privilegiadas, pois com a queda do preço dos produtos eles puderam consumir e adquirir bens materiais, até então privilégio das classes sociais abastadas.

Ou seja, o preenchimento de suas necessidades, em certa monta, foi alcançado, e lembre-se da definição de trabalho que trouxemos aqui no início do livro: a atividade destinada a utilizar as coisas naturais ou modificar o ambiente para satisfação das necessidades humanas.

As tecnologias implicam em poupar trabalho humano para satisfazer necessidades humanas.

Pegando o exemplo americano, em 1890 os EUA tinham escolas primárias universalizadas, ou seja, serviam a todos, o Brasil só conseguiu colocar 96% das crianças na escola, próximo ao ano de 1990, 100 anos depois dos americanos. No início do século XX aos americanos tinham 232 mil estudantes universitários, em 1930 já eram 1 milhão, nos anos 2000 o número superava 50 milhões, praticamente o mesmo número no Brasil de estudantes de primeiro grau, e lá, a expansão das ciências sociais foi tão importante quanto das ciências naturais, pois ao inserir nos órgãos do governo, nas áreas da saúde, educação, trabalho, previdência, justiça e até na imprensa, os cientistas sociais foram inoculando elementos de racionalidade na formulação e execução das políticas públicas, que pautam o debate público até hoje com temas, ideias, dados e interpretações seguras (FORGEL, 2000; PASTORE, 2001, p. 172).

A educação sozinha não gera emprego, mas ela ajuda a manter as pessoas empregadas, assim como facilita a mudança de emprego, disse o professor Pastore (2001, p. 182) e é verdade, recentemente conversei com um agricultor e ele me contava que a maior dificuldade que ele tinha era encontrar um tratorista, pensei comigo, mas qualquer pessoa sabe dirigir um trator, porém, nos tempos atuais, o trator é uma ferramenta altamente tecnológica, cheia de botões e comandos escritos em inglês, com joystick, e uma série de combinações que determinam a ação correta do trator para cada tipo de semente, terra e outra variável que compõe a agricultura, e nesta hora quem protegerá melhor o seu emprego, o tratorista semianalfabeto que dirige com destreza tratores nos últimos 30 anos ou o tratorista sem muita prática, mas que entende o idioma e consegue ler o manual do trator?

Uso o exemplo do tratorista, mas o exemplo pode ser alterado para qualquer outro tipo de trabalho, até um advogado que faz pareceres, hoje pode ser substituído por inteligência artificial.

Desde antes de ganhar seu prêmio Nobel, James J. Heckman da universidade de Chicago já tinha estudos apontando que a sociedade do conhecimento reduziu drasticamente a demanda por baixa qualificação e passou a premiar as pessoas mais qualificadas, o que impõe perdas severas aos menos educados, e isso gera um problema terrível, como elevar os padrões de vida dos que estão nestas condições se não haverá empregos para eles? (Heckman, 2022).

Precisaremos unir ciências humanas e tecnologia, foi o que disse Peter Todd reitor da HEC de Paris, para ele as ciências sociais são fundamentais porque ajudam a construir o pensamento crítico, os grandes problemas nas organizações não vêm da tecnologia, mas das relações humanas e precisaremos olhar as dimensões éticas e sociais do uso da tecnologia (VALOR, 2019).

A figura 3: Taxa de mudança do capítulo 2.5-Emprego, mostra claramente que não temos como competir com o ritmo das mudanças tecnológicas, é humanamente impossível, mas não podemos nos desesperar, afinal sempre foi assim, pois até alguém inventar uma pá, todo esforço para remover terra devia ser feito com as próprias mãos, com o advento da pá, retirar terra passou a ser mais produtivo. Agora, no momento em que se inventa um trator, impossível qualquer humano, mesmo com muitas pás nas mãos competir com ele.

Essa é a analogia que faço com as novas tecnologias, somos nós humanos competindo com tratores, então, a questão não é querer quebrar o trator como faziam os ludditas, mas analisar onde mais esse trator pode ser alocado e gerar novas demandas de trabalho.

Aliás, os ludditas não fizeram nada muito diferente do que vimos recentemente em diferentes cidades, quando taxistas revoltados com os motoristas por aplicativo da Uber começaram a operar.

De modo que podemos olhar para o passado e tirar lições dele, para enfrentarmos o que há de vir no futuro.

As relações de trabalho devem mudar muito, deverá ter um acréscimo cada vez maior no trabalho por conta própria.

Conforme definição do IBGE, trabalhador por conta própria é aquele que trabalha explorando o seu próprio empreendimento, sozinho ou com sócio, sem ter empregado, mas podendo contar com um trabalhador familiar auxiliar (Gombata, 2021).

Mas como já dito anteriormente, o censo ocupacional da Grã Bretanha de 1841 listava 431 ocupações existentes, cem anos depois o dicionário ocupacional americano continha 25 mil ocupações codificadas, de modo que hoje não podemos enxergar o futuro com exatidão, mas devemos construí-lo no dia a dia, com um olhar atento, nem toda novidade é boa, quando se fala de mundo do trabalho.

Por exemplo, o que em sido chamado de "*gig economy*[93]" ou economia dos bicos no popular, segundo Moulds (2020) em uma pesquisa de abril de 2020 se

93 É a economia sob demanda, em que cada trabalhador passa a ser essencialmente um contratado temporário, sem as vantagens da segurança e longevidade empregatícia, com acordos não padronizados, como é o caso das plataformas digitais, motoristas de aplicativo, *free lancers* etc. (Schwab 2016 p. 76; Schwab e Vanham (2021, p. 210)

descobriu que 70% dos trabalhadores da "*gig economy*" não estavam satisfeitos com o apoio que receberam de seus empregadores durante a pandemia.

Schwab e Vanham (2021) ao discutir sobre greves e discussões sobre regulamentações e a falta de direitos destes trabalhadores, questionam a viabilidade dos mesmos como parte de um capitalismo de partes relacionadas, o S do ESG fica aquém do razoável, ou seja, será que a *gig economy* ou toda a "uberização" do trabalho - como tem sido chamada popularmente - é de fato uma vantagem dos novos tempos, ou apenas é a precarização do trabalho como aconteceu no início da primeira revolução industrial, disfarçada de novo nome?

Pesquisa da IDados de 2019 mostrou que 41,7% das pessoas ocupadas por conta própria viviam com menos de um salário mínimo por mês, o que em dados da época significava 10,1 milhões de pessoas com rendimento inferior a R$ 998,00 por mês e destes, 3,6 milhões tinham rendimento inferior a R$ 300,00 o que representa R$ 10,00 por dia (Villas Bôas, 2019).

Grandes empresas, que dominam setores inteiros da economia, tem muitas conexões políticas, mas geram poucos empregos, deixarão florescer pequenos negócios inovadores, que gerem empregos, mas podem ameaçar a hegemonia destas grandes organizações?

Em relação aos trabalhadores que ficarem sem trabalho e renda, no período transitório entre o término de seus trabalhos pelo avanço tecnológico e a geração de novas oportunidades, devemos implementar uma renda básica universal?

Há discussões neste sentido mundo afora e no Brasil desde os anos 90 o ex-senador Eduardo Suplicy prega esse discurso, existe a lei 10.835/04 que traz em seu Art. 1º o seguinte texto: "É instituída, a partir de 2005, a renda básica de cidadania, que se constituirá no direito de todos os brasileiros residentes no País e estrangeiros residentes há pelo menos 5 (cinco) anos no Brasil, não importando sua condição socioeconômica, receberem, anualmente, um benefício monetário. Porém, ela nunca foi implementada.

Há discussões também sobre jornada de trabalho, se ela deveria ser reduzida, pois menos dias e horas durante a semana poderiam absorver mais trabalhadores no mundo do trabalho, assim como o compartilhamento de cargos, prática conhecida por "*job sharing*" já utilizada por grandes empresas multinacionais (Fonseca, 2019).

O clássico livro *Utopia* de Thomas More escrito no século XVI, mostra que nenhuma destas duas ideias é original, pois ele já falava de uma jornada de trabalho menor: "O dia é dividido em vinte e quatro horas de igual duração, seis das quais são consagradas ao trabalho" (p. 60), vale dizer que as leis inglesas daquele período previam 12 a 13 horas de trabalho diário, e nos meses frios o horário era fixado pelo clarear do dia até o pôr do sol. E previa ainda, uma espécie de renda básica para todos: "Uma grande parte das rendas, contudo, é depositada no tesouro público ou deixada disponível para a população do país até o momento em que Utopia tiver necessidade" (More, 2017, p. 105).

Séculos depois, no final do século XIX início do XX, o filósofo Bertrand Russel, ao falar sobre o mundo automatizado pelas máquinas e o benefício que isso traria, disse que homens e mulheres comuns, teriam a oportunidade de uma vida feliz, se tornariam mais gentis, menos ameaçadores e não teriam mais "gosto pela guerra" (Suzman, 2020, p. 16).

Eu pergunto, será?

Não tenho as respostas, mas como bem dito pelo professor Pastore: "**A educação sozinha não gera emprego, mas ela ajuda a manter as pessoas empregadas, assim como facilita a mudança de emprego**".

Precisamos continuar estudando!

6. CAIXA DE FERRAMENTAS

Neste capítulo vamos tratar das ferramentas essenciais para carreira. A ideia aqui é oferecer um ferramental para uso diário. Um guia de consulta para você. Se nos primeiros capítulos nossa intenção foi trazer estudos, reflexões e perspectivas, aqui nossa ideia é prática!

Claro que não deixaremos de oferecer estudos e reflexões também, afinal, nada é mais prático que uma boa teoria, mas esta parte do livro será seu guia de consultas.

6.1 Meu PDI: Plano de Desenvolvimento Individual

Todo planejamento começa com uma pergunta: qual objetivo?

A famosa história do livro Alice no País das Maravilhas de 1865 escrito por Lewis Carroll: **"Se você não sabe onde quer chegar, qualquer caminho serve".**

A frase é a síntese do diálogo de Alice com o gato Cherise, quando ela se encontra numa encruzilhada e pede informação a gato sobre sua escolha de destino:

Poderia me dizer, por favor, que caminho eu deveria seguir para sair daqui? Disse Alice ao gato.

Isso vai depender muito de onde você quer chegar, responde o gato.

Não me importa muito onde, ela diz.

E o gato Cherise responde: Então não importa que caminho você tome.

Desde que eu chegue a algum lugar responde Alice.

E o gato Cherise finaliza: Ah, disso pode estar certa, para isso é só andar o bastante.

Assim, para construir um planejamento de carreira você precisa saber onde quer chegar, qual é o destino. E isso pode ser representado por várias coisas objetivas, como por exemplo: um cargo, uma posição, uma empresa específica para trabalhar, uma quantidade de dinheiro que pretende juntar, um país para morar fazer uma expatriação, enfim, não há como fazer planos sem um objetivo claro definido.

E objetivo é "o valor final para o qual convergem progressivamente os resultados das sucessivas interações". Objetivo é diferente de sonho. Sonho pode ser "uma sequência de pensamentos, de ideias vagas, devaneio, fantasia, desejo veemente, aspiração uma ideia dominante". Ele é sempre produto da imaginação, da fantasia e da ilusão (DIAS, 2015a, p. 34).

Os sonhos servem para nos inspirar, como bem disse Donald Winnicott: **"sonhar é usar a imaginação para criar cenários possíveis em que nosso potencial pode ser alcançado"**. Então uma vez sonhado, é preciso transformar o sonho em objetivo e para isso você deve usar a técnica SMART. Acrônimo para específico, mensurável, orientado a ação, realista e relevante e com prazo definido em inglês.

Tabela 55: Regra SMART

Specific	Preciso e concreto
Measurable	Mensurável. É claro se foi atingido ou não.
Action oriented	Orientado a Ações de Solução. A pessoa tem real influência no atingimento do objetivo
Realistic & Relevant	Realista e Relevante. Desafiador, mas possível.
Time-bounded	Prazo. Tempo limitado e preestabelecido.

Exemplo, o sonho é ser diretor, mas como transformar isso em objetivo?

Adequando-o a regra SMART, apenas isso. Muitas vezes as pessoas respondem: "meu objetivo é ser feliz". Esse acredito é o objetivo de todos nós, mas como medir se eu alcancei ou não? Primeiro precisaríamos definir o que seria felicidade e daí construir um plano para, ao alcançar tal objetivo, por consequência alcançar a felicidade.

O mesmo vale para: "meu objetivo é resolver a fome do mundo". É um objetivo nobre, mas que tal ser mais específico, colocando-o para: "meu objetivo é acabar com a fome de 1.000 crianças do bairro X em até 5 anos"? A regra SMART nos ajuda a transformar sonhos em objetivos que de fato tenhamos ação e possibilidade de realização. De modo que o sonho de ser diretor, poderia ser traduzido assim para um objetivo específico, mensurável, orientado à ação, realista e com prazo definido, como mostra a tabela 56:

Tabela 56: Sonho transformado em objetivo com a regra SMART

S	Preciso e concreto	Quero ser diretor financeiro da empresa X
M	Mensurável. É claro se foi atingido ou não.	Sim, chegar ao cargo é mensurável
A	Orientado a Ações de Solução. A pessoa tem real influência no atingimento do objetivo	Sim, posso me preparar para isso.
R	Realista e Relevante. Desafiador, mas possível.	Realista dentro de um prazo de 5 anos, por exemplo, bastante desafiador, mas possível.
T	Prazo. Tempo limitado e preestabelecido.	Até o final do ano de 20XX

Não se trata de limitar-se, trata-se apenas de conseguir criar ações específicas para o alcance de algo, é a mesma lógica aplicada em processos de planejamento estratégico empresarial.

A empresa deseja realizar sua missão, e para isso precisa ano após ano alcançar seus objetivos, para carreira aplicamos a mesma lógica. Através de objetivos de curto, médio e longo prazo, vamos nos aproximando da realização de nossa missão, o grande sonho, aquilo que vale a pena para nós, do ponto de vista profissional.

Então, uma vez tendo um objetivo, a segunda pergunta de um planejamento é: onde estou?

Com esse objetivo em mente, avalia-se, onde estamos, para saber a distância que precisaremos percorrer para sair de onde estamos e chegar lá onde queremos.

Aqui, deve-se fazer um diagnóstico, por exemplo: na metodologia o inédito viável, sempre uso a ferramenta abaixo para um diagnóstico inicial.

Você deve olhar para a sua vida e avaliar-se nas 4 perspectivas, sua vida financeira, sua vida social (relacionamentos sociais), sua saúde física e mental e se desenvolvimento profissional.

Avalie-se de 0 a 10, na figura 45, em qual nível você está hoje.

Figura 45: Modelo o inédito viável

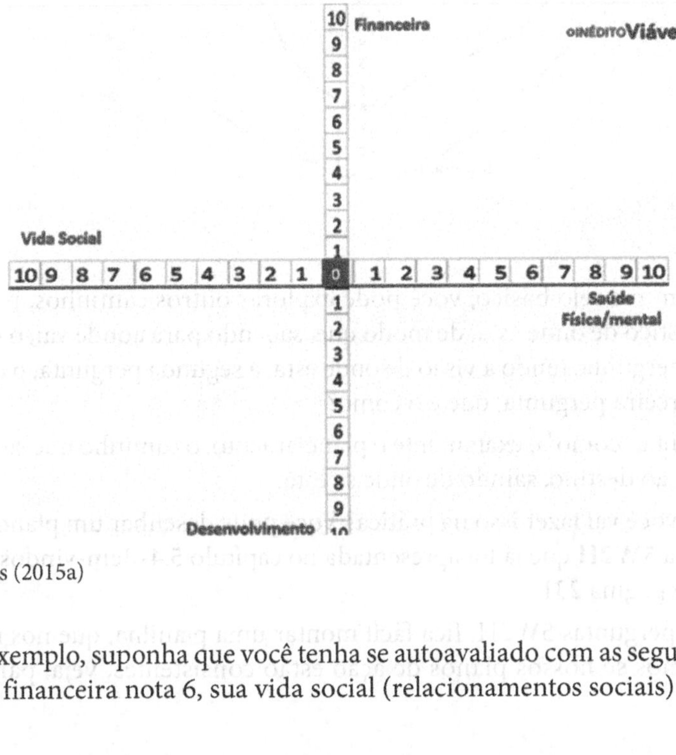

Fonte: Dias (2015a)

Por exemplo, suponha que você tenha se autoavaliado com as seguintes notas: sua vida financeira nota 6, sua vida social (relacionamentos sociais) nota 7, sua saúde física e mental nota 4 e seu desenvolvimento profissional nota 7, como mostra a figura 38 na LINHA PRETA.

A linha vermelha mostra o nível máximo 10, assim, com este diagnóstico feito, você deve se perguntar, o que falta para eu sair de 7 no meu desenvolvimento profissional, por exemplo, e chegar a 10, o que está incompleto, o que falta?

Com essa reflexão você terá insumos suficientes para montar um plano de ação, porque a partir destas respostas, você poderá definir objetivos a serem realizados.

Veja, um plano de ação, a definição de um objetivo, não é algo sobrenatural ou que requeira muito conhecimento específico, este simples diagnóstico pode te ajudar a elaborar seu planejamento.

Figura 46: Exemplo de Modelo o inédito viável preenchido

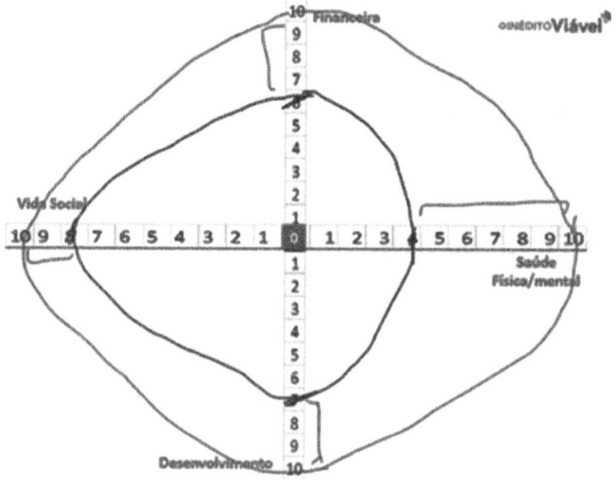

Fonte: Autor

Este é um modelo básico, você pode explorar outros caminhos, para fazer este diagnóstico de onde está, de modo que, sabendo para aonde vai, o objetivo, a primeira pergunta, tendo a visão de onde está, a segunda pergunta, o que resta agora é a terceira pergunta, que é o como?

A pergunta, "como" é exatamente o planejamento, o caminho que se constrói para chegar ao destino, saindo de onde se está.

E como você vai fazer isso na prática? Você pode desenhar um plano usando a ferramenta **5W2H** que já foi apresentada no capítulo 5.4-Bem-vindos a era da criatividade página 231.

Com as perguntas 5W2H, fica fácil montar uma planilha, que nos norteará para sabermos se nossos planos de ação estão consistentes, veja, para poder lecionar em universidades que era um desejo de transição de carreira, um passo importante era fazer um mestrado. Então, se o objetivo é ser professor universitário e uma competência para isso é o mestrado, antes de eu sair enviando currículos para escolas, eu deveria fazer um mestrado, e durante o mestrado aí sim, começar enviar currículos.

Tabela 57: Modelo 5W2H preenchido

What	Why	Where	When	Who	How	How much
O que	Por que	Onde	Quando	Por quem	Como	Quanto custará
Fazer mestrado	Para lecionar em universidades	Escola FIA	Turma 2017- aulas sextas e sábados de 2017 e 2018	Eu mesmo	Frequentando as aulas, remanejando agenda	R$ xxx/mês

A partir desta ideia de planejamento eu posso elaborar um cronograma mais específico e detalhado, elencando cada atividade que eu preciso fazer para conseguir alcançar o objetivo e isso não será muito diferente de algo assim:

Tabela 58: Modelo de cronograma

Ordem (1º passo, 2º passo etc.	Tarefa a ser feita	Data limite para ser feita	Status (atrasada, no tempo ou concluída)
Conversar com profissionais da área que pretendo migrar	Encontrar esses profissionais nas redes sociais e estabelecer contatos	15/01/20xx	Importante monitorar no seu cronograma de tempos em tempos como estão os estatuas do que prometeu fazer, se já foi feito na devida data, portanto concluído, se a data ainda não venceu, ou seja, em andamento, ou se está atrasada.
Conversar com profissionais da área que pretendo migrar	falar com amigos que conheçam gente nesta área para me apresentarem.	15/01/20xx	
Diagnosticar o que vou precisar para conseguir atuar nesta área	Diagnóstico da área e análise do que já posso utilizar nela	31/03/20xx	

"Plan the work, and work the plan!"[94]

Sempre bom lembrar que planejamento é uma trilha, e não um trilho, gosto dessa analogia porque um planejamento de carreira não é algo rígido, imutável, é importante ter o destino em mente, mas o caminho, a construção para se chegar lá deve ser flexível, como é uma trilha, cheia de surpresas diferente de um trilho, que é fixo e que basta não desviar dele para se chegar ao destino.

A figura 45 mostra o modelo básico do inédito viável para fazer planejamento, qualquer que seja ele.

Começa com o objetivo, requer uma avaliação em relação ao objetivo versus valores. Isso é muito importante, pois muitas vezes podemos querer alcançar objetivos impostos por outros, e que não representam nossos valores, o que certamente nos trará muitas angústias.

Além de que nem todo objetivo deve ser iniciado agora, em certas situações, existem objetivos prioritários então você pode deixar esse para "depois", mas sem abandoná-lo, apenas adequando ao seu tempo.

Benefícios a conquistar são importantes de chamarmos a atenção, pois eles nos reforçam o porquê do objetivo, o que iremos ganhar ao alcançar o nosso objetivo? Quais são os reais benefícios de se alcançar esse objetivo proposto, tangíveis e intangíveis.

Do mesmo modo é importante pensar nas perdas que poderemos ter ao focarmos na execução do objetivo e como poderemos minimizá-las, ou seja, nos obriga a previamente pensar sobre os obstáculos e as possíveis soluções para quando eles aparecerem.

Afirmações são mantras, aquilo que podemos falar para nós mesmos, para reforçar em nossa mente, que seremos capazes de alcançar o objetivo. O que você diria a você num momento de fraqueza, que pudesse elevar o seu moral e fazê-lo(a) seguir a adiante? Como exemplo, posso citar a história contada no filme Até o último homem, sobre Desmond T. Doss, médico do exército americano que, durante a Segunda Guerra Mundial, salvou vários soldados feridos resgatando-os do combate e quando não tinha mais forças para salvar alguém, dizia a si mesmo: "Por favor Deus, mais um homem". E isso dava a ele forças para continuar, resultado, salvou 75 vidas sozinho.

Visualização são objetos que você pode usar para lembrar sempre do objetivo, por exemplo, você pode deixar um cartão postal na frente de seu computador para todos os dias lembrar que tem o objetivo de juntar dinheiro para conhecer aquele destino da foto. No filme Colateral, o personagem de Jamie Foxx, o taxista Max tem uma imagem em seu táxi para se lembrar desse objetivo. Há evidência científica que visualização funcione, pois elas ajudam nossa memória, um objeto que represente um objetivo e que fique em local que você visualize durante a sua

---

94 Planeje o trabalho e trabalhe o planejamento.

rotina, te faz lembrar desse objetivo e produz ação para concretização do mesmo Ariely e Kreisler (2019).

Figura 47: Modelo básico o inédito viável de definição de objetivos e plano de ação

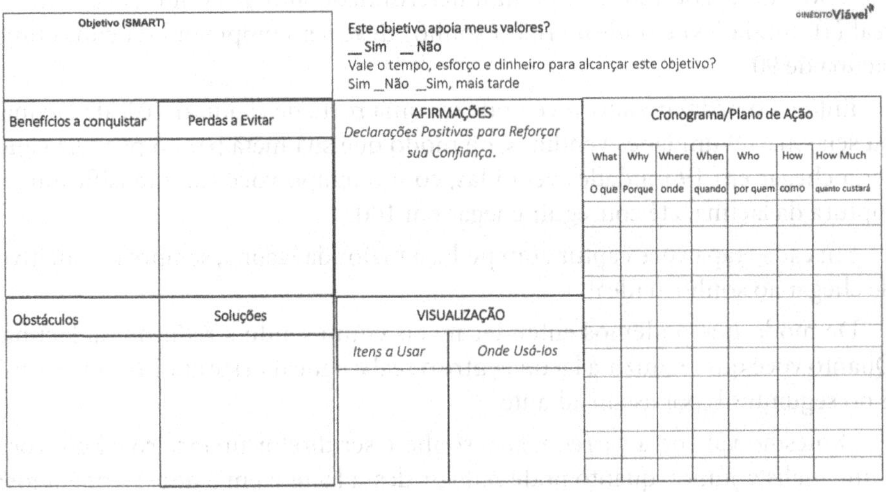

Objetivo (SMART)

Este objetivo apoia meus valores?
__ Sim __ Não
Vale o tempo, esforço e dinheiro para alcançar este objetivo?
Sim __Não __Sim, mais tarde

oinéditoViável

Benefícios a conquistar	Perdas a Evitar

AFIRMAÇÕES
Declarações Positivas para Reforçar sua Confiança.

Obstáculos	Soluções

VISUALIZAÇÃO

Itens a Usar	*Onde Usá-los*

Cronograma/Plano de Ação

What	Why	Where	When	Who	How	How Much
O que	Porque	onde	quando	por quem	como	quanto custará

E a parte de cronograma/plano de ação, é o que já vimos com a ferramenta 5W2H.

Assim, estabeleça uma visão, um objetivo, faça um diagnóstico, construa o plano para chegar lá, buscando as competências e os recursos necessários. Por exemplo:

Qual é o destino que você quer ter na sua carreira nos próximos anos?

Se você já tem essa resposta, a pergunta: para aonde vou? Já está respondida, ótimo, se você ainda não tem, releia os capítulos iniciais deste livro, pondere contratar o serviço de um coach para apoiá-lo(a) nisso, porque não há como pensar estrategicamente, se você não tiver uma visão, um objetivo a ser alcançado, um inédito a ser viável.

Um plano de desenvolvimento individual, não vai fugir de algo como a tabela 59, uma visão de longo prazo, que pode ser o sonho, e o fatiamento desta visão em objetivos de curto prazo.

Tabela 59: Modelo básico de PDI

Objetivos (SMART)	Até 6 meses	De 6 meses a 2 anos	5 anos	10 anos	Indicadores de desempenho

Como se fosse uma escada, o sonho está no último degrau e os objetivos de cada período são todos os degraus que você precisa subir de tempo em tempo.

A figura 48 pode representar um conceito de estratégia, que é o alcance de lacunas. Veja, o grande sonho, é o objetivo maior, mas hoje ele é muito distante da realidade. Como se uma empresa vendesse hoje 10 unidades de um produto por ano e desejasse vender 100 num determinado ano. Essa diferença, entre o real (10 unidades) e o ideal (100 o sonho) deve ser compreendida como uma lacuna de 90.

Então, no primeiro ano você pode ter uma meta de capturar 10% da lacuna, ou seja, mais 9 unidades vendidas, de modo que sua meta para o primeiro ano seria chegar em 19 unidades vendidas, com o tempo você vai intensificando a captura da lacuna, até conseguir chegar em 100.

Em cada etapa você captura um pedaço maior da lacuna, sempre no objetivo de chegar ao sonho, o ideal.

De modo que podemos entender metas como sendo a redução da lacuna. Quanto você quer reduzir a lacuna entre o real e o ideal neste ano? No próximo? E no seguinte? E por assim adiante.

O mesmo vale para carreira, se o sonho é ser diretor financeiro e hoje você é um analista júnior, quanto pode reduzir dessa lacuna em 3 anos? Em 5 anos? E por aí adiante.

Figura 48: Exemplo de captura de lacunas

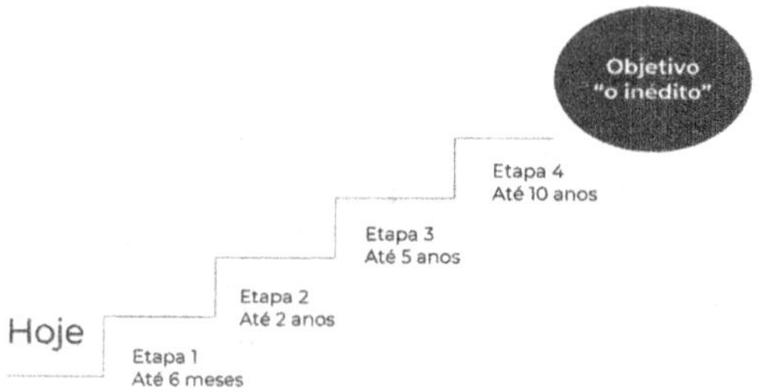

Fonte: autor

Não há regras para definição dos tempos, quantidade de degraus, nada disso, cada objetivo tem suas particularidades e precisa ser observado de forma única.

Lembre-se que uma **carreira de sucesso é aquela que te faz realizar os seus objetivos e sucesso é a realização progressiva de objetivos que valem a pena.**

Não é o papel que vai te fazer alcançar objetivos, é a ação diária, orientada para o objetivo e por isso é importante ter indicadores de desempenho, para que você possa medir o progresso de cada objetivo.

Assim, o processo de um PDI deve ser, como na figura 49, o sonho inspirador, transformado em objetivo, esse objetivo precisa estar desdobrado em ações práticas, e estas ações práticas precisam estar incluídas na sua agenda diária.

Figura 49: Esquema macro de um PDI

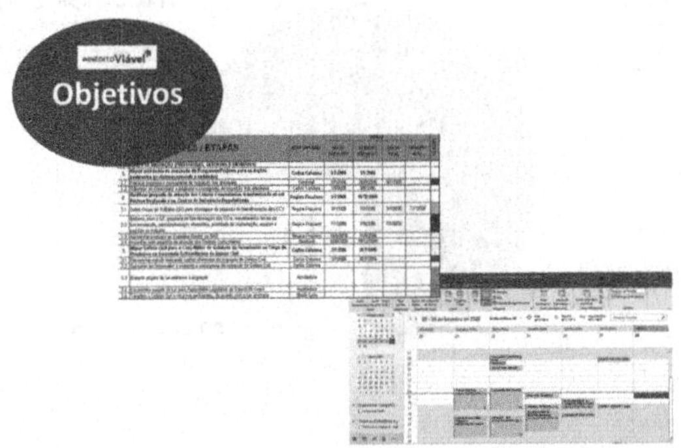

Fonte: autor

O tempo dedicado diariamente nas atividades que tem impacto no alcance dos objetivos é que farão você alcançá-los. De modo que, se você não desperdiça dinheiro, porque desperdiçaria tempo?

Outra ferramenta importante para acompanhamento de objetivos é o PDCA, o método PDCA, figura 50, focado na melhoria de resultados, é resultado do trabalho de Dr. W. Edwards Deming, realizado na Fábrica Toyota, no Japão, nos anos 50, período pós-guerra, buscando a melhoria contínua e produtividade das fábricas. Contudo, esse sistema tem origens mais antigas, no século 16 e 17, com Francis Bacon, que usava o método de hipótese, experimento e avaliação (DIAS, 2015a).

O PDCA funciona em forma de círculo, primeiro vem o "P" (Plan - Planejamento) é a etapa mais importante, pois nela se define a meta desejada e como alcançá-la, bem como os devidos indicadores de acompanhamento.

Feito isso, você deve ir para o "D" (Do - Execução) é a etapa em que tudo o que foi planejado deve se tornar real, é a prática mesmo, a execução das ações pre-determinadas no plano.

Com isso você deve de tempos em tempos fazer o "C" (Check - Verificação) para avaliar o alcance da meta e a execução das ações propostas e com isso você está pronto para o "A" (Act - Ação Corretiva), que é padronizar aquilo que foi bem feito e está tendo o devido resultado, de acordo com o plano e/ou corrigir o que não foi realizado, replanejando, datas, ações, indicadores em fim: **"Plan the work, and work the plan!"**. E depois disto, novamente fazer o círculo girar PDCA na sequência das letras e ações.

Figura 50: Esquema PDCA

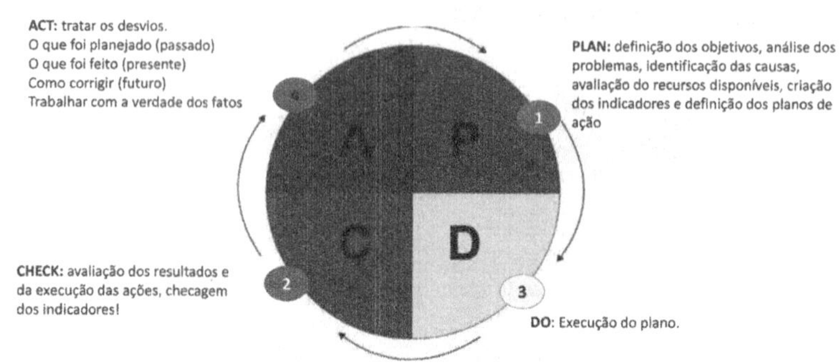

Fonte: DIAS, 2015a

Relembrando do capítulo 3.6.1-Talento, quando menciona que são necessárias 10 mil horas de prática para se atingir o maior grau de destreza em qualquer atividade e 10 mil horas equivalem a cerca de três horas por dia, ou 20 horas por semana, de treinamento por 10 anos. No alcance de objetivos, não será diferente, afinal uma pessoa de sucesso é aquela que alcança seus objetivos e para isso é preciso foco, que nada mais é que dedicar-se com o devido tempo naquilo que realmente deseja. É girar um PDCA para sempre!

Não há como pensar estrategicamente, se você não tiver uma visão, um objetivo a ser alcançado, um inédito a ser viável.

Assim, comece sempre se perguntado: Para onde vou?

Vantagens do Planejamento - DEFINIÇÃO DE OBJETIVOS

1. Eles te darão sentido de direção e visão clara!
2. Trazem pró-atividade com antecipação de desafios, riscos e oportunidades.
3. Evidenciam quais competências serão necessárias para chegar ao objetivo.
4. Revelam que tipo de empresa vou buscar para trabalhar?
5. Quais tecnologias devo aprender?

6. Economizam tempo e dão foco para ação no presente; porque reduzem os conflitos entre valores e uso do tempo, diante do bombardeio de coisas que acontecem a todo instante, traz priorização!
7. Ajudam a medir o progresso, gerando incentivos e autorrealização!
8. Produzem motivação: fazem você se lembrar do porquê os definiu!
9. Estimulam a visualização, afirmação e tem a ideia de "algo maior" um "propósito".
10. São base para a ação, pois escrever consolida o pensamento e o pensamento consolidado leva a ação!

"Planos definidos produzem resultados definidos, planos indefinidos não produzem resultados indefinidos, pelo contrário produzem resultado algum"

Paul Mayer

6.2 O que é preciso saber para liderar

A primeira coisa que você precisa saber para ter uma carreira em posição de liderança é, o que é liderança!

Para isso, liste na tabela abaixo as 10 características que você acredita serem as mais importantes num líder:

1	2	3	4	5
6	7	8	9	10

Das 10 que elencou, agora faça um *ranking* das TOP 3 que você considera serem as mais importantes e que não podem faltar na liderança:

1
2
3

Guarde sua lista, voltaremos nela em breve.

Laurence J. Peter afirmou que "numa hierarquia todo empregado tende a ser elevado ao seu nível de incompetência". Isto porque, alguém bem-sucedido numa posição não tem nenhuma garantia que será novamente bem-sucedido numa eventual promoção, principalmente se for sua primeira oportunidade num cargo que exerça liderança sobre pessoas. E por mais que o indivíduo se prepare para assumir uma posição de liderança, ele/a só saberá mesmo como é quando estiver devidamente empossado exercendo a função (Peter e Hull, 1969).

Quando fiz meu mestrado, dissertei sobre liderança, me surpreendi quando descobri que nenhuma teoria ou ciência conseguiu, até agora, esgotar tudo aquilo que faz parte do assunto liderança e que não há uma única definição sobre o tema, qualquer pessoa que decide pesquisar e definir o que é, trará uma nova definição, é como o amor, você sabe que existe, mas experimente defini-lo.

Inclusive nenhuma ciência tem a propriedade exclusiva sobre o assunto e as fronteiras não são muito claras. O tema é objeto de estudo de historiadores, biógrafos e de pesquisadores da psicologia, sociologia e ciência política. Também já foram estudados traços de personalidade, estilos e motivação em liderança, bem como situações que mais favorecem ou prejudicam a eficácia da ação do líder (BURNS, 1978; BERGAMINI, 2009; MAXIMIANO, 2021).

Liderança é uma tecnologia social, e tecnologia nada mais é que um conjunto de ferramentas e métodos, assim, liderança é um conjunto de ferramentas e métodos, materializados através de competências de uma pessoa, que exerce poder e influência sobre outras pessoas, geralmente um grupo, para alcançar um propósito, um objetivo, ou apenas uma simples e única tarefa comum.

Sabe-se que a liderança eficaz é o motor para que as coisas de fato aconteçam, as realizações mais relevantes da história estão diretamente associadas a pessoas que influenciaram outras pessoas a alcançarem objetivos (BALDWIN; BOMMER; RUBIN, 2015).

Assim, não é possível esgotar em 10 competências o que deve ou não fazer um líder, ademais, como mostra o professor Pfeffer (2015) existe uma enorme distância entre os atributos desejáveis nos líderes e os que de fato os levam ao poder, **boa parte da literatura de negócios fala sobre um mundo idealizado.**

Por exemplo, o professor cita que habilidades políticas são essenciais, e um momento crítico para o descarrilamento de uma carreira é quando as pessoas passam de posições em que podem obter sucesso principalmente com base em seu desempenho individual e migram para posições de maior interdependência, onde as habilidades políticas se tornam mais importantes, isso acontece com pessoas inteligentes, motivadas, interpessoalmente competentes, trabalhadoras com grandes credenciais e o número destes casos não é pequeno (Pfeffer, 2015).

Isto porque a capacidade de navegar em ambientes cada vez mais carregados politicamente pertencem às pessoas que na maioria das vezes não cumprem as prescrições da indústria de liderança[95], ou seja, que buscam desenvolver toda uma gama de competências previamente prescritas para serem líderes, ou como

95 Pfeffer usa este termo indústria da liderança para designar toda a quantidade de livros, artigos, cursos, seminários e treinamentos em geral sobre liderança que existem no mundo e dominam a literatura empresarial, ele considera que existe uma indústria que explora o assunto liderança, muito baseado em modelos e como deveriam ser os líderes, mas não de fato como eles são.

devem agir os líderes, para Pfeffer a maioria do que se diz sobre liderança, ou como ela deveria ser, é baseada mais em esperança do que realidade, e se negarmos a realidade em vez de entendê-la nunca vamos conseguir avançar.

Há críticas muito pesadas sobre o desempenho, competências e comportamento das lideranças na literatura e nas pesquisas em ciências sociais, o professor Chamorro-Premuzic (2019, p. 1) afirma que: **"mundialmente a má liderança é a razão número um por demissão voluntária"** e que narcisismo, psicopatia e excesso de confiança, são características comuns encontradas em boa parte das lideranças, principalmente em homens, servindo muitas vezes como atributo qualificatório para contratação e, ao mesmo tempo, sua posterior demissão quando da falta de resultados.

Em sua pesquisa, ele mostra que muitas vezes se selecionam líderes, mais por carisma e confiança do que por competência e integridade, há fundamentação científica em sua fala, ele traz uma série de pesquisas que comprovam seus argumentos, em resumo, o que ele traz é um erro de senso comum no que se acredita ser liderança, geralmente um modelo idealizado de pessoa que não encontra respaldo na prática.

Pfeffer (2015) e Chamorro-Premuzic (2019) concordam que existe um mundo de diferença entre os traços de personalidade e comportamentos necessários para <u>ser escolhido</u> como líder e os traços e habilidades que você precisa para <u>ser capaz</u> de liderar de forma eficaz.

Veja a tabela 60, ela mostra a percepção comum (e equivocada) versus a visão científica (baseada em estudos) da liderança.

Tabela 60: Aspectos da liderança

Aspecto da liderança	Percepção comum	Visão baseada em evidências
Definição	Pessoa responsável ou com poder	Pessoa que constrói uma equipe vencedora
Objetivo	Pegue o topo, seja bem-sucedido	Ajude a equipe a superar seus rivais
Desempenho	É igual ao sucesso da carreira do líder	Depende do desempenho da equipe
Funções de subordinados	Ajude o líder a ter sucesso	Unir-se na busca de um objetivo comum
Principais atributos do líder	Confiança e carisma	Competência e integridade

Fonte: Chamorro-Premuzic (2019 p. 123 – tradução nossa)

Eu concordo com a tese de que aprendemos, talvez pelos livros e pelos filmes americanos a pensar em líderes como grades estrelas de cinema, contudo, nada impede que lideranças sejam personalidades insossas, desde que trabalhem corretamente e façam seu trabalho pelo grupo em que lideram.

E neste sentido, a tese do professor Chamorro-Premuzic (2019) faz todo sentido, porque, no fundo, nós gostamos de pessoas que tem autoconfiança, carisma, tenham uma boa oratória, sejam extrovertidas, porque isso tudo é, no fundo, muito cativante, só que nada disso representa competência técnica, ou seja, base para uma boa liderança, e pior, esses elementos estão presentes e bem fortes em pessoas narcisistas e psicopatas cheios de confiança.

Veja, liderança é um dos temas que mais vende livros, mesmo que a grande maioria deles seja apenas de histórias pessoais e nenhuma validação científica.

Geralmente é a história de "alguém que chegou lá" e decidiu compartilhar sua história de sucesso, com rara comprovação científica de que a fórmula funcione, além de muito autoelogio, narcisismo e o total desprezo sobre o acaso, que colaborou muito com sua história e o indivíduo se quer sabe que isso exista, despreza completamente o evento raro[96].

Mas então o que você precisa saber para liderar, para exercer uma função de liderança na sua carreira?

Primeiro, a liderança não está na pessoa necessariamente, é claro que suas atitudes, competências e comportamentos contam sim e muito, veja o que citamos anteriormente, carisma conta pontos, autoconfiança idem, enfim, há uma boa dose de traços de personalidade que ajudam pessoas a serem escolhidas por outros como seus líderes, formam um **contrato psicológico** que já vimos no capítulo 4.4-O Contrato psicológico.

E, uma vez que o grupo aceite essa liderança, ainda há outros fatores importantes, como a cultura onde ela é exercida, a missão ou tarefa a cargo desta liderança e os resultados gerados por ela.

Figura 51: Modelo de liderança viável

Contrato Psicológico

Características pessoais dos liderados:
- Personalidades/Tipo psicológico
- Necessidades
- Competências

Características pessoais dos líderes:
- Personalidade/Tipo psicológico
- Necessidades
- Competências
- Estilo de liderança

Liderança Viável

Resultados ESG

Características do trabalho:
- Missão
- Tarefa

Cultura organizacional:
símbolos, hábitos, crenças, regras, valores, preconceitos, cerimônias, rituais etc.

Fonte: autor

96 Vide definição de evento raro no capítulo 2.7 Empreendedorismo

Assim, como explica Maximiano (2021) não podemos enxergar a liderança como uma habilidade pessoal, mas como um processo interpessoal dentro de um contexto complexo, onde vários elementos estão presentes. Não é atributo da pessoa, mas a combinação dos elementos: características dos liderados, tais como motivações, necessidades e competências, e também características da pessoa em posição de liderança além de seu estilo de liderança, missão ou tarefa a ser realizada e da conjuntura social, econômica e política, conforme demonstra a figura 51.

E o que é estilo de liderança?

As teorias ligadas a estilos de liderança derivam da evolução do processo de pesquisa científica sobre liderança.

Os primeiros estudos tentavam encontrar quais eram os traços de personalidade que levavam pessoas as posições de liderança, era a ideia de líder nato, aquele [97] que nasceu para tal, importante dizer que há registros desde o Egito antigo em hieróglifos sobre liderança, e a palavra existe no dicionário Oxford, desde o ano 1300, mas do ponto de vista acadêmico os primeiros estudos surgem em meados do século 19, com a primeira teoria chamada de Teoria do Grande Homem, de Thomas Carlyle.

Não se conseguiu provar que a liderança estava em traços de personalidade, e a pergunta científica mudou, ao invés de perguntar o que o líder é, passou-se a perguntar, o que o líder faz, então as pesquisas se encaminharam para analisar o comportamento das lideranças.

Duas escolas americanas foram fundamentais nesta concepção, Ohio e Michigan, os estudos destas escolas mediram a eficácia da liderança em termos de como os líderes tratavam os subordinados e como eles realizavam o trabalho, aí surgiram os estilos de liderança. Os líderes têm foco nas pessoas ou nas tarefas, seu estilo é gente ou seu estilo é qual o trabalho a ser feito?

Basicamente os estilos de liderança podem ser analisados com o conceito de Grid de liderança de Blake e Mouton (1976), que fez muito sucesso nos treinamentos em liderança mundo afora, como mostra a figura 52:

---

97 A palavra "aquele" aqui tem o sentido de homem (sexo), pois os primeiros estudos sobre liderança analisavam apenas homens, inclusive masculinidade era tida como um atributo de liderança e, portanto, mulheres não faziam parte do estudo. O tema, mulheres e liderança só viria ser pesquisado décadas depois.

Figura 52: Grid Gerencial

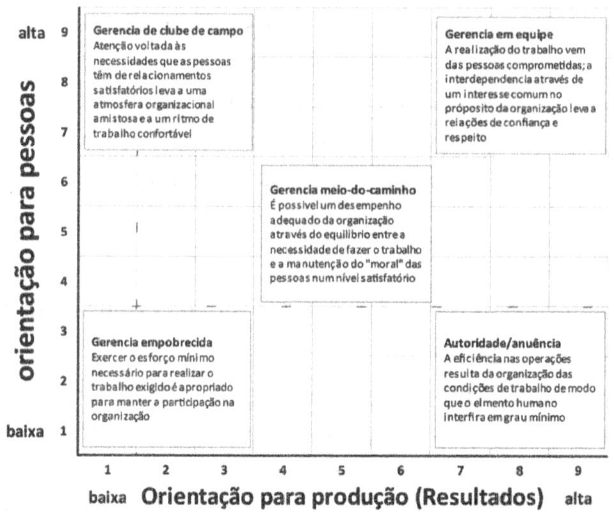

FONTE: (BLAKE; MOUNTON, 1976; HERSEY; BLANCHARD, 1977)

Porém, o conceito de comportamento adaptativo do líder pôs em xeque a possibilidade de existir um estilo melhor de liderança, mas um estilo mais eficiente para determinada situação, de modo que o que funciona bem para trabalhadores de um determinado setor pode não funcionar para outro, as características do seguidor e os fatores situacionais do contexto precisavam ser adicionados a esta equação para que os estilos de liderança significassem de fato alguma coisa, e assim sugiram as teorias contingenciais, sendo a mais disseminada a **Teoria da Liderança Situacional** de Hersey e Blanchard, a conclusão foi que a pesquisa em liderança mudou, ao invés de perguntar qual é o melhor tipo de liderança, a pergunta agora seria, qual o tipo de liderança é melhor em qual situação (ROBBINS; COULTER, 1998; OTLEY; PIERCE, 1995; CIULLA, 1995; HERSEY; BLANCHARD, 1977).

A teoria da liderança situacional, analisa a eficácia em termos de como os líderes adaptam seu estilo de liderança aos requisitos de uma situação, afinal, em algumas situações uma orientação para a tarefa é requerida, em outras a orientação para o relacionamento será mais importante, tanto por questões contingenciais externas a relação entre líder e liderados, como por exemplo, numa reestruturação empresarial, diante de uma crise econômica no setor da atividade da empresa, ou mesmo, dada a senioridade da equipe, equipes mais sêniores requerem menos instrução para a tarefa do que equipes mais júniores, e assim por diante.

Para entender melhor a liderança situacional, utilize a figura 53 e a divida em 4 partes, como a figura 53, onde direção significa tarefa e apoio significa foco em pessoas.

Figura 53: Liderança Situacional

Alto

Comportamento de apoio ------>		
	Apoio Baixo diretivo Alto de apoio S3	**Adestramento** Alto diretivo Alto de apoio S2
	Delegação Baixo diretivo Baixo de apoio S4	**Direcionamento** Alto diretivo Baixo de apoio S1

Baixo -------------- Comportamento diretivo -------------> Alto

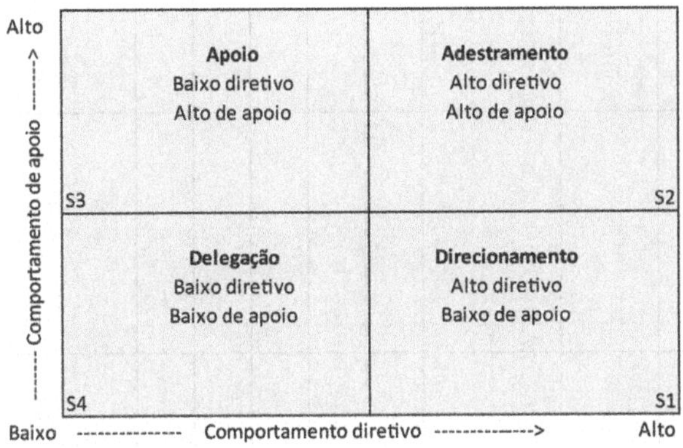

FONTE: Adaptado de: (HERSHEY; CHEVALIER, 2003); (BALDWIN; BOMMER; RUBIN; 2008).

Em todos os quadrantes haverá eficiência e ineficiência, a partir da percepção dos liderados, pois mesmo dando alto apoio e direção, quando em excesso também se torna prejudicial até mesmo para o próprio desenvolvimento do grupo, como pais superprotetores que prejudicam o amadurecimento dos filhos.

A liderança pode ser vista, muitas vezes, como capaz de satisfazer às necessidades do grupo quanto ao estabelecimento de objetivos e organização do trabalho, e como capaz de dar, também, elevados níveis de apoio socioemocional e, ao mesmo tempo, poderá ser vista, muitas vezes como alguém que oferece mais estrutura do que a necessária para o grupo e que gasta mais tempo em apoio socioemocional do que o que o suficiente.

Assim, qual é o seu estilo de liderar? Esta é uma ferramenta importante para você saber liderar melhor, faça o teste, usando a **Escala de Avaliação do Estilo Gerencial (EAEG)** de Melo (2004) e descubra seu estilo.

Para cada pergunta da escala, conforme tabela 61, você deve responder de 1 a 5 qual é seu modo usual de ser, uma dica importante, se você tiver pessoas as quais lidera, peça a eles que respondam te avaliando, se tiver um grupo de pessoas, melhor ainda, peça a cada um fazer a avaliação sobre você e depois observe as médias das respostas.

Tabela 61: a Escala de Avaliação do Estilo Gerencial (EAEG) de Melo (2004)

Nr	Questões	1 Nunca age assim	2 Raramente age assim	3 Ocasionalmente age assim	4 Frequentemente age assim	5 Sempre age assim
1	É atencioso (a) no relacionamento com os subordinados					
2	É compreensivo (a) com as falhas e erros dos subordinados					
3	Dá maior ou menor liberdade de trabalho ao subordinado dependendo da sua disposição para realizar a tarefa					
4	Coloca o trabalho em primeiro lugar					
5	Interessa-se pelos sentimentos dos subordinados					
6	Demonstra respeito pelas ideias dos subordinados					
7	É rígido (a) no cumprimento dos prazos estabelecidos					
8	Valoriza a disciplina e a subordinação (hierarquia)					
9	Dá liberdade de trabalho aos subordinados que se mostram seguros diante da tarefa a ser executada					
10	Estimula os subordinados a darem opiniões sobre o trabalho					
11	Estimula a apresentação de novas ideias no trabalho					

Nr	Questões	1 Nunca age assim	2 Raramente age assim	3 Ocasionalmente age assim	4 Frequentemente age assim	5 Sempre age assim
12	Indica aos membros do grupo as tarefas específicas de cada um					
13	Demonstra confiança nos subordinados					
14	Pede que os membros do grupo sigam normas e regras estabelecidas					
15	Dá maior ou menor liberdade de trabalho ao subordinado, dependendo da sua competência para realizar a tarefa					
16	Mostra-se acessível aos subordinados					
17	Valoriza o respeito à autoridade					
18	Dá liberdade de trabalho aos subordinados que se mostram motivados para executar a tarefa					
19	Encontra tempo para ouvir os membros do grupo					
Somar os pontos das questões: 1, 2, 5, 6, 10, 11, 13, 16 e 19 =		divida por 9 =		**Relacionamento:**		
Somar os pontos das questões: 3, 9, 15 e 18=		divida por 4 =		**Situacional:**		
Somar os pontos das questões: 4, 7, 8, 12, 14 e 17=		divida por 6 =		**Tarefa:**		

Onde você tiver a maior pontuação, é a predominância de seu estilo de liderança.

Além de compreender seu estilo, e mesmo que o estilo de liderança não seja determinante para a eficácia da liderança, sabe-se que liderança traz consigo dois elementos sempre: **poder** e **influência**, e neste sentido, quais são as fontes de poder que uma pessoa pode ter para gerar influência sobre outra ou outras pessoas?

De acordo com French e Raven (1959) no artigo *The basis of social Power*, as fontes de poder são: recompensa, coerção, legitimidade, especialidade e referência, sendo a última a pessoa em si, ou seja, suas características pessoais, somente possível quando existe uma relação carismática entre líder e seguidor (BASS, 2008).

Além disso, podemos detectar dois tipos de poder. O poder pessoal, que é inerente à pessoa do líder. E o poder de posição que existe somente por conta da posição que o líder ocupa. Exemplo, certas pessoas só tem a autoridade e, portanto, influenciam outras pessoas, por terem o cargo, quando estas pessoas perdem o cargo imediatamente deixam de ter qualquer tipo de influência sobre outros, este seria o clássico exemplo de alguém que tem poder apenas de posição. Uma liderança que é admirada, que tem a capacidade de mesmo sem o cargo, influenciar alguém, é uma liderança com poder pessoal.

Assim, podemos compreender poder e influência conforme a tabela 62:

Tabela 62: Tipos e fontes de poder

Tipos de poder	Fonte de poder	Exemplo
Posição	Recompensa	Baseado na capacidade de gerar recompensas para os liderados. Exemplo: é o "cumpra esta meta que terá um bônus", e você diz, "obrigado, chefe", afinal, ele tem o poder de recompensá-lo.
	Coerção	Baseado na capacidade de punição do líder sobre o liderado. punição é o lado negativo da recompensa; "Faça!", ou "não faça que você vai ver o que acontece!".
	Legitimidade	Associado com o status formal da posição de autoridade do líder. autoridade formal ou cargo. O/A Presidente da República tem o poder legítimo, o cargo de presidente: tudo que é dado de poder a quem ocupa o cargo, ele tem; não precisa pedir autorização para fazer o que o cargo lhe dá o poder de fazer.
Pessoal	Especialidade	Baseado na percepção do liderado sobre o conhecimento técnico do líder, expert power. Habilidades e conhecimentos, referência, o poder de ensinar; "sigo esse cara porque ele é bom nisso".
	Referência	Baseado na identificação do liderado com o líder! Popular, carismático, prestígio; aquela pessoa que é uma referência para você, exerce poder só por isso, e só por isso já vale segui-la.

FONTE: elaborado a partir de (Bass, 2008; Northouse, 2016; French e Raven, 1959).

Como dito anteriormente, não podemos enxergar a liderança como uma habilidade pessoal, mas como um processo interpessoal dentro de um contexto complexo, onde vários elementos estão presentes.

Mas, compreendendo o seu estilo, compreendendo as fontes de poder, você tem uma base muito sólida para buscar desenvolver-se como líder em sua carreira.

Eu sempre digo que liderança, a boa liderança, é aquela que combina auto-conhecimento e visão de futuro, o que os alemães chamam de *Weltanschauung* que é uma visão de mundo ampla, uma mente aberta a inovação, com autoconfiança e não excesso dela, uma pessoa que não sofra de todite[98] ou oitentite[99], mas alguém com capacidade de lidar com a ambiguidade e complexidade que a vida oferece e acima de tudo, alguém que consiga, saiba e goste de relacionar-se com as pessoas e que através das pessoas alcance os resultados esperados.

E só é líder quem tem liderados, e para isso você precisa fazer gestão de pessoas e gestão de Pessoas envolve um **conjunto de competências, ferramentas e estratégias que visam atrair, reter e desenvolver o capital humano nas organizações.**

O professor Vicente Falconi (2009) com sua definição sobre liderança, que é: **"alcançar metas consistentemente, com o time fazendo certo"**, defende uma agenda específica para que a liderança tenha eficácia. Esta agenda traça o que deve ser feito pela liderança eficaz e serve como um verdadeiro guia para alcançar metas (3 ações), com o time (9 ações) e fazendo certo (6 ações). Em cada parte desta frase existem ações específicas a serem feitas vejamos na figura 54:

Figura 54: Agenda da liderança

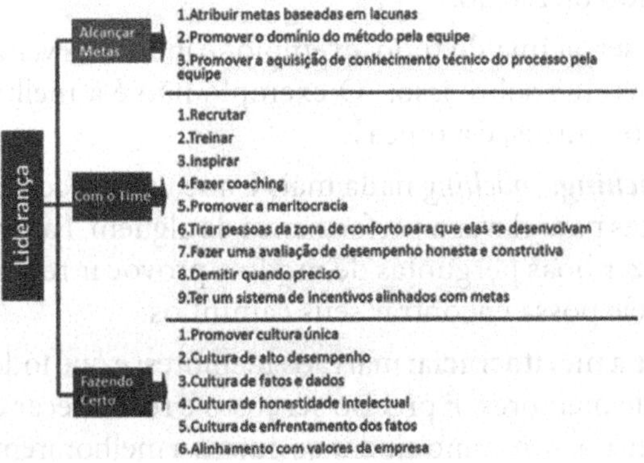

FONTE: (DIAS, 2015)

98 Todite é dizer: todos os políticos roubam, todos são preguiçosos nessa empresa, hoje em dia todas as crianças são mal-educadas, os jovens não respeitam mais os pais, ninguém nesse lugar quer ajudar ninguém, todos os idosos são ranzinzas, nenhum homem presta, mulheres são todas interesseiras, enfim, usamos frases incluindo todos, generalizando sob o nosso julgamento, às vezes até imaginando ser isso um bom conselho para alguém (DIAS, 2015)

99 Oitentite é delimitar as alternativas de alguém: "ou você faz isso ou faz assado", "ou está comigo ou está com o fulano" (8 ou 80). Enxerga-se apenas uma verdade, sem saber se a pessoa tem outras opções ou se você mesmo as têm, mas não se deu conta (DIAS, 2015).

Alcançar metas;

1. **Atribuir metas baseadas em lacunas:** a lacuna é o ideal, aquilo que pode ser feito em longo prazo; a meta vem para reduzir a diferença entre o ideal e o atual, ou seja, o que pode ser feito hoje, este ano, este semestre, como já vimos anteriormente quando falamos no capítulo 6.1-Meu PDI: Plano de desenvolvimento Individual sobre lacunas na figura 40: Exemplo de captura de lacunas.
2. **Promover o domínio do método pela equipe:** o método é o ciclo PDCA que tratamos no capítulo 6.1-Meu PDI: Plano de desenvolvimento Individual na figura 42: Esquema PDCA.
3. **Promover a aquisição de conhecimento técnico do processo pela equipe:** qualquer que seja o seu trabalho, existe um conhecimento técnico necessário, e isso deve ser aprimorado constantemente, senão, no mínimo, mantido em bom nível; é dever então da liderança garantir que isso ocorra. Não valerá nunca dizer: "me desculpe, foi culpa do estagiário" – o estagiário é seu, treine, desenvolva ou tire, mas nunca justifique. Não se delega responsabilidade, apenas atividade, não tem outro caminho para quem deseja liderar se não assumir responsabilidade pelo todo.

Com o time;

1. **Recrutar:** saber selecionar pessoas, montar um time como vimos anteriormente.
2. **Treinar:** oferecer a condição do aprendizado, checar a assimilação do aprendizado oferecido.
3. **Inspirar:** ser, acima de tudo, exemplo. Albert Schweitzer tem uma frase muito marcante sobre isso: "O exemplo não é a melhor maneira de influenciar os outros, é a única".
4. **Fazer *coaching*:** *coaching* nada mais é que um processo estruturado com ferramentas para elevar a performance de alguém. Fazer *coaching* significa ouvir e fazer boas perguntas de modo a provocar reflexões no indivíduo para que ele possa encontrar seus caminhos.
5. **Promover a meritocracia:** mais aos melhores; e que todos saibam quais os critérios de melhores. É preciso ser justo e reconhecer quem tem melhor performance assim como ajudar os outros a melhorarem sua performance também gradualmente. Sobre meritocracia exploraremos mais no capítulo 6.10-Meritocracia ou networcracia.
6. **Tirar pessoas da zona de conforto para que se desenvolvam:** existe crescimento na superação das adversidades, os músculos do nosso corpo só se fortalecem quando são exigidos além do que lhes parece o normal. O mesmo ocorre na vida profissional: só se desenvolve quando se encaram novos desafios, aprender aquilo que não sabemos ainda.

7. **Fazer uma avaliação de desempenho honesta e construtiva:** dando *feedback*, buscando elevar a performance do indivíduo. Exploraremos o tema *feedback* mais adiante.
8. **Demitir quando preciso:** sim, quando necessário tem de ser feito, faz parte do papel da liderança lidar com isso. Porém, lembre-se sempre da conduta ética. Mesmo em um processo de desligamento precisamos ter uma conduta correta para com os demitidos.
9. **Ter um sistema de incentivos alinhados com metas:** todos crescem quando a organização cresce, de modo que as metas precisam estar alinhadas com as recompensas. Não se pode reconhecer alguém que não tenha contribuído para algum resultado da organização, assim como quando o resultado da organização é alcançado deve-se reconhecer os indivíduos que contribuíram para isso. Precisa haver sempre uma congruência de objetivos e de comportamentos, tem de ser bom para ambos.

Fazendo certo;

1. **Promover cultura única:** fixar os valores que garantirão o futuro da organização, e buscar a unidade dos subsistemas que sustentam o todo. Todos para o mesmo fim. É a congruência de comportamentos que validam a missão, visão e valores da organização e formam a cultura.
2. **Cultura de alto desempenho:** buscar a melhoria contínua: hoje está melhor que ontem, mas pior que amanhã. Sempre há espaço para melhorias.
3. **Cultura de fatos e dados:** trabalhar com fatos concretos, comprovados, não perder tempo com preocupações mentais, opiniões embasadas em suposições irreais sem qualquer tipo de evidência. Opiniões baseadas em suposições podem ser ótimas teorias, mas muita "viagem na maionese" pode levar à inércia. Cabeça nas nuvens, mas os pés no chão sempre. E sempre combata as *fake news*!
4. **Cultura de honestidade intelectual:** Não infantilizar as pessoas. Eu chamo isso de "Princípio NEB" (Ninguém é Bobo): prefira a crítica dos sábios ao elogio dos tolos.
5. **Cultura de enfrentamento dos fatos:** a verdade como ela é; não queira ouvir só notícias boas, maus resultados devem ser enfrentados. Jogar para debaixo do tapete ou fingir que o problema não existe não o resolverá.
6. **Alinhamento com valores da empresa:** os valores devem estar refletidos nas avaliações de desempenho e no comportamento dos indivíduos que formam os times. Não podemos dizer que somos algo que não corresponde à realidade. Será perceptível aos olhos dos outros as discrepâncias entre o que falamos e o que fazemos. Princípio básico da ética Socrática é: "Ser fiel ao pensamento, ser fiel à palavra e ser fiel à ação" – ser na prática o que se é na consciência.

Estão apresentadas aqui as 18 ações que você pode praticar no seu dia a dia para fazer uma boa gestão de equipes. Você pode alegar que não consegue fazer as 18. Tudo bem, faça duas, três ou quatro, que já serão muito produtivas.

Com apenas 2 ações, por exemplo, você completará 11% da lacuna. Vá se desafiando sempre para, por exemplo, daqui a 3 meses, conseguir fazer mais algumas, de modo que você vá evoluindo para dominar em algum tempo as 18 ações.

Use o conceito de estratégia, fatiando o objetivo em lacunas como vimos na agenda da liderança número 1 de alcançar metas, estabeleça um objetivo para este ano e vá em direção ao seu alcance, alcançada a meta deste ano, lance novamente o desafio para o próximo ano, de modo que em algum tempo sua estratégia de crescimento como líder será alcançada.

Só com as ações que, de fato, praticar, quer sejam duas, quatro, dez ou dezoito, você vai evoluir como líder, pode ter certeza disto.

Em minha experiência em formação de liderança e meus estudos sobre o tema, percebo que ainda são poucos os profissionais que praticam mais de 20% dessas ações diariamente, e como é a ação que leva ao resultado, está aí o que você deve fazer.

Independentemente do estilo de liderança, se tarefa, pessoas ou situacional, ou até mesmo qualquer rótulo mais moderno, como sempre surge no mercado, o que fará diferença na eficácia da liderança serão sempre suas ações, portanto uma agenda mínima é extremamente importante para qualquer liderança.

O pesquisador Henry Mintzberg tentou definir o papel da liderança e, para isso, usou um método muito simples: pediu aos executivos que anotassem suas atividades ao longo do dia num diário. Com isto, ele conseguiu fazer uma proposição de quais as atividades os gerentes deveriam se concentrar, contudo, a parte de seu trabalho que mais me chama atenção é representada pela figura 55, quando ele entrelaça seu conhecimento com a pesquisa elabora por Katz (Maximiano, 2021).

Figura 55: Habilidades gerenciais segundo Katz

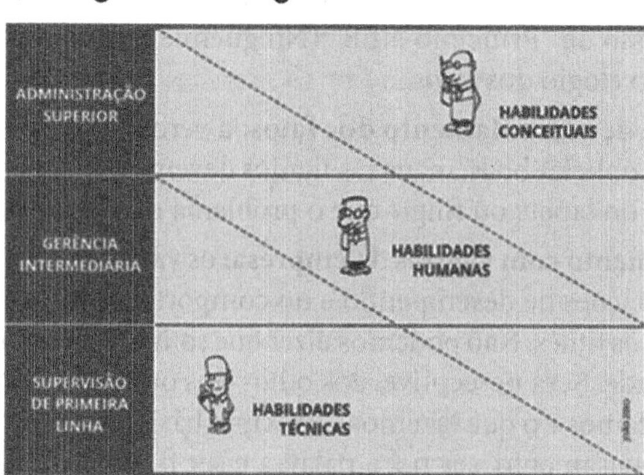

FONTE: (MAXIMIANO, 2021, p. 142)

À medida que a posição hierárquica evolui ascendentemente, o papel da liderança também modifica. A agenda de um presidente de empresa não pode ser a mesma que o supervisor da fábrica, não porque exista uma diferença social, mas porque as tarefas são naturalmente distintas.

O supervisor tem sua agenda preenchida, a maior parte do tempo, com questões das tarefas da fábrica, assim como um analista contábil com sua rotina dentro da contabilidade. São colaboradores que cuidam da operação no dia a dia do ambiente micro.

A gerência intermediária faz uma ponte entre a estratégia e a operação. Podemos dizer que cuidam das questões táticas, precisam ajudar na execução da estratégia ao mesmo tempo em que gerenciam o dia a dia, são como filtros entre o pensamento estratégico e o operacional.

Já a administração superior, os gerentes sêniores, diretores, o conhecido alto escalão deve se concentrar na construção da visão de longo prazo, na formulação da estratégia, do ambiente macro.

O erro comum que pode ocorrer é a inversão de papeis, quando gerentes sêniores se ocupam mais com a rotina e deixam de pensar estrategicamente no negócio e acabam por se afogar em tarefas pouco produtivas para o nível de seu cargo. E, por vezes, se omitem quando chamados à responsabilidade.

Por isso aprender a delegar e desenvolver equipes é vital, inclusive para a carreira profissional daqueles que desejam uma ascensão hierárquica a postos mais altos de forma consistente e coerente.

Jim Kouzes e Barry Posner no livro Credibility afirmam que: "Liderança é pessoal. Não é sobre a companhia, a comunidade, ou o país. É sobre você! E se é sobre você, então é sobre suas crenças, suas atitudes, seus valores e seus princípios".

Assim, independentemente dos estilos, poder e influência, o que os líderes devem fazer sempre é, determinar a direção para a organização e para a equipe, mesmo que essa direção venha do grupo, não precisa vir da mente privilegiada de quem lidera, inspirar as pessoas, evocando o melhor de cada um e mobilizar a todos para atingir os objetivos que são cada vez mais amplos no mundo VUCA, BANI e ESG.

Finalizando, lembre-se da fala do consultor Tracy Maylett, que trouxemos no capítulo 3.9-Engajamento, quase metade do engajamento de um funcionário, vem da sua relação com sua liderança direta e uma liderança engajada aumenta a probabilidade em mais de 200% de o subordinado também estar. Assim, lidere a si mesmo para poder liderar os outros!

6.2.1 E se eu não quiser uma carreira em liderança?

Não quero ser líder, gerente, nada disso, não quero ter um cargo assim, isso bloqueia a minha carreira? Perguntou-me certa vez um cliente.

Respondi a ele que sim, isso restringe possibilidades, pois já está revelado o que você não quer. Porém, existem menos gerentes, diretores, presidentes que os não gerentes, não diretores e não presidentes, então, estatisticamente, é mais fácil você não ser um líder, do que ser, ao longo da sua carreira.

Eu entendo que se você já sabe que não quer, isso é ótimo, pois é muito ruim quando a organização elege um líder que não quer ser líder ou pior se omite do papel de liderança.

E quando a liderança só quer a remuneração e/ou o status do cargo, esquecem completamente do papel que precisam exercer, isso é péssimo para todos.

Neste caso você deve focar sua carreira em aspectos técnicos, para se tornar um especialista, ter o *expert power*, que é uma das fontes de poder e influência, mas mantenha se desenvolvendo nas habilidades comportamentais, **pois o bom profissional é aquele que de maneira ética, traz resultados, para si e para a organização.**

E se você não quiser ser líder, uma possibilidade de carreira, é o que se conhece como carreira Y, que visa oferecer igualdade de oportunidades aos trabalhadores que não querem se tornar gestores, mas preferem continuar suas atividades como técnicos, detentores de conhecimento específico. Por um bom tempo de minha carreira eu quis me manter assim.

Segundo Treff (2016) o profissional técnico pode atingir a alta administração, sem necessariamente passar por cargos gerenciais, o que permite a este profissional um maior engajamento com as atividades que desempenha, ampliando as possibilidades de crescimento inclusive, além é claro de alinhar seus anseios profissionais. Não faz sentido alguém que não queira se tornar um gestor, ter que ser um para poder evoluir na carreira, perde o profissional e a empresa, que pode perder um ótimo técnico e ganhar um péssimo líder.

Para Dutra (2017) carreira em Y é comumente chamada de carreira paralela, difere do que se chama carreira complementar, pois esta é constituída na perspectiva da pessoa, enquanto aquela é constituída sob a perspectiva da empresa. Esta carreira ocorre em todo o mundo, pois um profissional técnico ou funcional, nem sempre aceita a gestão de alguém que não tenha ou venha da mesma base de formação.

Por exemplo, o economista chefe de um banco que tenha uma equipe de economistas produzindo relatórios técnicos, um auditor sênior, um *controller*, um meteorologista, dentre outros exemplos, conforme ilustra a figura abaixo de uma carreira em Y.

Figura 56: Exemplo de carreira em Y

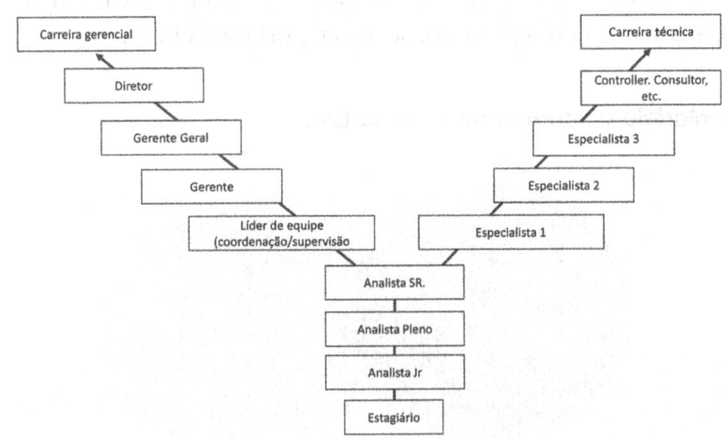

Fonte: autor

A carreira Y tem uma base comum, tanto para o braço técnico quanto para o gerencial, isto facilita o desenvolvimento das pessoas, como observado nos dois lados superiores do Y da figura 48.

Evidente que em qualquer lado que o profissional opte por direcionar sua carreira, terá ônus e bônus, afinal, não se pode colher os frutos de uma escolha não feita e frutos nunca vêm sem o devido plantio prévio.

6.3 Comunicação, "A" competência

"a primeira impressão é a que fica" – raramente surgirá uma segunda oportunidade para desfazer uma má impressão.

A palavra comunicação vem do latim "*communicare*", que significa "tornar comum, repartir, dividir". É a ideia de que comunicação é a troca de informações, e a transferência de ideias e sentimentos. As relações humanas são concebidas com esse material. É a capacidade de ser ouvido e compreendido pelas pessoas afeta totalmente o resultado dos relacionamentos, produtividade e organização dentro de uma empresa.

Aprendemos desde cedo, na escola, que comunicação tem três elementos mínimos: o emissor, o receptor e, entre eles, a mensagem. Contudo, essa comunicação precisa ser assertiva. E uma comunicação assertiva é aquela que não é passiva, ou seja, não é só focada nas necessidades do outro, e não é ativa, só focada em nossas necessidades. A comunicação assertiva é aquela que faz uma conexão entre o polo ativo e o polo passivo e se torna, portanto, eficaz.

Figura 57: Modelo de comunicação assertiva

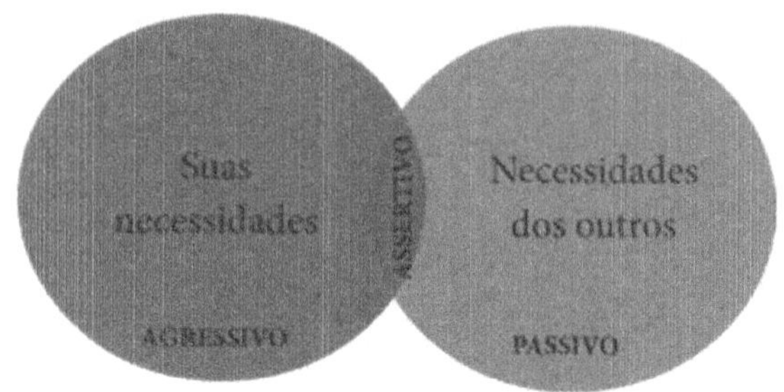

FONTE: (DIAS, 2015).

A comunicação é uma competência e, sendo uma competência, ela pode ser aprendida. É possível melhorar sempre o nosso nível de comunicação. Para isto, inicialmente, é muito importante conhecer as diversas formas que ela pode acontecer, como por exemplo:

Expressão verbal: é a fala, a oratória, envolve a dicção a entonação, o jeito que as pessoas se expressam, a forma de verbalizar sua fala.

Aqui faço uma colocação importante de que muita gente acha que se expressar bem é se comunicar, e não é bem assim, isso é oratória, comunicação vai além de falar, comunicação implica principalmente em saber ouvir.

Expressão corporal: refere-se ao posicionamento, postura, gestos do corpo. Por exemplo, pessoas que ao falar gesticulam com as mãos, fazem "caras e bocas", enfim. É o corpo falando e não é somente restrita a atores e atrizes em filmes, peças teatrais, na TV ou vídeos. Em nossas conversas particulares com as pessoas, podemos usar este recurso também, numa apresentação, enfim. O corpo realmente fala. Tanto que é possível ver um casal numa mesa de restaurante de longe e perceber se estão numa discussão ou num momento de carinho entre eles, mesmo que não escutemos suas vozes, apenas observando suas expressões.

A combinação da fala, corpo e palavras de impacto são uma arma muito poderosa. Um estudo de Albert Mehabian, feito nos anos 60, mostra que a palavra representa cerca de 7% da fala, 38% é o tom de voz usado e o restante, 55% vem pelo gestual, pelo corpo (JUNG; KYRILLOS, 2015, p. 61).

Figura 58: Composição da comunicação expressa

FONTE: (DIAS, 2015).

Ou seja, a maneira como nos comunicamos é tão importante quanto o que comunicamos.

Reparem as pessoas que falam bem em público, elas conseguem usar palavras certas, com tom de voz adequado, ajustado para o momento, mais forte ou fraco, a depender da mensagem a ser transmitida, e eles usam muito o corpo para mostrar e representar a sua mensagem.

Expressão escrita: a capacidade de escrever um texto de forma argumentativa, dissertativa, informativa ou poética. Compreender a ortografia, gramática. Escrever com sentido lógico, com começo, meio e fim.

Expressão visual: a capacidade de usar forma, cor, design, imagem para representar uma ideia, transmitir uma mensagem, um alerta etc. Como a figura 59, que todos sabemos o que quer dizer, sem precisar ter nada escrito.

Figura 59: Sinal de *Wi-fi*

Fonte: autor

Sabendo das várias formas de comunicação, onde você acredita que estão suas qualidades? E quais você poderia melhorar? É assim que se melhora comunicação, percebendo e valorizando nossos pontos fortes e evoluindo naquilo que ainda não dominamos. Em cada forma de comunicação, você terá meios e técnicas para evoluir.

O famoso ator americano Jerry Seinfeld, que interpretou por muitas temporadas o personagem homônimo da série Seinfeld, ao comentar uma pesquisa que indicava que o medo de uma pessoa falar em público era maior que morrer, que estava em terceiro lugar na lista, disse o seguinte: "Em um funeral, a maioria das pessoas preferiria ser o cara no caixão a levantar e dar um discurso fúnebre."

Falar bem, e falar em público é sem dúvida uma competência muito importante. Muitos comunicadores começaram sua carreira de comunicador exatamente para vencer algum desafio.

Gil Gomes, famoso radialista brasileiro por muitas décadas, dono de uma voz e jeito de falar ímpar, começou a falar em rádio porque era gago e queria melhorar. Novamente, comunicação é competência e, se é competência, pode ser aprendida e melhorada.

A comunicação pode ser representada pela figura 60, é como se fosse uma mesa que tem 3 pernas para sustentá-la. Que são:

Figura 60: Tripé da comunicação

FONTE: (DIAS, 2015).

1-A empatia: que pode ser definida como a capacidade de olhar para uma situação do ponto de vista de outro e entender os sentimentos e crenças daquela pessoa, não é se pôr no lugar dela, mas imaginar como ela se sente. Compreender suas crenças e valores, seu ponto de vista e evitar julgamentos.

2-A escuta ativa: é uma espécie de escuta vicária, compreendendo o que a pessoa nos diz, suas palavras, emoções a forma como diz, enfim de fato ouvir, para isso precisamos compreender que nossa atenção precisa ser voluntária, exige esforço e concentração, não é ditada pelas nossas preferências, mas pelo dever. Deve-se evitar a escuta seletiva, controlar o comportamento não verbal, manter o contato visual, não julgar, não concluir antes do outro terminar sua fala, enfim, ouvir!

Como dito anteriormente comunicação não é só oratória. Oratória é falar bem, comunicação vai além. Lembre-se, comunicação significa tornar comum. Então, para isso, você também deverá aprender a ouvir.

Teste suas habilidades como ouvinte. Faça uma autoavaliação da seguinte forma, para cada pergunta da tabela 63, pense em como você reage enquanto participa de uma conversa, reunião ou fala de outra pessoa. A ideia do teste não é apenas que você saiba, sou bom ou sou ruim, mas que em cada questão você faça sua reflexão sobre seu comportamento.

Marque sua resposta com o X em: 1 discordo totalmente, 2 discordo, 3 nem concordo e nem discordo, 4 concordo ou 5 concordo totalmente:

Tabela 63: Suas habilidades como ouvinte

	1	2	3	4	5
1-Costumo ser paciente com quem fala, certificando-me que ele ou ela já encerrou sua fala antes que eu responda de alguma forma					
2-Quando ouço, não rabisco ou manuseio papéis e coisas que possam desviar minha atenção da pessoa que está falando					
3-Procuro compreender o ponto de vista do meu interlocutor					
4-Busco não colocar meu interlocutor na defensiva por meio de argumentação ou crítica					
5-Quando ouço, concentro-me nos sentimentos do meu interlocutor					
6-Deixo que os maneirismos irritantes de um orador me distraiam					
7-Enquanto o orador está falando, observo cuidadosamente as expressões faciais e outros tipos de linguagem corporal					
8-Nunca falo quando a outra pessoa está tentando dizer algo					
9-Durante uma conversa, um período de silêncio parece estranho para mim					
10-Quero que as pessoas apenas me passem os fatos e deixem que eu tire minhas próprias conclusões					

	1	2	3	4	5
11-Quando o orador termina, respondo aos seus sentimentos					
12-Não avalio as palavras de um orador até que ele tenha acabado					
13-Formulo minha resposta enquanto o orador ainda está falando					
14-Nunca finjo estar ouvindo quando não estou					
15-Consigo focar no conteúdo da mensagem, mesmo quando a apresentação é ruim					
16-Encorajo o orador com frequentes acenos, sorrisos e outras formas de linguagem corporal					
17-Algumas vezes consigo prever o que alguém vai dizer antes que ele (a) diga					
18-Mesmo quando um orador me irrita, mantenho meu controle					
19-Mantenho um bom contato visual com o orador					
20-Tento centrar-me no conteúdo da mensagem, e não na forma como ela é apresentada					
21-Caso me sinta confuso (a) em razão de uma declaração feita por alguém, nunca reajo até que tenha questionado sobre minha dúvida e recebido o devido esclarecimento					
Agora some todos os pontos de cada coluna					
Pontuação total					

O gabarito do teste representa que você pode ser um ótimo ouvinte se obteve de 105 pontos a 85 pontos, ser um bom ouvinte se ficou entre 84 a 64 pontos, um ouvinte regular, entre 63 e 43 pontos, alguém que não ouve os outros geralmente, entre 42 e 22 pontos. Agora, se você só tem 21 pontos, lamento, ouvir não é mesmo contigo.

Mas o que é seria ser um excelente ouvinte?

É estar completamente atento e responder com precisão ao que o orador diz e quer dizer, e também ao que pode estar por trás das palavras. Afinal, você não pode verdadeiramente ouvir ninguém se fizer qualquer outra coisa ao mesmo tempo!

A tabela 64 elenca características de pessoas talentosas em ouvir, pessoas com certa habilidade, ou seja, especializada, alguém que tem consciência desta competência, pratica, mas não é talentosa. Também traz as características de pessoas não qualificadas como boas ouvintes e mostra as barreiras para o desenvolvimento da habilidade de escuta:

Tabela 64: Características das pessoas como ouvintes

Características de uma pessoa talentosa em ouvir os outros:	Características de uma pessoa especializada em ouvir os outros:	Características que uma pessoa "não qualificada" como boa ouvinte pode apresentar:	Barreiras para o desenvolvimento da habilidade de escuta:
Dá total atenção quando os outros estão falando;	Passivamente presta atenção quando os outros falam;	Concentra-se na própria agenda, tarefas e pensamentos em detrimento de prestar atenção a qualquer outra pessoa;	Falando, a regra número 1 para se tornar um ouvinte melhor é parar de falar;
Responde à mensagem do locutor de forma que o locutor indique ser ouvido e compreendido;	Espera até que o falante termine antes de responder, às vezes com impaciência;	Interrompe os outros quando eles estão falando;	Ouvindo coisas que você não quer ouvir;
Articula com precisão a mensagem do falante, seu significado e por que é importante falar;	Reflete com precisão a maior parte do conteúdo ouvido, mas perde algumas informações não-verbais;	Oferece respostas que são mais sobre sua própria visão, experiência ou situação do que sobre o orador;	Antecipando o conteúdo e filtrando-o;
Verbalmente e não verbalmente mostra curiosidade e interesse pela mensagem do orador e os sentimentos por trás dela;	Tentado a discutir uma posição ou falar sobre si mesmo, mas capaz de resistir na maioria das vezes;	Perde o ponto ou detalhes importantes quando os outros falam;	Emoção intensa ou angústia;
Deixa de lado preconceitos, conclusões preconcebidas e julgamentos;	Reconhece o conteúdo da mensagem, mas perde o conteúdo emocional se não for declarado;	Desinteressado na emoção por trás das palavras ao ouvir os outros;	Complacência, tomando as pessoas como certas;
Demonstrar atenção por meio do contato visual, expressões faciais e postura corporal;	Trabalha para não interromper os outros;		Egocentrismo
			Diferenças de idioma;
			Diferenças de valores ou conflitos;

Pensando em melhorar a sua capacidade de ouvir, use a técnica dos 3C´s, ela funciona assim. Para cada coluna, selecione as características que você apresenta, e force-se a fazer as 3 seguintes perguntas (com C´s) para o seu autodesenvolvimento:

O que não faço, mas vou **começar** a fazer ________________

O que faço e vou **continuar** a fazer ______________________

O que vou **cessar** de fazer, porque não é bom _____________

É esta capacidade de ouvir que facilitará a exploração da terceira perna do nosso tripé da comunicação, que é:

3-A capacidade de fazer boas perguntas. Perguntas que deem a compreensão genuína, perguntas abertas ou método Socrático, que inspiram as pessoas a selecionar informações relevantes e não apenas responder sim ou não, vão além da extração básica de informações. Perguntas como:

Como você se sente sobre...?

O que você acha sobre...?

Por que fez, onde será...?

O que aconteceu...?

Qual lição você tira disso...?

Quando irá fazer/concluir isso...?

A combinação da empatia, escuta ativa e por ouvir, ser capaz de fazer boas perguntas, é uma fórmula infalível para qualquer processo de comunicação, experimente ao conversar com alguém, testar estes três pilares.

Certa vez em sala de aula um aluno dizia que jamais compraria a camisa de um time de futebol porque ele detestava aquele clube, era o clube X, então perguntei a ele porque ele odiava tanto, ele me deu seus argumentos. Perguntei a ele o que ele gostava de fazer para divertir-se, fui fazendo perguntas sobre seus hábitos e descobri que ele tinha muitos amigos. Então perguntei se ele tinha algum amigo que torcia para o time que ele detestava, ele disse que sim, alguns, e perguntei se ele já havida dado algo de presente de aniversário para um deles. Ele respondeu que não, então eu perguntei, se em algum momento da vida não seria interessante dar, ele concordou que sim, então eu disse, quando será o aniversário de um deles, e ele me respondeu que seria no final do ano, próximo ao natal. Então eu disse, que tal um presente bem bacana, que fosse de aniversário e Natal? E ele: "nossa, seria bem legal", e se eu te disser que você ainda consegue um preço excelente num presente assim, e que seu amigo certamente iria adorar? E ele já não odiando mais ninguém, disse, muito legal, onde compro e o que seria esse presente? E eu respondi, tenho aqui uma camisa do clube X...

Todos da sala de aula riram muito, inclusive o aluno que participou sem saber, desta dinâmica comigo, mas o que aconteceu aqui? Eu simplesmente mantive a empatia, prestei atenção ao que ele falava, e fui fazendo boas perguntas, como resultado ele compraria algo que anteriormente dizia ser impossível. Isso é comunicação.

Já dizia Abelardo Barbosa, o Chacrinha: "quem não se comunica se estrumbica!". A famosa frase deve ser seguida à risca por quem pretende procurar um novo emprego, decide liderar ou simplesmente quer ficar atento ao que acontece no mercado de trabalho e se desenvolver em sua carreira, comunicação é "a" competência.

E a comunicação como disse Paul J. Meyer (2014, p. 12): É um processo complexo, exige tempo e esforço contínuo. "A chave para ser um comunicador eficaz é prática, prática, prática".

6.4 *Networking*

"Pessoas felizes são muito sociáveis, tal qual comida e regulação térmica, bons relacionamentos são importantes para o estado de espírito dos seres humanos".

Martin Seligman

A prática de *Networking*, que é basicamente a busca e manutenção de relacionamentos que trazem benefícios mútuos, é uma ótima forma de manter contato com outros profissionais e expandir as possibilidades de negócios. Mas, manter uma boa rede de contatos vai além de acumular cartões de visitas e contatos em redes sociais.

Nessas horas, qualidade é melhor que quantidade. Por isso, foque atenção nas pessoas em que há potencial de relacionamento futuro, seja como empregador, parceiro de negócios, sócio ou funcionário.

Mas cuidado, fica evidente quando o sorriso é falso, quando o interesse não fica claro, e a pessoa finge ser amigo, é muito mais saudável se aproximar de pes-soas por interesses claros, por exemplo, fazer um negócio, propor uma parceria, ser apresentado a alguém etc., quando isso fica claro, não é necessário "se fazer de amigo". Afinal, o princípio NEB (Ninguém é Bobo) existe.

Muita gente na ânsia de querer melhorar o seu **marketing pessoal**, acaba se esquecendo que marketing pessoal é apenas uma parte da sua imagem, da sua reputação, da forma como você trata as pessoas, se porta. O melhor marketing pessoal que pode existir é aquele que atribui valor a sua marca, ou seja, é aquele em que as pessoas reconhecem o seu valor, não precisa que você diga isso a elas com palavras, elas te avaliarão por atitudes.

Estar seguro de si, compreender minimamente sobre pessoas, ser empático, trabalhar por resultados, "*soft with people, hard with results*"[100]. E claro, desenvolver técnicas e ferramentas de comunicação, é muito válido. Por isso este livro discute, autoconhecimento e tantos assuntos conectados com desenvolvimento humano, para que você tenha o melhor marketing pessoal possível, o verdadeiro, sendo fiel a você mesmo e gerando resultados para toda a sua comunidade.

Lembre-se, pessoas são diferentes, existem os extrovertidos e os introvertidos, como tratamos no capítulo 3.3-Os tipos psicológicos, então cuidado com abraços efusivos quando as pessoas só querem um "olá tudo bem", do mesmo modo, cuidado quando as pessoas querem um forte abraço e você só diz, "olá", falta até o tudo bem.

Criar relacionamentos é algo que exige disciplina. Uma boa lista de contatos não cai do céu, ela deve ser cultivada aos poucos e com pequenos passos, lembre-se você está lidando com gente, com suas diferenças, com sentimentos, com memórias, sejam elas boas ou ruins sobre fatos que ocorreram e que podem ter tido interpretações diferentes de parte a parte. A seguir, confira algumas estratégias para formar e manter seu *networking*:

Reconecte. Um ótimo primeiro passo é retomar contato com antigos colegas, seja da escola, de algum curso que tenha feito, da faculdade, de infância ou de antigos trabalhos, de uma viagem, um ex-vizinho, enfim, você conhece e conheceu gente em todos os lugares que passou, lembre-se deles.

Pratique. Exercitar o *networking* em situações rotineiras, como na fila do supermercado, no elevador ou na sala de espera do consultório é um bom treino para os mais tímidos. Inicie uma conversa informal, sem compromisso. Comece falando sobre amenidades como o tempo ou a economia em geral. Aos poucos, a prática vai se tornar mais natural e você conhecerá cada vez mais pessoas. Cuide para saber se o papo está agradando, observe as expressões verbais e os sinais faciais e do corpo da outra pessoa, nada mais desagradável que ouvir um: "desculpe você está me atrapalhando".

Participe de eventos. Frequente cursos, feiras e palestras que lhe permitam conhecer novas pessoas da sua área de interesse. Outra dica é chegar cedo no local do evento, já que quando há poucas pessoas no ambiente fica mais fácil se aproximar e conversar com mais tranquilidade.

Troque cartões de visita. Além disso, faça anotações no verso para que seja possível se lembrar das pessoas no futuro, "longe dos olhos, longe do coração", frase dita por Aristóteles (1991, p. 177). Eu refuto a recomendação dos moderninhos de que cartões de visita são coisa do passado em tempos de rede social, cartão é tangível, obriga quem receber ler seu nome, ajuda a fixar na memória, é muito bom quando você encontra um cartão de visita em algum canto e lembra da pessoa, não menospreze o efeito "sorte", além de que estudos comprovam que

---

100 Amável com as pessoas, duro na geração de resultados.

itens de visualização funcionam, como dito anteriormente no capítulo 6.1-Meu PDI: Plano de Desenvolvimento Individual.

Utilize intermediários. Caso estabelecer o primeiro contato com alguém estranho seja uma dificuldade, uma boa tática é recorrer a um conhecido e pedir que ele te apresente, se você é de uma geração que teve infância até os anos 90, certamente você fazia isso na infância, quando dizia a algum(a) amiguinho(a) para lhe apresentar àquele(a) que seria seu(a) pretendente a namoradinho(a).

Use as redes sociais. A internet é um ótimo recurso para fazer *networking*, principalmente para os introvertidos. Mídias digitais podem ser ótimas para contatos iniciais, mas encontros presenciais são necessários de vez em quando, lembre-se, está lidando com gente, seres não lógicos, carregados de emoções, então crie essa disciplina!

Esteja bem informado. Procure estar sempre bem informado, o que inclui ler livros, revistas e jornais, ir ao teatro, cinema, viajar, estudar, enfim, ser uma referência em algum assunto, ajuda muito no *networking*, por exemplo: quando quero encomendar um bolo, sei a quem recorrer, pois sei que tenho uma pessoa que é *expert* em descobrir os melhores bolos da cidade, isso vale para tudo, se tornar uma referência em algum assunto pode abrir muitas portas, do mesmo modo, quando as pessoas sabem que você está sempre bem informado, querem ouvir sua opinião, olha aí outra forma de gerar *networking*.

Prepare-se para as conversas. Faça pesquisas, observe bastante e seja um bom ouvinte. Ao contrário do que muitos pensam, não é preciso falar muito, basta fazer as perguntas certas. Dessa forma, além de demonstrar seu interesse você vai conseguir colher informações para os próximos encontros.

Cultive. Por fim, fazer *networking* é como um hábito que deve ser cultivado diariamente. Lembre-se: procurar as pessoas somente quando tiver necessidade não cria vínculos e o princípio NEB confirma que quem só quer ser ajudado nunca ajuda, não vai muito longe, faça isso e estará destruindo seu potencial de *networking*, além de "queimar seu filme" com quem te ajudou, as notícias sempre correm, e seja você um CEO de uma multinacional ou um motoboy autônomo, somos todos seres sociais por natureza, e fofoqueiros de plantão estão em toda parte.

Networking é comunicação, e sendo comunicação é competência, e sendo competência pode ser aprendida e melhorada, *networking*, no fundo no fundo, é: Uma boa reputação e interesse genuíno nas pessoas.

Reputação é o modo como as pessoas nos percebem, a congruência entre o que falamos e o que fazemos e interesse genuíno é o modo como lidamos com as pessoas. Caso você consiga manter essas duas coisas em alto nível, tem tudo para obter um bom *networking* ou uma boa rede de contatos. Mas, lembre-se: cuide disso, principalmente da sua reputação.

Martin Seligman conclui que "Relações sociais não são garantia de felicidade, mas esta parece impossível de existir sem elas, e Lev Vygotsky encerra o entendimento quando diz que construímos nossa identidade pela relação com os outros.

"A necessidade de apego e de laços afetivos é uma característica humana universal" (Vries, 2010, p. 174)

Assim, *networking* é também, elemento importante da felicidade e construção da humana.

Saiba mais, assistindo essa entrevista:

6.5 Entrevistas de emprego

Coloque nas linhas da tabela 65, os 10 defeitos que você considera que tenha. Se não conseguir 10 faça 5 ou o número que achar razoável, mas marque o tempo que gastou entre começar e terminar esta tarefa.

Tabela 65: Defeitos

1
2
3
4
5
6
7
8
9
10
Tempo total gasto para esta tarefa:

Agora, da mesma forma que fez anteriormente, só que pensando nas suas qualidades, talentos, competências, faça a lista na tabela 66 e marque também o tempo entre começar e concluir a essa tarefa.

Tabela 66: Qualidades

1
2
3
4
5
6
7
8
9
10
Tempo total gasto para esta tarefa:

Comparando as tabelas 65 e 66, em qual delas você gastou mais tempo, levantando defeitos ou qualidades?

A maioria das pessoas gasta mais tempo para buscar suas qualidades, porque será?

Uma das explicações é de Kahneman (2012) no livro Rápido e Devagar, quando fala que eventos ruins chamam mais atenção que os bons.

O cérebro humano e de outros animais contêm um mecanicismo que é projetado para dar prioridade a notícias ruins, reduzindo assim em centésimos de segundos o tempo necessário para detectar um predador e preservar a vida. "O psicólogo Paul Rozin, um especialista em sensação de repulsa, observou que uma única barata irá arruinar completamente o atrativo de uma tigela de cerejas, mas uma cereja não fará nada por uma tigela de baratas" (KAHNEMAN, 2012, p. 376).

Rozin e Royzman (2001) e Baumeister, Bratslavsky, Finkenauer e Vohs (2001) apresentam artigos que evidenciam que o negativo é mais forte que o positivo das mais variadas formas.

"Nós sugerimos que uma característica dos eventos negativos e que os tornam dominantes é que as entidades negativas são mais contagiosas do que as positivas" (ROZIN; ROYZMAN, p. 296).

"Emoções ruins, pais ruins e *feedback* ruim têm mais impacto do que os bons, e informações ruins são processadas mais minuciosamente do que bom. O "*self*" é mais motivado a evitar más autodefinições do que buscar as boas. Más impressões e maus estereótipos são mais rápidos e mais resistentes a desconfirmação do que os bons" (BAUMEISTER; BRATSLAVSKY; FINKENAUER; VOHS, 2001, p. 323).

Vries (2010), alega que a autodepreciação é um traço de caráter perfeitamente respeitável e, sob o ponto de vista da gestão de carreira, pode ser uma estratégia de proteção, pois, ao diminuir a importância das suas realizações dilui a inveja das outras pessoas, tira a atenção delas sobre o seu êxito e reduz as expectativas delas a seu respeito.

Por outro lado, Kanheman (2012) e Pfeffer (2015) evidenciam que indivíduos autoconfiantes alcançam alto status social, respeito e influência em grupos e que nas palavras de Pfeffer, infelizmente os recrutadores preferem para as posições de liderança, pessoas com traços narcisistas, nada humildes o que naturalmente forma uma barreira para se ter outros estilos de liderança, capazes de criar ambientes de trabalho diferentes dos contemporâneos.

Mas antes de falarmos de sermos autodepreciativos ou narcisistas, quero explorar uma questão importante do tipo psicológico, que já vimos no capítulo específico, a diferença entre pessoas extrovertidas e pessoas introvertidas, porque isso tem muita relevância numa entrevista de emprego.

A personalidade dos seres humanos representa um conjunto mais ou menos estável do comportamento observado e, portanto, essa definição, de introvertidos e extrovertidos, pode ter nuances difíceis de capturar. Porém, o psicanalista Carl Jung, em 1920, no livro Tipos psicológicos, empreendeu uma classificação entre esses dois polos que até hoje é muito usada em testes de personalidade e na literatura de psicologia analítica.

O próprio Jung (1974) admite que essa classificação de oposição nas personalidades não seria nova para a humanidade, recorrendo a ideias da antiguidade e até de Goethe, que comparava a existência dos dois tipos distintos aos movimentos cardíacos de sístole e diástole. Porém, foi Jung quem estabeleceu essas definições ou disposições típicas da consciência (introvertida e extrovertida).

Para Jung (1974), introversão e extroversão representam o foco ao qual a energia psíquica do indivíduo se volta. Nos tipos extrovertidos, a energia deriva de uma atividade externa. Como seu foco está no mundo exterior, ele a encontra na interação com as pessoas e/ou fazendo coisas. Já no caso dos introvertidos, a energia psíquica é interna; seu foco então está no mundo interior, e a energia é encontrada por meio da reflexão sobre informações, ideias e/ou conceitos.

A tabela 67 mostra algumas características de pessoas extrovertidas e introvertidas.

Tabela 67: Características de pessoas extrovertidas e introvertidas

Extroversão: Preferência para assimilar energia do mundo exterior das pessoas, atividades e coisas.	**Introversão:** Preferência para assimilar energia do mundo interior das ideias, emoções e impressões da própria pessoa.
Tende a ser: **Iniciador:** Sociável, simpático, apresenta pessoas **Expressivo:** Demonstrativo, fácil de conhecer, autor revelador **Gregário:** Quer pertencer, ampliar círculo, participar de grupos **Ativo:** Interativo, quer contato, escuta e fala **Entusiasmado:** Cheio de vida, energia, busca destaque	**Tende a ser:** **Receptor:** Reservado, controlado, é apresentado **Contido:** Controlado, mais difícil de conhecer, privado **Íntimo:** Busca intimidade, um a um, encontra pessoas **Reflexivo:** Observador, prefere espaço, lê e escreve **Quieto:** Tranquilo, gosta de solidão, busca conhecimento
Assim: • Comunica-se com energia e entusiasmo • Responde rapidamente, sem longas pausas para pensar • Conversa sobre pessoas, coisas e ideias do mundo afora • Precisa moderar sua expressividade • Procura oportunidades para se comunicar com grupos • Prefere comunicação face a face à escrita, e mensagens de voz a e-mails • Em reuniões, gosta de falar alto para colocar suas ideias	**Assim:** • Mantém dentro de si a energia e o entusiasmo • Para e reflete antes de responder • Pensa sobre ideias, pensamentos e impressões • Precisa ser mais extrovertido • Procura oportunidades de comunicar-se individualmente com as pessoas • Prefere comunicação escrita à face a face, e mensagens de e-mail a mensagens de voz • Em reuniões, expõe ideias que foram bem pensadas

Fonte: MBTI® step I e II

É importante esclarecer que introversão não é a mesma coisa que timidez – esta representa mais um medo de um julgamento moral. Por exemplo, pense em um indivíduo que não se manifesta em um evento por ter medo de "falar bobagem". É possível que esse sujeito tímido possa ser tanto introvertido quanto extrovertido. Oposta à extroversão, a introversão é parte do temperamento de alguém, tem mais relação com a tipologia do indivíduo e, assim como a timidez, forma muitos dos traços de personalidade de uma pessoa (Cain, 2012).

Assim, uma pergunta se faz, quem na sua visão leva maior vantagem num processo de comunicação, por exemplo, uma entrevista de emprego? Pessoas extrovertidas ou introvertidas?

É claro! Extrovertidos, o que não quer dizer que os introvertidos não possam ir bem, é apenas uma vantagem natural que extrovertidos tem, mas que se não for usado também no nível adequado, esta vantagem natural, acaba se tornando uma desvantagem tão natural quanto.

A palavra húbris, do grego *hýbris*, significa exagero, desconhecimento ou aquilo que excede a medida, uma insolência contra os deuses no sentido original, em função do indivíduo desejar mais do que aquilo que lhe foi destinado. O atual significado é de excessiva confiança em si mesmo, presunção, orgulho desmedido e arrogância e a húbris é responsável pelo insucesso de muita gente que se pré-candidatou a ser um sucesso.

Além da húbris, o narcisismo também pode trazer benefícios ou malefícios, o narcisismo é evidenciado por características como **domínio, autoconfiança, senso de direito, grandiosidade e baixa empatia** (O'Reilly, Doerr, Caldwell e Chatman, 2014).

Uma meta-análise resumindo os resultados de estudos de diferenças individuais presumivelmente relacionados à liderança efetiva mostrou sete características associadas à eficácia do líder. Quatro desses traços eram **energia, dominância, autoconfiança e carisma.** A literatura revela que os narcisistas exibem mais desses quatro traços do que outras pessoas, o que apoia ainda mais a conexão entre o narcisismo e a seleção de pessoas para papéis de liderança. **Narcisistas são mais extrovertidos** e tem **maior autoestima**, normalmente fazem julgamentos com **maior confiança** do que outras pessoas, portanto são vistos como tendo potencial de liderança. Devido ao seu elevado senso de direito e expectativas positivas para si mesmos, eles são mais propensos a empurrar seu próprio ponto de vista e defender em seus próprios interesses com comportamentos mais agressivos que os ajudam a dominar os grupos sociais nos quais são membros, ainda há o fato de que quando existe ou surge um "gap" de liderança em um grupo ou na organização os narcisistas correm para preencher tal vaga, narcisistas também tem maior facilidade para exaltarem sua performance em público, mesmo que não seja das melhores, tendem a vender como algo muito bom. Autoridade, confiança, dominância e autoestima compõem muitas vezes o estereótipo de um modelo de liderança, sem contar a habilidade **com comunicação** (PFEFFER, 2015; CHAMORRO-PREMUZIC, 2012).

Assim, o que você deve fazer para ir bem numa entrevista de emprego?

Compreender o processo de comunicação, o tripé oferecido no capítulo 6.3-Comunicação "A" competência: Empatia, Escuta Ativa e Boas Perguntas, pensar de forma estratégica, e o que é pensar de forma estratégica? É ter o objetivo muito claro do que você pretende, porque se você tem um objetivo claro você tem 4 benefícios importantes:

1- Tem sentido de direção, visão clara!
2- Tem pró-atividade com antecipação de desafios, riscos e oportunidades;
3- Economiza tempo e dá foco para ação no presente;
4- Produz automotivação: faz você se lembrar, no dia a dia, o porquê definiu o que quer como objetivo!

E, além disso, você pensando de forma estratégica, deve separar o processo de entrevista em 3 etapas, isto facilitará para seu preparo.

Tabela 68: Estratégia para entrevistas

Etapa da entrevista	O que fazer?
Antes da entrevista	**Pesquisar sobre a empresa:** Sua cultura, seus números: faturamento, resultados, funcionários, fabricas, lojas etc., onde é a matriz, nacional, internacional, os produtos, serviços, que comercializa, se recebeu prêmios etc. O próprio *site* na *web* e as redes sociais da própria organização tem bastante informação para isso, mas você também pode pesquisar em sites de jornais, revistas ou publicações especializadas do segmento da empresa. **Preparar-se para falar de você:** Prepare-se para responder perguntas sobre seus interesses, experiências, expectativas, objetivos, valores etc. Não deixe de olhar seu CV e tê-lo em mente na hora das respostas, é preciso mostrar coerência. Tudo que abordamos na parte 2 do livro servirá aqui, fale um pouco sobre você? Como responderia de forma objetiva, mas, ao mesmo tempo, interessante de ouvir? Não pense só sobre o passado e presente, falar sobre futuro também pode ser importante, qual seu objetivo de carreira? Como se vê daqui a 5, 10 anos? Por que você está deixando o seu trabalho atual? Por que saiu do trabalho anterior? Treine! **Pesquisar sobre a vaga:** a qual está sendo entrevistado(a), ela tem aderência aos seus objetivos, quais são os maiores desafios, quanto vale esta função no mercado, quais são as competências mais exigidas, o que você pode agregar a essa função, enfim, por que você quer esta vaga? O que nela te chama atenção ou vê de oportunidade?

Etapa da entrevista	O que fazer?
Durante a entrevista	**Processo de comunicação:** empatia + escuta ativa + boas perguntas. Uma entrevista não é um interrogatório, é uma conversa, a palavra entrevista vem do Francês "*ENTREVUE*", que é o "ato de ver um ao outro, uma breve visita", do Latim *INTER*, "entre", + "vedere" de "ver". Ou seja, você também precisa perguntar sobre a empresa, sobre a vaga e tudo mais que tiver dúvidas, além é claro de confirmar as perguntas, antes de começar a respondê-las, se tiver alguma dúvida. Evite o mal-entendido! Ah, e principalmente, pergunte sobre os próximos passos do processo, prazos, datas, isso é importante para você ter em mente. E claro, os itens básicos: seja pontual com horário, melhor antecipar-se do que atrasar-se, seja sempre positivo, evite comentários negativos a respeito dos ex-empregadores, demonstre entusiasmo pela vaga, não seja vago nas respostas, vista-se de maneira adequada ao ambiente, evite chamar atenção pelo que veste, deixe para chamar atenção pelo que responde e pela forma como faz isso. **20 perguntas que você deveria saber para responder numa entrevista** 1. Fale um pouco sobre você? 2. Por que você escolheu fazer esse curso? 3. Por que você quer este emprego? 4. O que te atraiu em nossa empresa? 5. Em que ponto da sua carreira você quer estar daqui a cinco anos? 6. Conte-me sobre a sua principal conquista? (valide isso no CV) 7. O que você busca em termos de desenvolvimento profissional? 8. Dê exemplos de ideias que você teve ou implementou? 9. Dê um exemplo de quando você teve que lidar com um conflito no trabalho ou na vida pessoal? 10. Qual foi o último livro, filme ou série que você leu, assistiu? 11. O que você costuma ler, ouvir, assistir? 12. Que faixa salarial você busca? 13. Quais foram as suas responsabilidades na sua última posição? 14. Qual foi o último projeto que você liderou e qual foi o resultado? 15. Por que você está deixando o seu trabalho atual? 16. Se você descobrisse que a sua companhia estava fazendo algo contra a lei, como um golpe, o que você faria? 17. Quais são os seus sonhos de vida? 18. Como você descreve seu estilo de vida? 19. O que mais o(a) orgulha? 20. Por que eu deveria contratá-lo(a)?

Etapa da entrevista	O que fazer?
Depois da entrevista	Processo seletivo também é treino! Quanto mais você participar, melhor você ficará, mais seguro, mais conhecedor e, portanto, mais preparado. O que faz todo atleta quando termina a competição? Olha os erros e acertos para se melhorar! Então, caneta e papel na mão, anote, faça análise da sua performance! - só se melhora o que se mede! E aguarde o contato por um período, aquele que foi dito quando você pergun-tou sobre os próximos passos do processo. Se não tiver retorno, entre em contato, tente entender o que aconteceu ou não. Mostre interesse! O que você tem influência, faça, aquilo que você não tem controle, o acaso se resolverá

Para concluir, segue uma dica, para o ACRÔNIMO, ou palavra ENTREVISTA:

Tabela 69: ENTREVISTA

E	**E**mpatia: sempre!
N	**N**aturalidade: não se robotize! Aja de modo natural.
T	**T**alentos: lembre-se de mostrá-los!
R	**R**esponda o que foi perguntado, se não souber, diga que não sabe, mas provoque, por exemplo, isso é algo que eu deveria saber e é importante para a vaga? Pode me dar um exemplo prático, por favor?
E	**E**scuta ativa, isso fará você ter o que perguntar, tire dúvidas sobre a vaga, a empresa, a liderança, a cultura etc., tudo aquilo que for dito na entrevista, se você realmente ouvir ativamente.
V	**V**oz é 38% da comunicação, o tom é importante, o corpo reage com 55%, a palavra é só 7%. Mostre convicção nas respostas.
I	**I**magem é muito importante: nenhuma embalagem se garante sozinha, mas nenhum bom produto perde nada por ter uma boa embalagem.
S	**S**eja você: não finja ser um personagem, seu currículo tem que ser sua história e você tem que saber conta-la verbalmente, dando exemplos, datas, é sua trajetória de vida.
T	**T**reine, treine e treine: o atleta numa competição faz aquilo que repetiu várias vezes no treino, aquilo que já foi feito tantas outras vezes, entrevista é a mesma coisa.
A	**A**ntes de dizer tchau, pergunte dos próximos passos, inclua datas nesta pergunta!

6.6 Dinâmica de grupo

Em algumas organizações, parte do processo de seleção envolve uma ou mais dinâmicas de grupo. A dinâmica de grupo nada mais é do que uma técnica utilizada para avaliar os diferentes comportamentos de candidatos em situações desconhecidas ou inesperadas.

Parte da ideia de que em grupos pessoas têm comportamentos diferentes do que teriam se estivessem sós, como, por exemplo, numa entrevista de emprego. Além de que os avaliadores conseguem comparar as pessoas nesta situação.

A dinâmica geralmente segue uma estrutura, tem uma atividade inicial de "quebra-gelo", para aproximar os participantes, ajuda a aliviar o estresse e a tensão do grupo, visa criar um entrosamento entre eles.

Depois, ou antes, vem uma apresentação pessoal de cada um do grupo, aqui novamente você deve estar preparado para falar de si, veja as dicas no capítulo Entrevista de Emprego, não deve fugir muito de nome, idade, cursos, experiências, objetivos e outros itens que revelou no currículo.

A partir daí, vem uma atividade, que pode ser individual, onde cada um faz algo e apresenta ao grupo, recebe *feedback*, uma espécie de programa de TV com participantes querendo se tornar *chefs* de cozinha, cada um faz um "prato" e apresenta, neste caso, cada um faz sua atividade e apresenta, ou a própria atividade já será feita em grupo, as vezes com cada participante ocupando um papel pré definido ou não, pode ser que os avaliadores estejam avaliando exatamente isso, como o grupo se comporta e como os indivíduos dentro deste grupo assumem papéis distintos, por exemplo, quem se preocupa com o tempo dado para a tarefa, quem se disponibiliza a fazer anotações, quem assume a liderança, quem diverge, quem se anula, quem conflita com quem, enfim.

Este trabalho em grupo pode ser, desde a leitura de um texto, ver um vídeo, discutir um case, estudo de caso, resolução de um problema, e depois apresentação do resultado alcançado pelo grupo.

Feito isso, a dinâmica parte para o encerramento, que pode ser uma mensagem geral, um *feedback* ou testemunhos de lições aprendidas de forma individual, não há um roteiro pré-estabelecido, mas de uma forma geral, é assim que as dinâmicas de grupo acontecem.

E o que geralmente é avaliado numa dinâmica de grupo, além do que já foi comentado é claro, a aderência do perfil e comportamentos dos candidatos com a vaga, valores e competências da empresa. A participação e interesse dos candidatos nas atividades, interação com os demais participantes, desenvoltura, comportamento espontâneo, clareza na comunicação, pois se pretende ter uma prévia visão por parte dos candidatos de como esses comportamentos serão vivenciados em situações e problemas do dia a dia da empresa que pretende têlos como colaboradores.

Assim, com a dinâmica de grupos os consultores obtêm uma análise mais aprofundada das competências (atitudes e comportamentos) esperados pela empresa para a identificação da aderência do perfil do candidato ao perfil da vaga.

Elementos importantes para se sair bem numa dinâmica de grupo são também elementos ligados a comunicação: a persuasão e a negociação, além de extroversão e carisma.

Contudo, extroversão está ligado ao tipo psicológico, que já abordamos, em capítulo específico e também no capítulo de comunicação. Recupere essas leituras para entender a dinâmica dos extrovertidos se você for introvertido, isso te ajudará nas próximas dinâmicas.

Agora, o carisma, esse é mais delicado, porque carisma não dá para treinar, mas você pode se tornar mais simpático, aprender a ser mais bem humorado, social ao se comunicar em grupos e isso vai te ajudar. Falaremos mais de carisma no capítulo 6.6.3-Carisma.

6.6.1 Persuasão

"Nunca vi guerra boa e nem paz ruim". Esta frase é minha frase preferida quando o assunto é persuasão. Ela é maravilhosa porque faz a gente pensar em acalmar a situação, pois não existem benefícios numa guerra, mesmo para quem vence, os custos das vidas perdidas, do trauma psicológico que fica, além do custo financeiro propriamente dito, não pode ser visto nunca como um benefício. Assim como a paz jamais será taxada de ruim.

Persuadir é isso, o professor Robert Cialdini, uma das maiores autoridades mundiais no tema, define persuasão como: "a habilidade de trazer as pessoas para o nosso lado, mudando apenas a maneira como apresentamos nossos argumentos". Ao mudarmos nossos argumentos para trazer as pessoas para o nosso lado, não incentivamos a guerra e colaboramos com a paz.

Para o professor Cialdini (2012; 2006), existem seis armas que aumentam o poder de influência e, portanto, persuasão das pessoas. São elas:

Reciprocidade: "é a velha prática franciscana de é dando que se recebe". É como se fosse uma "amostra grátis", pois tendemos a ajudar quem nos ajuda. Segundo Pereira e Strehlau (2012), a Teoria da Dádiva de Marcel Mauss, explica que a criação de um relacionamento implica em um processo de sucessivos atos de dar-receber-retribuir. Assim, um presente dado pode ser aceito ou recusado, deixando o receptor em dívida com o doador. Neste ato, cria-se uma necessidade de retribuição, que gera um novo ato de dar. Este simples processo fortalece os laços sociais, e estabelece um vínculo duradouro entre os participantes.

Compromisso e Coerência: pode ser apresentado também como consistência, é um processo mental que todos temos na cabeça, precisamos ver coerência nas coisas e quando não vemos nossa mente "grita". Por exemplo, se alguém diz que "no passado fez assim", vem à nossa cabeça a imagem de que no futuro ele repetirá o feito. Fugimos do que Leon Festinger (1957) *apud* Hersey e Blanchard (1977) chamou de dissonância cognitiva. Em seu experimento, Festinger descobriu que fumantes, que não conseguiam justificar o seu ato de fumar, tendiam a desqualificar as pesquisas que apontavam os malefícios do cigarro. Isso é dissonância cognitiva, fugimos da inconsistência (quando duas percepções que têm relação entre si estão em conflito) a ponto de, quando estamos diante de uma, tendermos a criar alguma coerência, mesmo que só para nossa cabeça.

Prova social: as pessoas tendem a fazer o que os outros estão fazendo. Somos seres sociais, gostamos de pertencer. Isso explica, por que você pode ter um restaurante cheio com fila de espera e, ao lado, um vazio, com mesas disponíveis. A necessidade de viver em grupo e fazer parte é tão grande no ser humano que notícias de suicídio são evitadas, pois a simples notícia pode aumentar o nível de casos. Chega soar doído quando alguém te diz algo como: "Só você vai ficar de fora?"; "Tá todo mundo usando, você não viu!"; "Todo mundo conhece isso, que mundo você vive!"; "Você nunca foi lá, não acredito?"; "Nossa! Você é a primeira pessoa que conheço, que diz não gostar disso!

A exclusão social é uma dor psíquica e alguns casos até uma dor física (CAMERER; LOEWENSTEIN; PRELEC, 2005). Seligman (2004) entende que as pessoas felizes são muito sociáveis, e que assim como alimentação e regulação térmica, bons relacionamentos são importantes para o estado de espírito dos seres humanos. Pessoas querem estar perto de pessoas, isso explica classes sociais, crenças comuns, torcidas de futebol, comportamentos de manada diante de uma promoção de Black Friday e vendas aumentarem porque a cantora X famosa usou na televisão ou postou na rede social, e assim por diante.

Simpatia: ou afeto, como bem disse Clarence Darrow: "O maior trabalho de um advogado no tribunal é fazer o júri gostar de seu cliente". No fundo, gostamos de quem gosta da gente, fazemos concessões a essas pessoas, Freud já reconhecia isso quando proferiu que: "Podemos nos defender de um ataque, mas somos indefesos a um elogio". Atração física, semelhanças, elogios, contato e cooperação, condicionamento e associação, carisma, são todos elementos que despertam ou não afeto.

Autoridade: Adoramos ouvir alguém que tenha autoridade sobre o tema. Isso nos alivia de ter que pensar. Somos o único animal que usa 25% de sua energia cerebral em estado "sem pensar". Se você tiver que fazer uma conta 1+1 = ?. Isso será muito fácil, mas se a conta for, 17 x 24 vai te consumir alguma energia. E se neste mesmo tempo que estiver calculando eu te perguntar qual é a capital da Bulgária, e onde você esteve há dois dias, é perigoso você 'travar". Pensar cansa, nos consome e tendemos a evitar isso o máximo possível, queremos um conforto cognitivo (KAHNEMAN, 2012). Assim, gostamos de delegar para o especialista: "Se o fulano falou, eu acredito!" ou "Se a atriz X está nisto..."; "Ela é a pessoa que mais entende disto"; "Se ele que trabalha com isso está dizendo...". "Mesmo que não seja, mas a sensação de parecer já me basta".

Títulos que a pessoa tenha, roupas que use, ornamentos como, por exemplo, o carro que usam, influenciam a percepção de autoridade.

Detalhe, charlatões sabem disto desde sempre. Um estudo da linguagem do charlatanismo decifra como os farsantes ludibriam seu público; pirotécnica verbal, bajulação do ouvinte e segurança no que falam, usam alusões religiosas e superstições, termos pseudocientíficos, recorrem à mística de lugares distantes e um toque de classe social, aludindo conhecimento que tenham de pessoas poderosas (VRIES, 2010).

Escassez: se o objeto é raro, ele é mais desejado. A escassez é a primeira lei da Economia, nunca há algo em quantidade suficiente para satisfazer os que o querem. As necessidades são infinitas, mas os recursos são escassos. Temos mais desejos que tempo, dinheiro e energia para realizá-los sempre (DIAS, 2016). Você já ouviu algo como: "É só até sábado"; "Últimas unidades disponíveis"; "Vagas limitadas!"; "Inscreva-se! Só tem mais algumas horas!"; "É só para os primeiros 10 que ligarem!".

Todas as frases mexem conosco de alguma forma, dão a ideia de que vamos perder algo, e o ser humano tem aversão a perdas, perder dói na proporção de 2,5 vezes mais que o benefício (prazer) do ganho, ninguém gosta de perder ainda mais algo que parece bom e que todos estão fazendo parte (KAHNEMAN, 2012).

Não à toa G. K. Chesterton disse que: "a maneira para amar qualquer coisa é perceber que podemos perdê-la". Por isso uma das principais formas de persuadir alguém é mostrar a ela que poderá perder se não aceitar agora.

Recapitulando: **reciprocidade, compromisso e coerência, autoridade, prova social, simpatia e escassez**, formam as 6 armas da persuasão.

Agora você pode usá-las e tornar-se mais influente do que imagina. Porém, o próprio Cialdini (2012) faz um alerta e é bom tomar cuidado.

Você pode ser um trapalhão, que perde oportunidades de exercer mais influência por não saber como lidar com elas, ou por não identificar os momentos onde elas aparecem diante de você em suas negociações.

Pode ser um aproveitador, como um daqueles que, usa essas armas para finalidades ilícitas ou antiéticas. Pode até experimentar algum sucesso no curto prazo, mas certamente a longo prazo os resultados não se mostram satisfatórios, e isto vai revelando o seu caráter. Lembre-se sempre de preservar sua reputação.

E pode ainda ser como um detetive aquele que conhece as técnicas, está sempre atento aos componentes da situação, antecipando onde elas podem ser empregadas, sem com isso enganar ou coagir ninguém, afinal, persuasão é "a habilidade de trazer as pessoas para o nosso lado, mudando apenas a maneira como apresentamos nossos argumentos".

Assim, aprenda a ser persuasivo, isso ajudará não apenas em dinâmicas de grupo, mas na sua vida para a interação com pessoas.

A persuasão também ajuda a negociarmos melhor nossas divergências com outras pessoas, afinal, negociação não é privilégio apenas de profissionais que atuam em organizações.

6.6.2 Negociação e gestão de conflitos

Em nosso dia a dia, estamos sempre negociando algo, conosco mesmo, com alguém ou algum grupo.

Desde a roupa que vamos usar no dia; porque esta camisa e não aquela outra. O percurso que faremos para o trabalho, as entregas do dia, no trânsito, a quem damos passagem, a quem iremos telefonar, mandaremos mensagem. Tudo exige algum tipo de negociação.

O dia só tem 24 horas, e não dá tempo de fazer tudo que gostaríamos de fazer, ainda mais porque precisamos dormir parte deste tempo, o que também é uma negociação, horas de sono versus entregas de trabalho, lazer, relacionamentos, compromissos pessoais etc. Tudo isso precisa caber nas inegociáveis 24 horas do dia, portanto, é preciso priorizar e escolher. Isso significa, na prática, negociar o seu tempo disponível com todas as suas demandas.

Sempre que houver uma divergência de interesses, será necessária uma negociação, a **negociação consiste sempre em uma relação de trocas, concessões e resoluções, inclinadas à satisfação de interesses ou necessidades de partes opostas.**

Portanto, o objetivo de uma negociação é o de encontrar um "denominador comum" entre as partes.

Este denominador comum só será alcançado se os interesses conseguirem aliar-se, e seja possível alcançar algum acordo mutuamente aceitável, que traga alguma vantagem e que principalmente seja viável implementá-lo.

Desde os tempos antigos se fala na "escolha salomônica", baseada na história do Rei Salomão, considerado muito sábio, que – ao presenciar a disputa de duas mulheres pelo mesmo filho – ordenou que a criança fosse dividida ao meio, para atender de forma justa o desejo de cada uma delas.

Porém, neste momento, a mãe verdadeira, que não suportaria a dor da morte da criança, decide renunciar ao filho e diz a Salomão que a outra mulher poderia ficar com a criança. Então, Salomão, reconhece que esta mulher era a verdadeira mãe, afinal, uma mãe jamais escolheria a morte do filho, mesmo que isso a deixasse longe da criança.

Esta história é uma ótima referência sobre negociação, porém, não podemos aplicá-la sempre a ferro e fogo. E este é o desafio de bons negociadores, não aplicar regras ou fórmulas rígidas. Por exemplo, se duas pessoas têm fome e só existir um pão, a escolha salomônica certamente seria dividir o pão em dois, e cada um comeria sua justa parte. Mas, dividir uma criança em duas, não faz o menor sentido.

Por isso, cuidado com fórmulas mágicas de negociação. Cada negociação pode ser única e requerer uma solução salomônica única.

"Meio pão é melhor que do que nada, mas meio bebê é pior que nenhum bebê".

Fischer, Ury e Patton (2014) recomendam ter cuidado com situações limite, e negociações baseadas em regras. Para eles o negociador deve se basear em princípios, ser duro em relação ao método de negociação, mas sempre afável com as pessoas, de modo que as variáveis **Relacionamento** e **Resultados**, precisam ser pensadas.

Por exemplo, uma situação em que o Resultado não é importante e Relacionamento também não, um exemplo bem simples desta situação é quando alguém, com um único item de compra, pede para passar na sua frente na fila do caixa do supermercado. É uma pessoa que você provavelmente nunca viu e talvez nunca mais verá, e o resultado que você tem a perder ou ganhar aqui, deixando ou não deixando, é praticamente nada, alguns poucos minutos a mais ou a menos.

Mas no campo profissional, não podemos menosprezar essas variáveis, você pode achar que o relacionamento numa dinâmica de grupo não seja tão importante, afinal as outras pessoas são seus concorrentes, e talvez você nunca mais os veja, então vai focar com todas as forças para obter o melhor resultado possível para si.

O que não deve ser uma boa estratégia, principalmente pensando no médio ou longo prazo, não menospreze a capacidade de reencontrar estas pessoas no futuro em posições muito diferentes de apenas concorrentes seus, eles podem no futuro serem pessoas que se tornarão decisores sobre sua carreira, podem, por coincidência do destino estarem em empresas que você disputará vagas, podem tornar-se seus superiores, enfim, o mundo dá muitas voltas e já vi muita gente que menosprezou estagiários, enquanto era um recrutador e anos depois, esse estagiário menosprezado se tornou chefe desta pessoa em outra empresa.

Assim, prestar atenção tanto a Relacionamento quanto a Resultado são importantes extremamente importantes numa negociação de conflitos.

Figura 61: Variáveis da negociação

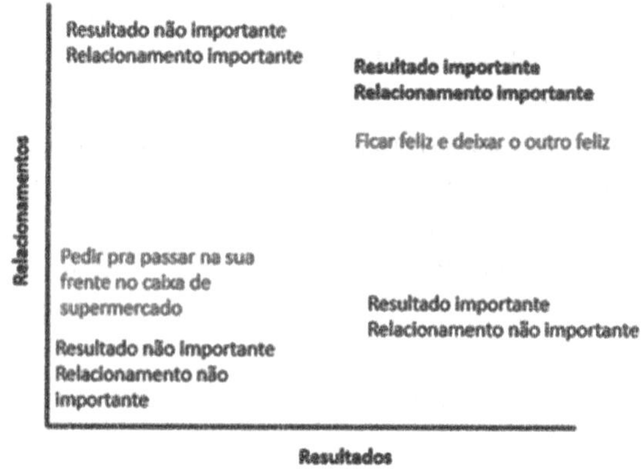

Fonte: autor

Os autores, Fischer, Ury e Patton (2014) no clássico livro "Como chegar ao sim", descrevem o método de negociação com quatro partes muito importantes, que surgem derivadas de um problema que requer negociação.

O problema, seja uma compra e venda, um relacionamento etc., tudo parte de um problema. E aqui é melhor **não barganhar por posições**, mas sim basear-se em princípios e méritos. Você pode ser duro ou afável durante a negociação, vai depender do desafio que tenha pela frente, mas precisa se concentrar na satisfação dos interesses e não nas posições.

Por exemplo, eu quero vender, mas o potencial comprador quer um desconto. Preciso atacar o problema da percepção de valor que ele tem sobre meu produto, para que ele pague o que eu quero. Mas não posso esquecer que meu interesse é vender.

Portanto, mesmo que ele desmereça meu produto, não posso entrar no jogo e fixar na posição, preciso manter em minha mente que meu interesse é a venda.

Numa dinâmica de grupo você pode ter que negociar um tema, uma abordagem, quem fará o que, enfim, haverá necessidade de negociação, então negocie, com as pessoas, objetivando sair-se bem, sem que com isso tenha que destruir o outro lado.

Os autores alertam que "quando um dos lados se curva diante dos rígidos desejos do outro, enquanto suas próprias preocupações são ignoradas, geralmente o resultado é ira e ressentimento" (Fisher, Ury e Patton, 2014, p. 30).

A barganha posicional muitas vezes destrói o relacionamento entre as partes. Por isso os autores desenvolveram o método, que ficou conhecido como Método de Negociação de Harvard, que criou uma alternativa à barganha posicional. Este método pode ser conhecido também como negociação baseada em princípios ou negociação baseada em méritos, o método pode ser resumido em quatro pontos (FISCHER; URY; PATTON, 2014):

1. **Pessoas:** Separe as pessoas dos problemas: Lembre-se, somos criaturas emocionais. Uma pequena percepção distorcida pode gerar conflitos e comprometer acordos. Portanto, seja duro com o problema, mas afável com as pessoas. Desenvolva sua inteligência emocional.

   Por exemplo, em vez de dizer que a pessoa não cumpriu sua palavra, diga que está se sentindo traído. A simples mudança de acusação para uma expressão de como se sente pode mudar tudo. Ataque o problema, nunca as pessoas.
2. **Interesses:** Concentre-se em interesses, não em posições: Dois homens discutem sobre manter a janela da sala fechada ou aberta e não chegam a uma conclusão. Uma terceira pessoa pergunta ao primeiro homem porque ele quer a janela aberta. Ele responde: para entrar ar fresco. Depois, repete a pergunta ao segundo homem, este diz: para evitar a corrente de ar. A terceira pessoa então abre a janela da sala ao lado, deixando entrar ar fresco, sem corrente de ar. O que a terceira pessoa fez, foi olhar os interesses em discussão e não as posições, quando isso acontece a chance de a negociação ter sucesso é maior.
3. **Opções:** Invente opções de ganhos múltiplos, antes de decidir o que fazer. Não podemos enxergar o mundo de forma maniqueísta. O que chamamos de "*oitentite*" no capítulo 6.2- O que é preciso saber para liderar, é uma espécie de doença social. Pessoas que tratam tudo como, ou sendo 8, ou sendo 80, como se não houvesse além de um zero à direita, mais 72 números separando-os. São 50 tons só de cinza! Imagina somar todas as outras cores?

   Quando falamos sobre criatividade, no capítulo, 5.4-Bem-vindos a era da criatividade, vimos algumas técnicas para gerar opções. E lembre-se sempre, discutir opções é diferente de tomar posições. Não julgue, gere! Depois decida. "Em uma situação complexa, a inventividade criativa é uma necessidade absoluta".
4. **Critérios:** Insista em usar critérios objetivos: Tomar decisões com base em desejos e vontades tem um alto custo. Portanto, recorra a dados, padrões, indicadores, mérito científico, critérios objetivos. Exemplo: pergunte, com base em que você formulou essa posição? Essa opinião? Tomou essa decisão?

Use o tripé da comunicação para negociar, empatia, escuta ativa e boas perguntas, faça perguntas que deem a compreensão genuína do ponto de vista alheio e isso será importante para gerar opções para a negociação.

Quando estiver diante de um conflito difícil e se encontrar sem alternativas, sem respostas, use a estratégia "STOP", uma técnica para refrear os ânimos. É uma espécie de "*circuit breaker*", como existe na Bolsa de Valores, quando os preços perdem sua razoabilidade e, para evitar prejuízos irracionais, suspende-se as negociações.

Tabela 70: STOP

S	*Step back*	Dê um passo para trás
T	*Think about*	Pense a respeito de tudo que foi discutido, apresentado e recobre sua estratégia
O	*Options*	Gere opções, além das que foram apresentadas, tente revistar outras negociações que já tenha participado, falar com mais pessoas, crie, invente, pense alternativas
P	*Proceed*	Só então prossiga na negociação

FONTE: (elaborado pelo autor).

Se mesmo com a técnica STOP a negociação não andar, você pode tentar a técnica **Jiu Jitsu**, inspirada na arte marcial, que os especialistas em negociação recomendam para quando você precisar transformar a energia negativa a seu favor, por exemplo, se não há mais como oferecer opções, dizer: "estamos aqui para fazer isso acontecer, juntos. O que você me diz?"

Isto de alguma forma joga a "bola para o outro lado" que, supostamente, também quer algum acordo contigo.

Tudo pode ser negociado, o preço, a qualidade, o prazo de entrega, a condição de pagamento, o desconto, a cor, o tipo de trabalho, o período das férias, a hora extra, a segunda feira de folga, a ponte do feriado, enfim, tudo é negociável, exceto valores pessoais, confiança e quem você é. Assim, os elementos principais para negociar melhor os conflitos é a combinação do método, mais uma boa visão sobre:

Personalidade; entender sobre a sua personalidade e a personalidade da outra ou outras pessoas. Com o que abordamos na parte 2 do livro, você tem bastante material para isso.

Percepções; os *experts* em comunicação Jung e Kyrillos (2015) têm uma frase muito boa que é: "comunicação é um processo dinâmico: constrói percepção rapidamente; o outro entende intuitivamente e reage imediatamente". Esta frase resume bem como se dá a reação a partir daquilo que recebe de informação.

Muitas vezes conflitos são apenas falta de alinhamento de percepções. Por exemplo, a figura 62:

Figura 62: Diferentes percepções

FONTE: (internet).

Segundo Banov (2015, p. 60) "a percepção é um processo por meio do qual os estímulos físicos, captados pelos órgãos dos sentidos, são transformados em interpretações psicológicas". O significado que encontrar é o que se chama percepção, podemos dizer que **perceber é dar significado as sensações.**

Ou seja, o nosso sistema sensorial (os 5 sentidos) capta ou "sente" e é dado significado, através do nosso dicionário interno que interpreta (percebe) o que foi sentido.

Por exemplo, se eu estiver de olhos fechados, mas passar a mão sobre a minha mesa do escritório e tocar em algo arredondado, ouvir um barulho muito familiar ao movê-lo, sei que é mouse.

Como meu dicionário interno (percepção) sabe o que é isso, ele interpreta o que senti pelo tato e, neste caso, auxiliado pela audição.

Figura 63: Os 5 sentidos

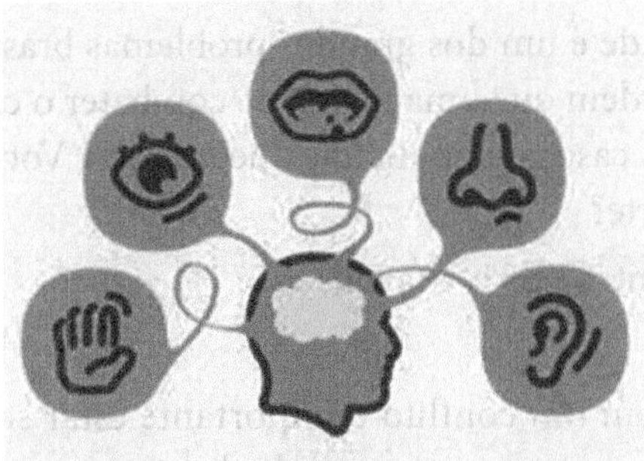

FONTE: (internet).

A nossa percepção é moldada pela nossa experiência, nossa cultura, e assim vem carregada de vieses que podem nos trair e nos levar a erros de julgamento.

Por isso, um dos primeiros passos para lidar com um conflito é compreender as percepções de ambas as partes sobre o que gerou o conflito.

Outro fenômeno muito comum, que pode levar a conflitos é o que se chama de enquadramento, "*framing effect*" em inglês, isto porque quando a questão é apresentada de forma diferente, o julgamento pode ser afetado.

Por exemplo, qual das duas notícias abaixo lhe parecem melhores:

- 10% das pessoas que passam por este tratamento não sobrevivem.
- 90% das pessoas que passam por este tratamento sobrevivem.

Do ponto de vista matemático, 10% não, é o mesmo que 90% sim, não há diferença matemática nas duas notícias, porém, naturalmente as pessoas preferem a segunda. Porque 90% é um número maior que 10%. Esta sensação de proporcionalidade dá um conforto mental de que é muito maior, além da palavra "não" contida na primeira notícia que tem uma conotação de perda, e perda também é uma sensação muito doída para qualquer pessoa.

Veja, as pessoas podem ter conflitos apenas pelo modo como as questões são apresentadas. Elas podem querer a mesma coisa, mas o simples fato de o enquadramento distorcer as percepções pode desencadear um conflito.

Um exemplo de "***framing***", muito comum, pode ser percebido numa pesquisa do Instituto Vox Populi sobre pena de morte. Foram feitas as mesmas perguntas, porém com apresentações, ou enquadramentos diferentes, veja os resultados:

1. O erro nos processos judiciais é um dos grandes problemas brasileiros. Alguns especialistas entendem que, se houvesse pena de morte no Brasil, muitas pessoas inocentes poderiam ser executadas. Você é a favor ou contra a pena de morte?

Resultado 62% contra e 38% a favor.

2. A criminalidade é um dos grandes problemas brasileiros. Alguns especialistas entendem que uma forma de combater o crime é adotar a pena de morte para casos de homicídios hediondos. Você é a favor ou contra a pena de morte?

Resultado 47% contra e 53% a favor.

Assim, ao lidar com um conflito é importante estar seguro de que as suas percepções estão realmente corretas e alinhadas com as percepções dos outros.

É preciso garantir que ambos estejam vendo o mesmo fato, imagem, mas apenas tem divergências de interesse sobre o que veem e não divergência no que veem.

Para haver uma boa gestão de conflito, você precisa identificar a tensão ou desacordo dentro de si ou com os outros e promover soluções que são melhores para todos os envolvidos.

Portanto, sair do problema e ir para a solução. A tabela 71 pode lhe ser útil nesta jornada.

Tabela 71: Gerenciamento de conflito e caminho para solução

Gerenciamento de conflito significa:	Caminho para solução
Identificar a tensão ou desacordo dentro de si ou com os outros	Obter a percepção correta sobre os fatos e alinhar as percepções de modo a trabalhar apenas no alinhamento dos interesses divergentes
promover soluções	Uso da criatividade; usar técnicas para geração de ideias e alternativas.
para todos	Uso da empatia e eventualmente um mediador para mediar o conflito quando as pessoas não conseguem mais, por elas mesmas negociar.

FONTE: (elaborado pelo autor).

O uso da inteligência emocional para suportar uma negociação difícil também é importante, de modo que usar frases como estas:

Você não está me entendendo!

Você quer me prejudicar!

Como? Você está louco?

Não é assim!

Só você quer levar vantagem?

Eu não tenho condições de fazer isso!

Apenas mostram baixa inteligência emocional e não ajudam a negociar conflitos, mas elas são comuns de aparecer. Infelizmente, quando a emoção toma conta, a negociação sai pela janela e você ainda poderá se prejudicar, pois terá muitas vezes que pedir desculpas e isto lhe enfraquecerá na negociação, provavelmente terá que fazer mais concessões.

Tabela 72: Gerenciamento de conflito aspectos construtivos e destrutivos

7 aspectos do conflito construtivo	8 aspectos do conflito destrutivo
Captação perceptiva: coloque-se no lugar do outro	**Vencendo a todo custo:** discuta ferozmente por sua posição
Criando soluções: procure oportunidades em que todos saem ganhando	**Exibindo raiva:** use voz áspera e irritada
Expressando emoções: explique como você se sente	**Degradando os outros:** humilhando os outros, julgando-os.
Estenda a mão: mostrar o desejo de fazer as pazes e assumir a responsabilidade	**Retaliação:** vingar-se, querer estar quites.
Pensamento reflexivo: pare, reflita, pense antes de agir.	**Evitar:** afastar-se do conflito, evitá-lo.
Atraso na resposta: faça uma pausa quando necessário. Acalme-se	**Render-se:** ceder, ser extremamente flexível, submisso
Adaptação: seja flexível	**Escondendo emoções:** hesitante em se expressar
	Autocrítica: falta confiança, dúvida de si mesmo.

Fonte: Adaptado de Aanstad et al., 2012

Mas, claro, tudo isso são técnicas, não há técnica no mundo que seja 100% eficaz. O mundo vive conflitos que duram séculos e, até hoje, não foram conciliados, mas para o dia a dia e para nossas carreiras, trabalhos e exercício de liderança, as técnicas ajudam muito e nos fazem alcançar melhores resultados. No entanto, sempre há, exceções, afinal: "Um homem pode muito bem levar um cavalo até a água, mas ele não pode obrigá-lo a bebê-la" nos ensinou John Heywood, mas os conflitos são inevitáveis, eles fazem parte da vida e precisam ser negociados.

> "Por mais estranho que pareça, o mundo precisa de mais conflitos, e não menos. O desafio não é eliminar conflitos, mas transformá-los. É mudar o modo como lidamos com nossas diferenças – em vez de conflitos antagônicos e destrutivos, solução de problemas de forma conjunta e pragmática. Não devemos subestimar a dificuldade dessa tarefa, que, no entanto, é o que há de mais urgente no mundo hoje." (FIISCHER; URY; PATTON, 2014, p. 13)

O presidente americano John F. Kennedy, em seu discurso de posse em 20 de janeiro de 1961 disse uma frase muito motivacional quando o assunto é negociação: "que nunca negociemos por medo, mas que jamais tenhamos medo de negociar".

E negociar é parte do escopo de qualquer pessoa, pois as maiores causas de conflitos, em organizações, são, nesta ordem: guerra de egos, choque de personalidades, stress, carga de trabalho, falta de recursos, liderança empobrecida no topo das organizações, falta de honestidade e abertura, gerencia empobrecida, falta de clareza nos papeis de trabalho e de responsabilidades. Existem mais motivos, mas estes são os "top 8" que figuram com notas maiores no *ranking* da CPP Global no estudo *Workplace Conflict and How Business Can Harness it to Thrive.*

Gerenciar conflitos é uma oportunidade de mostrar liderança e é parte da agenda do (a) líder. Verdadeiros líderes convertem as demandas, valores e objetivos que originam conflitos em demandas viáveis, contudo, segundo Burns (1978) os líderes devem estar dispostos a não serem amados e devem lidar com o conflito.

Os conflitos não são necessariamente ruins, eles também são oportunidades, é na resolução deles que surge a melhoria. Quando gerenciados por meio de ferramentas e conhecimentos adequados, os conflitos podem levar a resultados positivos, como uma melhor compreensão dos outros, melhores soluções para problemas ou desafios e grande inovação.

Aproximadamente três quartos dos trabalhadores relataram resultados positivos que resultaram do conflito - resultados que com toda a probabilidade não teriam sido produzidos se o conflito não tivesse sido iniciado (CPP, 2008).

A questão, portanto, não é se pode ser evitado ou mitigado; a verdadeira preocupação é como o conflito é tratado, sempre tentando transformar o problema numa solução. A gestão eficaz e a resolução de conflitos podem ser alcançadas quando autoridade, responsabilidade e prestação de contas estão alinhadas (BASS, 2008; BURNS,1978).

Uma ferramenta conhecida para lidar com conflitos é a Caixa de Betari também conhecida como ciclo de conflito, demonstrada na figura 64.

Por ela podemos observar que lidar com conflitos significa mudar nosso comportamento, já que ele impactará o comportamento do outro também, o que pode levar a um ciclo de tensão ou calmaria, a depender do modo como nos comportamos.

Figura 64: Caixa de Betari

Fonte: Carvalho, Alvim e Bertoccelli (2019)

Para lidar com conflitos temos que perceber duas variáveis, uma delas sou eu, os meus interesses, e a outra, a outra parte envolvida no conflito, ou seja, os interesses dela. Mas antes de entrarmos nisso, responda as questões abaixo e compreenda onde você tende a se posicionar.

Leia cada uma das questões da tabela 73 e responda sua pontuação da seguinte maneira, se você entender que normalmente é assim que age, adicione 5 pontos, se entende que é apenas às vezes, some 3 pontos, ou se for raramente então coloque 1 ponto na coluna Pontos.

Tabela 73: Estilo de administração de conflitos

Pontuação	Normalmente = 5 Às vezes = 3	Raramente = 1
Nr	**Questão**	**Pontos**
1	Eu exploro nossas diferenças, sem voltar atrás, mas também sem impor o meu ponto de vista	
2	Admito que estou parcialmente errado, em vez de explorar as diferenças	
3	Cedo inteiramente, em vez de tentar mudar a opinião de outra pessoa	
4	Eu discordo de forma aberta, e aí então convido a uma maior discussão a respeito das diferenças	
5	Tenho a fama de querer sempre chegar a um meio-termo com as pessoas	
6	Coloco de lado quaisquer aspectos controvertidos de uma questão	
7	Busco uma solução mutuamente satisfatória	
8	Tento convencer a outra pessoa	
9	Em vez de deixar que a outra pessoa tome uma decisão uma decisão sem a minha contribuição eu me certifico de ser ouvido e também de ouvir a outra pessoa	
10	Concordo com um meio-termo, em vez de procurar uma solução inteiramente satisfatória	
11	Trabalho para sair vitorioso, não importa o que haja	
12	Concordo logo, em vez de brigar a respeito de um assunto	
13	Espero conseguir cerca de metade do que eu realmente digo	
14	Nunca desisto de um bom argumento	
15	Cedo assim que o outro lado começa a agir com emoção a respeito de uma questão	
16	Prefiro vencer a chegar a um acordo	

Agora some os pontos das questões conforme abaixo, esta será sua pontuação nos quatro critérios: colaboração, conciliação, acomodação e competição.

Tabela 74: Gabarito do estilo de administração de conflitos

Some os pontos das questões 1, 4, 7 e 9		Colaboração
Some os pontos das questões 2, 5, 10 e 13		Conciliação
Some os pontos das questões 3, 6, 12 e 15		Acomodação
Some os pontos das questões 8, 11, 14 e 16		Competição

No gráfico abaixo insira sua pontuação em cada quadrante respectivamente.

Observando a figura 65 podemos observar 5 possibilidades: competição, colaboração, conciliação, evasão e acomodação.

Figura 65: Estilos Administração de Conflitos

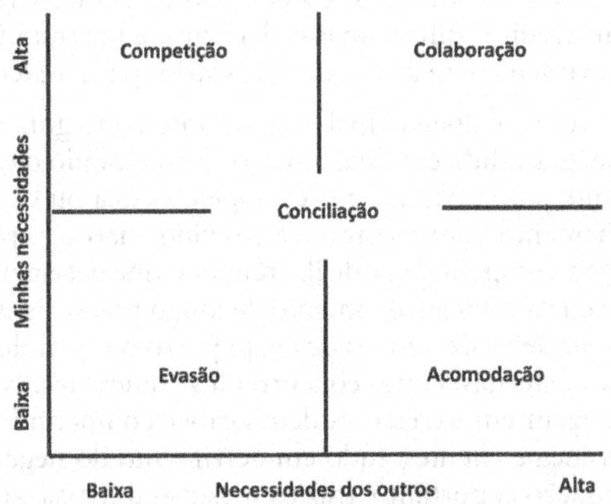

FONTE: Adaptado de CPP (2008); THOMAS; KILMANN (1978)

Uma pontuação de 17 ou mais é considerada elevada, entre 12 e 16 moderadamente elevada, entre 8 e 11 moderadamente baixa e uma pontuação de 7 ou menos é uma pontuação baixa.

Onde estiver sua maior pontuação é sua predominância na gestão de conflitos, se houver equilíbrio significa que você tende a lidar bem em todos os quadrantes a depender da situação. Já uma pontuação baixa em todos os quadrantes, significa que você tende a estar na evasão.

E o que significa cada um destes quadrantes?

EVASÃO: À primeira vista, isso pode parecer envolver simplesmente ignorar a situação de conflito. No entanto, existem muitos aspectos positivos para evitar o conflito. Todos nós sabemos que "dormir sobre isso" pode nos ajudar a nos acalmar e pensar sobre o que realmente queremos. O truque para o sucesso é garantir que você não use essa mentalidade mais calma como desculpa para não abordar os problemas que podem piorar se não forem resolvidos. Um desafio comum para os líderes é aprender quando usar a evitação. Eles podem ter progredido bem em sua carreira ao se envolver em problemas e resolvê-los. No entanto, como líder, isso pode significar que eles gastam todo o seu tempo na resolução de conflitos e também reduzirá as oportunidades de desenvolvimento ou visibilidade dos outros. Nem sempre evitar conflitos é a melhor estratégia, pode ser uma, por um período, mas não podemos sempre evitar os conflitos. Lembre-se que gerenciar conflitos também é uma oportunidade de desenvolvimento e novas soluções, inovação, enfim, há oportunidades na gestão de conflitos.
ACOMODAÇÃO: Isso envolve essencialmente compreender o que a outra pessoa deseja da situação e fazer tudo o que puder para garantir que isso aconteça. Em vez de atender às suas próprias necessidades, você está escolhendo investir no relacionamento. Essa pode ser uma ótima abordagem para assumir funções relacionadas ao cliente ou dentro de uma equipe onde você espera desenvolver relacionamentos para o futuro. A maior desvantagem dessa abordagem é obviamente que suas necessidades não são atendidas. Embora isso possa ser aceitável para você no curto prazo, com o tempo você pode ser considerado certo e pode começar a ficar ressentido. Ceder é uma forma de ter um "crédito" futuro, mas ceder sempre lhe trará frustrações futuras e não trará o desenvolvimento e maturidade necessários para o exercício da liderança.
COMPETIÇÃO: Às vezes, é apenas mais importante conseguir o que deseja. Essa tende a ser uma estratégia válida em duas situações: ou quando o que está em discussão é muito importante para arriscar, por exemplo, a ética ou os valores essenciais; ou onde seu relacionamento com os outros envolvidos não é importante para você. Adotar uma abordagem competitiva pode lhe render o que deseja no curto prazo, mas provavelmente será à custa do relacionamento de longo prazo. Essa abordagem pode, portanto, ser útil em modelos de vendas de curto prazo ou quando apropriadamente canalizada para fontes externas, como concorrentes comerciais. No entanto, aqueles que usam essa abordagem em excesso podem acabar competindo com colegas, subordinados, sua liderança e clientes, tudo em detrimento do negócio. A competição é o oposto da acomodação e, portanto, traz os mesmos dilemas, ao querer sempre se colocar em primeiro, isto pode despertar uma "fome de vingança" por parte daqueles que sempre perderam a disputa. De modo que o futuro pode estar logo ali em frente a espera, e os ganhos do curto prazo podem não ser suficientemente bons para suportar estas perdas futuras.
COLABORAÇÃO: Ganha / Ganha é a solução ideal para qualquer problema e, portanto, essa abordagem pode ser vista como um grande objetivo: permitir que você e os outros envolvidos atendam às suas necessidades. No entanto, existem desvantagens: como todo trabalho em equipe, a colaboração depende da confiança e da comunicação. Passar para a colaboração sem ter essa base será muito difícil. Uma segunda desvantagem é que a colaboração leva mais tempo. Aqueles que confiam nessa abordagem descobrirão que mesmo as pequenas decisões podem levar muito tempo, embora, a longo prazo, trabalhar com alguém em quem você confia se torne mais rápido e eficiente. Também precisamos levar em conta, que nem sempre será possível atender a todos os interesses ao mesmo tempo, a colaboração é um ideal, mas nem sempre será possível.

CONCILIAÇÃO: Isso geralmente é visto por aqueles que a utilizam como a abordagem mais madura a se tomar. Certamente parece adulto dividir o bolo igualmente: permitindo que todas as partes envolvidas tenham uma fatia de suas necessidades satisfeita. Esta opção será frequentemente escolhida por aqueles que desejam evitar os aspectos emocionais da gestão de conflitos: visando uma resolução rápida e equitativa, se não completamente satisfatória. Este último ponto é a verdadeira desvantagem ao confiar nessa abordagem: todos acabam igualmente infelizes. Em algumas situações, pode ser melhor deixar a outra pessoa obter tudo o que deseja; isso irá encantá-los e fortalecer seu relacionamento. Por outro lado, também é uma forma de evoluir no processo, quando se trava sem avanços, talvez a conciliação para o momento seja de fato a solução, mas é preciso pensar bem sobre o que as partes estarão ganhando e o que deixarão de ganhar, muitas vezes a segunda pode ser o estopim para conflitos futuros, afinal, como mostra Kahneman (2012) a dor da perda é maior que o prazer do ganho.

Assim, compreender sua forma de abordar conflitos pode ajudar em seu desenvolvimento de carreira e no seu desempenho enquanto líder, mesmo que não queira ser um.

6.6.3 Carisma

E sobre carisma? Pessoas carismáticas têm mais "chances" no mundo do trabalho? Sim, e já vimos um pouco sobre isso quando falamos de liderança, a origem da palavra é *khárisma*, do grego, graça divina.

Para Chamorro-Premuzic (2012) a maioria das pessoas acredita que o carisma é tão vital para a liderança quanto para os astros do rock ou apresentadores de TV e, infelizmente, elas estão certas. Na era da política multimídia, a liderança é comumente rebaixada para apenas outra forma de entretenimento e o carisma é indispensável, é um traço desejável para manter o público envolvido. No entanto, os benefícios de curto prazo do carisma são muitas vezes neutralizados por suas consequências a longo prazo.

Um dos traços defendidos por Stogdill (1948) é a habilidade interpessoal, fonte de persuasão e influência sobre os outros, recurso que se consegue levar seguidores ao comprometimento para com a missão e objetivos da organização, sendo essa habilidade interpessoal entendida como carisma e carisma é papel decisivo na autorização que o seguidor oferece a seu líder para liderá-lo (BERGAMINI, 2009).

Quando abordamos o assunto liderança, também falamos do poder pessoal, que é uma teoria defendida por Etzioni (1961) que discute a diferença entre poder de posição e poder pessoal, poder para ele é a capacidade de induzir comportamento ou neste influir, sendo de posição quando possuir cargo numa organização e pessoal quando está no indivíduo, sendo possível que um indivíduo possua os dois tipos, ou apenas um ou nenhum e neste caso não seria um líder (MAXIMIANO, 2021; HERSEY; BASS, 2008; BLANCHARD, 1977).

Embora Etizioni (1961) apud Bass (2008, p. 316) note que liderança carismática poderia ser de propriedade de uma posição ou de uma pessoa que ocupa uma posição, o carisma pode estar no papel e não no indivíduo, é um atributo percebido pelos outros, como afirma: "altos executivos, chefes de Estado e reis, que têm carisma aos olhos do público, podem ter pouco ou nenhum aos olhos de seus secretários privados, valets e ministros de gabinete".

Este conceito é similar ao defendido por Nicolau Maquiavel, quando menciona que o Príncipe deve ser amado (poder pessoal que tem relação com o carisma) e temido (poder de posição), mas que se precisar escolher entre ambos, é melhor ser temido (MAQUIAVEL, 2015; HERSEY; BLANCHARD, 1977; BASS, 2008).

Weber (2012; 2015) enuncia a diferença entre poder e autoridade, sendo poder a faculdade de forçar e coagir alguém a fazer sua vontade e autoridade, a habilidade de levar as pessoas a fazerem de boa vontade o que você quer por causa de sua influência pessoal, também relacionada ao carisma. Para ele, o conceito de poder é sociologicamente amorfo, por isso, o conceito de dominação deve ser mais preciso e só pode significar a probabilidade de encontrar obediência a uma ordem.

Essa influência pessoal se dá pelo carisma, que na definição weberiana é:

> Denominamos carisma uma qualidade pessoal considerada extra cotidiana (na origem, magicamente condicionada, no caso tanto dos profetas quanto dos sábios curandeiros ou jurídicos, chefes de caçadores e heróis de guerra) e em virtude da qual se atribuem a uma pessoa poderes ou qualidades sobrenaturais, sobre-humanos ou, pelo menos, extra cotidianos específicos ou então se a toma como enviada por Deus, como exemplar e, portanto, como líder (WEBER, 2012, p. 159).

O sociólogo entende que existem três tipos puros de dominação, e a vigência de sua legitimidade pode ser primordialmente (WEBER, 2015; 2012):

De caráter racional: baseada na crença na legitimidade das ordens estatuídas e do direito de mando daqueles que, em virtude dessas ordens, estão nomeados para exercer a dominação (dominação legal), ou

De caráter tradicional: baseada na crença cotidiana na santidade das tradições vigentes desde sempre e na legitimidade daqueles que, em virtude dessas tradições, representam a autoridade (dominação tradicional), ou, por fim,

De caráter carismático: baseada na veneração extra cotidiana da santidade, do poder heroico ou do caráter exemplar de uma pessoa e das ordens por esta reveladas ou criadas (dominação carismática):

> No caso da dominação baseada em estatutos, obedece-se à ordem impessoal, objetiva e legalmente estatuída e aos superiores por ela determinados, em virtude da legalidade formal de suas disposições e dentro do âmbito de vigência destas. No caso da dominação tradicional, obedece-se à pessoa do senhor nomeada pela tradição e vinculada a esta (dentro do âmbito de vigência dela), em virtude de devoção aos hábitos costumeiros. No caso da dominação carismática, obedece-se ao líder carismaticamente qualificado como tal, em virtude de confiança pessoal em revelação, heroísmo ou exemplaridade dentro do âmbito da crença nesse seu carisma. (WEBER, 2012, p. 141).

Para Weber (2012), contudo, o modo objetivo ou correto como esta qualidade ou palavra deveria ser avaliada, dentro de um ponto de vista ético, estético ou qualquer outro, não carece de importância, pois o conceito ou o que importa como fato é como ela é avaliada pelos carismaticamente dominados, ou seja, os adeptos.

A validade do carisma é reconhecida pelos adeptos através de provas, como por exemplo, milagres, revelações, veneração pelo herói e ou da confiança no líder, mesmo que psicologicamente, esse reconhecimento seja fruto da entrega crente e inteiramente pessoal nascida do entusiasmo ou da miséria e esperança. Se por ventura, por um longo período não há mais provas do carisma, se o agraciado carismático parece abandonado por seu deus, sua força mágica, seu heroísmo, em suma se lhe faltar o sucesso e, sobretudo, se a sua liderança não traz nenhum bem-estar aos dominados de modo permanente, então há a possibilidade de ruir sua autoridade carismática. Para Weber este é o sentido carismático genuíno da dominação "pela graça de Deus".

Na teoria de Weber (2015), existe um traço cesarista[101] de seleção de líderes quando menciona "a ação política é sempre dominada pelo princípio do número pequeno, isto é, a superioridade da capacidade de pequenos grupos líderes para ma-nobras políticas", "o líder político nacional é um líder carismático que confia na fé e na devoção ao seu caráter pessoal para manutenção de seu governo" e menciona "qualidades internas, carismáticas, que fazem de uma pessoa um líder", inclusive no surgimento do demagogo, eleito pela massa em virtude da democracia, aquele que conquista a confiança e a fé das massas em sua pessoa e, portanto "no seu poder, por meio da demagogia de massa", e conclui que "não é nenhuma votação ou eleição comum, mas sim a confissão da fé na vocação para

101 Cesarismo é o governo de um elemento único, revestido de poder absoluto, mas levado ao poder pelo povo, o nome advém de Júlio César (101-44 a. C.), estadista romano praticante máximo desta forma de ascensão política (ABBAGNANO, 2012).

líder daquela pessoa que requer para si essa aclamação". Neste caso, o líder não é nato, o demagogo não nasce da massa, mas recruta seu séquito e ganha a massa através da demagogia, tornando-se líder puramente por motivos emocionais e sua qualidade demagógica, no sentido negativo da palavra.

A devoção das pessoas ao carisma do profeta, do comandante de guerra, ao demagogo no sentido positivo, ao parlamentar, representa que o líder é pessoalmente considerado por alguém, portanto, representa autoridade. Isto se dá por um chamamento interno, a vocação, é isto que dá o poder ao líder para conduzir outros homens, nada tem a ver com a força da lei ou de um costume, e sim porque estes homens acreditam no líder, e ele próprio, se verdadeiro, vive em função de sua causa (WEBER, 2015).

Irrefutavelmente o carisma é uma qualidade preciosa, líderes carismáticos sabem como ajudar as pessoas a transcender e fazer um esforço extraordinário, entretanto, o mesmo carisma representa fonte de preocupação, por possuir um lado obscuro, como já evidenciado na história com líderes que assumiram comportamentos autodestrutivos, que devido ao poder inerente de sua personalidade carismática arrastaram outros junto a eles com consequências grandes e até fatais, exemplos como Hitler, Mussolini dentre outros. A liderança carismática pode ser representada na mitologia grega por Dionísio, filho de Zeus, o deus do vinho, da fertilidade e do êxtase, que tem poderes para arrebatar a humanidade com frenesi e dotá-las de criatividade divina, como líderes carismáticos que possuem capacidade de influenciar outros em seu estado de espírito (VRIES, 2010).

Esse poder messiânico e divino do líder é também expresso por Freud (2013, pp. 55,141) ao examinar a psicologia das massas. Para ele, a mente grupal é semelhante a mentes dos povos primitivos, os grupos exigem ilusões, querem soluções simples, "o indivíduo abre mão de seu ideal do eu, trocando-o pelo ideal da massa corporificada no líder". A necessidade da massa vem ao encontro do líder, que lhe corresponde por meio de qualidades pessoais, o "prestígio", uma espécie de domínio que exerce sobre nós.

Também pode ser entendido como uma das virtudes de Platão:

> Ora, parece que as outras assim denominadas virtudes da alma têm afinidade com as do corpo, pois realmente não são preexistentes, mas sim adicionadas posteriormente através do hábito e da prática. Porém a inteligência ou sabedoria parece pertencer, acima de todas, a uma qualidade mais divina, que nunca perde seu poder, mas que é ou útil e benéfica ou inútil e danosa, dependendo do rumo de sua conversão (PLATÃO, 2014, p. 294).

O carisma se faz presente como uma das **cinco fontes de poder**, como vimos no capítulo 6.2-O que é preciso saber para liderar. De acordo com French e Raven (1959) o poder de **referência**, da pessoa em si, suas características pessoais, somente é possível quando existe uma relação carismática entre líder e seguidor (BASS, 2008).

Segundo Bennis (1989, p. 155), no decorrer de seus estudos ele conheceu muitos líderes que não podiam ser descritos como carismáticos por qualquer teoria, mas, no entanto, conseguiram inspirar uma invejável confiança e lealdade em seus colegas de trabalho, sob este aspecto o carisma também não se torna definitivo no exercício da liderança.

Para Northouse (2016) e Bass (2008), a teoria da liderança carismática, apesar da origem em Weber, só foi utilizada no contexto organizacional com o teórico Robert House (1977) e de acordo com essa teoria, os liderados, quando observam determinados comportamentos de seus líderes, tendem a lhes atribuir capacidades heroicas ou extraordinárias. Para os autores, esses líderes podem ser identificados por quatro características:

1) dominância,

2) forte desejo de influenciar os outros,

3) elevada autoconfiança e

4) forte sentimento de seus próprios valores morais

Em sua teoria da liderança carismática House sugeriu que esses líderes agem de forma única, exibindo certas características de personalidade e comportamentos que têm efeitos específicos sobre seus seguidores, conforme demonstra a Tabela 75:

Tabela 75: Características de personalidade, comportamentos e efeitos sobre seguidores de liderança carismática

Características de personalidade do líder	Comportamentos	Efeitos nos seguidores
Dominante	Define um modelo forte	Confia na ideologia do líder
Desejo de influenciar		
	Mostra competência	
	Similaridade de crença entre líder e seguidor	
Autoconfiante	Articula metas	Aceitação inquestionável
Fortes valores morais	Comunica altas expectativas	Afeto para com o líder
	Expressa confiança	Obediência
	Desperta motivos	Identificação com líder
		Envolvimento emocional
		Objetivos aumentados
		Confiança é aumentada

FONTE: (NORTHOUSE, 2016)

Consistente com a teoria Weberiana, House afirma que esses efeitos carismáticos são mais prováveis de ocorrer no contexto em que os seguidores sentem angústia porque, em situações estressantes, os seguidores buscam os líderes para livrá-los de suas dificuldades, fator que já era observado também na teoria Freudiana em Psicologia das massas e análise do eu (NORTHOUSE, 2016; FREUD, 2013).

Ou seja, de uma forma geral, carisma conta pontos nas relações sociais!

6.7 Curriculum, currículo ou CV?

A primeira coisa sobre esse assunto é: escreve-se curriculum, currículo ou apenas CV basta?

Bem, CV é a abreviação de *curriculum vitæ*, que em latim significa "trajetória de vida", assim, a palavra *curriculum*, é o mesmo que currículo em português e tem vários significados, como curso, trajeto, correr, pegar atalho, pode também representar o conjunto de disciplinas a serem estudas num determinado ensino, como por exemplo: O currículo do curso de Administração prevê as disciplinas de economia, sociologia e contabilidade.

Assim, *curriculum vitæ* ou currículo, ou simplesmente CV, são a mesma coisa, um documento, físico ou digital, que conta a história profissional de alguém, elencando seus feitos, competências, experiências, contatos, objetivos e outras informações sobre essa história.

E apesar de ser um documento simples, é trabalhoso para ser feito, e muita gente tem dúvidas de como fazê-lo, não sabem o que incluir ou não no documento.

Eu sempre digo que currículo é o primeiro passo na busca de um trabalho, portanto ele precisa ser bom o suficiente para fazer você conseguir o segundo passo, que é ser chamado para uma entrevista, o que não é simples, pois a depender de quem recebeu o seu CV, essa pessoa tem em mãos diversos, se não centenas ou milhares de outros CVs para analisar, e então, por que escolheria o seu?

Essa é a grande questão...

Por isso não vou vender solução mágica aqui, apenas quero deixar a minha experiência de quem já fez, corrigiu, recebeu e entregou muitos CVs por aí.

São 10 dicas do que não pode faltar num CV, inspirado na ideia de um check list, pensei nesta ideia depois de assistir uma reportagem na TV, que mostrava que um hospital estava aprendendo com pilotos de aviação a criar check lists, isto porque os pilotos são ensinados desde sempre a não confiar em suas memórias, pois um esquecimento pode ser fatal. De modo que, os médicos estavam aprendendo a construir *check lists* para seus procedimentos cirúrgicos de modo e evitar erros médicos. Nosso *check list* tem 10 itens, são eles:

1. OBJETIVO
2. EXPERIÊNCIA
3. REALIZAÇÕES
4. HABILIDADES
5. SUA HISTÓRIA PROFISSIONAL
6. CHAVÕES
7. OBJETIVIDADE
8. ESTÉTICA
9. CONTATO
10. IDIOMA

Assim, "O escopo de seu sucesso em qualquer empreendimento depende da clareza de suas ideias" afirmou James Robertsons (1742-1814) por isso, o primeiro elemento que não pode faltar no seu CV é **1-OBJETIVO.**

Qual é a posição que você está buscando? Seja específico, quer buscar ser um comprador sênior ou você busca ser um comprador? Ou ainda, mais genérico seu objetivo é "área de compras"?

Lembre-se: "**Se você não sabe onde quer chegar, qualquer caminho serve**". Portanto, sempre comece com um objetivo em mente, e se você não sabe o que a empresa está precisando, pesquise, será mais assertivo do que mandar um CV genérico, lembre-se: dos vários CV recebidos, por que o seu seria escolhido?

Será recomendável você entender o que a organização busca e colocar como objetivo aquilo que ela busca ou se você vai entregar o seu CV a alguém da empresa, tente entender com esta pessoa qual seria o melhor objetivo a colocar.

Nada impede que você tenha vários modelos de CVs com vários objetivos, você pode ter um CV com objetivo de gerente de contabilidade, por exemplo, e outro com o objetivo de professor de contabilidade, que são duas vagas de trabalho comuns ao mesmo profissional, mas para instituições diferentes, um será entregue em uma empresa o outro numa escola.

2-EXPERIÊNCIA: O que você fez pelas empresas que você passou? Quais projetos participou? Se é o seu primeiro trabalho, evidencie isso, você pode não ter experiência prática, mas já estudou o tema, por exemplo, talvez alguma competência que você já tenha, pode ser muito útil ao trabalho objetivado, mesmo que não seja uma competência técnica é uma experiência que pode agregar.

3-REALIZAÇÕES: O que você realizou? Projetos que participou e quais foram os resultados? Experiências voluntárias, intercâmbios, podem ajudar se você não tem nenhuma realização que seja diretamente aplicada a vaga desejada.

4-HABILIDADES: O que você sabe fazer? Experiências em projetos, melhoria de processos, não se limite a questões técnicas. Habilidades comportamentais, formações, técnicas ou não. Aqui é o campo para você dizer o que aprendeu até agora.

5-SUA HISTÓRIA PROFISSIONAL: Quais empresas passou? Quando você passou por algumas empresas e fez as mesmas atividades em todas elas, você deve evidenciar essa experiência e depois incluir as empresas, isso vai dar mais objetividade e foco nas habilidades. Exemplo:

Na empresa X fiz projetos de melhoria e redução de custos

Na empresa Y fiz projetos de melhoria e redução de custos, além de...

Veja, neste caso, ficaria mais objetivo você incluir em **3-REALIZAÇÕES** ou **4-HABILIDADES** que você fez projetos de melhoria e redução de custos, ou tem habilidades para projetos de melhoria e redução de custos, e apenas incluir os nomes das empresas pelas quais passou. É uma forma de consolidar o que você sabe fazer, sem ser repetitivo e tornar o CV mais objetivo.

6-CHAVÕES: Evite os chavões, do tipo: "eu sou pró-ativo", "eu sou *hands on*", "eu sei lidar com equipe". Você vai descrever isso nas suas habilidades, seja sutil, trabalhe isso na descrição das realizações ou habilidades, como: "Larga experiência em gestão de equipes", "Sólidos conhecimentos em impostos...". Você está dizendo que tem experiência, tem habilidades e não está se autoelogiando, o que gera mais simpatia por parte de quem lê o seu CV.

7-OBJETIVIDADE: Seja curto e objetivo, seja assertivo, nem muito, nem pouco, textos curtos e claros. Leia seu CV depois de pronto, teste para ver quanto tempo demora para isso, mais do que 1 minuto? Lembre-se, a propaganda na TV dura 30 segundos, e nestes 30 segundos vende-se de tudo. Se for contar o tempo de anúncios nas redes sociais, ele é menor ainda. Uma ou duas páginas no máximo!

8-ESTÉTICA: Currículo com textos sempre alinhados, justificados, sem muitas variações de tamanho das fontes, negritos, itálicos, espaços, coloração etc. O documento precisa se parecer com um CV, ele precisa ser visualmente agradável, mas sem exageros com adornos, capas e outras coisas dispensáveis.

9-CONTATO: Tenha certeza que seu e-mail, telefone, endereço físico ou de rede social estejam todos corretos e atualizados. Pode parecer óbvio, mas se você atualiza seu CV de tempos em tempos, pode escapar um dado de contato que não foi atualizado.

O que incluir aqui? Aquilo que for mais usual para um contato, não precisa incluir número de documentos, por exemplo. É seu nome e dados básicos para contato.

10-IDIOMA: é desagradável perceber erros de ortografia e gramática num CV, seja em que idioma ele for escrito, então, leia, releia, peça para alguém ler antes de enviar. Currículo é o primeiro passo na busca de um trabalho, ele precisa ser bom o suficiente para fazer você conseguir o segundo passo, que é ser chamado para uma entrevista e com erros de escrita, isso não te ajuda em nada neste processo.

Veja, isso é apenas um *check list*, o que não pode faltar! Nada impede que você tenha um campo adicional como **outras informações**, por exemplo, se acreditar que seja importante para a vaga que está buscando, talvez um *hobby* que tenha relação com o trabalho, disponibilidade para viagens, enfim, é seu julgamento, mas nunca perca a objetividade.

O modelo, você poderá usar aquele que entender ser o melhor, ou que a empresa te recomendar, enfim. Não há um modelo único e certo, o importante é o *check list*, é o que não pode faltar no seu CV. E para te ajudar, aqui vai um modelo básico, mas de muito valor.

Nome e Sobrenome

Rua XX. xxxi, 3 - ap. 1	*Brasileiro, solteiro*
SSSSSSS - São Paulo/SP	*Tel: (11) 9999 9999*
00000 000	*xxxxxxxx@gmail.com*
Rede social-endereço do seu perfil	

OBJETIVO: (O que você pretende? Cargo, posição etc.)

RESUMO DAS QUALIFICAÇÕES (O QUE VOCÊ TEM DE QUALIFICAÇÃO?)

- ✓ Sólida experiência na xxxxxxxxxxxxxx.
- ✓ Vivência em xxxxxxxxxxxxxx.
- ✓ Participação ativa em xxxxxxxxxxxxxxxxxxxxxxx.
- ✓ Habilidade em xxxxxxxxxxxxxxxx.
- ✓ Experiência como xxxxxxxxxxxxxxxxx.
- ✓ Fluência no idioma XXXXX, nível avançado em XXXXX.

PRINCIPAIS REALIZAÇÕES (O QUE VOCÊ JÁ FEZ DE CONCRETO?)

- Desenhei e Implementei o modelo xxxxxxxxx.
- Fui responsável pelo projeto xxxxxx.
- Reestruturei as áreas de xxxxxxxx.
- Liderei projetos de xxxxxxx.

- Forte atuação em programas xxxxxxx.
- Atuei em projetos de xxxxxxxxx
- Participei de implantação de xxxxxxxxx.
- Ministrei cursos, seminários e palestras técnicas, de xxxxxx.
- Vivencia em xxxxxxxx.

EXPERIÊNCIA PROFISSIONAL

Empresa S.A. **Jul/21 - Atual**
Posição
Incluir informações sobre a empresa.

Grupo XXXXX (antes da Empresa Atual) **Mar/17 - Jul/21**
Posição (sempre a última)
Informações sobre a empresa, se teve evolução de cargos etc.

FORMAÇÃO ACADÊMICA

Pós-Graduação em XXXXX – Escola/Cidade – (ano de conclusão)
Bacharel em XXXXX – Escola/Cidade – (ano de conclusão)

OUTRAS INFORMAÇÕES RELEVANTES

Disponibilidade para viagens, mudança geográfica etc.

Mais uma vez, lembre-se! Currículo tem que chamar atenção para que você possa ir para a segunda fase de um processo de seleção! Ele é sua porta de entrada! Sua primeira impressão profissional vem dele!

Uma pesquisa revelou da Robert Half, revelou que 42% dos currículos contêm informações falsas, os itens mais comuns são: históricos profissionais incompletos, razão da saída de empregos anteriores, cargos em que os candidatos dizem ter ocupado, porém, não os ocuparam, exageros em resultados alcançados, formação acadêmica que não fizeram ou estão incompletas, fluência em idiomas também com exageros (S2 Consultoria, 2021).

Enfim, há bastante inconsistência por aí, não cometa esse erro com o seu CV, até porque as empresas têm buscado mentiras nos currículos, o que antes era restrito apenas ao alto escalão, agora devido ao uso intenso de tecnologia e programas de Compliance, não é mais, a prática de "*background check*" tem se tornado cada vez mais comum (Arcoverde, 2019a).

Além do mais, os currículos podem não ser a única fonte para que os recrutadores conheçam os candidatos, um cuidado adicional, segundo Cohen (2021) é porque na escolha de candidatos, as empresas levam em conta comportamento e exposição nas redes sociais, pense que quem recebeu seu CV, pode ter te avaliado nas redes também.

O que você tem postado? Coisas úteis? Opiniões embasadas? Bons debates? Bom humor? Ou disseminado ódio, *fake news* e falas desconexas da realidade?

6.8 Transição de carreira

"Estar em movimento não é mais uma escolha: agora se torna um requisito indispensável"

Zygmunt Bauman em Identidade

Transição de carreira envolve uma mudança de trabalho, uma mudança de profissão, ou a mudança das duas coisas ao mesmo tempo. Transição de carreira é mais comum do que a gente pensa, e será cada vez mais, pois os ciclos de carreira estão cada vez mais curtos.

E não é só mudar o status na rede social para: "estou em transição", quando se busca um novo emprego, transição vai muito além de apenas mudar de emprego.

Para alguns teóricos transição de carreira é definida como qualquer movimento feito pelo indivíduo onde exista mudança de seu papel profissional e com isto exija dele(a) alguma redefinição de sua própria identidade profissional (LOUIS, 1980, IBARRA, 2004; SCHLOSSBERG et al., 2006) apud Ferrari Cálcena (2012).

Ocorre que esta mudança nunca é tão clara e evidente, o professor Joel Dutra (2017, p. 44) diz que: **"as pessoas nunca estarão totalmente preparadas para um movimento em suas carreiras que implique uma mudança de identidade – esse aprendizado ocorre durante todo o processo"**.

Eu digo transição de carreira é começar a andar numa ponte, sem ver onde se vai chegar.

Figura 66: Caminhar sobre ponte com névoa

Fonte: Internet

Por isso é importante darmos atenção ao tema, como ele merece. Veja alguns exemplos:

Tabela 76: Exemplos de transição de carreira

1	Paulo é biólogo, mas nunca exerceu a profissão, embora já tenha dado aulas em escolas particulares, faz 5 anos que trabalha na área de vendas de uma grande multinacional, há dois anos ele prestou concurso público e foi aprovado, hoje ele foi convocado para a vaga de auditor fiscal na Receita Federal do Brasil, ele decidiu aceitar o desafio e pediu demissão do seu emprego atual.
2	Catarina é diretora financeira há 15 anos de um pequeno hospital privado em sua cidade, agora, ela foi convidada a ser diretora financeira de um grande hospital que será inaugurado nesta mesma cidade. Ela decidiu aceitar o convite por saber qual o papel de uma diretora financeira.
3	Maria é assistente administrativa de uma pequena empresa no ramo de embalagens, já faz quase uma década que ela trabalha nesta empresa, recentemente ela foi promovida a gerente administrativa nesta mesma empresa.

Nestas três situações, embora cada uma delas diferentes, estamos falando de transição de carreira, no caso 1, é uma transição de trabalho e organização ao mesmo tempo, no caso 2 apenas de organização e no caso 3, de trabalho apenas.

Cada uma dessas transições tem sua **complexidade**, porque ela requer mudanças na identidade profissional de cada uma dessas pessoas.

"Há dez anos, trabalhava como advogado em NY, mas a vida em escritório não era minha praia. Não estava feliz. Queria chegar em casa e escrever pintar, ser criativo. Eu me desafiei a fazer esculturas de Lego"

Nathan Sawaya, famoso por fazer esculturas de blocos de Lego

Outro elemento importante que classifico neste processo é a motivação da transição, se ela é **voluntária**, o trabalhador decidiu mudar, porque não se vê mais no que faz, busca equilíbrio na vida, busca realização pessoal, novos desafios, ou se ela é **involuntária**, o trabalhador mudou por uma imposição alheia a sua vontade, como uma demissão, a falência da organização em que trabalhava, mudança no mercado etc.

As transições podem ter um caráter mais **micro** ou **macro**, por exemplo, mudar de uma função júnior para uma função pleno, pode ser uma micro transição, os impactos não são tão elevados, pois a tarefa já é conhecida, as vezes isso nem representa assumir tarefas diferentes, ou uma transição de entrada ou saída de um trabalho em diferente organização, mas sem mudanças da atividade em si.

Já uma transição de cargo e de empresa, pode ser considerada macro, afinal o desafio do trabalhador neste momento tem relação com sua atividade e com o novo ambiente, por exemplo, um gerente que decide aceitar uma vaga para ser diretor em empresa de segmento diferente da qual ele trabalhava até então, enfim, a transição pode ser mais **ousada**: quando, por exemplo, um arquiteto passa a trabalhar com pizzaria. Ele busca por informações, faz alguns cursos preparatórios, mas não usa o conhecimento acadêmico e experiência profissional acumulados anteriormente.

Pode não ser tão ousada, mas ter um caráter de aproveitar as **qualificações existentes:** quando um policial, por exemplo, decide ser delegado de polícia. Haverá um gasto com qualificação (faculdade de Direito e concursos) e demandará um bom planejamento, mas também pode ser mais **convergente**: quando as carreiras são similares. Por exemplo, quando um tradutor se decide pela carreira de professor de línguas.

"Eu era uma pop estar dizendo: gente, desenhei um vestido!"

Victoria Beckham, cantora que virou estilista

As transições podem ainda ser intra-organização, quando ocorrem dentro da mesma organização com mudança apenas de tarefa, departamento e/ou posição hierárquica, ou inter-organizacionais, quando o movimento inclui outra organização, interprofissão ou intraprofissão, enfim, há muitas formas de se fazer uma transição e bons estudos sobre o tema como Louis (1980) e Veloso (2012) além de Mainiero e Sullivan (2006).

Ou seja, uma promoção para um novo cargo dentro da mesma empresa, de forma lateral ou vertical é uma transição de carreira, assim como manter-se no mesmo cargo, mas mudando de empresa também, bem como mudar de cargo e de empresa, ao mesmo tempo, ou mudar completamente de profissão são tratadas como transição de carreira.

Uma promoção pode ser entendida como um *upgrade* na carreira, mas seu oposto, muitas vezes bem menos glamoroso, é chamado de *downgrade.*[102]

Muitas vezes a grande dificuldade de se lidar com um *downgrade* de carreira é o aspecto psíquico/emocional, sair de uma posição gerencial, por exemplo, que envolve um certo glamour e voltar a ser um analista, pode ser algo extremamente doloroso.

Certa vez explicando minha decisão de viver de forma autônoma, implicando em reduzir drasticamente o meu nível de renda mensal, um rapaz me perguntou: mas e os luxos de homem? Eu disse que luxos? E ele completou: carro, relógio, sapatos essas coisas!

Bom, isso mostra que um *downgrade* pode ser algo resolvido do ponto de vista prático, mas não psíquico, se sua cabeça entende que existe e é importante os tais "luxos de homem" sejam eles quais forem, é muito difícil pensar em um *downgrade*, mesmo que estratégico, porque talvez você não suportaria a **manutenção da mudança**.

Eu considero que há dois tipos de *downgrade*, o **estratégico** e o por **necessidade**.

Um *downgrade* estratégico é aquele que você faz intencionalmente, calculando riscos, por exemplo, sair de uma empresa pequena como gerente, e ingressar numa empresa grande como coordenador. Embora no primeiro momento possa existir um *downgrade* de posição, pode ser que na remuneração não exista isso, ou mesmo que exista, pode ser que o profissional esteja vislumbrando seus passos futuros, que numa grande organização podem ser maiores que na organização menor, por exemplo, uma carreira internacional, uma posição maior como VP, que na empresa menor não teria essa possibilidade, enfim, ele é considerado estratégico, porque o movimento é feito dentro de uma estratégia de carreira. É o famoso, "um passo atrás para dar vários à frente em seguida".

Já o *downgrade* por necessidade, acontece com o indivíduo que perdeu seu trabalho e não consegue se recolocar no mesmo nível, de posição hierárquica, remuneração etc. E por necessidades de sobrevivência, acaba aceitando um trabalho em nível hierárquico e/ou remuneração inferior. Por exemplo, o gerente que foi demitido, 6 meses buscando um trabalho como gerente, não encontra, e aceita ser analista numa empresa pequena.

Elementos essenciais na discussão sobre *downgrade* de carreira são, entender a diferença entre sucesso objetivo e o sucesso psicológico, que tratamos no capítulo 2.11-Sucesso na carreira, compreender essa diferença pode ser essencial para avaliar se realmente a sua transição é ou não um *downgrade.*

Não considero, por exemplo, *downgrade*, o indivíduo que abriu mão de status do cargo e salário, mas encontra-se feliz e realizado na nova profissão, do ponto

---

102 Ver entrevista ao Canal Futura sobre *downgrade* de carreira: https://www.youtube.com/watch?v=RnhYomrBoqQ&list=RDCMUC2mmP8ysfyko40KSn90x6Og&start_radio=1&rv=RnhYomrBoqQ&t=7

de vista externo pode até ser um *downgrade*, mas para este indivíduo, que valoriza o sucesso psicológico, é até um *upgrade* de carreira. A figura 67 ilustra algumas das possibilidades de transição.

Figura 67: Possibilidades da transição de carreira

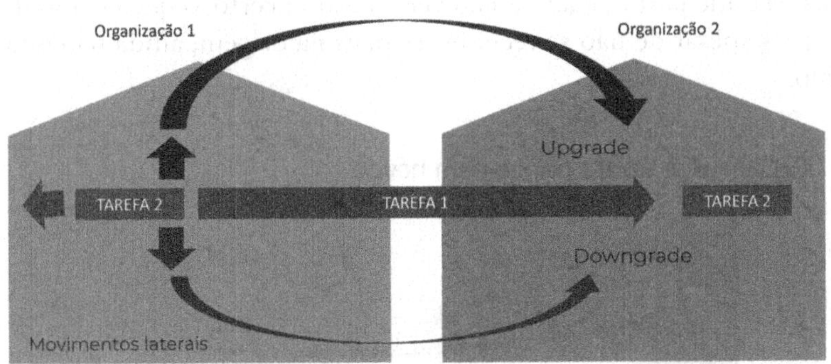

Fonte: elaborado pelo autor

O tema transição de carreira não é novo, vejamos alguns nomes que fizeram sucesso em áreas diferentes das quais se formaram ou atuavam:

Tabela 77: Exemplos de transição de carreira 2

Pessoa	Formação	Conhecido por
Amador Aguiar	Tipógrafo	Banqueiro, fundador do Bradesco
George Eastman	Contador	Fundou a Kodak
Jean Piaget	Biólogo	Educador, um dos pais do construtivismo
John B. Dunlop	Veterinário	Inventor do pneumático
King C. Gilette	Caixeiro viajante, vendia tampas de garrafa	Criou a primeira lâmina de barbear
Paulo Freire	Advogado	Educador, patrono da educação Brasileira
Samuel Morse	Pintor e professor de pintura	Criou o código Morse
Sigmund Freud	Médico	Criador da Psicanálise
Adam Smith	Filósofo Moral	Pai da Economia Clássica

Estes exemplos nos mostram que mudar de profissão pode ser uma forma de alcançar sucesso.

Como mencionado, costumo falar em palestras sobre transição de carreira que este movimento é como cruzar uma ponte, porém, muitas vezes você está na ponte e o clima está nublado, de modo que você não consegue ver o destino claramente, muitas vezes andando uma longa distância, a ponto de não conseguir ver mais de onde partiu, e ainda não ver o destino certo, o que chamo de zona neutra, pois apesar de não se reconhecer mais na origem, ainda não está claro o destino.

Figura 68: Caminhar sobre ponte sem névoa

Fonte: internet

É um momento de lidar com a ambiguidade da vida, pois implica em, ao mesmo tempo, abandonar o conhecido e lidar com o desconhecido. Esse trecho envolve muita concentração e equilíbrio emocional, porque é a manutenção da mudança, persistir ou desistir são dúvidas frequentes aqui.

Dutra (2017) entende este ponto como limbo, pois a pessoa está sem identidade, uma vez que renunciou a antiga, mas ainda não encontrou a nova e não se trata nunca de uma caminhada linear, há inúmeros momentos de insegurança e de frustração.

Para Ibarra (2003) a transição de carreira só é possível se a pessoa conseguir se reinventar, o que implica em rever sua própria identidade. Como já comentado no capítulo 3.6-Interesses, a própria pesquisadora, relata em seu estudo sobre um consultor, que após um período sabático onde explorou a atividade de mergulho, seu hobby, acabou por fazer dela seu modo de vida, tornando-se dono de uma escola de mergulho, mas isso o fez concluir que o *hobby* havia perdido o apelo e então, decidiu voltar a sua carreira tradicional.

Bauman (2005) tem uma visão de que a identidade humana, não apenas profissional, é revelada como algo a ser inventado e não descoberto, alvo de um esforço, um objetivo que o indivíduo vai construindo dado a condição precária e eternamente inconclusa dessa identidade, que é para ele um conceito altamente contestável inclusive, já que o campo de batalha é o lar natural dessa construção e ela só vem a luz desta batalha.

O sociólogo faz uma analogia com um quebra cabeça, que tem a imagem final como objetivo e vai se juntando peça a peça para tal fim, no caso da identidade é o contrário, você não tem a imagem final para se guiar, então o trabalho é direcionado para os meios, vai-se juntando as peças, vendo o que encaixa e que imagem se forma. As peças são as experiências que vão surgindo, avalia-se se elas agradam ou não a imagem que vai se formando.

Utilizando-se da analogia de Levi Strauss, diz que é como um trabalho de bricolagem, que se constrói todo tipo de coisa com o material que se tem na mão.

Bauman (2005, p. 51) afirma que: "houve um tempo em que a identidade humana de uma pessoa era determinada fundamentalmente pelo papel produtivo desempenhado na divisão social do trabalho".

Mas isso num tempo de uma sociedade sólida, com Estado e instituições sólidas, que no ambiente líquido tudo muda e uma carreira vitalícia, antes promissora, agora se mostra um beco sem saída. Num ambiente fluído não se sabe se o que nos espera é uma seca ou enchente Bauman (2005, pp. 57-58).

Assim, a identidade, embora seja um constructo complexo para ser definido, já que é estudada em diversas ramificações das ciências sociais, pode ser definida como **o conjunto de valores, interesses, capacidades, comportamentos e objetivos**, em suma o senso de continuidade da vida do indivíduo e a aderência disto com a carreira. A identidade profissional como parte da identidade da pessoa.

Borges e Casado (2013) afirmam que na sociedade contemporânea uma das questões mais inquietantes e desafiadoras do indivíduo é exatamente o desenvolvimento de uma identidade profissional concomitantemente ao processo de construção de sua carreira.

A iniciativa, mental ou prática de uma transição de carreira, quando voluntária, se dá geralmente quando se percebe que sucesso objetivo é diferente de sucesso subjetivo, como representa a figura 69.

O indivíduo não se reconhece mais no que faz, mas ainda não sabe muitas vezes o que deseja fazer de novo, é a insegurança ontológica, a situação em que o indivíduo não consegue justificar suas ações, não sabe por que as faz, e, mesmo quando sabe, não conhece reconhecer nisso um sentido, uma coerência.

Esse caminhar sobre a ponte, mesmo que apenas mental, é o que William Bridges trata em seu modelo de transição.

Para ele, transição não é o mesmo que mudança. Mudança ocorre no ambiente externo, quando este é alterado, como por exemplo, a estrutura organizacional, a liderança, um projeto. Já a transição é um processo interno que a pessoa deve percorrer para aceitar a nova situação. O processo de mudança pode ser rapidamente posto em prática, quando físico, já a transição, por ser psicológica, leva tempo (Baldwin, Bommer e Rubin, 2015).

Figura 69: Modelo de transição de Bridges

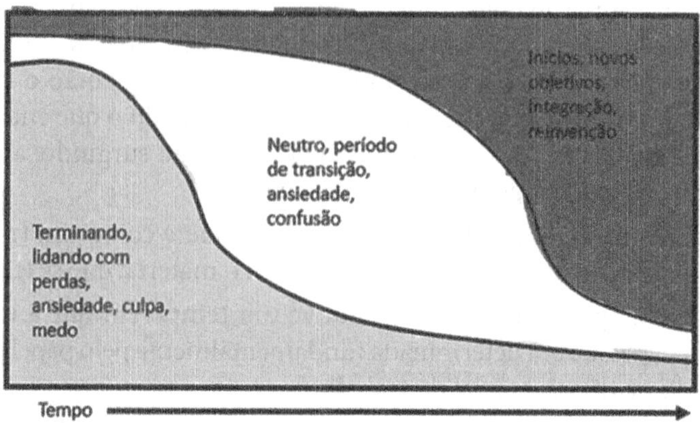

Fonte: Baldwin, Bommer, Rubin, 2015, p. 447

É um período que eu chamo de **Início do fim** (quando se desliga mentalmente do que se faz) e vem a perda, o fim, abandono do que se faz, e vai até o **fim do início** de transição, para a nova atividade que é quando este indivíduo se percebe na nova identidade, quando ele (a) já está inserido em seu novo trabalho, ocupação e a atividade anterior parece um longínquo passado. Na minha construção a transição seria assim:

Figura 70: Modelo de transição para nova carreira

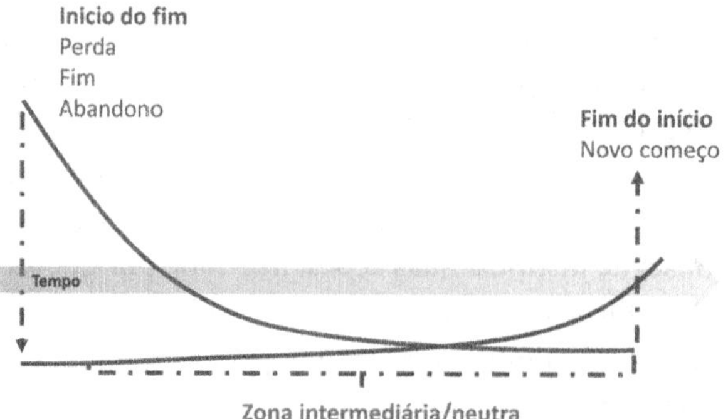

Fonte: Autor

Ferrari Cálcena (2012) em seu estudo sobre a mudança da identidade profissional em transições de carreira, elenca algumas **características** importantes neste processo, que surgem ou podem surgir como parte natural do processo:

Imprevisibilidade, o indivíduo quer mudar, mas muitas vezes não sabe para onde, ou mesmo que saiba o caminho não acontece da forma planejada.

Experiências anteriores positivas que influenciaram a escolha da nova carreira, pois propiciaram ao indivíduo satisfação, prazer que não mais são encontradas na identidade atual.

Algum **incidente crítico** que antecede a mudança, um gatilho que dispara a urgência da mudança por sua alta carga simbólica ou dramática, por exemplo, querer estar com familiares, uma demissão surpreendente, necessidades de saúde ou acometimento de uma doença, o término de uma relação conjugal, enfim, algo toca profundamente o indivíduo que se vê diante da necessidade de mudar.

Antigas habilidades e relações que podem ser aproveitadas em novos contextos, também são características importantes das transições, assim como o desejo de mudar que surge muito antes da mudança efetiva e que pode ser finalmente materializado devido algum incidente crítico, o que Ibarra (2004) chama de "*alert intermissions*".

O pesquisador revela ainda que vários autores frisam que o processo de transição é dinâmico e que a transição também pode gerar muito sofrimento, tanto para o indivíduo quanto para sua família devido ao desgaste emocional, dor, medo, principalmente pelo abandono da carreira e identidade anterior, que muitas vezes levou anos para ser construída e agora se encontra num "não lugar", pois não pertence a nenhum lugar.

Por fim, uma transição envolve mobilidade física e psíquica, haverá, naturalmente, custos materiais e psicológicos ao se fazer uma transição (Ferrari Cálcena, 2012).

Bendasssoli (2007) ao falar de insegurança ontológica ou mesmo Bauman (2005) com seu conceito de identidade e modernidade líquida, nos faz refletir sobre o peso psíquico que tomar as rédeas da própria vida, neste caso carreira, que afeta o indivíduo que deixa de contar com um suposto apoio institucional na construção de seu próprio destino. O indivíduo passa a ser o verdadeiro protagonista de sua carreira, é responsável por sua formação, desenvolvimento de competência, manutenção de sua empregabilidade já que há uma desintegralização das instituições com a igreja, o Estado, a família, a comunidade, e naturalmente a empresa para qual não trabalha mais, visando uma evolução e aposentadoria, não há o emprego vitalício e tudo se torna realmente líquido.

Transição é um exercício que envolve sempre GANHOS e PERDAS, não há como fugir disto, é o exercício de avaliar benefícios versus custos, como por exemplo, salário e benefícios, ou remuneração total, distância de casa para o trabalho, perspectivas futuras, clima e cultura organizacional, atividade desempenhada, carga de trabalho e ou responsabilidade, viagens, maior ou menor envolvimento em liderança e principalmente, a aderência a sua identidade.

Contudo, as pessoas tendem a pensar em suas carreiras somente em momentos de crise, seja ela pessoal ou de mercado (Hall, 1986).

Faço uma analogia com o conceito de finanças do risco sistêmico e não sistêmico, quando se avaliam riscos de investimentos.

Risco sistêmico é o risco de mercado, por exemplo, uma crise econômica num determinado país pode afetar todo o mercado daquele país, ou uma crise num setor específico da indústria, que afeta todas industrias daquele setor, assim o investidor fica mais exposto caso queira investir num determina pais ou setor.

Já um risco não sistêmico é o risco específico de uma empresa, por exemplo, o fato de uma empresa ter dificuldades financeiras não significa que todas as concorrentes terão, então o investidor pode diversificar seu portfólio investindo em setores e empresas diferentes, que estaria protegido de um risco não sistêmico.

Transição é assim, você pode fazê-la voluntariamente se protegendo de um risco não sistêmico, mas também pode ser obrigado a fazê-la involuntariamente porque o risco sistêmico (sua profissão, seu empregador) pode ter demandado a você.

A seguir transcrevo uma entrevista, sobre transição de carreira, que dei a editora sênior do Linkedin, Claudia Gasparini, ainda nos primeiros meses da pandemia da COVID19[103]:

1. A pandemia tem feito muita gente rever suas prioridades e repensar su-as escolhas profissionais. Este é um bom momento para trocar de profissão?

EWD: A troca de profissão sempre traz riscos e oportunidades, e ela sempre tem um gatilho. Neste sentido a pandemia é apenas mais uma variável nesta avaliação de riscos, mas também pode ser o gatilho que faltava. De uma forma geral a grande maioria dos setores da economia está sofrendo com ela, então, certamente o mercado diminuiu, e as possibilidades também, mas há exceções como setores de tecnologia e algumas áreas de saúde que cresceram a demanda. É bom olhar o setor para o qual se deseja ir, eu penso que nunca há um momento perfeito para uma transição, sempre haverá o risco de fazê-la e o de não fazê-la.

2. Existe alguma vantagem em mudar de área agora? Se sim, qual?

EWD: A resposta que dou aqui tem relação com a anterior. Imagine que o setor em que você atua tenha praticamente acabado por conta da pandemia, não se trata de uma vantagem, trata-se de uma obrigatoriedade, de sobrevivência.

103 A entrevista não foi publicada na íntegra, mas serviu para que a editora utilizasse partes dela em sua matéria sobre Transição de Carreira, que pode ser lida pelo link: https://www.linkedin.com/pulse/mudan%25C3%25A7a-de-carreira-como-migrar-para-outra-%-25C3%25A1rea-na-claudia-gasparini/?trackingId=

Mas uma grande vantagem que a pandemia traz, é que ele fez todos serem principiantes, se você entra em uma empresa hoje, está todo mundo aprendendo a nova forma de trabalhar, então você acaba "pegando a onda" com todos, não deixa de ser uma vantagem operacional, já que nem sempre quem chega novo consegue o devido tempo de conhecer antes de ter que agir no novo trabalho.

3. Quais são os maiores riscos envolvidos na mudança de carreira em meio à pandemia?

EWD: Tomar uma decisão pensando ser uma grande oportunidade, mudar para essa grande promessa e ela não se concretizar. É um cenário de incerteza para todos nós, ninguém está com uma informação privilegiada que possa tirar vantagem dela, estamos todos mais ou menos na mesma condição, sem respostas. Setores que antes eram consolidados estão desmoronando, vide o caso de real estate comercial, que sempre foi muito seguro, parece que agora se torna um elefante branco na era do home office.

A mudança de profissão é uma mudança mais complexa que apenas uma mudança de emprego. Existem mais variáveis nesta análise, e quanto mais variáveis, mais complexo é analisar os riscos, a pandemia é apenas mais um, e voltamos a pergunta 1.

4. Como contornar os riscos de mudar de profissão neste momento? (Seria legal se você pudesse citar pelo menos 3 estratégias nesse sentido)

EWD: Risco é inerente a qualquer atividade humana, não há como viver sem ele, mas uma forma de tentar mitigá-lo numa transição profissional é usar algumas estratégias, quando possível. Eu entendo que há dois tipos de mudança, uma migração voluntária, que é aquela que o indivíduo decide fazer e esta certamente a análise de risco pode ser aplicada, mas aquela que é por necessidade, por exemplo, quando a empresa faliu, a profissão se extinguiu, a competência foi substituída por uma máquina ou algo assim, esta é difícil pensar uma estratégia que não seja apenas sobreviver. Mas vamos focar na migração voluntária, neste caso eu dou 3 dicas que têm se mostrado eficazes.

Garanta que sua saúde física e mental esteja preservada. Entrar numa transição com alguma dificuldade nesta área pode significar agravá-la, há casos onde a migração profissional aconteceu exatamente para preservação da saúde do profissional, mas quando a pessoa não inclui essa variável e parte para uma mudança, que apresentará cenários novos, e que a pessoa terá que aprender a lidar com isso, este esforço pode agravar o risco da saúde se já estiver precária.

Tenha uma reserva financeira. Fazer transição implica muitas vezes perder receitas, ter novos custos e a falta de recursos financeiros pode inviabilizar a consolidação da nova profissão, é comum ouvir pessoas dizendo que voltaram para os trabalhos anteriores porque o dinheiro acabou no meio do caminho.

Coloque mais peso nos benefícios que você irá renunciar onde está, assim como os potenciais pontos negativos da nova profissão. "Não existe paraíso na terra", sempre haverá perdas e ganhos, mas para uma migração tente pesar mais estes fatores: abrir mão de algo e assumir perdas.

Não menospreze isso, isso não é tarefa fácil para os seres humanos, e só se dar conta disso depois da perda materializada pode gerar enorme frustração, é arruinar-se pelo êxito obtido. A pessoa foi para a profissão que queria, mas ao chegar lá e descobriu que antes era feliz e não sabia.

5. Imagine um profissional que descobriu que detesta sua profissão durante a quarentena e está pensando em migrar para outra área. Como garantir que esse mal-estar não é uma sensação temporária causada pelo estresse e pelas angústias geradas pela pandemia?

EWD: Uma boa estratégia seria procurar ajuda psicológica, por exemplo, conversar com pessoas sobre o que sente, participar de grupos, isso ajuda a pessoa compreender se é algo que apenas ela sente. Receber novos olhares, pontos de vistas de quem olha de fora sempre ajuda com "insights"*. Enfim, procurar ajuda com pessoas próximas e de confiança, ou mesmo com profissionais como um bom psicólogo (a), coach ou terapeuta que ajude na compreensão de emoções.*

Tirar uns dias "off"[104] *para pensar e acalmar a mente também é uma estratégia interessante, sair da rotina ajuda muito.*

6. Independentemente da pandemia, é importante estar aberto à possibilidade de mudar de carreira ao longo da vida. Você concorda com essa afirmação? Por quê?

EWD: Sim, concordo. Não temos controle sobre o futuro, precisamos pensar que temos por que isso nos conforta psicologicamente, mas a realidade é que não temos. Então, estar aberto a mudanças, ter o que chamo de "flexibilidade ideológica" é essencial para poder ver quando "o poço secou" ou "se a vaca ainda dá leite". Ainda mais considerando que a expectativa de vida vem aumentando, teremos mais tempo e precisaremos ocupar este tempo com algo, não necessariamente profissional, mas em muitos casos será preciso, até porque de onde virá o sustento se não houver tido tempo da construção de uma previdência futura?

O futuro do trabalho e o trabalho do futuro, será cada vez mais de atividades e profissões híbridas, mutantes, mas não acredito que afetará todas as profissões de forma igual e acredito que muita gente não mudará e não precisará mudar de profissão, principalmente aquelas mais vocacionadas como medicina, docência, comerciantes ou empreendedores, mudará a forma de fazer, mas não mudará a essência de ser.

---

104 Sem trabalhar.

Concluindo este capítulo, sobre transição de carreira, e aproveitando um pouco mais do trabalho sobre a mudança da identidade profissional em transições de carreira, de Ferrari Cálcena (2012), alguns elementos que surgiram em sua pesquisa devem ser observados:

Além das **características das transições** de carreira já citadas: imprevisibilidade, experiências anteriores positivas que influenciam a escolha da nova carreira, incidente crítico que antecede a mudança, antigas habilidades e relações que são aproveitadas em novos contextos, o desejo de mudar que surge muito antes da mudança efetiva, o fato de a transição de carreira ser um processo dinâmico e a transição de carreira gerar sofrimento, o pesquisador investiga os motivos para a mudança.

E nesta investigação 4 elementos surgiram como **motivos para a transição: a falta de identificação com o papel profissional** atual, o que pode levar a uma crise de identidade, um conflito interno do indivíduo e que busca na transição se encontrar num novo papel. **Busca de maior equilíbrio** entre vida pessoal, familiar e profissional, o indivíduo deseja ter mais tempo para si e seus afazeres de forma geral. **Busca de realização profissional**, o desejo de encontrar satisfação no trabalho, o individuo se questiona se não há outra forma de trabalho que traga maior prazer, felicidade e, portanto, realização, tem conexão com a autenticidade do indivíduo, ser genuíno e franco consigo próprio, buscando sua vocação. E por último, mas não menos importante, **a busca de novos desafios** que tem relação com a necessidade de se obter novos aprendizados, desafios que proporcionem o sentimento de desenvolvimento pessoal e profissional.

Além das características e motivos, Ferrari Cálcena (2012), investiga as ações para mudar de carreira: **adquirir novos conhecimentos e habilidades, testar novas possibilidades na prática, parar e observar-se, criar novos relacionamentos, falar sobre a mudança e receber *feedback* e eleger modelos** (pessoas e suas carreiras) **de referência** para fazer a transição de carreira.

E por último, o pesquisador aponta as dificuldades da transição de carreira, que é **abrir mão da segurança a falta de compreensão da rede de relacionamento atual, sensação de vazio de identidade, a adaptação a nova cultura e a construção de novos relacionamentos.**

Assim, podemos concluir que realmente transição de carreira não é só mudar de emprego, tem muito mais coisas que precisamos olhar, o próprio Ferrari Cálcena (2012) aponta que um dos recursos para se conseguir fazer uma transição é o exercício de autoconfiança e da tolerância ao risco, pois implica muita paciência com os imprevistos e com os planos que nem sempre se materializam como desejamos, além de que é um duro trabalho de autoconhecimento que requer muita confiança em si mesmo para continuar caminhando, já que muitas vezes, nem o apoio de pessoas próximas teremos.

O próximo capítulo ajuda a dar um pouco mais de pragmatismo e norte para a elaboração de um planejamento para transição de carreira.

6.9 Guia prático para Transição de carreira

Vamos falar sobre as questões que aparecem quando as pessoas avaliam trocar de trabalho, ou pesam quando pensam sobre isso, temos uma lista de 20 itens, você pode acrescentar outros que vier a sua mente, mas tente avaliá-los para você em ordem de importância, qual seria sua ordem de 1 (mais importante) a 20 (menos importante).

1. Relacionamento com a pessoa diretamente superior na hierarquia, "o(a) chefe"; como é o estilo de liderança existe afinidade, confiança etc.
2. Salário mensal (repare que nunca se pensa sobre o valor líquido, apenas o valor bruto vem à mente)
3. Remuneração extra (bônus, prêmios etc.)
4. É possível progredir na carreira, há clareza sobre promoções?
5. Distância casa-trabalho
6. Existe aprendizagem no trabalho?
7. Tem equipe para gerenciar? (tamanho, autonomia, composição dos membros)
8. Veículo dado pela empresa como benefício ou ferramenta de trabalho
9. Viagens (frequência, destino e duração delas)
10. Ramo ou segmento de negócio da empresa, você tem curiosidade em conhecer ou já domina, tem mais ou menos aderência ao seu perfil profissional.
11. Como sua família vê o seu trabalho?
12. Reembolso de combustível se usar o próprio veículo
13. Assistência médica
14. Assistência odontológica
15. Planos de Previdência Privada
16. Escola para os filhos
17. Ambiente de trabalho (infraestrutura e condições de saúde, higiene etc.)
18. Reembolso de faculdade, pós-graduação, curso de idiomas, outros cursos e treinamentos etc.
19. Cargo (nome e nível hierárquico da posição, quem serão seus pares)
20. Quem são e como são os sócios da empresa e/ou os chefes da tua chefia?

Como seria sua lista de prioridades? Qual seria a número 1 e a número 20?

Um elemento essencial para avaliar sobre essa lista é atribuir, além da prioridade, pesos para cara item, por exemplo, se você é solteiro provavelmente o peso que dará para alguns itens, serão diferentes dos pesos que daria se fosse casado (a) tivesse filhos. Mais do que priorizar, é importante considerar os pesos de cada item. Talvez o 10º item de priorização, se fosse colocado um peso, não seria apenas 1 ponto menor que o nono item.

Para falarmos de transição de carreira, precisamos pensar em questões mais básicas como estas, que eu chamo de **fatores estruturantes do trabalho**, mas também ir além, e pensar na **identidade profissional**, e o quão aderente ela estará no movimento que se pretende fazer, conforme exploramos no capítulo anterior.

Lembre-se, sou eu e minhas circunstâncias!

De modo que é possível elaborar um plano mínimo para uma transição de carreira, antes de jogar tudo para o ar.

Identificar o que te incomoda no momento atual e pesquisar áreas que trariam maior afinidade são elementos importantes a serem considerados nesta jornada.

Por isso, um planejamento pode te ajudar e muito e planejamento envolve apenas 3 perguntas: onde estou? Para aonde vou? E como vou chegar lá?

Como vimos no capítulo 6.1-Meu PDI: Plano de Desenvolvimento Individual, que pode ser consultado para elaborar um plano de transição de carreira também.

Caplow (1954) entende que uma criança em seu período da fantasia, pensa em uma ocupação em termos de seu desejo de ser adulto. Ele escolhe os papéis mais espetaculares e pouco comuns que surgem em sua mente: *cowboy*, engenheiro ferroviário, policial, explorador, médico e jogador de futebol etc., são escolhas inteiramente típicas. Advogado, contador, torneiro, gerente de loja, professor, técnico ou vendedor seriam escolhas bastante incomuns. As escolhas de fantasia são feitas em termos de atividade prazerosa, não como ajustes à realidade.

O professor Dutra (2107) relata alguns pontos que ele chama de *armadilhas profissionais*, que são situações onde o profissional acaba tendo algum tipo de desilusão após tomar alguma decisão de mudança em sua carreira, que vão desde uma escolha errada pura e simples, como não encontrar a felicidade esperada com a mudança, por exemplo, entrar numa organização onde sua reputação corre sério risco, se não, já está prejudicada pelo simples fato de ter aceito a posição, por exemplo, numa empresa de reputação deteriorada, ou que se deteriorou enquanto o profissional acabava de chegar nela.

Ao analisar as iscas dessas armadilhas, o professor destaca em formato de agrupamento essas categorias numa lista das mais frequentes para as menos frequentes, a saber: Recompensas financeiras, status social, imagem da posição/área/empresa, pressão de amigos/familiares, facilidade para alavancar projetos pessoais/familiares e atendimento de projetos profissionais/pessoais de curto prazo.

Se sua mudança está relacionada somente com dinheiro, saiba que algumas carreiras parecem mais bonitas do lado de fora!

Por isso, pensar em transição de carreira, envolve muita análise e pragmatismo, não se pode pensar como criança, a transição envolve lidar com a realidade da vida, é uma busca por autorrealização, mas não se pode fugir de questões que chamo fatores estruturantes do trabalho.

Mudar de rumo profissional é como mudar de casa: você primeiro precisa conhecer o novo lar, saber como é, como se sente nele, como é o bairro, a vizinhança.

Então, para falar de um plano de transição de carreira, mesmo que seja um formato "guia rápido", não há como fugir de um certo cuidado e detalhamento deste plano, mas em linhas gerais o guia será resumido assim:

- Entenda-se (autoconhecimento)
- Prepare-se (Física, psíquica e financeiramente)
- Teste a ideia (Carreira paralela)

Entenda-se: o capítulo 2 deste livro tem a intenção de oferecer reflexões para o autoconhecimento, a busca por compreendermo-nos, saber quem somos, nossa identidade, é essencialmente importante num processo de transição de carreira, principalmente quando ela é uma macro transição.

Não menosprezе o trabalho de consultoria nesta fase, e nem os *assessments* que podem e devem ser feitos.

Assessments nada mais são que testes psicométricos, e psicometria é a estatística dentro da psicologia, constituem-se de instrumentos sistematizados e padronizados que tem como objetivo identificar traços do comportamento humano, são testes cientificamente validados aqueles que possuem altos níveis de confiabilidade[105] e validade[106].

Estes instrumentos são sempre indicações, já que as ciências comportamentais nunca podem ser tratadas como definitivas. Eles visam avaliar, nunca validar ou determinar: aptidões, atitudes, reações diante de situações específicas, traços de personalidade, características emocionais, motivações, dentre outros constructos.

Alguns *assessments* que podem ser feitos de forma simples aqui no livro, como: âncoras de carreira, tipos psicológicos (versão demonstrativa), dentre outros. Ou de forma mais profunda com acompanhamento de profissionais, como: o MBTI® dos tidos psicológicos, outros testes de personalidade das mais variadas teorias como o Big Five, por exemplo, o Birkman® para inclinações de carreira, interesses, motivações, enfim, há muito que se pode explorar em termos de *assessments* que podem ajudar em processos de transição de carreira.

---

105 Confiabilidade refere-se à consistência do teste, ou seja, de todas as vezes que ele foi aplicado quantas vezes ele se mostrou confiável e mediu exatamente igual o que deveria medir? Quanto mais alto esse número, mais confiável é o instrumento. É como uma balança, se você colocar 1 kg de arroz e depois 1 kg de feijão, ela deverá em ambos os casos apontar como 1 kg, se ela mudar a medida, sem que os pesos do arroz e o do feijão tenham sido alterados, diremos que ela perdeu a confiabilidade, está descalibrada e não mede mais o que deveria medir.

106 Em psicometria, a validade é o grau em que as evidências e a teoria apoiam as interpretações dos resultados dos testes, ou seja, a validade representa que o teste validou na prática o que a teoria conceituou

Além de outras ferramentas como uma SWOT[107] pessoal, na figura 63, para avaliar forças, fraquezas, oportunidades e ameaças, por exemplo, qual seria a sua SWOT?

Para montar uma SWOT pessoal você deve considerar que as forças são as suas características internas, que representam vantagens competitivas sobre seus concorrentes ou uma facilidade para atingir os objetivos propostos:

Exemplos:

- Competências adquiridas, qualificações, certificados etc.
- Experiência em áreas
- Habilidades naturais para certas tarefas
- Tempo para estudos, qualificações
- Dinheiro para investir

Pergunte-se: quais são as minhas principais características positivas como pessoa e como profissional?

Quais traços mais marcantes de minha personalidade?

Quais são as minhas principais habilidades como profissional?

E que condições e situações eu trabalho melhor?

Quais os aspectos mais importantes da minha formação?

Quais aspectos mais importantes da minha experiência profissional?

Liste todas as suas forças, os seus pontos fortes. Se estiver em dúvidas, pergunte a pessoas que te conhecem, o que elas veem de pontos fortes em você.

A ideia é que você capitalize, potencialize, faça uso de suas forças e agora você deve pensar em oportunidades.

As oportunidades são situações positivas do ambiente externo que permitem a você alcançar seus objetivos ou melhorar sua posição no mercado.

Explore, Alavanque e Crie oportunidades fazendo uso de suas forças.

Que oportunidades suas forças lhe dão?

Exemplos:

- Poucas pessoas sabem fazer o que eu faço na região
- Aumento crescente da demanda de profissionais deste tipo ou com este conhecimento
- Disponibilidade para trabalhar em outras cidades
- Empreender em um novo mercado

Uma vez mapeado forças e oportunidades, você deve agora mapear as fraquezas e também as ameaças.

As fraquezas são fatores internos que colocam você em situação de desvantagem frente à concorrência ou que prejudicam sua atuação no ramo escolhido.

---

107 Ferramenta para avaliação de estratégia, SWOT é o acrônimo de Strenghts, Weaknesses, Opportunities e Threats em português também é chamada de FOFA (forças, fraquezas, oportunidades e ameaças)

Exemplos:

- Pouca qualificação em determinadas tarefas
- Indisponibilidade de recursos financeiros (dinheiro)
- Falta de experiência anterior no ramo
- Baixo equilíbrio emocional

Pergunte-se: quais são os principais pontos fracos que devo corrigir ou neutralizar?

Quais são as minhas principais características negativas como pessoa?

Quais as minhas principais carências como profissional?

O que eu não sei fazer, mas é importante para o meu trabalho?

Aqui o foco deve ser eliminar, reduzir e ou mitigar as fraquezas e para isso você precisa pensar em quais ameaças o ambiente externo lhe traz por conta destas fraquezas.

As ameaças são situações externas nas quais você tem pouco controle e que te colocam diante de dificuldades, ocasionando a perda de mercado ou a redução de suas possibilidades de carreira.

O que você deve fazer aqui é evitar, mantendo-se atento e monitorando

Exemplos de ameaças:

- Não ser convidado para uma promoção
- Perder oportunidades por falta de boas referências
- Uma demissão por baixa performance ou problemas de socialização.
- Falta de recursos (tempo, dinheiro etc.)

Com isso você pode montar a sua SWOT.

Figura 71: SWOT pessoal

Ambiente	Pontos fortes	Pontos fracos
Interno (Você)	Forças	Fraquezas
Externo (O mercado)	Oportunidades	Ameaças

Fonte: autor

Um planejamento para transição de carreira implica em: 1-Identificar as oportunidades e ameaças; 2-Identificar os pontos fortes e fracos e 3-Analisar o ambiente:

Feito isto você deve escolher uma estratégia prioritária para ação, pense em qual ação você deve centrar suas energias.

Nem sempre atacar todos os pontos que aparecem no radar se transforma numa estratégia eficiente, na maioria das vezes isto acaba não se mostrando uma boa escolha. Então, priorize!

Escolha uma ou duas ações, visando sempre a que lhe trará mais retorno ou evitará o maior dano e parta para a ação!

As técnicas e ferramentas lhe ajudarão na criação de planos, *networking*, formulação de uma visão estratégica de carreira, análise de mercado, empreendedorismo, inclusive social, preparação de curriculum, técnicas de entrevistas, enfim, há muito que se pode trabalhar neste processo de entender-se profissionalmente para uma transição de carreira.

Recomendo rever a tabela 18: Dimensões de autoconhecimento constante no capítulo 3.1 Autoconhecimento, nela você pode identificar algumas opções de instrumentos de *assessment* que ajudarão neste processo.

A falta de perspectivas, faz com que muitas vezes fiquemos desmotivados e começamos a pensar em mudar de carreira, e é normal pensar assim, muitas vezes muita gente pensando assim, simplesmente procura outra empresa onde acredita que encontrará essa satisfação que lhe falta no momento, mudar de emprego pode até ser simples, mas encontrar essa satisfação talvez não seja tanto.

Por isso, é importante fazer uma reflexão sobre o que levou a desmotivação antes de jogar tudo para o ar.

Olhar para si, para seus interesses, motivações, competências e projeto de vida podem lhe trazer *insights*.

Assim, a primeira coisa a ser feita nesses momentos é encontrar o motivador dessa mudança de carreira, ter clareza sobre isso é muito importante, pois ajuda a montar um planejamento para a transição, entender-se é o caminho, já que a mudança não pode acontecer simplesmente porque "encheu o saco", é preciso investigar se não é apenas uma fase ruim na carreira atual, ou ainda um mau relacionamento com as pessoas e com a organização onde se está.

Prepare-se: uma vez identificada a raiz do problema e da insatisfação, e se realmente o que é necessário é fazer uma transição, será necessário pesquisar e entender sobre o novo setor que pretende atuar, pois mudanças sem rumo não tem muita garantia de sucesso. De uma forma geral, vende-se muito a ideia de que você deve ir atrás dos seus sonhos, e eu concordo com isso, mas não pode ser uma busca desestruturada, pois do ponto de vista estatístico existem mais insucessos do que sucessos, quando a coisa se dá dessa forma, mas, inevitavelmente, tendemos a usar **o evento raro**[108] para justificar o todo, o que sabemos não é verdade.

Quando você, planeja, avalia e estrutura a mudança, você consegue ter uma visão mais ampla sobre ela e tem chances de ir avaliando ao longo do tempo se é lá mesmo que você quer estar à medida que vai caminhando sobre a ponte[109].

Figura 72: Modelo o inédito viável de visualização de objetivos

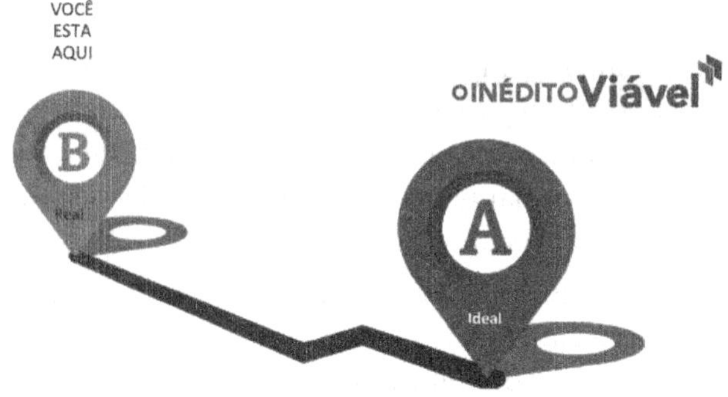

Fonte: Autor

Outra medida a ser tomada por quem quer investir em uma nova carreira é se preparar financeiramente, já que a nova empreitada, além de demorar tempo para se consolidar, muitas vezes vem acompanhada de um cargo menor de iniciante e salário também.

E ainda, caso os primeiros tempos na nova atividade não se revelem exatamente como esperado ou algum outro fator dê errado e você precise consertar a escolha, quanto tempo isso vai demorar?

Assim, criar uma reserva financeira para encarar este desafio é uma medida protetiva, já que muita gente desiste no meio da ponte porque o dinheiro acaba, e então a pessoa volta para o local de onde saiu, e acaba não consolidando a transição, não resiste a manutenção da mudança.

Qual o tamanho desta reserva financeira? Não sei, mas quanto mais fôlego você tiver, mais tranquilo estará para continuar caminhando sobre a ponte, considere no mínimo 1 a 2 anos sem salários para criar essa reserva, mínima!

108 Vide definição de evento raro no capítulo 2.7 Empreendedorismo
109 Alusão a figura 60 Caminhar sobre ponte em névoa do capítulo 6.7 Transição de Carreira

A incerteza dessa fase de não se saber quanto tempo pode demorar esse período de transição, até que o se tenha novamente algum senso de estabilidade e renda, pode demandar muita energia física e mental.

Neste sentido o apoio médico, psicológico pode ser muito útil, além de um coaching de carreira experiente que também é uma boa medida neste período transitório e poder ajudar a tornar a transição menos traumática possível.

Listo algumas ações que devem ser tomadas antes da decisão de investir em uma nova carreira:

- Tire férias ou alguns dias de descanso para ter certeza de que a insatisfação não é apenas cansaço;
- Marque conversas com pessoas que você não fala algum tempo, reviver algumas passagens da carreira atual pode ajudar neste processo de investigação.
- Pense: quanto tempo posso ficar fora do mercado versus a reserva financeira que tenho?
- Liste seus hobbies e algumas carreiras que mais lhe agradam;
- Faça cursos: de atualização, se matricule em um MBA, aprenda um novo idioma. Investir em novos conhecimentos é uma ótima estratégia para desenvolver as habilidades necessárias para a nova carreira. Além de adquirir conhecimento, também é possível construir uma rede de contatos, o que é fundamental nesse momento.
- Converse com pessoas que já atuam na nova área pretendida e pesquise para saber das reais condições de trabalho;
- Leia histórias inspiradoras de pessoas que mudaram de vida, mas também se questione, se não há muita romantização na forma como foram contadas essas histórias e se não foram omitidos detalhes nem tanto glamorosos;
- Faça trabalhos voluntários: ONGs, igrejas, templos, comunidades, no próprio condomínio onde mora, no bairro, na empresa de amigos, trabalhos voluntários são ótimos para aprender novas competências e reavaliar as existentes, além de poder abrir portas interessantes.
- Não haja por impulso. Caso esteja certo da decisão, faça um planejamento;
- Não pense na idade como um fator limitante. Nunca é tarde para mudar de carreira, é preciso serenidade e criatividade, e importante não perder o senso de realidade, pois se você tem mais de 50 anos e deseja ser jogador de futebol, não dá para pensar em participar da equipe sub 20 mais.

E o currículo de transição?

Um dado importante para a transição de carreia é a construção do CV, como montar um CV para uma nova carreira, quando todo o seu CV te valida para a carreira atual apenas?

Na minha experiência, ouso dizer que na transição de carreira, o CV vale muito pouco, o *networking* e aproximação da nova carreira via cursos, contatos pessoais, experiência práticas voluntárias, coisas assim, serão mais efetivas.

É muito difícil você enviar um CV, para uma empresa de engenharia, pretendendo ser engenheiro, depois de 20 anos atuando como advogado e tendo apenas experiências de advocacia no currículo, mas nada impede que algum amigo, que saiba de uma vaga de engenheiro, em uma empresa onde tenha boas relações te apresente ao chefe da engenharia que lhe dê uma oportunidade, sabendo que você está cursando ou cursou engenharia na universidade.

Assim, seu CV de transição deve levar em conta essa situação e as dicas são, incluir experiência associada à nova área, embora nem sempre seja fácil, você deve avaliar experiências atuais que teriam chances de serem aproveitadas na nova atividade, mesmo que não sejam diretas, mas elas já podem aproximar você do objetivo.

Por exemplo, se você tem habilidades em vendas, pense no processo de comunicação exigido em vendas e veja se ele não pode ser aproveitado na nova função, por exemplo, se você quer ser instrutor de surfe, por usar essas técnicas para captar novos alunos, se você é advogado e quer ser engenheiro, pode aproveitar competências de avaliação de contratos, esse é o caminho, fazer um diagnóstico do que já tem e pode ser aproveitado na nova profissão, é preciso ser criativo, sem deixar de lado a honestidade.

E neste ponto, se não há nada que possa ser aproveitado, você deve buscar alguma qualificação, mesmo que teórica para incluir no seu CV, estar cursando algo na área já é uma ajuda e já é uma qualificação.

Será mais fácil você alcançar o objetivo, fazendo cursos relevantes para a área de atuação que pretende, do que ficar apenas no trabalho atual, sonhando com a transição. O curso mostra disposição e atitude para com o seu projeto, mostra que você está atuando como protagonista do seu desenvolvimento de carreira.

Do mesmo modo que cursos são relevantes, participar de fóruns, eventos, encontros e workshops na área de atuação pretendida também devem constar do CV, inclusive explore estes eventos para ampliar seu *networking* na área.

Isso vai te ajudar a ter repertório em futuras entrevistas, abrir portas, não menospreze os contatos destes eventos. Aquele estagiário, bem mais jovem que você, que sentou ao seu lado pode te apresentar a alguém na empresa que seja importante para seu ingresso na área.

O porquê da mudança também pode ser interessante mencionar, não precisa dizer com essas palavras, mas, por exemplo, se você passou por um processo de consultoria, aconselhamento, *coaching* de carreira, pode incluir esta informação, mostrando que seu objetivo do CV, é algo pensado, trabalhado e não, "mais um tiro em qualquer direção".

Teste a ideia: outro elemento importante a se considerar neste guia prático de transição de carreia, é a possibilidade de você testar a ideia, antes de efetivar a mudança definitiva, ou seja, ter uma carreia paralela.

O conceito de carreira paralela, definido por Marci Alboher (Alboher, 2007), é quando a pessoa tem mais de uma carreira profissional ao mesmo tempo, independentemente da quantidade de tempo dedicado a cada uma, se estão relacionadas, se há compensação financeira ou se o indivíduo é empregado ou autônomo.

Contudo, meu entendimento sobre uma carreira paralela é de que ela existe quando as atividades realizadas são diferentes, mas simultâneas, é diferente de ter um segundo emprego na mesma área, ou fazer uma atividade como *hobby* ao mesmo tempo que mantêm a carreira profissional.

A carreira paralela pode ou não ser desenvolvida numa etapa anterior à mudança de carreira. Ela pode ser usada com o objetivo de familiarizar-se com a nova área e dar alguma garantia de sucesso na nova empreitada, reduzindo o risco de arrependimento e fracasso, ou seja, um movimento estratégico, já pensando numa futura migração.

Porém, a carreira paralela ou complementar não necessariamente é só uma estratégia de migração, ela pode ser algo definitivo na vida do profissional e desta forma não é uma ameaça a carreira principal, ela pode acontecer e, horário que não compete com a carreira principal. Não é raro encontrar pessoas que atuam em trabalhos diários em algo e a noite, mesmo que algumas vezes na semana ou aos fins de semana, desenvolvem outros tipos de trabalho.

Como por exemplo, quem trabalha em empresas e leciona em escolas, sejam elas do que forem de filosofia a música, passando por mergulho, *petwork*, culinária a pastor de igreja e tantas outras possibilidades.

Tabela 78: Vantagens e desvantagens da carreira paralela

Vantagens	Desvantagens
Possibilidade de ganho financeiro maior	Redução de tempo disponível para atividades pessoais
Proteção contra desemprego e variações de mercado	Sobrecarga de trabalho, com jornadas muito longas
Networking reforçado e oportunidades de negócio	Dificuldade para administrar duas agendas
Exploração e aprendizado de competências variadas	Risco de conflito de interesse entre os trabalhos

Fonte: VC SA (2013, p. 33)

Por exemplo, se você deseja ser instrutor de surfe, mas hoje trabalha na área de vendas, pode começar a usar fins de semana, eventualmente um período de férias, ou sabático, para testar a ideia e avaliar se realmente é o que deseja.

Como já explanado, pelas falas de Mark Twain: "Trabalho consiste em tudo que um corpo é obrigado a fazer e prazer consiste naquilo que um corpo não se é obrigado a fazer" e "Existem cavalheiros ricos na Inglaterra que dirigem carruagens de quatro cavalos a trinta ou trinta quilômetros por dia, no verão, porque o privilégio lhes custa um dinheiro considerável; mas se lhes fosse oferecido um salário pelo serviço, isso iria transformá-lo em trabalho e então eles se demitiriam" (Twain, 2007, p. 22 - tradução nossa).

De modo que o teste pode ajudar a clarear estas ideias, se é realmente necessário fazer uma transição definitiva, ou acomodar-se em duas funções já lhe satisfaz, na linguagem das *startups*[110], usa-se muito o tema "pivotar", que vem de pivô.

Um pivô é uma mudança de direção. Nos esportes, como basquete ou artes marciais, um pivô ocorre com um pé enraizado no lugar como o outro pé se move em um espaço diferente. O pivô não pode ser executado a menos que o pé plantado ofereça estabilidade.

Pense no pé de âncora como sua base de valores, experiências acumuladas e realizações, que fornece equilíbrio e força quando seu outro pé se move em uma nova área. Ambos trabalham em conjunto para alcançar a mudança, bem como a estabilidade. Quando você gira em sua carreira, você não está jogando fora o que você acumulou em habilidades e experiências. Em vez disso, estes são os alicerces que ajudam você a mudar em uma nova direção.

Porque muitos motivadores dirigem uma mudança de direção, isso requer que você aceite um elemento de incerteza em sua carreira. Alguns profissionais são infelizes e precisam tentar algo novo, alguns se tornam desempregados, alguns querem construir em cima de uma força ou melhorar uma fraqueza, e para alguns, a vida intervém ou os sonhos mudam. Outros propositadamente aplicam suas próprias fórmulas para mudanças de carreira para que eles estejam em constante evolução. Neste último caso, pivôs servem como uma estratégia de enquadramento para dirigir suas carreiras e para atualizar como eles próprios o mercado. Com esta abordagem, você pode avaliar seus ativos e destacar como eles beneficiam as necessidades específicas de um potencial novo empregador.

Eu costumo dizer que você consegue navegar num rio em duas canoas ao mesmo tempo, com um pé em cada uma, isso vai depender da velocidade e direção que as canoas tomem, porque a depender da velocidade que uma tenha diferente da outra, ou rume para lados diferentes, você será obrigado a saltar

110 *Startup* não é uma versão pequena de uma empresa grande, uma *startup* é uma organização temporária em busca de um modelo de negócio escalável, recorrente e lucrativo. É uma iniciativa de fé, baseada na visão dos fundadores e em notável ausência de fatos (BLANK; DORF, 2014)

definitivamente para uma das duas, não será mais possível continuar navegando nas duas ao mesmo tempo.

Afinal, tudo tem seu tempo de perecibilidade, como diz a música do Biquini Cavadão:

Tudo que viceja também pode agonizar
E perder seu brilho em poucas semanas
E não podemos evitar que a vida
Trabalhe com o seu relógio invisível
Tirando o tempo de tudo que é perecível
(Impossível – Biquíni Cavadão)

É comum que em várias fases da vida possamos nos questionar sobre seguir a carreira, mudar, estabelecer uma carreira paralela. Surgem dúvidas, mas também ideias, que podem ser aproveitadas ou não, e que podem mudar completamente a carreira.

Segundo uma pesquisa da consultoria Pactive, especializada em gestão de pessoas, 58% dos profissionais brasileiros já pensaram em largar tudo para começar uma carreira nova. Desses, 26% afirmaram que pensam no assunto várias vezes.

A figura 73 mostra o resultado da pesquisa da Intera, feita com 23,6 mil profissionais onde mais de 50% gostaria de trabalhar em outra empresa (Valor, 2021).

Figura 73: Motivação para trocar de emprego

Fonte: Valor, 1 de março de 2021

Outra pesquisa, da Boyden, com 357 executivos brasileiros, mostrou que um em cada dois ocupantes de cargos de liderança viu o desejo de mudar de emprego crescer em 2021 (Campos, 2021).

As causas podem ser as mais diversas, como insatisfação com os ganhos atuais, tédio, a procura por uma carreira que permita um melhor equilíbrio com a vida pessoal, mais oportunidades ou falta de reconhecimento, enfim, há inúmeras possibilidades.

Não é novidade que grandes nomes como Linkedin, Facebook, Twitter e até mesmo o Google tem hoje sites muito bonitos, mas quando foram lançados eram bem "feiinhos". Por quê? Porque quando foram lançados eram o MVP (*Minimum Viable Product*[111]), ou seja, é o que tem para o momento, e que com os feedbacks dos usuários poderemos melhorar.

Assim é transição de carreira, você não precisa ter o produto pronto para lançar, é a célebre a frase de Reid Hoffman fundador do Linkedin: "Se você não tem vergonha da primeira versão do seu produto, você demorou demais para lançar".

Afinal, é caminhando que se faz o caminho, há uma recomendação do artista Austin Kleon, no livro Roube como um artista, um livro voltado ao desenvolvimento da criatividade, que diz: "não espere até saber quem você é para começar".

A frase é utilizada para incentivar as pessoas a fazerem o que sentem, mesmo antes de terem a versão definitiva, completa e compreendida do que seja esse desejo.

O artista ilustra a ideia com essa imagem:

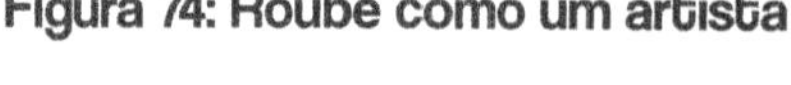

Figura 74: Roube como um artista

Fonte: Kleon (2013, p. 34)

---

111 MVP em português é o Produto Mínimo Viável, é uma versão simplificada de um produto de uma empresa sobre o qual serão feitos testes reais por parte dos usuários e consumidores, visando melhorias até que se chegue definitivamente ao produto final.

E afirma que: "Se eu tivesse esperado para saber quem eu era ou o que eu queria fazer antes de começar a "ser criativo", bem, eu ainda estaria sentado tentando me entender ao invés de estar fazendo o que quer que seja. Pela minha experiência, é no ato de criar e fazer nosso trabalho que descobrimos quem somos" (Kleon, 2013, p. 35).

De modo que realmente: **"as pessoas nunca estarão totalmente preparadas para um movimento em suas carreiras que implique uma mudança de identidade – esse aprendizado ocorre durante todo o processo"** Dutra (2017, p. 44).

É sempre a busca de um inédito, um inédito a ser viável.

Resumindo, estamos aqui falando de três coisas: mudanças, crise e evolução.

Crise do emprego, do trabalho, de identidade. Mas o que seria crise?

Crise é o momento que precede a **evolução**, o que acontece antes da mudança, por exemplo, se observamos as 4 Estações, quando saímos do verão, vamos para o outono e chegamos ao inverno. De modo que o outono é a crise, é o que aconteceu com o verão para que ele evoluísse até o inverno. A crise altera o funcionamento de algo, com ela obriga-se a uma evolução.

Então toda crise é boa porque é evolução, não necessariamente, evolução nem sempre é algo bom, evolução é apenas um movimento ou deslocamento gradual e progressivo em determinada direção.

E essa direção pode ser para cima ou para baixo, para o bem ou para o mal, do mesmo modo que podemos estar num trabalho, entrarmos em crise e descobrimos algo novo melhor e mais satisfatório, podemos também estarmos com um pequeno resfriado e evoluirmos para uma pneumonia. Portanto, é preciso estar atento as crises, elas querem nos dizer algo.

Há um ditado budista que diz: "a dor é sempre veículo de consciência". Se dói, é porque algo está em crise. Observe-a.

Assim, em qual direção estamos indo? Não sei, mas deixo uma pergunta a você, leitor: seja para qual for a direção, você está preparado para enfrentar essa crise?

Seja como for, não fique refém dos fatos. Reveja a Figura 34: Modelo reativo e Figura 35: Modelo proativo do capítulo 5.4-Bem-vindos a era da criatividade.

Ponha-se sempre em marcha! Como bem disse o filósofo Echenique: "se estamos esperando, não estamos agindo. Se estamos agindo não estamos esperando. A ansiedade é produto da expectativa e a expectativa é sinônimo de espera".

6.10 Meritocracia ou networcracia?

Devo dizer que quando escrevi o livro O inédito viável na gestão de pessoas: reflexões e filosofia prática sobre liderança, toquei no tema meritocracia, mas eu ainda estava muito contaminado pelo entendimento que boa parte do mundo corporativo, empresarial e executivo tinha dela, afinal eu estava a menos de um ano fora da última empresa que havia trabalhado quando concluí aquele livro, e depois de mais de 20 anos dentro de empresas, ouvindo apenas a versão delas sobre o tema, era natural que meu pensamento representasse aquela visão.

Naquela altura, eu já havia me aprofundado em ciências comportamentais, e o entendimento sobre vieses cognitivos já faziam alguma correlação na minha cabeça, mas eu ainda não havia feito o mestrado, e certas leituras em história e sociologia, que me abriam os olhos para o quão profundo o tema é, ainda não tinham surgido para mim, e isso revelou o quão superficial eu estava tratando do tema e quan-to meu entendimento ainda era bastante incipiente sobre a questão.

E mesmo eu tendo sido considerado um executivo de sucesso, *self made man*, "sem parentes importantes e vindo do interior", iniciado uma carreira como *office boy* e chegado a diretor executivo de multinacional, portanto tinha todos os predicados para acreditar na meritocracia, foi minha dissertação de mestrado, quando precisei entender mais sobre estatística, que fechou o gap na minha cabeça sobre isso.

Gary Hamel e Michele Zanini (2020) afirmam que poucas pessoas no mundo atual questionariam a moralidade ou utilidade da meritocracia, por entenderem que ela é em si algo positivo para o desenvolvimento humano.

E hoje, concordo com a visão destes autores, de que o debate é sobre como tornar nossas sociedades ainda mais meritocráticas, sabendo que o preconceito e a pobreza ainda impedem milhões de indivíduos de alcançar seu potencial. Temos uma vantagem, pois ao contrário de nossos antepassados e filósofos que acreditavam que isso seria a condição natural da vida de milhões de pessoas e, portanto, estavam nas mãos de seus destinos, hoje nós vemos isso como uma falha lamentável da sociedade e que, portanto, precisa ser corrigida.

Thomas Jeferson falava sobre a aristocracia natural, que era baseada em virtude e talento, em vez da aristocracia artificial, que é baseada na riqueza e nascimento (SANDEL, 2020).

Ou seja, no mundo ideal, as pessoas de virtude e que nascem talentosas deveriam formar as lideranças da sociedade, mas infelizmente o que vemos no mundo é que milhares de talentos são desperdiçados, porque o poder econômico, as relações dadas por "berço" acabam sendo mais fortes e estes se tornando as lideranças.

O que Jeferson acreditava, não era diferente do que Confúcio por volta de 500 a.C., na China já elaborava em sua filosofia moral para capacitar os governantes a agirem de forma justa. O arcabouço textual e filosófico de Confúcio era baseado em virtudes tradicionais chinesas: lealdade, dever e respeito.

Esses três valores eram representados por *junzi*, "cavalheiro", ou "homem nobre", que seria o modelo de liderança, aquele que agiria "em benefício da coletividade, de modo que o conhecimento e a sabedoria somente faziam sentido se servissem para a construção da ordem política" (Confúcio, 2015, p. 333).

Trazido em seus ensinamentos conhecidos como Analetos, a filosofia de Confúcio traz o exemplo de virtude a ser seguido, a inspiração para toda sociedade. Para o filósofo a importância das pessoas deveria ser pelo mérito e não pelo berço, o caminho para o homem nobre inicia-se "pelo despertar do indivíduo para sua vocação pública", ou seja, também uma aristocracia natural, como dito por Jeferson (Confúcio, 2015, p. 333).

Estas visões fazem parte do vocabulário do sociólogo britânico Michael Young, que escreveu:

> Hoje reconhecemos francamente que a democracia não pode ser mais que uma aspiração, e não deve ser governada tanto pelo povo quanto pelos mais inteligentes; não uma aristocracia de nascimento, não uma plutocracia de riqueza, mas uma verdadeira meritocracia de talento (Young, 1961, p. 21 - grifo e tradução nossa).

Assim, começo esclarecendo sobre a origem do termo meritocracia, que muitos atribuem a Michael Young, por conta de seu livro *The rise of the meritocracy 1870-2033: an essay on education and equality* de 1958, não é verdade.

A palavra meritocracia não foi inventada por Young, ele mesmo esclarece isso em nota de rodapé de seu livro:

> "A origem deste termo desagradável, como "igualdade de oportunidades", ainda é obscura. Parece ter sido usado pela primeira vez na década de 60 do século passado em jornais de pequena circulação ligados ao Partido Trabalhista, e ganhou grande popularidade muito mais tarde" (Young, 1961, p. 21).

Para ele, a meritocracia era uma forma de avaliação dos indivíduos, que por serem realmente os melhores, formariam uma classe dominante, governante e próspera.

A meritocracia seria a combinação de QI (quociente de inteligência) validado por testes, mais o esforço do indivíduo, sua aplicação prática na vida profissional, ela poderia ser descrita assim: QI + esforço = meritocracia.

Nas palavras do próprio sociólogo, décadas depois de ter escrito o livro, em artigo publicado no jornal londrino The Guardian em 2001, ele dizia que o livro era uma sátira que pretendia ser um aviso contra o que poderia acontecer à Grã-Bretanha entre 1958 e a imaginária revolta final contra a meritocracia em 2033 (Young, 2001).

Para Young, na sociedade do conhecimento, a influência mais determinante sobre suas chances de ascensão social não é a sua relação com os meios de produção, como no capitalismo iniciante, mas sim com os mecanismos de seleção educacional e ocupacional, ou seja, o acesso às escolas de qualidade.

Por exemplo, quem pode ser aprovado para trabalhar no serviço público bem remunerado? Os alunos das melhores escolas, mas quem tem acesso as melhores escolas?

Young (1961) fazia a previsão de que a meritocracia acabaria por polarizar a sociedade entre os vencedores pelos méritos, que ele chamou de classe superior[112], e os perdedores, os homens inferiores[113], que nem teriam a quem culpar, afinal, não obtiveram o mérito naturalmente.

No livro, há uma previsão de um manifesto, que seria escrito por volta do ano de 1989, onde explicitamente nega-se os critérios de seleção da meritocracia. No manifesto, abre-se a questão de que todos têm algum talento a ser oferecido, e, portanto, não cabe a diferenciação das pessoas:

> Fôssemos avaliar as pessoas, não apenas de acordo com sua inteligência e sua educação, sua ocupação e seu poder, mas de acordo com sua bondade e sua coragem, sua imaginação e sensibilidade, sua simpatia e generosidade, não poderia haver classes. Quem poderia dizer que o cientista era superior ao porteiro com admiráveis qualidades de pai, o funcionário público com habilidade incomum em ganhar prêmios superiores ao motorista de caminhão com habilidade incomum em cultivar rosas? A sociedade sem classes também seria a sociedade tolerante, na qual as diferenças individuais eram ativamente encorajadas, bem como passivamente toleradas, na qual um significado completo foi finalmente dado à dignidade do homem. Todo ser humano teria então oportunidades iguais, não de se erguer no mundo à luz de qualquer medida matemática, mas de desenvolver suas próprias capacidades especiais para liderar uma vida rica (Young, 1961, p. 169 – tradução nossa).

De modo que, alocar trabalho conforme o mérito da qualificação, não reduziria a desigualdade, apenas a reconfiguraria para outro critério e continuaria não representando justiça, traria problemas psicológicos, devido ao destroçamento da autoestima das pessoas e a eliminação da empatia entre as classes superior e inferior, o que acabaria por gerar uma revolta populista das classes inferiores contra as elites meritocráticas.

Ele não estava errado, já que numa sociedade plutocrática[114], o dinheiro abre acessos, mais que as virtudes e competências naturais dos indivíduos.

Por exemplo, o escândalo que explodiu em 2019 nas universidades americanas, onde pais subornavam avaliadores para que seus filhos, sem os devidos méritos, alcançassem boas notas ou criassem currículos para entrarem nas escolas da elite americana, como uma adolescente que sem nenhuma intimidade com a bola foi recrutada pela universidade de Yale, como estrela de futebol, tudo baseado num currículo fraudulento e com envolvimento de responsáveis pela aprovação da garota, no processo de fraude envolvendo milhões de dólares. O caso rendeu até

112 *Upper class* no original em inglês

113 *Lower classes* no original em inglês

114 Plutocracia é a sociedade que é governada ou controlada pelas pessoas que tem mais recursos financeiros como renda e patrimônio, ou seja, a riqueza determina os governantes

mandado de prisão contra a atriz Felicity Huffman da série Desperate Housewives, que escapou das grades pagando USD 250 mil de fiança (EXAME, 2019).

Dado este cenário, nem podemos dizer que há uma elite intelectual, o que temos de verdade é sempre uma elite econômica.

Mas até que ponto somos responsáveis pelo talento que temos quando se mostra natural e não desenvolvido ao longo de anos de esforço e repetição?

Como o caso de Mozart - que já citamos no capítulo 3.6.2. Dom –, é inegável que ele revelou talento desde cedo, mas também que ele melhorou seu talento ao longo da vida, porém, quanto pesou nisso o fato dele ter nascido filho de um músico, ter tido espaço, recursos e tempo para se dedicar a música ao longo de sua infância?

Será que Mozart, seria Mozart se tivesse nascido numa aldeia pobre da África, onde ouvir música clássica não seria um hábito, ou o fato dele ter nascido em Salzburgo na Áustria, no período fértil da música clássica, foi mais decisivo para sua carreira e genialidade?

Até que ponto somos responsáveis por nosso local e família de nascimento?

Até que ponto somos responsáveis por nossa vizinhança, amigos, parentes, pessoas que encontramos ao longo da vida e podem nos abrir portas?

Para Sandel (2020) citando o livro bíblico de Jonas versículo 1:4-16:

> "A noção de que nosso destino reflete nosso mérito está arraigada nas instituições morais da cultura ocidental. A teologia bíblica ensina que eventos naturais acontecem por um motivo. Clima favorável e colheita abundante são recompensas divinas por bom comportamento; seca e pragas são punições por pecado. Quando um navio se depara com mares tormentosos, as pessoas perguntam quem da tripulação irritou Deus" (SANDEL, 2020, p. 53).

Essa é uma visão altamente antropocêntrica, explica Sandel (2020) já que Deus estaria o tempo todo respondendo às solicitações dos humanos, mas como explicar as chuvas onde não há vida humana? Qual seria a finalidade? Quem estaria sendo recompensado por bom comportamento ali?

Do ponto de vista histórico científico isto não encontra nenhum respaldo, apesar de ser um pensamento comum, sobre a origem das desigualdades humanas manifestadas principalmente no status social de cada um, a história mostra que a desigualdade material, desde a antiguidade, requer acesso a recursos, neste sentido ela sempre se faria presente, desde nossos ancestrais caçadores coletores. Contudo, foi a produção de alimentos, a agricultura e a pecuária que geraram riqueza numa escala totalmente inédita na história, o que remonta a revolução agrícola há mais de 12 mil anos, como tratamos no capítulo 2.3 Trabalho.

A domesticação de animais, cultivo de plantas, tornou possível acumular recursos produtivos, com isso veio a reboque a necessidade de criação de normais sociais, a formação de Estados como modelos de organização que definiram direitos sobre esses bens, transmissão de posses pós-morte para futuras gerações, novas condições de vida, investimentos, estratégias conjugais, consumo, entre outras questões e "a desigualdade política reforçou e ampliou a desigualdade econômica", além de corrupção, extorsão e pilhagem e o fato de que durante a maior parte da história, os ricos estiveram posicionados no topo, próximo dele ou de quem se encontra nesse lugar, que é privilegiado em relação à hierarquia do poder político que rege as sociedades (Scheidel, 2020, p. 17).

Porém, Sandel (2020) explica que a construção do pensamento de que sucesso financeiro e riqueza é sinal de virtude superior, vem de longa data, mas mais recente que a revolução agrícola, ela surge de uma interpretação calvinista (século 16 em diante) de predestinação, apesar de a reforma de Martinho Lutero, datada do ano de 1518, ser frontalmente contrária a meritocracia, como pregavam: "a salvação não vem pelas obras, mas pela graça".

Esta lógica da graça, é alterada quando os puritanos calvinistas chegam aos Estados Unidos e trazem a ideia de povo escolhido, que seria a igreja invisível de Deus na terra, e o povo não escolhido, aqueles que predestinadamente foram condenados.

Mas como saber em vida quem é o povo escolhido e quem não é o povo escolhido, já que todos precisariam morrer para saber seu destino, como resolver essa questão?

Essa é a lógica explicada por Max Weber em A Ética Protestante e o espírito do capitalismo: uma vez que todos são chamados para sua vocação, trabalhar de forma dedicada a ela traz prosperidade, assim, Deus ajuda quem se ajuda e revela-se, pelo retorno financeiro, a prosperidade, quem seriam os tais escolhidos na terra.

Bauman (2005, p. 44) com pensamento contrário a essa crença, e mais conexão com a história da humanidade, citando Richard Rorty, diz que "nossos filhos precisam aprender, desde cedo, a ver as desigualdades entre seus próprios destinos e os de outras crianças, não como a Vontade de Deus nem como o preço necessário pela eficácia econômica, mas como uma tragédia evitável".

Afinal, é como atribuir ao povo africano a maldição da escravidão, isentando os seres humanos que a praticaram de seus pecados.

Aliás, o padre Antônio Vieira, um dos mais influentes personagens do século XVII na história brasileira, entendia que o fato de ser mais fácil e rápido navegar de Luanda para o Rio de Janeiro do que de Salvador a São Luis do Maranhão, era a providência divina, a intervenção milagrosa de Nossa Senhora do Rosário, mostrando que era da vontade de Deus a escravidão, era no fim das contas justificada para salvar os negros africanos que, sendo escravizados tinham a chance de se converterem ao catolicismo e salvarem suas almas (GOMES, 2019).

Óbvio que essa diferença se tratava apenas de correntes marítimas, e, portanto, era uma correlação ilusória, a ignorância humana sobre oceanografia gera explicações divinas, como geralmente acontece onde na falta de uma explicação científica, atribui-se qualquer fenômeno à Deus.

A correlação ilusória é um viés cognitivo. Como não entendemos profundamente as coisas atribuímos correlações que possam explicar algo. Mesmo que elas não tenham necessariamente correlações. É o caso de atribuir o sucesso do empreendimento ao uso de um crucifixo no peito, a roupa da sorte no dia de fechar contratos ou o uso da camisa especial no dia do jogo do time. Não há a menor correlação entre nada disso, mas atribui-se mesmo assim, na verdade, cria-se justificativas psíquicas para validar alguma convenção social, ou como trata Rousseau (2011; 1994) a legitimação das diferenças vem das convenções criadas pelos próprios homens, como as leis, por exemplo, que não deixam de ser convenções inventadas. Em suas palavras:

> Concebo duas espécies de desigualdade na espécie humana: uma que chamo de natural ou física, porque é introduzida pela natureza, e que consiste na diferença de idade, saúde, forças corporais e qualidades do espírito, ou da alma; outra que se pode chamar de desigualdade moral, ou política, porque depende de uma espécie de convenção e é introduzida, ou ao menos autorizada, pelo consentimento dos homens. Esta consiste nos diferentes privilégios de que alguns desfrutam em detrimento dos outros, como ser mais rico, mais respeitado, mais poderoso que os demais, ou mesmo fazer-se obedecer por eles (Rousseau, 1994, p. 121).

A visão de meritocracia deve ser desenvolvida, melhorada, não abandonada, pois é necessário desenvolvermo-nos ao longo de nossa existência, mas precisamos cuidar para que ela não seja um ordálio[115], pesquisas apontam que a desigualdade de oportunidades, principalmente sobre a população negra no Brasil é imensa, assim, cobrar apenas do indivíduo, ignorando todo o contexto em que este indivíduo vive, torna-se algo bastante cruel, um ordálio, que as estatísticas confirmam todos os dias.

Há diferenças salariais entre pessoas brancas e negras em mesmo nível instrucional, conforme pesquisa do professor Naércio Menezes Filho (Menezes Filho, 2020).

Figura 75: Salários por cor de pele

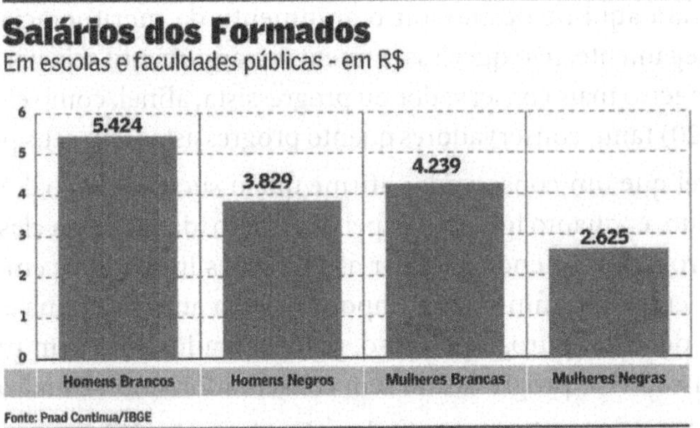

Fonte: Menezes Filho (2020)

115 Ordálio ou ordália, também conhecida como juízo de Deus, é um tipo de prova judiciária usado para determinar a culpa ou a inocência do acusado por meio da participação de elementos da natureza e cujo resultado é interpretado como um juízo divino.

Há evidências de discriminação no mercado de trabalho brasileiro, devido ao preconceito racial que afeta inclusive os salários das pessoas negras (Hirata e Soares, 2020).

Estas são apenas algumas das evidências de que a meritocracia pode ser, como tem sido, principalmente para a população negra no Brasil, um ordálio, se não observada com os devidos cuidados.

Ainda mais num mundo onde 1% da população, a parte mais rica, recebe mais da metade de toda a metade inferior da população, conforme a figura 29: Pirâmide comparativa da concentração de riqueza mundial do capítulo 5.1-Frankenstein, Jetsons e a Siri. Em 2015 um número de 62 pessoas tinha mais dinheiro do que os 50% mais pobres da população mundial toda (Dias, 2016).

Em 2020, com dados de 2019, a OXFAM mostrou que 2.153 pessoas, considerados os bilionários do planeta, detinham mais riqueza do que 4,6 bilhões de pessoas, e que o 1% mais rico da população detinha o dobro da riqueza de 6,9 bilhões de pessoas (Oxfam, 2020).

Dados de pesquisa mostram que 77% dos americanos acreditam que se consegue ser bem-sucedido se trabalharem arduamente, contudo o sonho americano não está mais em solo americano, ele mudou-se para Copenhagen na Dinamarca, pois dados mostram que o crescimento americano já não tem mais a mesma força, as chances de os filhos conseguirem mais patrimônio que seus pais, como aconteceu no último século, não é mais real para os americanos, mas na Dinamarca é. Por outro lado, os alemães não têm a mesma crença dos americanos, apenas metade acredita que o trabalho árduo leva ao sucesso e na França, a maioria não acredita nisso. Não à toa que a sociedade americana aceita a desigualdade enquanto a europeia, mais equalitária, a rejeita (Sandel, 2020, pp. 105-109).

Não se trata aqui de desmontar o argumento da meritocracia, tampouco defendê-la cegamente, não quero sacramentar o argumento seja para um pensamento de espectro mais conservador ou progressista, afinal, como elucida Hamel e Zanini (2020) tanto conservadores quanto progressistas têm seus pontos cegos.

É provável que um conservador afirme que o sucesso pessoal é produto de trabalho árduo, enquanto ignora o papel do gênero, da raça e da classe. Em contraste, um progressista tende a culpar as privações individuais em um sistema fraudulento, enquanto minimiza a importância da autodisciplina e tenacidade. Cada ponto de vista, puro, é perigoso, o conservadorismo sem progressismo idolatra o passado e o progressismo sem conservadorismo vandaliza o passado.

Como já trazido aqui, a pesquisadora Duckworth (2016) traz estudos que derrubam crenças sobre o conhecimento e o talento, apontando que a garra, a vontade de vencer faz muito mais gente alcançar objetivos, gente que não era tida como talentosa mostra o seu valor na ação.

Contudo, inegavelmente, e também baseado em estudos, a estatística para os que não têm acesso é cruel, ceifa talentos, castra oportunidades, e desperdiça o capital humano. Eu, sou eu e minhas circunstâncias, sempre!

E falando sobre essas circunstâncias, uma delas são as relações sociais que são essenciais para a vida humana, para a carreira de qualquer pessoa e para felicidade humana inclusive.

Lembre-se: "Ao lidar com pessoas, não devemos nos esquecer de que não estamos lidando com criaturas lógicas. Lidamos com criaturas de emoção, cheias de preconceitos e motivadas por orgulho e vaidade" (Carnegie, 2012).

Por isso, muitas vezes o debate sobre meritocracia torna-se frágil, as pessoas desprezam história e estatísticas, e apegam-se aos seus únicos exemplos, como se isso do ponto de vista estatístico fosse relevante, mas não é, assim, quando as emoções não te deixam ver, use as estatísticas.

De modo que hoje, meu pensamento é de que a networcracia conta mais que a meritocracia, pois como bem observado por Aristóteles; "O homem é, por natureza, um animal social", e assim, construímos relações sociais o tempo todo.

E estas relações sociais, se mostram, muitas vezes, mais eficientes para a carreira dos indivíduos, do que a meritocracia, principalmente para o alcance de posições de liderança, uma vez que o gerenciamento de impressões é uma habilidade fundamental para progredir no trabalho (TEMPLER, 2018).

Uma pesquisa do prof. Klaus J. Peter da Universidade de Singapura, intitulada: *Dark personality, job performance ratings, and the role of political skill: An indication of why toxic people may get ahead at work* revelou que colaboradores com alta taxa de habilidade política eram mais propensos a ter uma melhor avaliação de desempenho, a questão central era: quais habilidades levam indivíduos a terem melhores avaliações e promoções? As habilidades políticas se mostram bastante evidentes, ou seja, entendeu-se que a habilidade política valia mais do que resultados (TEMPLER, 2018).

E isto pode representar um problema ainda maior para as promoções de mulheres no ambiente corporativo, já que a agenda social da mulher em eventos corporativos, principalmente as mães, muitas vezes fica prejudicada em relação aos seus competidores homens.[116]

Em artigo publicado por Dias, Veloso e Treff (2020) sobre diferenças entre homens e mulheres no estilo de liderança, as mulheres líderes foram melhor avaliadas no estilo tarefa e não relacionamentos, isto tanto por lideradas mulheres quanto por liderados homens, o que pode ser um dos elementos que as prejudicam na ascensão de carreira, já que relacionamento importa, mais do que meritocracia como evidenciou o estudo de Templer (2018).

---

116 https://valor.globo.com/brasil/noticia/2021/03/04/ibge-nivel-de-ocupacao-de-mulheres-com-filhos-pequenos-e-menor-que-das-sem-filhos.ghtml

Como popularmente se diz: "carregar o piano", não basta para ascensão profissional, é preciso desenvolver competências políticas, relacionais, ter a capacidade de estabelecer vínculos, contatos e gerar influência.

Isto pode explicar o sucesso de obras como: *Como fazer amigos e influenciar pessoas*, de 1930, tido por muitos como o primeiro livro de autoajuda do mundo e um dos *best sellers* mais vendidos até hoje. Nessa obra, Dale Carnegie, ensina sobre relacionamentos, como se tornar mais sociável, persuasivo para alcançar o sucesso no mundo dos negócios e na vida pessoal.

Porque, no fundo, sabemos que relações sociais são mais fortes que mérito!

Hamel e Zanini (2020) mostram que uma pesquisa conduzida pelo consultor John Gardner, mais de trezentos executivos foram questionados sobre a prevalência do favoritismo nas decisões promocionais. Para os fins do estudo, o favoritismo foi definido como: **"tratamento preferencial com base em fatores não relacionados às habilidades de uma pessoa, como histórico, ideologia ou instintos viscerais"**. O estudo de Gardner revelou que:

- **75% dos executivos testemunharam favoritismo nas decisões de contratação;**
- **94% acreditavam que políticas destinadas a prevenir favoritismo foram ineficazes;**
- **83% disseram que o favoritismo produzia baixa qualidade nas decisões de promoção.**

Para os autores, podemos simplificar entendendo que os "dados" usados nas decisões de contratação e promoção estão repletos de preconceitos, e nem se pode dizer que já não sabíamos disto antes.

Outros estudos, conduzidos pelo Conselho Executivo Corporativo, revelou que 77% dos executivos de RH admitiram que os métodos típicos de avaliação não medem com precisão as capacidades e contribuições dos funcionários e encontrou correlação zero entre as classificações de desempenho individual e os resultados reais dos negócios, ou seja, é o menos correlacionado que você pode conseguir (Hamel e Zanini, 2020).

Segundo Souto (2021) um estudo global de James Bessen e Erich Denk da universidade de Boston, mostrou que mais de 45% dos pré-requisitos solicitados em vagas de trabalho, não eram, na verdade, necessários quando da execução do trabalho em si, o que se revela inclusive uma barreira para a diversidade, pois apenas fazem parte de uma lógica pré-determinada de itens que a empresa define na descrição de uma vaga.

Outra pesquisa, da Infojobs com 612 pessoas, mostrou que 48% dos respondentes já sofreram discriminação ou preconceito em processos seletivos, os mais comuns são mostrados na figura 76:

Figura 76: Preconceito no recrutamento

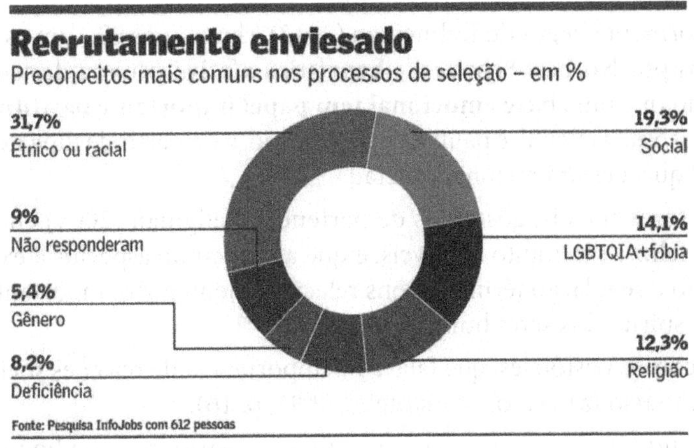

Fonte: Valor, 2021a

Pois bem, as relações sociais são carregadas de emoções, positivas ou negativas, todos sabemos que quando alguém que não gostamos faz algo ruim, nossa tendência é confirmar o que já sabíamos, e se faz algo bom, tentamos relembrar as coisas não tão boas para "não dar o braço a torcer", e o contrário também é verdade, quando alguém que gostamos faz algo bom, dizemos: "eu sabia, eu já esperava", mas quando o que esta pessoa faz, não é nada bom, tentamos rapidamente achar uma justificativa para tal, a famosa situação de "passar um pano".

Por que isso? Porque: "A razão é escrava da emoção e existe para racionalizar a experiência emocional" (Bion, citado por Zimerman, 2008, p. 98).

Não somos tão racionais como gostaríamos de ser, temos no máximo uma racionalidade limitada, usando as palavras do prêmio Nobel Herbert Simon que desde antes dos anos 1950 se propôs a estudar o processo de tomada de decisão humana.

Kahneman (2012), outro laureado com prêmio Nobel, afirma que os cientistas sociais da década de 1970 aceitavam duas ideias sobre a natureza humana. Primeira: as pessoas são, no geral, racionais e têm opiniões sólidas. Segunda: emoções, tais como o medo, a afeição e o ódio explicam a maioria das ocasiões em que as pessoas se afastam da racionalidade.

Contudo, o que se percebe hoje é que as ciências sociais, de forma geral, não têm unanimidade em separar e definir constructos sobre razão e emoção no que tange ao modo como a mente humana funciona.

Tversky e Kahneman (1974), desde a publicação do artigo sobre heurísticas e vieses, nos anos 70, estabeleceram um novo marco importante, capaz de ser aplicado a inúmeros campos de estudos, incluindo diagnósticos médicos, análises judiciais, serviços de inteligência e espionagem, filosofia, estatísticas, estratégia militar e gestão de pessoas, dentre outras.

Posteriormente, segundo Kahneman (2012), já nos anos 90, com os trabalhos conduzidos por Norbert Schwarz, a **heurística afetiva** ganhou destaque, compreendendo que uma **base emocional tem papel importante na atitudinal**, ou seja, a decisão, se racional, é pautada pela emoção, e é a partir de uma experiência emocional que a esfera racional é afetada.

Somos seres sociais, gostamos de pertencer, Seligman (2004) entende que as pessoas felizes são muito sociáveis, e que assim como aspectos a exemplo de alimentação e regulação térmica, bons relacionamentos são importantes para o estado de espírito dos seres humanos.

Assim como Aristóteles, que falava da importância de relações sociais: "uma andorinha só não faz verão" (Aristóteles, 1991, p. 16).

Para Freud (2013, p. 121), "há um instinto gregário inato no homem, assim como em outras espécies animais, biologicamente esse gregarismo é uma analogia e como uma continuação da pluricelularidade".

Pela teoria freudiana da libido, é tendência de todos os seres vivos da mesma espécie se reunirem em unidades sempre mais abrangentes, uma vez que o indivíduo se sente incompleto quando está sozinho. O medo da criança, por exemplo, já é uma expressão desse instinto gregário. É o *esprit de corps* – um espírito comunitário (Freud, 2013).

Uma briga de torcidas, investidores querendo vender seus papéis na bolsa de valores, clientes em uma loja em época de *Black Friday*, pessoas desesperadas para estocar comida porque foi anunciada uma quarentena na cidade. Todos são exemplos da manada agindo.

Fatores sociais também direcionam ou afetam comportamentos financeiros. As pessoas estão sujeitas a influências e motivações sociais, como pressão dos colegas, comportamento de manada[117] e desejo de aceitação ou status social. Tais fatores influenciam os indivíduos quando compram bens ou selecionam investimentos, por exemplo, que os induzem a gastar mais, a comprar ativos durante uma bolha do mercado ou, até, a serem vítimas de problemas financeiros ou fraude, independentemente do nível de alfabetização financeira (Iosco/OECD, 2018).

Assim, hoje entendo que existe mais "networcracia" do que meritocracia, mas não que não podemos desenvolvê-la e melhorá-la, mas é que nossas escolhas são carregadas de vieses, nós precisamos de gente, de relacionamento o tempo todo porque somos seres sociais e há toda uma construção milenar sobre nossa sociedade e forma de vida, governo e mobilidade social.

117 Comportamento de manada ou efeito manada, surge quando humanos reproduzem o mesmo comportamento que um rebanho de animais, que sem saber exatamente o porquê uns imitam o comportamento dos outros, formando um grupo de comportamento coeso.

Como dizem, não é importante saber tudo, é mais importante conhecer quem sabe. Se você tem um problema, não precisa saber a solução, só precisa encontrar alguém que a tenha, ou que te indique quem a tenha, pense quantas oportunidades você teve na vida porque alguém que você conhecia, ou conhecia quem tem conhecia, te ajudou?

"As boas relações e estratégias são chave para o nosso sucesso em todas as áreas da atividade humana, desde a relação entre os pais até a capacidade de um gerente para trazer o melhor de seus funcionários" Steven J. Stein

Networcracia é um termo que eu inventei, analisando as escolhas que as pessoas fazem nas empresas quando precisam recrutar pessoas, por exemplo.

Kahneman, Lovallo e Sibony (2019) defendem, por exemplo, uma abordagem estruturada para decisões estratégicas, inclusive no recrutamento de pessoas, pois segundo eles, infelizmente, há uma vasta quantidade de evidências que indicam que entrevistas não estruturadas levam a avaliações tendenciosas que têm muito pouco valor preditivo. Isso porque o entrevistador forma um modelo mental (coloquialmente conhecido como uma "impressão") de um candidato, um processo que psicólogos mostraram tem três limitações específicas (p. 68, tradução nossa):

1. Coerência excessiva. Os modelos mentais são geralmente mais simples e mais coerentes do que a realidade que pretendem avaliar. Como entrevistadores, se presumimos, por exemplo, que determinado candidato é extrovertido, tendemos a fazer perguntas que confirmam essa hipótese.

2. Uma qualidade "rápida e pegajosa". Formamos nossos modelos mentais rapidamente, muitas vezes com base em evidências limitadas no início do processo, e alteramos nossos modelos lentamente à medida que novos fatos surgem. Isso explica por que, como o bom senso sugere (e a pesquisa confirmou), as primeiras impressões têm um efeito desproporcional nas avaliações que fazemos das pessoas em geral e no resultado das entrevistas de emprego.

3. Ponderação tendenciosa. Nossos modelos mentais muitas vezes não dão a cada fato pertinente o peso que ele merece. Podemos desconsiderar informações importantes ou, em contraste, dar grande peso a fatores que deveriam ser totalmente irrelevantes. Por exemplo, um entrevistador pode perceber erroneamente que um candidato do sexo masculino tem grandes qualidades de liderança apenas porque ele é alto e tem uma voz profunda.

Assim, à luz das ciências comportamentais, tenho o embasamento para dizer que sim, meritocracia perde para a networcracia na grande maioria das vezes, mas isso não significa que não devemos atribuir metas a nós e aos nossos, que não devamos recompensar os melhores, porque é preciso um pouco de estresse para o ser humano buscar se aprimorar e evoluir, e as metas, os objetivos, a competição, neste sentido é muito saudável, mas precisamos compreender que só há justiça, quando as oportunidades oferecidas, de fato são iguais e ai, quem correr mais rápido merece as glórias e isso impulsionará outros a também querer correr.

6.11 Educação Financeira

Por que um livro sobre carreira vai falar sobre educação financeira?

Bom, primeiro porque foi a educação financeira que me fez querer ser escritor, minha vontade de escrever um livro começou quando percebi que o que eu havia estudado e feito na minha própria carreira, do ponto de vista de alcance da minha independência financeira, seria interessante contar para aos outros.

Tirando isso, devemos falar sobre educação financeira porque a carreira tem fim, talvez em algum momento não queiramos mais ter uma carreira, mas continuaremos querer viver dignamente, e então de onde virá o dinheiro para isso?

Quando você sair do mundo do trabalho e, portanto, terminar sua geração de renda, como viverá? De onde virá o seu sustento?

Figura 77: Carreira e final da geração de renda

Fonte: Autor

Educação Financeira é, no fundo, a relação das pessoas com o dinheiro em todas as fases da vida e visa garantir o padrão de vida necessário do indivíduo a partir de seus próprios recursos, na ideia de que a carreira nos proporcione a possibilidade de construir um patrimônio, administrar e aumentar esse patrimônio e na aposentadoria poder viver da rentabilidade desse patrimônio construído.

Além disso, devemos falar sobre educação financeira, porque é comum você perguntar as pessoas: por que você trabalha? E a resposta ser; "porque preciso pagar minhas contas".

Ou seja, porque precisamos de dinheiro para viver, e o trabalho, muitas vezes, tem essa conexão direta com o dinheiro, muita gente diz que se ganhar na loteria a primeira coisa que vai fazer é parar de trabalhar, viver de renda e coisas assim.

Porque nestes casos, o trabalho não tem o significado, pelo menos percebido, de que ele é mais que a remuneração envolvida (quando ela é minimamente digna, é claro), não se nota que o trabalho é também o local para criação de nossa identidade, para realização de nosso potencial humano, enfim, de outros elementos que o ato de trabalhar, remunerado ou não, pode nos trazer.

E claro, que há também aqueles que dizem que se você trabalhar demais, não terá tempo de ganhar dinheiro, e por aí vão as conexões entre trabalho e dinheiro.

Sandel (2020) citando Frank Night, ao estudar sobre o porquê das diferenças de remuneração entre as profissões e o porquê pessoas conseguirem ou não acumular riqueza, diz que:

> Ser bom em ganhar dinheiro não mede nem nosso mérito e nem o valor de nossa contribuição. Tudo o que as pessoas bem-sucedidas podem dizer com honestidade é que conseguiram, por meio de uma mistura incomensurável de genialidade ou astúcia, tempo ou talento, sorte ou coragem ou determinação sombria, atender de modo efetivo à confusão de desejos e anseios, independentemente de serem importantes ou frívolos, que constitui a demanda de consumidor em qualquer momento. Satisfazer a demanda do consumidor não tem, em si, valor; seu valor depende, caso a caso, do status moral do fim a que se serve (Sandel, 2020, pp. 201-202).

Quando escrevi o livro Finanças Comportamentais: desejos, tentações e felicidade (2022) fiz um profundo estudo sobre emoções e comportamento humano, quando o tema envolve dinheiro, e neste livro, há uma citação de Furnham e Argyle que é a mensagem do livro: "A psicologia do dinheiro (1998)", que diz que é a peculiar combinação de acaso com a sagacidade de saber como e, acima de tudo, quando explorar descobertas ou *insights* que parece, mais frequentemente, levar à riqueza.

Em resumo, a acumulação de riqueza, quando honesta, nem sempre é explicável pela lógica ou razão. Como a explicação de Night acima, fatores inobservados, e o acaso, ou sorte, além do evento raro que já citamos, podem, juntamente com o esforço individual, levar ou não a ela.

Este livro sobre finanças comportamentais, foi uma evolução natural do livro anterior, que tinha enfoque em finanças pessoais: O inédito viável em finanças pessoais: dinheiro caro, filosofia barata (2016), que era introdutório as finanças comportamentais.

De modo que tanto finanças pessoais quanto finanças comportamentais, são importantes conhecimentos estudados quando se fala em educação financeira, mas afinal o que é educação financeira?

A definição da Organização para a Cooperação e Desenvolvimento Econômico OCDE (2005), para a educação financeira, que está no livro é:

> o processo mediante o qual os indivíduos e as sociedades melhoram a sua compreensão em relação aos conceitos e produtos financeiros, de maneira que, com informação, formação e orientação, possam desenvolver os valores e as competências necessários para se tornarem mais conscientes das oportunidades e riscos neles envolvidos e, então, poderem fazer escolhas bem informadas, saber onde procurar ajuda e adotar outras ações que melhorem o seu bem-estar. Assim, podem contribuir de modo mais

consistente para a formação de indivíduos e sociedades responsáveis, comprometidos com o futuro (OCDE, citada por Dias, 2016, p. 37).

O grande imbróglio é que não necessariamente pessoas que tenham uma boa educação financeira escapam das armadilhas muitas vezes autoimpostas quando o assunto é dinheiro ou tomada de decisão que o envolva.

No livro Dinheiro caro, filosofia barata, comparo educação financeira com educação alimentar e física, outras educações que todos sabemos da importância, mas nem sempre trazemos para a vida prática.

Quantas vezes exageramos no tamanho do prato, mesmo sabendo que não deveríamos comer tanto? Ou quantas vezes gastamos mais dinheiro do que deveríamos?

Pesquisa feita nos Estados Unidos revelou que 46% dos consultores financeiros não têm planos de aposentadoria, ou seja, até profissionais desta educação tem dificuldades para pô-la em prática mencionam Ariely e Kreisler (2019).

Outra pesquisa, da Associação Brasileira das Entidades dos Mercados Financeiro e de Capitais (ANBIMA), revela que a minoria da população brasileira é poupadora. Segundo o Banco Central mais da metade das famílias encontra-se endividada no sistema financeiro, 50,26%, recorde alcançado em outubro de 2020. Já para a Confederação Nacional do Comércio (CNC) o percentual de consumidores que se declaram endividados fechou 2020 em 66,3% (Conceição, 2021).

Assim, enquanto muitos educadores financeiros vão dizer, todos os dias na internet, que basta você gastar menos do que se ganha, para ter uma reserva financeira para o futuro, eu como professor e escritor em finanças comportamentais, mantenho meu foco em entender os motivos pelos quais uma coisa tão simples, não é feita pela maioria das pessoas, e mais espantador, por gente que ensina como fazer!

É que as respostas estão além da educação financeira, exemplo, a Pesquisa de Orçamentos Familiares do Instituto Brasileiro de Geografia e Estatística (IBGE) aponta que 23% da renda disponível é não monetária, e para os 10% mais pobres do país, esse percentual chega a 42%, ou seja, quase metade da renda dos indivíduos mais pobres é renda não monetária, aquela parcela do orçamento não representada por dinheiro, como uma cesta básica doada, medicamentos gratuitos, serviços de saúde públicos etc. Nacionalmente, a renda disponível média, per capta, é inferior a R$ 1.700,00, significa dizer que quase R$ 400,00 (23%) ou 42%, neste caso R$ 700,00, são renda não monetária, sobrariam então algo como R$ 1.300,00 a R$ 1.000,00 para que os indivíduos conseguissem sobreviver, e criarem suas reservas futuras (SARAIVA, 2020).

Ocorre que qualquer quantia que por ventura sobre deste rendimento, provavelmente não seria vista como uma oportunidade de poupança, o recurso seria destinado a suprir outra necessidade urgente.

Banerjee e Duflo (2007) que foram laureados com prêmio Nobel de Economia em 2019, no artigo *The Economic Live of the Poor*, investigaram com bastante riqueza de detalhes a vida de pessoas consideradas pobres e vivendo na extrema pobreza, a diferença entre eles é o valor de consumo per capta por dia (US$ 1,08 para extrema pobreza e US$ 2,16 para pobres), pois bem, o estudo cobriu 13 países e identificou que estas famílias, além de serem numerosas, gastavam cerca de 56 a 75% da renda com alimentação, 10% com ritos sociais (casamentos, velórios etc.) e outros 10% na média com álcool, cigarros e nada em educação, o que os torna totalmente dependentes do Estado ou de ONGs para terem algum tipo de investimento em capital humano.

Pesquisadores que examinam a psicologia da pobreza, compreendem que ela é obviamente caracterizada por insuficiência de renda, mas também pela exposição à violência e crime, falta ou dificuldade de acesso a serviços de saúde, educação, e outros tantos obstáculos até institucionais, como exclusão do mercado de crédito formal, que faz pessoas reféns de agiotas, e no caso de inadimplência sofrerem situações terríveis.

A pobreza pode ter consequências psicológicas específicas que podem levar a comportamentos econômicos que dificultam a fuga dela, como estados afetivos negativos que, por sua vez, podem levar à tomada de decisões míopes, favorecendo comportamentos habituais ao invés dos direcionados a objetivos ligados a educação financeira como define a OCDE.

A educação financeira precisa contemplar questões econômicas ligadas ao "*Poor economics*" tomando emprestado o nome do livro de Abhijit V. Banerjee e Esther Duflo. O livro mostra como soluções para o combate à pobreza global, usando como método a abordagem de ensaio de controle aleatório baseada em evidências, podem ser eficazes (Banerjee e Duflo, 2012).

Portanto, a educação financeira por si só não resolve a pobreza, que incapacita as pessoas de se tornarem investidores, de modo que o discurso raso de "basta poupar" ou "depende só de você", precisa ser aprofundado para pessoas nestas condições.

Pesquisa da B3 com cerca de 1,3 mil investidores mostra que a maioria deles segue orientações de investimentos sugeridas por influenciadores digitais e vídeos do YouTube, em novembro de 2020 a bolsa contava com 3,1 milhões de contas.

A Comissão de Valores Mobiliários (CVM) se manifesta dizendo que os influenciadores podem sofrer sanções quando cometerem irregularidades, como por exemplo, quando fazem recomendação de ativos sem que tenham a devida habilitação para fazê-lo ou de fato tenham capacidade de orientar um investidor.

Óbvio que é preciso saber discernir aquilo que é liberdade de opinião, livre manifestação de uma visão e o que se caracteriza como atividade profissional de análise de valores mobiliários ou a recomendação direta, feita por profissional especializado.

Aqui especificamente, não falamos da falta de recurso financeiro, são investidores, supõe-se que sejam pessoas buscando fazer crescer seu patrimônio, mas será que estes 1,3 mil investidores têm conhecimento claro da diferença entre opinião e argumento?

Veja, não estou se quer citando educação financeira, falo de análise de discurso e interpretação de texto. Será que a maioria tem a capacidade de resistir a influência e persuasão de alguém que parece saber mais do que eles, apenas porque mostra números e constrói uma fala eloquente, com extrema autoconfiança, cheia de "gatilhos mentais", como o pessoal de marketing digital adora chamar os vieses cognitivos, previamente preparados?

Eu sei, não é fácil resistir a alguém, que se aproveitando de sua falta de conhecimento sobre determinado assunto, o futuro, por exemplo, lhe diz: "Confie em mim, eu tenho a resposta, DEPOIS você vai me agradecer, veja o que eu já fiz até agora".

Como se passado significasse futuro, como se existissem magos. É um desafio para todos nós não sermos ludibriados por charlatões, ou acreditar demais em quem sabe tanto quanto nós ou até menos.

Manter nossa capacidade racional de pensamento e não nos deixarmos deslumbrar pelo canto das sereias da vida moderna, que prometem riqueza e felicidade, é cada vez mais difícil dada a quantidade de ofertas.

Uso a expressão canto da sereia porque ela remete ao clássico livro Odisseia, de Homero (2009), no trecho que a história de Ulisses é contada. Tendo ele lutado na famosa Guerra de Troia, ainda precisava vencer o desafio de não ser seduzido pelas sereias ao navegar pelo Mar Mediterrâneo de volta para casa.

Sabendo que passaria nos arredores da Ilha de Capri, repleta de sereias que seduziriam a todos os homens do barco, Ulisses pediu para ser amarrado por seus marinheiros no mastro da embarcação e, antes disso, colocou cera nos ouvidos de todos eles.

Enquanto navegavam próximo à ilha, Ulisses gritava pedindo aos homens que o desamarrassem, pois, seduzido pelo canto, era o que mais desejava. Mas como os marinheiros estavam com ouvidos tapados, não puderam ouvir nem os gritos de Ulisses, nem o canto das sereias.

Assim, todos foram salvos, e só desamarraram Ulisses, conforme sua ordem, ao chegarem a casa.

Gosto muito de usar essa analogia, porque ela revelada que muitas vezes precisamos nos proteger de nós mesmos. Precisamos tomar medidas contra nós, no nosso presente, não destroçamos o nosso próprio futuro.

Assim, para os que não têm recursos, quanto os que têm, sofrem de questões que não estão necessariamente na educação financeira por si só.

Os fatores sociais e psicológicos, dentre outros, também direcionam e afetam comportamentos financeiros, todos nós estamos sujeitos a influências e motivações sociais, quer sejamos investidores ou vivamos na pobreza.

Podemos errar e bastante quando compramos itens no supermercado só porque estamos com fome, entrar numa pirâmide financeira sem perceber, sermos vítimas de golpes, fraudes, quando do outro lado alguém nos faz entrar em estado emocional de medo, apreensão ou apenas por pura confiança mesmo, e isto independe do nível de alfabetização financeira conforme atestam as ciências comportamentais.

Afinal, já é sabido que numa tomada de decisão, mesmo financeira, nosso lado emocional tem peso maior que o racional, sem que tomemos nota, porque nosso cérebro decide o que vamos fazer baseado na emoção despertada e esta decisão aparece em nossa consciência transmitindo a sensação de que nós estamos tomando de forma racional.

De modo que educação financeira é fundamental para construção de nosso futuro financeiro e bem-estar, mas não podemos pensar apenas em termos uma planilha de controle (o que é essencial), o tema vai além disso, a educação financeira não é um evento único, nem simples, é um processo diário, cheio de armadilhas, como "super dicas" da internet.

A nossa relação com o dinheiro também tem correlação com a nossa felicidade, no livro Finanças comportamentais, dedico um capítulo inteiro ao tema, trazendo estudos sobre isso. Por exemplo: estudos de Harvard mostram que se faltar dinheiro para o básico - saúde, comida - provavelmente o indivíduo não consegue ser feliz. Algum para o supérfluo também é importante. Agora, de um ponto para cima, ele pode atrapalhar bastante. O consumismo é muito mais fonte de infelicidade do que de felicidade. O prazer trazido é efêmero, uma bolha de sabão - e em seguida vem outro desejo.

Outro estudo diz que um indivíduo que ganha US$ 40 mil numa comunidade em que a média é de US$ 30 mil é mais feliz do que se ganhar US$ 100 mil e a média for de US$ 120 mil (DIAS, 2016).

Os seres humanos se comparam com seus vizinhos. Por exemplo, em uma sociedade onde ninguém tem automóveis, a realidade é uma; mas em outro cenário no qual muitas pessoas possuem veículos, as pessoas que não têm sentem isso como uma perda e passam a ser os "excluídos". Quanto mais desigual for uma sociedade, pior será o cenário (DIAS, 2022).

"A satisfação do homem com o seu salário depende de saber se ele ganha mais do que o marido da irmã da esposa dele" (Mencken, citado por Ariely, 2008, p. 14).

Como vimos no capítulo 3.7-Motivações, existe a **rotina hedonista** e a adaptação ou **esteira hedonista.**

A rotina hedonista acaba se tornando um obstáculo ao aumento do nível de felicidade das pessoas, pois ela faz com que as pessoas se adaptem rápida e inevitavelmente às coisas boas, vendo-as como naturais. O acúmulo de bens materiais, de realizações faz com que as expectativas sempre aumentem.

De modo que os feitos conquistados muitas vezes arduamente não trazem mais a felicidade desejada, tendo o indivíduo que alcançar algo ainda melhor, para elevar a felicidade até os níveis mais altos dos limites estabelecidos, de modo que isso nunca tem fim e nunca produz a felicidade verdadeira, apenas momentânea.

A riqueza é claro, traz os bens materiais e conforto, mas isso tem uma correlação muito baixa com os níveis de felicidade.

Easterlin, 1974, em seus estudos percebeu que ricos são em média apenas ligeiramente mais felizes que os pobres, os salários aumentaram bastante nas nações prósperas no último meio século, mas os níveis de satisfação com a vida mantiveram-se os mesmos na maioria dos países ricos. Essa relação entre renda e felicidade – até certo ponto, correlacionadas – ficou conhecida como o Paradoxo de Easterlin.

Figura 78: Paradoxo de Easterlin

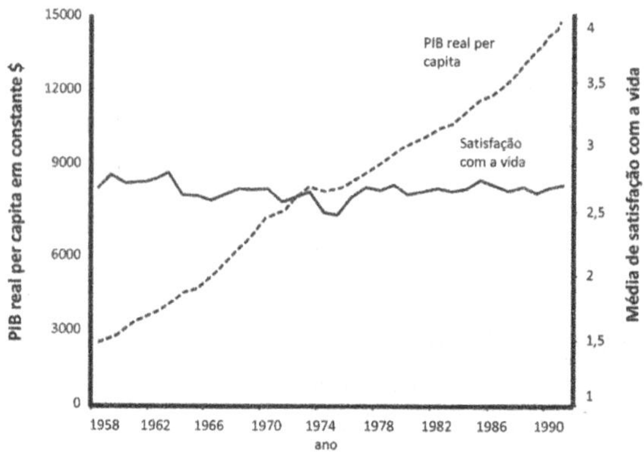

Fonte: Frey; Stutzer (2002, p. 413 – tradução nossa)

Para Seligman (2004) mais do que o próprio dinheiro, o que influencia a felicidade é a importância que você dá a ele, **o que ninguém diz é que dinheiro não seja importante.**

Deaton (2017), além das pesquisas anuais divulgadas pela Organização das Nações Unidas (ONU), traz estudos que mostram que países mais desenvolvidos economicamente, mas com menos diferenças sociais e forte democracia, têm apresentado maiores níveis de felicidade.

Ou seja, a questão é que dinheiro é importante, tem impacto em nossa felicidade, mas ele não é definidor dela.

"Se a pessoa rica tem cem milhões de dólares e ainda assim há uma coisa a mais que não pode comprar com esses cem milhões, ela é pobre. Isso porque pobreza é ter mais desejos do que se pode alimentar. A contrario sensu, riqueza é possuir mais do que se deseja. Portanto, quem não tem nada, mas também não tem desejo, é rico, pois pode fazer mais do que quer."

Michel Echenique

Na obra Teoria dos sentimentos morais, publicada há mais de 300 anos, Adam Smith classificou a crença de que a riqueza traz uma felicidade, porém ilusória, embora seja útil, "que deflagra e mantém em movimento perpétuo a engenhosidade humana" (Smith, citado por Deaton, 2017, p. 61).

E o próprio Smith vai dizer sobre a necessidade de termos atendido as nossas expectativas em relação aos requisitos mínimos para os padrões da vida em geral, que ele entende ser: "não apenas os produtos indispensavelmente necessários à sustentação da vida, mas tudo aquilo que os costumes do país tornem indecente faltar às pessoas horadas, mesmo as da camada mais baixa" - como na Inglaterra daquela época - uma camisa de linho e sapatos de couro (Scheidel, 2020, p. 483).

No século XXI, muitos pesquisadores, assim como Stiglitz, Sen e Fitoussi (2010), Dolan, Peasgood e White (2008) e Kahneman et al. (2006), destacam a importância de medir a prosperidade emocional de uma nação e evidenciam que problemas de saúde, desemprego e falta de contato social estão fortemente associados negativamente ao bem-estar.

Há um termo **"mortes por desespero"** que foi criado por Anne Case e Angus Deaton no livro *Deaths of dispair and future of capitalism*, o termo foi criado devido a observação dos pesquisadores sobre a expectativa de vida que havia aumentado devido a vacinações e avanço da medicina, mas que começava a reduzir por conta das mortes por suicídios, overdose de drogas, doenças hepáticas relacionadas ao alcoolismo, enfim mortes por desespero porque são autoinfligidas e quase todas concentradas, nos EUA em pessoas sem diploma universitário, o que para os autores refletia a perda do modo de vida da classe trabalhadora americana devido a falta de crescimento econômico e social para este grupo.

Embora, a esse respeito, o francês Paul Albou, no século 20 já nos apresentava a **psicopatologia econômica**, que ocorre quando:

> "uma civilização vê o futuro como ameaça, a partir da situação presente constituída por aguda insegurança econômica, crescimento do desemprego, redução do poder aquisitivo, desconfiança em relação a autoridades, sindicatos e partidos, intolerância e xenofobia, proliferação de charlatões,

demagogos, seitas e medicalização da vida cotidiana, por meio de uso indiscriminado de ansiolíticos e antidepressivos, entre outros fatores" (Ferreira, 2008, pp. 125-126).

Ou seja, quando falta dinheiro, tudo fica pior, mas não há garantia que quando ele esteja sobrando, tudo esteja 100%, por isso educação financeira é tão importante para qualquer trabalhador.

Ao que parece, o comportamento econômico, ao menos do mundo como o conhecemos nos últimos séculos, tem forte correlação com a busca pela felicidade, e vice-versa, assim, para evoluirmos, precisamos entrelaçarmo-nos com várias ciências comportamentais, e aprofundarmos nosso entendimento cada vez mais sobre nós mesmo, afim de melhorarmos de verdade o bem-estar social de todos.

E por falar em bem-estar social, felicidade, vamos para o nosso último capítulo, afinal, no final o que importa é a felicidade.

6.12 Qualidade de vida, bem-estar e felicidade

Como vai a sua vida? Qual é o seu nível de bem-estar atual?

Marque na escala abaixo de 0 a 10, quanto você se sente realizado com a vida que tem levado? Qual sua nota?

0	1	2	3	4	5	6	7	8	9	10

Da lista na tabela 79, quais são os 4 itens que lhe fariam mais feliz, marque um X na coluna "me faz mais feliz" nesses 4 itens, depois pontue de 0 a 10 quão difícil é alcançar, onde 0 é não é difícil alcançar e 10 é muito difícil alcançar:

Tabela 79: Teste o que me faz mais feliz

		me faz mais feliz	dificuldade em conseguir (0 - 10)
1	mais dinheiro		
2	Novas experiências		
3	Crianças		
4	Mais tempo com as crianças		
5	Os filhos saindo de casa		
6	Um novo parceiro (a)		
7	Mais horas de sono		
8	Mais sexo		
9	Menos tempo para deslocamento para o trabalho		

		me faz mais feliz	dificuldade em conseguir (0 - 10)
10	Mais tempo com amigos		
11	Uma nova casa		
12	Um novo trabalho		
13	Um novo chefe		
14	Novos colegas de trabalho		
15	Mais atividade física		
16	Ser mais saudável		
17	Ser mais magro		
18	Parar de fumar		
19	Mais férias		
20	Um pet		

Fonte: DOLAN, 2014 (tradução nossa)

Não há, na minha visão e estudos, teoria ou pensamento sobre felicidade, seja ela oriunda da academia, da religião ou das filosofias mais antigas, helênicas ou não, que não compreendam que somos mais felizes quando contribuímos para o bem comum, socializamos com outras pessoas, percebemos que somos parte do todo e elevamos nossa estima.

De modo que o trabalho é uma forma de nos percebermos dando nossa contribuição e, portanto, aumentando nossa felicidade, desde que claro, estejamos engajados com ele, e neste sentido existem práticas administrativas orientadas para a qualidade de vida no trabalho, que vão desde as situações mais simples como benefícios, ginástica laboral, convênios para descontos financeiros em compras, sejam de produtos ou serviços, apoio educacional, creches, até aos mais amplos como apoio psicológico, jurídico, licenças específicas enfim, a lista é ampla e sempre tem alguma novidade no mercado.

Agora, depois de pesquisar sobre bem-estar e felicidade, dá para perceber que qualidade de vida é bem-estar e é felicidade, e isto não se pode delegar, e é muito mais algo interno que externo, não **há com alcançar felicidade fora de nós mesmos**, logo, não será uma empresa que nos oferecerá a plenitude de nossa qualidade de vida.

Como bem disse Jung: "Uns sapatos que ficam bem numa pessoa são pequenos para outra. Não existe uma receita para a vida que sirva para todos".

Os dinamarqueses usam uma palavra interessante: **Arbejdsglaede**, esta palavra só existe em países de língua escandinava e significa alegria, prazer no trabalho, é preciso pensar nisso, embora o trabalho não seja natural para o homem, conseguir uma ocupação que também lhe traga bem-estar, felicidade converte-se num poderoso instrumento de realização e de sentido para a vida.

Ter uma visão positiva de si mesmo é um dos aspectos mais importantes para se alcançar o bem-estar e a felicidade, mas uma visão positiva, e não uma visão irreal do que se é, o famoso "eu me acho". Isto requer um elevado nível de autopercepção, que já exploramos o significado quando falamos de inteligência emocional.

No entanto, estar plenamente feliz não deve se tornar uma busca frenética. É importante usufruir das pequenas coisas cotidianas, viver bem o presente com o que se tem e buscar no futuro o que se deseja, é o pé no chão no hoje, e a visão no futuro, ou sonhar a noite e trabalhar de dia.

A felicidade não pode ser vista como uma obrigação ou um ideal a ser alcançado e depois disso nada mais virá. É preciso ter consciência de que as vezes nem tudo estará bem, e isso é fundamental para ter um bom aproveitamento da vida, a dor é sempre veículo de consciência, faz parte do crescimento humano, uma vida real tem dessas coisas.

Nas palavras de Délia Guzmán:

> "Aquele que busque apaixonadamente, desesperadamente, um bem-estar, que está fora de si mesmo, entrará em um labirinto de difícil saída, tanto que poderá passar toda uma existência percorrendo vias erradas que conduzem a outras mais equivocadas ainda. Aquele que se acha nessa situação, viverá sempre dependendo das pessoas e das circunstâncias; será tão feliz como lhe permitam as pessoas com as quais convive e terá tantas ou tão poucas satisfações como lhe ditem as circunstâncias. Sabendo onde achar o bem-estar, é preciso saber buscá-lo e ter presente que toda busca implica um trabalho." (Guzmán, 2013)

O tema felicidade vem ganhando pauta nas organizações, hoje, algumas delas até tem o cargo de Chief Happiness Officer, alguém responsável por olhar as melhores práticas de gestão de pessoas que proporcione felicidade aos colaboradores.

Uma pesquisa identificou que um trabalhador feliz é, em média, 31% mais produtivo, três vezes mais criativo e vende 37% a mais em comparação com outros. Além disso, ele acaba motivado a atender melhor o cliente, evitar acidentes no trabalho e reduzir desperdícios (MELHOR RH, 2018).

Um elemento importante que as organizações precisam propiciar aos seus colaboradores é a **segurança psicológica**, conceito introduzido nas ciências organizacionais em meados dos anos 1960 por Schein e Bennis (1965). Em geral, a segurança psicológica permite que os funcionários "se sintam seguros no trabalho para crescer, aprender, contribuir e ter um desempenho eficaz em um mundo em rápida mudança" (Edmondson e Lei, 2014, p. 23 apud Frazier, Fainshmidt, Klinger, Pezeshkan e Vracheva, (2017) tradução nossa.

Ela advém da confiança que os colaboradores têm em suas organizações e líderes, é a garantia de que erros podem acontecer, opiniões podem ser dadas, porque a confiança aumenta os níveis de oxitocina de nosso organismo e com isto performamos mais e melhor, o que contribui para alcançarmos autorrealização e autoestima, elementos essenciais da felicidade.

O neurocientista Paul Zak defende que certas práticas de gestão ajudam a aumentar a oxitocina nas pessoas e com isso as organizações colhem melhores resultados.

Por exemplo, elogios ou programas de ovação de colegas que reconhece colegas exemplares, o gerenciamento das expectativas, com estabelecimento de rotinas diárias de acompanhamento evidenciando as tarefas fáceis e difíceis e celebração de resultados quando alcançados, autonomia na definição de horários e acompanhamento da produtividade, uso de delegação e redução de hierarquias, transparência sobre números da organização, inclusive remuneração e desafios, a prática do cuidado com as pessoas, oferecendo mimos e apoio, investimento em treinamento e desenvolvimento e acima de tudo naturalização a gestão de pessoas, partindo do pressuposto que é ouvindo o dobro do que falando, que se descobre as necessidades dos colaboradores (ZAK, 2017).

Outra pesquisa, da *startup* Humanizadas, criada a partir de um grupo de pesquisas da USP (Universidade de São Paulo) mostra que empresas mais compassivas, tem resultado 3,5 vezes superior à média das 500 maiores empresas do país, o que indica que um cuidado genuíno das empresas com os colaboradores traz melhores resultados, eleva a confiança (18%) e a percepção de bem-estar (23%) (SARAIVA, 2021a).

De uma forma geral empresas que têm se preocupado com o tema transitam por práticas como as citadas acima, com maior ou menor inovação e bastante enfoque em saúde mental.

A expressão "saúde mental" tem uma definição dada pela OMS (Organização Mundial da Saúde) que é: **"saúde mental é um estado de bem-estar no qual um indivíduo percebe suas próprias habilidades, pode lidar com os estresses cotidianos e trabalhar produtivamente e é capaz de contribuir para sua comunidade"** (Madureira, 2020).

Outro elemento que tem aparecido em programas de bem-estar empresarial é assistência financeira aos colaboradores.

A empresa MEDTRONIC, por exemplo, criou o Employee Assistance Program (EAP), para apoio jurídico e psicológico aos colaboradores, sendo que o apoio psicológico em certas ocasiões foi motivado por problemas financeiros. Um dos pilares da proposta de valor da empresa é a construção do bem-estar físico, emocional e financeiro dos funcionários.

E isso não é um problema exclusivo do Brasil, o relatório *The Employer's Guide to Financial Wellbeing 2019-2020*, mostrou que no Reino Unido 36% dos traba-lhadores têm preocupações financeiras e que pessoas com a vida financeira desorganizada têm 4,1 vezes mais chance de ter ataques de pânico e 4,6 vezes mais potencial de sofrer de depressão na comparação com os pares com a vida financeira estabilizada, o que impacta diretamente na produtividade no trabalho (VALOR, 2021a).

Viver em estado de bem-estar é um dos maiores desejos de qualquer pes-soa. A busca pela felicidade rege todas as ações e escolhas do nosso cotidiano. Para isso, estar em paz com si próprio é fundamental. Eu defino o bem-estar como: estar satisfeito e viver bem com o ambiente, recursos e perspectivas que se tem. Ambiente compreende família, amigos, casa, cidade; recursos são dinheiro, saúde e tempo; e perspectivas, a capacidade de fazer planos e agir para criar seus próprios inéditos, ou suas próprias mudanças para o que ainda não se tem, mas se deseja, seja o que for; e, acima de tudo, satisfação é paz de espírito, uma sensação totalmente interna, que nada tem a ver com aquisições materiais.

Porém, nem sempre é fácil obter essa satisfação. No dia a dia, diversos fatores influenciam diretamente nosso comportamento, humor, nossas atitudes e nossos relacionamentos. Também é comum nos depararmos com situações complicadas e de estresse. São nessas circunstâncias que precisamos de uma força extra para enfrentar as dificuldades de forma mais positiva e sem afetar outras áreas da vida.

De acordo com a Ryff e Keyes (1995) um modelo teórico de bem-estar psicológico engloba 6 dimensões distintas de bem-estar: autonomia, competência, senso se crescimento e desenvolvimento pessoal, relações positivas com os outros, propósito de vida e autoaceitação.

Interessante notar que os estudos em relação a bem-estar sempre apontam para algumas variáveis, como: Competência, Autonomia, Autoestima, Relacionamentos, Autorrealização e Otimismo.

Os estudos sobre bem-estar se relacionam muito com a felicidade, embora sejam conceitos distintos, podem andar sempre juntos, é esse o tema que vamos explorar agora.

Felicidade e sua fórmula!

Como dito por Aristóteles em Ética a Nicômaco: "A felicidade, ela é o fim da natureza humana" (p. 231).

E tom Jobim vai dizer que: "Tristeza não tem fim, felicidade sim".

Em 2012 eu visitei o Butão, o pequeno país entre a China, Nepal e Tibete na cordilheira do Himalaia que criou o conceito do **FIB** (Felicidade Interna Bruta) em 1972, elaborado pelo rei Jigme Singya Wangchuck, nele o cálculo da "riqueza" deve considerar outros aspectos, além do PIB (Produto Interno Bruto) que visa o desenvolvimento econômico. Para o FIB é importante também a conservação do meio ambiente e a qualidade da vida das pessoas, por exemplo.

A ideia do rei era construir uma economia adaptada à cultura do país, baseada nos valores universais, o FIB se baseia na premissa de que o objetivo principal de uma sociedade não deveria ser somente o crescimento econômico, mas a integração do desenvolvimento material com o psicológico, o cultural e o espiritual nunca esquecendo disto tudo estar em harmonia com o planeta Terra.

FIB é muito mais do que um mero indicador ou de um questionário, ele é um catalisador de mudanças, um processo de conscientização das lideranças locais para a formação de parcerias entre os principais setores da sociedade: governo, empresas, cidadania e academia, visando o bem-estar de todos.

Começa-se como um indicador, mas o questionário é simplesmente a base de lançamento para as discussões coletivas e para a articulação dos esforços necessários, seja o desenvolvimento de política governamental, seja a mobilização social.

O FIB possui 9 dimensões, que são dimensões universalmente aceitas, e por serem, além de comuns e não estarem atreladas a nenhuma crença ou religião específica, pode servir a qualquer pessoa, seja quem for, de qual classe social pertencer, país que morar, enfim, é de fato universal. Essas dimensões já foram explicadas no capítulo 4.3-Fatores ESG, você pode revê-las por lá na página 165.

De alguma forma, o país pensou em criar um indicador de felicidade, e você pode perguntar: funciona? Traduz de fato a felicidade das pessoas?

Durante minha visita fiz esta pergunta a muitas pessoas nas ruas, alguns diziam que sim, outros que não, ou seja, a felicidade é mesmo uma percepção do indivíduo.

Você se considera uma pessoa feliz? De 0 a 10 qual seu nível de felicidade?

0	1	2	3	4	5	6	7	8	9	10

Seria diferente sua autoavaliação de felicidade e a de bem-estar feita no tópico imediatamente anterior, na página 358?

Isso é importante, pois medir felicidade não é algo simples, se você responde apenas sob o calor do agora, e não enxerga o todo em sua vida, a avaliação pode ser muito diferente a depender de qual impacto, positivo ou negativo você esteja no momento.

Mas afinal de contas, o que é felicidade?

Os estudos sobre ela advêm principalmente de duas vertentes teóricas: a eudaimônica, em que o indivíduo busca sua realização ao longo da vida, e a hedonista, mais ligada ao prazer imediato.

Antes do filósofo Sócrates (470 – 399 a.C.) na Grécia, o conceito de *eudaimonia*[118] era definitivo para felicidade, a intervenção divina (sorte) era a responsável por fazer os humanos felizes, mas Sócrates muda a ideia e apresenta que a felicidade estaria ao alcance de todos os humanos pela prática da filosofia, na ideia de através dela se conseguir aquietar os desejos, as emoções e comandar a alma, a felicidade jamais seria encontrada na riqueza, poder, fama e outras práticas hedonistas ou desejos frívolos e ilusórios.

Seu discípulo Platão e o discípulo de Platão, Aristóteles falavam da importân-cia do télos (sentido) na vida, objetivos, para se alcançar a felicidade.

Desde estes 3 grandes filósofos, muitos outros também abordaram o tema, além da filosofia muitas religiões também se empenharam sobre o assunto, e até os dias atuais muitos continuam a estudar o que é, e o que nos faz felizes.

A Bíblica no livro de Eclesiastes capítulo 3 versículo 13, associa a felicidade diretamente ao fruto do trabalho, a felicidade do homem está em comer e beber, desfrutando o produto do seu trabalho, que é presente de Deus ou mesmo sob a ética protestante pós-reforma, em que Lutero e Calvino pregavam que as pessoas felizes eram aquelas escolhidas por Deus e o homem deveria dedicar a sua vocação (até aqui entendida como um chamado de Deus) para sua missão na terra, retribuindo assim a graça de Deus, conforme abordamos no tópico 6.10-Meritocracia ou networcracia.

Já os budistas entendem a vida como dor, sofrimento e isso é atribuído ao desejo que não cessa, sendo assim a felicidade só é alcançada quando se cessam os desejos e com isso o sofrimento, alcançando o nirvana.

Como nosso enfoque neste livro é carreira, vale citar Dolan (2014) que versa sobre o princípio do prazer e propósito, uma ideia de que a combinação de ambos pode trazer maior felicidade aos indivíduos, o que ele chama de felicidade desenhada (*happiness by design*, em inglês), a qual implica um preenchimento da agenda do indivíduo para isso.

Por exemplo: comer e beber podem ser bons prazeres, mas estão longe de serem um propósito de vida. Seria muito pouco atribuir o sentido da própria existência a tais ações.

Exceto se você fizesse disso uma espécie de missão de vida, tornando-se um cozinheiro, um chef de cozinha, um *restaurateur* etc. Isso teria um significado maior, além de apenas comer e beber diariamente.

Assim, ao ocupar a sua agenda com as atividades que tragam prazer e estejam relacionadas a um propósito, a felicidade seria construída.

Ele propõe um exercício sobre isso, reveja o teste proposto no início deste capítulo na tabela 79, agora escolha dois itens que lhe trariam mais prazer e dois que lhe trariam mais propósito, para os dois itens que colocou como prazer, avalie

118 A palavra deriva de *eu* (bom) e *daimon* (deus, demônio, espírito)

quão difícil seria alcançá-lo numa escala de 0 a 10 onde 0 representa não difícil e 10 muito difícil e para os dois itens que escolheu por propósito faça o mesmo:

Tabela 80: Teste o que me faz mais feliz parte 2

		Me faz mais feliz	Me traz mais propósito	dificuldade em conseguir (0 - 10)
1	mais dinheiro			
2	Novas experiências			
3	Crianças			
4	Mais tempo com as crianças			
5	Os filhos saindo de casa			
6	Um novo parceiro (a)			
7	Mais horas de sono			
8	Mais sexo			
9	Menos tempo para deslocamento para o trabalho			
10	Mais tempo com amigos			
11	Uma nova casa			
12	Um novo trabalho			
13	Um novo chefe			
14	Novos colegas de trabalho			
15	Mais atividade física			
16	Ser mais saudável			
17	Ser mais magro			
18	Parar de fumar			
19	Mais férias			
20	Um pet			

Fonte: DOLAN, 2014 (tradução nossa)

O que Dolan (2014) sugere é desenharmos a nossa agenda diária com elementos que nos tragam prazer, sem esquecer daqueles que nos tragam sentido, ou propósito, esse é o princípio do prazer e propósito, uma versão moderna das vertentes filosóficas como mencionadas anteriormente, a eudaimônica, em que o indivíduo busca sua realização ao longo da vida, e a hedonista, mais ligada ao prazer imediato.

Os pesquisadores sobre felicidade da "ciência hedônica" definem a felicidade (algumas vezes chamada de **"bem-estar subjetivo**[119]**"**) como a combinação de **três aspectos**: o grau e a **frequência de sentimentos positivos**; o **nível médio de satisfação** que a pessoa reporta durante um período mais alongado de tempo; e o **grau de ausência de sentimentos negativos**, tais como depressão. Essa forma de definir a felicidade estabelece que a mesma deve ser um traço estável no indivíduo, e não uma momentânea flutuação. Logo, a felicidade não é meramente definida como a ausência de sentimentos negativos, mas também a presença de sentimentos positivos.

Na teoria da inteligência emocional[120] defendia por Peter & Salovey, o indicador de felicidade constitui-se do indicador de bem-estar que mede os níveis de 4 sub escalas específicas: autoestima, autorrealização, relações interpessoais e otimismo.

Parece pouco provável mesmo se considerar uma pessoa feliz sem autoestima, isto porque gostar de si mesmo e acreditar em si mesmo é essencial para começar a falar em felicidade: "ama teu próximo como a ti mesmo" nas palavras de Jesus Cristo, o amor próprio é essencial.

Autorrealização tem a ver com impor-se objetivos na vida, o que eu chamo buscar inéditos viáveis. Não se colocar objetivos é um pouco deixar a vida levar, e se a vida decide tudo, nada é nossa escolha, não há o que se falar em autorrealização, mas apenas uma participação de coadjuvante na vida, não há protagonismo do indivíduo. A felicidade, em parte, surge da vontade de ter uma jornada de crescimento.

Relações sociais para Seligman (2004) são tão essências quanto comida, bebida e proteção do extremo calor e frio, em suas palavras, as pessoas felizes são muito sociáveis, tal qual comida e regulação térmica, pois bons relacionamentos são importantes para o estado de espírito dos seres humanos. Para ele as relações sociais não são garantia de felicidade, mas parece impossível ser feliz se elas deixarem de existir. Precisamos de amigos para amortecer os efeitos negativos diários da vida, bem como tê-los perto para celebrarmos as conquistas, afinal, a felicidade só é real quando compartilhada[121].

E otimismo, ou fé, são essenciais para diante da decepção, da frustração conseguir se recuperar e buscar um estado de satisfação. Afinal, para quem tem fé a vida nunca tem fim dizia o verso da música Anjos da banda O Rappa.

E sabendo, ao menos conceitualmente o que é felicidade, será que podemos defini-la por uma forma?

Sim, segundo pesquisadores é possível, a fórmula da felicidade seria:

Felicidade = DNA + Circunstâncias + Atitude

---

119 *Subjective Well-Being* em inglês.

120 Vide capítulo 4.7-Inteligência Emocional

121 Frase dita pelo personagem Chris McCandless no filme Na natureza selvagem

Onde:

DNA (ácido desoxirribonucleico) é a parte química, biológica de cada indivíduo, para haja felicidade é preciso ter em bons níveis:

Serotonina: que está presente no sono, no humor, no apetite. Por exemplo, o remédio Prozac aumenta serotonina no organismo para tirar o indivíduo da depressão.

Dopamina: é responsável pelo efeito eureca, aquela sensação boa que temos quando descobrimos, aprendemos ou fazemos alguma conexão de ideias que faz sentido, ela traz a sensação de recompensa. A dopamina aumenta o foco e energia, proporciona a sensação de bom humor. A ausência da dopamina provoca mal de Parkson e drogas como cocaína e anfetaminas inibem a absorção pelo organismo deste hormônio que fica mais presente dando a sensação de prazer. O problema é que usar drogas traz sérias consequências para a saúde, então a felicidade seria apenas momentânea.

Oxitocina: é considerado o hormônio do amor, quando estamos perto de nosso(a) parceiro(a) diminui o nível de cortisol o hormônio do estresse, essa redução do estresse, nos dá sensação de segurança, prazer e bem-estar. Lidar com pets, crianças, são atitudes que aumentam a oxitocina em nosso organismo. Para Zak (2017) a oxitocina poderia ser chamada de molécula que nos faz humanos, ou pelo menos a molécula que desperta nossa humanidade.

Nessa química ainda há a soma de **endorfinas** (analgésico) e **adrenalina** (estresse e excitação como vimos no item Propósito, quando falamos sobre o Flow), mas o tripé maior são Serotonina, Dopamina e Oxitocina.

Circunstâncias: Tem a ver com o dinheiro que se tem ou não, o estado civil, a idade, a condição de saúde, o nível de instrução, o gênero, a religião, o local onde se mora e o fato de você gostar ou não disso tudo.

Atitude: Representa a sua atitude em relação ao DNA e as Circunstâncias, como por exemplo, viver no passado e do passado, ter ou não sensação de gratidão, saber perdoar, formular objetivos, propósito etc. Frankl (2011) afirma que o homem não é livre das suas contingências, mas é livre para tomar uma atitude individual frente as condições apresentadas a ele. De modo geral, para ele o homem não está livre de algo, mas está livre para algo, é um pouco do ensinamento do grande filósofo Papai Smurf que motivando a pequena Smurfete a ser uma Smurf por escolha e não por nascimento dizia[122]: "Não importa de onde você veio, importa quem você decidiu ser". Para Frankl (1987) a felicidade é um efeito colateral do atingimento de uma meta, de um sentido.

Assim, de forma geral, além dos aspectos filosóficos e psicanalíticos, incluindo as descobertas da neurociência, os estudos sobre felicidade apontam para

122 No desenho animado Os Smurfes, a personagem Smurfete foi obra do vilão Gargamel. Ela não é uma smurfe natural, mas foi inserida na comunidade dos Smurfes para destruí-los, porém, recebida com amor e carinho a moça passa a defender os pequenos azuis e se volta contra seu criador.

a junção destes 3 elementos: uma parte química, que se dá em certo nível no organismo de cada indivíduo. As circunstâncias em que se vive, com maior ou menor liberdade, exemplificada em elementos como crenças, dogmas, aspectos familiares e profissionais. E, por último, uma parte atitudinal, que se refere ao grau de aderência ou conformidade em relação aos primeiros dois elementos que influenciam no nível de emoções positivas e negativas do indivíduo (Harari, 2016; Kahneman et al., 2006; Seligman, 2004).

É claro, a fórmula está dada, alcançá-la, aí tem outros poréns. Harari (2012) baseado nas experiências de Seligman (2004) defende que a felicidade depende da correlação entre condições objetivas e expectativas subjetivas, por exemplo:

Se eu quero um apartamento de 500m² de frente para o mar na praia mais badalada do litoral e o que consigo na vida é um apto de 50m² na periferia de uma cidade há mais de 100 km do oceano, eu fico com a sensação que algo me foi tirado na vida. Por outro lado, se eu quero um apto de 50m² na periferia e o que consigo na vida é exatamente um apto de 50m² na periferia, eu fico contente com uma sensação de realização.

De modo que as pesquisas indicam que estar satisfeito com o que você já tem é muito mais importante do que obter mais daquilo que deseja.

Mas isto não é novo, Arthur Schopenhauer já no início do século XIX dizia que "A fonte da nossa insatisfação reside nas nossas tentativas, continuamente renovadoras, de aumentar o limite constituído pelas pretensões, enquanto o outro fator, que o impede, permanece imutável". Ele também dizia que: "ao olharmos para tudo o que não possuímos, costumamos pensar: 'Como seria se fosse meu?', e dessa maneira nos tornamos conscientes da privação. Em vez disso, diante do que possuímos, deveríamos pensar frequentemente: 'Como seria se eu o perdesse?'.

Muito mais poderia ser dito sobre felicidade, há muitos estudos por aí inclusive no livro Finanças Comportamentais: desejo, tentações e felicidade (2022) que recomendo a leitura, mas lá, o recorte sobre o tema é mais abrangente, aqui, a reflexão que proponho é sobre o quanto o nosso trabalho contribui para nossa felicidade. De modo que os estudos estão mais centrados no binômino felicidade e trabalho.

Concluindo, e citando Zygmund Bauman, ele diz que: "De Sêneca a Durkheim, os sábios vivem relembrando a todos que queriam ouvir que a verdadeira felicidade (diferentemente dos prazeres momentâneos e ilusórios) só poderia ser obtida em associação com coisas de duração maior que a vida corpórea de um humano" (Bauman, 2005, p. 82).

Neste sentido, parece que a verdadeira felicidade vem quando realmente conseguimos realizar nossa essência, preexistente ou construída, não importa, uma forma dessa realização é nosso trabalho.

Essa visão de que o trabalho humano deve contribuir com o bem coletivo, me agrada, mas faz sonhar com um mundo melhor.

Assim, os desafios que ficam para as organizações, segundo o relatório Deloitte Global Human Capital Trends da Deloitte (2021; 2020) é:

Integrar a saúde física, mental, financeira e social dos colaboradores na concepção do trabalho em si, em vez de abordar o bem-estar com programas adjacentes;

Mudar o papel do RH da padronização e aplicação de políticas laborais para uma nova responsabilidade de re-arquitetar o trabalho em toda a empresa;

Numa ideia de uma reconstrução de nosso contrato social, como explorado por Rousseau (2011), em que o contrato social regula as relações entre os participantes de uma sociedade. Para o filósofo, a ordem social é um direito sagrado e base de todos os outros direitos, não se origina na natureza, mas funda-se em convenções estas convenções são deliberações humanas para a vida em sociedade.

E se a busca humana é a felicidade, porque não focamos nossos indicadores para este debate? Como bem disse Bob Kennedy:

"o PIB mede tudo, exceto o que faz a vida valer a pena".

7. CONCLUSÃO

Quando escrevi o primeiro livro O inédito viável (2013), me baseei em conceitos de estratégia e fiz uma proposta de quatro perspectivas para as pessoas e que devem, na medida do possível, serem gerenciadas com muita seriedade em suas estratégias de vida: **dinheiro** é uma delas, afinal, ele importa e tratei dele em dois livros; **relações sociais** são outra, pois sem amigos a vida parece não fluir, e especificamente quando falamos de carreira, *networking* importa muito!, e venho tratando disso em minhas obras; também incluí, **saúde** física e mental e, por fim, o **desenvolvimento** intelectual e **profissional**, que é o tema tratado aqui nesta obra de forma mais aprofundada.

A ideia lá atrás era fornecer uma abordagem para as pessoas construírem seus planos futuros, para viabilizarem seus inéditos, oferecer ferramentas de fácil acesso para que possamos minimamente construir um caminho em direção ao futuro.

E esse trabalho forjou o meu próprio futuro, pois por conta destas perspectivas, aprofundei meus estudos sobre carreira que resultaram nestes textos trazidos aqui, tentando provocar em você leitor uma reflexão sobre sua essência e de que forma a realizar na plenitude.

Os escritores Fink e Capparell (2013) alegam que o que não podemos mudar e nunca deveríamos querer mudar é a essência de quem somos. Eles dão o exemplo vindo da natureza numa analogia com o carvalho. Um carvalho sempre será um carvalho e nenhuma quantidade de treinamento ou avaliação transformará o carvalho em um pinheiro, não importa o quanto sua aparência mude, seu "dna de carvalho" básico permanece. De semente, arbusto a árvore madura, ele carrega para sempre o DNA de um carvalho, porque era isso que deveria ser.

Isto lembra o ideal aristotélico de que através de nossas habilidades inatas, aperfeiçoada ao longo de nossa existência, isso geraria a prosperidade para toda a sociedade, seu entendimento não era a de que o talento geraria a remuneração para si apenas, num salve-se quem puder ou "como o feijão é pouco, meu pirão primeiro". Havia algo de bem comum nessa ideia, sua visão era mais de virtudes humanas do que de economia ou finanças. Um ideal praticado por todos os indivíduos que se revelaria num todo mais forte.

O próprio pai da economia Adam Smith, no livro Teoria dos Sentimentos Morais, deixou claro que a natureza humana não era apenas sobre o autointeresse.

Outros motivos como simpatia, compaixão, também eram muito fortes, em certas situações até mais do que o autointeresse.

> "Por mais egoísta que se suponha o homem, evidentemente há alguns princípios em sua natureza que o fazem interessar-se pela sorte de outros, e considerar a felicidade deles necessária para si mesmo, embora nada extraia disso senão o prazer de assistir a ela. Dessa espécie é a piedade, ou compaixão, emoção que sentimos ante a desgraça dos outros, quer quando a vemos, quer quando somos levados a imaginá-la de modo muito vivo. (Smith, 2015, p. 69).

Mas infelizmente as coisas não andaram assim para todos na humanidade, muita gente se quer tem espaço para pensar sobre sua própria essência.

No livro A República de Platão, há um trecho muito interessante que diz assim:

> "A coisa mais terrível e mais vergonhada que pode ocorrer a um pastor é criar cães para que o ajudem com seu rebanho e os cães, devido à indisciplina, fome ou alguma outra condição, atacarem as ovelhas e se comportarem como lobos em lugar de cães" (Platão, 2014, p. 163).

Este trecho é parte da explicação sobre a **nobre mentira**, que nada mais é que uma *fake news*, um mito, uma crença inventada com o intuito de preservar a ordem social, ou seja, ela faz com que indivíduos acreditem que as desigualdades sociais sejam legítimas e frutos do acaso, na verdade, a vontade divina.

É a nobre mentira que faz pessoas acreditarem que elas devem obedecer à classe dominante que as governa, já que Deus teria forjado as pessoas com diferentes metais em sua alma, os predestinando as suas posições sociais, a classe dominante de reis filósofos aqueles que governam, os seus auxiliares e a classe trabalhadora:

> "Todos vós no Estado sois irmãos, diremos a eles ao contar nossa fábula, mas o deus que nos moldou misturou um pouco de ouro naqueles que estão aptos a governar, razão pela qual são mais preciosos; adicionou prata aos auxiliares e ferro e bronze aos agricultores e outros trabalhadores" (Platão, 2014, p. 161).

Nesta composição, Platão mostra que naturalmente poderá haver o nascimento de um filho prata, vindo de um pai ouro e vice-versa, e que de geração em geração haverá essa mistura, ocorre que isso não será relevante, desde que se mantenha a diferenciação entre os metais, não cabendo compaixão ao filho ferro, nascido de pai ouro, assim como elevação do filho ouro nascido de pai ferro. Esta ordem meritocrática, manteria sempre a sociedade em harmonia, tudo baseado em mentira, nobre, mas mentira.

Assim, a reflexão que faço é sobre a real possibilidade de cada humano realizar o seu potencial, numa sociedade que é construída para limitar muitas pessoas desta realização. Como afirma Raine (2013, p. 244 – tradução nossa): "Pobreza nutritiva leva a baixo QI". Uma vez que pobreza gera falta de alimentação e falta de alimentação, hoje se sabe, inibe muito do desenvolvimento intelectual das pessoas (DEATON, 2017; DUCKWORTH, 2016; ANANDI MANI, 2013; RAINE, 2013).

Por exemplo, o garoto pobre da periferia que não teve alimentação na escola, devido ao desvio da verba promovido por um político em conchavo com um empresário, estes, ambos tendo filhos estudando nas melhores escolas do país, se não fora do Brasil. Isto não é ficção, é fato. E sob essas condições quais crianças terão, estatisticamente, mais chances de um futuro promissor? O garoto pobre que não se alimentou ou os filhos dos corruptos que só tem o que tem graças ao dinheiro da corrupção?

O contexto de nascimento e desenvolvimento que é parte da loteria da vida, não temos nenhum controle, o que não impede que alguns consigam se destacar profissionalmente mesmo com todas as adversidades, mas são feitos raros, do ponto de vista estatístico quanto melhor o contexto de nascimento e desenvolvimento, maiores as chances de um futuro profissional melhor.

Nos Estados Unidos, o SAT algo como o ENEM brasileiro, revela que se você vem de família com renda anual superior a USD 200 mil sua chance de pontuar acima de 1.400 (em um total de 1.600) é 1 em 5. Agora, se você vem de uma família com renda inferior a USD 20 mil a sua chance é de 1 em 50 (Sandel, 2020).

Sandel (2020, p. 203) citando um trecho do livro A *Theory of Justice* de John Rawl, revela que, "se sucesso em uma economia de mercado depende muito da sorte, fica difícil alegar que o dinheiro que recebemos é uma recompensa por mérito e merecimento superiores":

> "Nenhum dos preceitos de justiça tem como objetivo recompensar a virtude. A maior remuneração obtida por talentos naturais raros, por exemplo, deve cobrir os custos de especialização e estimular os esforços de aprendizado, assim como dirigir a habilidade para onde ela favoreça da melhor forma o interesse comum. As partes distributivas resultantes não se correlacionam com a virtude, uma vez que, de um ponto de vista moral, a dotação inicial de bens naturais e as contingências de seu crescimento e desenvolvimento nos primeiros anos de vida são arbitrárias" Sandel (2020) p. 203.

Outro ponto importante que Sandel (2020) aborda é o fato de só valorizarmos a academia, para ele isto é um erro, pois nos leva a ignorar outros caminhos viáveis do desenvolvimento humano, desprezamos as necessidades individuais, menosprezamos e não valorizamos todas as profissões como deveriam, em suas palavras (p. 263) essa negligência não só fere a economia, mas expressa também uma falta de respeito pelo tipo de trabalho que pessoas sem formação exercem e citando Martin Luther King diz que:

> Um dia nossa sociedade respeitará os trabalhadores que atuam na limpeza, se ela sobreviver; porque a pessoa que coleta nosso lixo é, em

> última análise, tão significante quanto o médico, porque se ele não fizesse seu trabalho, doenças estariam desenfreadas (Sandel, 2020, pp. 298).

Assim, meu desejo com o término deste livro é propor uma grande reflexão na sociedade sobre o que faz sentido de fato quando o assunto é trabalho, já que ele é sim um elemento importante para nossa felicidade, desde que vejamos nele sentido e que ele contribua com o bem comum.

Eu me esforço para escrever este livro, foram anos de pesquisa e horas a fio escrevendo, mas isso só faz sentido se você ler. Ou seja, eu me realizo na escrita de um livro, mas a felicidade verdadeira do meu trabalho, só virá se ele ajudar você.

Nossa existência só tem sentido quando fazemos alguma diferença para alguém e essa diferença não é algo grandioso, como fundar uma ONG internacional, vender milhões de livros, criar uma empresa, não, ela pode ser muito mais simples que tudo isso. Basta olhar para dentro de si, compreender suas inclinações e ver onde você pode contribuir na sua comunidade, família, enfim, o seu trabalho precisa fazer sentido para você e contribuir com o bem maior.

No mundo atual, a vida social se integra cada vez mais ao trabalho, em épocas de redes sociais, a opinião das pessoas ganha proporções amplas. Aquele trabalhador que manifesta opinião racista, num fim de semana relaxado a beira da piscina, é detectado, e chega "aos ouvidos" de seu empregador.

Como as organizações estão cada vez mais integradas ao compromisso do desenvolvimento social (ESG) que refuta qualquer tipo de preconceito sobre credo, raça, religião etc. muitas vezes expresso em seus compromissos de missão, visão e valores, essa contradição entre a atitude do colaborador e o compromisso público assumido pela empresa gera a necessidade de alguma ação em relação a este colaborador.

Assim, você pode encontrar propósito numa causa, por exemplo, o mundo ainda é muito cruel com as minorias e os minorizados, estas causas precisam de gente, precisam de vozes, precisam de criatividade, enfim, precisam de trabalho humano para serem vencidas.

Precisamos combater as nobres verdades que nos foram impostas, que apesar de inverídicas, sustentam a harmonia civil induzindo cidadãos a aceitar certas desigualdades como legítimas, quando não são! São formas de tolher o potencial humano.

> Ninguém pode ser, autenticamente, proibindo que os outros sejam. Esta é uma exigência radical. O ser mais que se busque no individualismo conduz ao ter mais egoísta, forma de ser menos. De desumanização. Não que não seja fundamental – repitamos – ter para ser. Precisamente por que é, não pode ao ter dos demais, robustecendo o poder dos primeiros, com o qual esmagam os segundos, na sua escassez de poder (Freire, 2014, p. 105)

A ampla oferta da educação das mais variadas formas pode gerar importantes descobertas individuais, fomentar o empreendedorismo e fazer surgir espaços de realização humana, através de seus trabalhos, acredito nisso e sonho, ser possível um dia, como sonhou Thomas More em Utopia que: "cada um aprende um ofício que lhe agrada e que será o seu" (More, 2017, p. 59).

Scheidel (2020, p. 408) citando Evo Morales diz que "quando se combina a capacidade intelectual e profissional com uma consciência social, é possível modificar as coisas", e é assim que será possível realizar a essência, sobre qualquer forma.

Até pouco tempo atrás pensávamos que seria impossível ampliar determinadas áreas do cérebro humano e fazê-lo se comportar de maneira previamente pretendida, mas os estudos em neurociência descobriam que os neurônios se modificam, temos 86 bilhões deles, 16 bilhões só em nosso córtex, nenhum outro animal possui isso, e eles crescem se modificam. Novos neurônios não surgem em todos os lugares, mas aparecem principalmente nas regiões cerebrais associadas à aprendizagem, memória e emoções afirma ZAK (2017, p. 139). De modo que podem ser treinados e a empatia e a compaixão podem ser aprendidas, o que derruba a tese do *homo economicus*, racional que tenta maximizar seus ganhos (Kato, 2017).

Isto mostra que Adam Smith não estava errado, quando afirmou que "Por mais egoísta que se suponha o homem, evidentemente há alguns princípios em sua natureza que o fazem interessar-se pela sorte de outros, e considerar a felicidade deles necessária para si" (Smith, 2015, p. 69).

O trabalho nos constrói e é nossa forma de colaborar com o bem-comum, deveria ser o espaço de nos fazer mais humanos, singulares, com nossas peculiaridades e cooperativos, conectados com o todo.

Robert E. Park certa vez disse que: "A antiga organização tribal e local da vida está em todo lugar em processo de dissolução, mas uma nova e diferente ordem social e moral baseada na associação e interesse profissional está surgindo" (Caplow, 1954, p. 9).

Como o processo evolucionário é lento, sob qualquer circunstância que esteja a sua carreira neste momento, considere sempre o que Sócrates nos ensinou: "Bons hábitos são virtudes, maus hábitos são vícios".

De modo que a melhor ferramenta para gestão de sua carreira continua sendo os bons hábitos. Por exemplo:

1. Crie sua reputação e cuide dela.
2. Seja sempre pontual.
3. Entregue o que prometer entregar, no mínimo!
4. Pratique o que fala.
5. Faça o básico bem feito de forma consistente.

6. Crie disciplina! Até para inovar é necessário ter disciplina, boas ideias vêm da disciplina de observar coisas e conectá-las para gerar oportunidades.
7. Desenvolva *networking*! (interesse genuíno nas pessoas + reputação)
8. Organize-se financeiramente.
9. Busque o que não tem (conhecimento, especialização, proficiência, posição, experiência etc.).
10. Sempre agradeça o que já tem e celebre o que já fez!

8. RESULTADOS DOS TESTES

Teste: Como anda a sua garra?

Capítulo: 3.6.1-Talento

Percentual (média)	Pontuação de garra
10%	2,5
20%	3,0
30%	3,3
40%	3,5
50%	3,8
60%	3,9
70%	4,1
80%	4,3
90%	4,5
95%	4,7
99%	4,9
Fonte: Fonte: Duckworth (2016, p. 68)	

A autora do teste Angel Duckworth, afirma que se sua pontuação é de 4,1, você tem mais garra do que 70% dos adultos da amostra.

Como sugestão, peça as pessoas que conhece para também fazer o teste e compare as médias.

Teste: Que necessidades são mais importantes para você

Capítulo: 3.7-Motivações

Teste motivações: Coloque os valores que você atribuiu a A, B, C, D, e E para cada questão nos espaços apropriados no quadro de respostas. Note que as letras nem sempre estão no mesmo lugar em todas as questões. Depois calcule a soma de cada coluna e obtenha uma pontuação total para cada um dos níveis motivacionais.

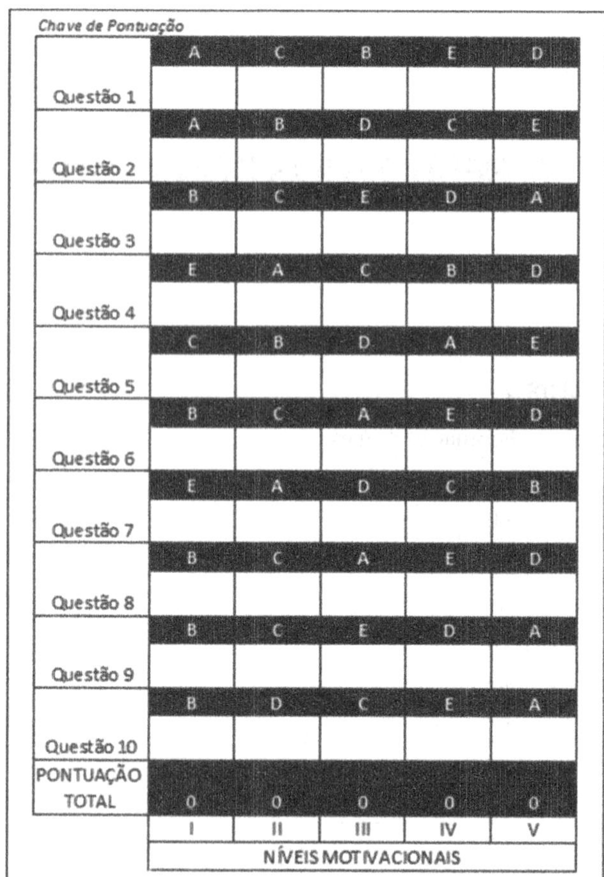

Chave de Pontuação

	I	II	III	IV	V
Questão 1	A	C	B	E	D
Questão 2	A	B	D	C	E
Questão 3	B	C	E	D	A
Questão 4	E	A	C	B	D
Questão 5	C	B	D	A	E
Questão 6	B	C	A	E	D
Questão 7	E	A	D	C	B
Questão 8	B	C	A	E	D
Questão 9	B	C	E	D	A
Questão 10	B	D	C	E	A
PONTUAÇÃO TOTAL	0	0	0	0	0
	I	II	III	IV	V
	NÍVEIS MOTIVACIONAIS				

Os cinco níveis motivacionais estão distribuídos da seguinte forma: Nível I : Necessidades fisiológicas, Nível II : Necessidades de segurança, Nível III : Necessidades sociais, Nível IV : Necessidades de estima e Nível V : Necessidades de autorrealização.

9. LISTA DE FIGURAS

BIBLIOGRAFIA

AANSTAD, J. et al. People Skills Handbook: Actions Tips for Improving your Emotional Intelligence. Winston-Salem: SECCA, 2012.

ABBAGNANO, N. Dicionário de Filosofia. 6ª. ed. São Paulo: WMF Matins Fontes, 2012.

ACFE. Report to the nations, 2020. Disponível em < https://acfepublic.s3-us-west-2.amazonaws.com/2020-Report-to-the-Nations.pdf > acesso em 8 nov 2021.

ALBOHER, M. K. One person multiple careers: a new model for work life success. Warner Books, 2007.

ALZINA, A. Medicina para o corpo e para alma. Belo Horizonte: Edições Nova Acrópole, 2013.

ANANDI MANI et al. Poverty Impedes Cognitive Function. Science, v. 341, n. 6.149, p. 976-980, 2013.

ARCOVERDE. L. Um chefe engajado ajuda a influenciar toda a companhia. VALOR ECONOMICO, B2, quinta-feira, 14 de fevereiro de 2019.

ARCOVERDE. L. Mais companhias buscam mentiras nos currículos. VALOR ECO-NÔMICO, B2, quinta-feira, 30 de maio de 2019a.

ARCOVERDE. L. VALOR ECONÔMICO. Inteligências artificiais só brilham com ajuda humana. Caderno Carreira, edição 20, 21 e 22 de Julho de 2019b. Disponível em < https://valor.globo.com/carreira/noticia/2019/07/29/inteligencias-artificiais-so-brilham-com-ajuda-humana.ghtml > acesso em 29 jul 2021.

ARIELY, D. Previsivelmente irracional: as forças ocultas que formam as nossas decisões. Tradução Jussara Simões. Rio de Janeiro. Elsevier, 2008.

ARIELY, D.; KREISLER, J. A psicologia do dinheiro. Rio de Janeiro: Sextante, 2019.

ARISTÓTELES. Ética a Nicômaco. 4ª edição. Tradução Leonel Vallandro e Gerd Bornheim. São Paulo: Nova Cultural, 1991.

ARTHUR, M.B. The boundaryless career: a new perspective for organizational inquiry. Journal of Organizational Behavior, v. 15, pp. 295-306, 1994.

BALDWIN, T.; BOMMER, B.; RUBIN, R. Desenvolvimento de Habilidades Gerenciais. [S.l.]: Campus, 2008.

BALDWIN, T.; RUBIN, R.; BOMMER, B. Gerenciando o Comportamento Organizacional. 2ª. ed. Rio de Janeiro: Elsevier, 2015.

BANERJEE, A.; DUFLO, E. Poor Economics: a Radical Rethinking of the Way to Fight Global Poverty. New York: Public Affairs, 2012.

BANERJEE, A.; DUFLO, E. The Economic Lives of the Poor. Journal of Economic Perspectives, 21 (1): 141-168. 2007.

BANOV, M. R. Psicologia No Gerenciamento de Pessoas. 4ª. ed. São Paulo: Atlas, 2015.

BASS, B. M. The Bass Handbook of leadership: Theory, Research & Managerial Applications. 4a edição. New York: Free Press, 2008.

BASS, B. M.; RIGGIO, R.E. Transformational Leadership. 2ª edição. New Jersey: Lawrence Erlbaum Associates, 2014.

BAUMAN, Z. Identidade: entrevista a Benedetto Vecchi. tradução Carlos Alberto Medeiros. Rio de Janeiro: Ed. Zahar, 2005.

BAUMAN, Z. Medo Líquido. Rio de Janeiro: Zahar, 2008.

BAUMAN, Z. Modernidade Líquida. Rio de Janeiro: Ed. Jorge Zahar, 2001.

BAUMEISTER, R. F. et al. Bad Is Stronger Than Good. Review of General Psychology, v. 5, n. 4, p. 323-370, 2001.

BBC. 2018. O que é disforia pós-sexo, a tristeza que toma algumas pessoas após o orgasmo. Disponível em < https://www.bbc.com/portuguese/geral-45056096 > acesso em 09/07/2020.

BENDASSOLLI; P.F. Trabalho e identidade em tempos sombrios: insegurança ontológica na experiência atual com o trabalho. Aparecida: Idéias & Letras, 2007.

BENDER, Arthur. Personal Branding, construindo sua marca pessoal. São Paulo: Integrare Editora, 2009.

BENNIS, W. G. On becoming a leader. Estados Unidos/Canadá: Addison Wesley Publishing Company, Inc., 1989.

BERGAMINI, C. W. Liderança: administração do sentido. 2ª. ed. São Paulo: Atlas, 2009.

BIGARELLI, B. Há correlação entre estar engajado e ser resiliente. Valor Econômico. B2. sábado, domingo e segunda-feira, 10, 11 e 12 de abril de 2021. disponível em <https://valor.globo.com/carreira/noticia/2021/04/12/ha-correlacao-entre-estar-engajado-e-ser-resiliente.ghtml> acesso em 12 abr 2021.

BLAKE, R. R. et al. "breakthrough in organization development, Harvard Business Review, Novembro/Dezembro, p. 136, 1964.

BLAKE, R.R.; MOUTON, J. S. O Grid Gerencial. 2ª. ed. Pioneira, São Paulo. 1976.

BLANK, S.; DORF, B. Startup – Manual do Empreendedor – o Guia Passo A Passo Para Construir Uma Grande Empresa. Rio de Janeiro: Alta Books, 2014.

BOHOSLAVSKY. R. Orientação vocacional: a estrategia clinica. Sao Paulo: Martin Fontes, 1998.

BONIFÁCIO, T.M.F. Geração Y e a busca de sentido na modernidade líquida: eles não são todos iguais e estão mudando as relações de trabalho. Curitiba: Juruá, 2014.

BORGES, J. F; CASADO, T. Identidade profissional, in DUTRA, J.S.; VELOSO, E. F. R. organizadores. Desafios da gestão de carreira. São Paulo: Atlas, 2013.

BOXALL, P.; PURCELL, J.; WRIGHT, P. M. The Oxford Handbook of Human Resource Management. Oxford: Oxford University Press, 2007.

BREGMAN, R. Utopia para realistas, tradução Leila Couceiro. Rio de Janeiro: Sextante, 2018.

BRICKMAN; CAMPBELLl. Hedonic relativism and planning the good society. New York: Academic Press. pp. 287–302. in M. H. Apley, ed., Adaptation Level Theory: A Symposium, New York: Academic Press, 1971.

BRUNDTLAND, G. H. Comissão Mundial sobre Meio Ambiente e Desenvolvimento. Nosso Futuro Comum, 2ª ed. Editora da Fundação Getulio Vargas: Rio de Janeiro, 1991.

BURNS, J. M. Leadership. New York: Harper & Row, 1978.

CAIN, S. O poder dos quietos: como os tímidos e introvertidos podem mudar um mundo que não para de falar. Rio de Janeiro: Agir, 2012.

CAMERER, C.; LOEWENSTEIN, G.; PRELEC, D. Neuroeconomics: how Neuroscience can Inform Economics. Journal of Economic Literature, v. 43, n. 1, p. 9-64, 2005.

CAMPOS, M, F. et. al. Um pequeno passo para a liberdade. Instituto de Formação de Líderes de São Paulo, 2016.

CAMPOS, S. Um em cada dois gestores trocaria de emprego. Valor Econômico. B2. quinta-feira, 17 de junho de 2021.

CAMPOS, S.; BIGARELLI, B. ESG começa a mexer nos bonus dos executivos. Valor Econômico. B2. quinta-feira, 25 de março de 2021.

CAPLOW, T. The Sociology of Work. Minneapolis: University of Minnesota Press, 1954.

CARNEGIE, S. Como fazer amigos e influenciar pessoas. 52. ed. São Paulo: Companhia Editora Nacional, 2012.

CARVALHO, A. C; ALVIM, T. C; BERTOCCELLI, R. P.; Manual de Compliance. Rio de Janeiro: Forense, 2019.

CASTRO, C. M.; A prática da pesquisa. São Paulo: McGraw-Hill do Brasil, 1977.

CARNEIRO, L. Novas profissões olham para o potencial da economia prateada. Valor Econômico. B2. Sábado, domingo e segunda-feira, 27, 28 e 29 de março de 2021.

CARNEIRO, Luciana. Ensino técnico abre mais portas do que superior incompleto, diz estudo. Valor. A2, São Paulo, quarta feira 29 de dezembro de 2021a. Disponível em: < https://valor.globo.com/brasil/noticia/2021/12/29/ensino-tecnico-abre-mais-portas-do-que-superior-incompleto-diz-estudo.ghtml > Acesso em: 29 dezembro 2021.

CARR-SAUNDERS, A. M.; Wilson, P.A. The professions. Oxford, 1993.

CAVALCANTI, T. Sobre o paradoxo do lucro. Valor Econômico. A13. quarta-feira, 7 de julho de 2021.

CENTRE FOR BHUTAN STUDIES & GNH RESEARCH. A Compass towards a Just and Harmonious Society: 2015 GNH Survey Report. Thimphu, Bhutan, 2016. Disponível em: <https://www.bhutanstudies.org.bt/publicationFiles/2015-Survey-Results.pdf>. Acesso em: 30 jul. 2021.

CHAMORRO-PREMUZIC, T. Why do so many incompetent men become leaders? (And how to fix it). Boston: Harvard Business Review Press, 2019.

CHAMORRO-PREMUZIC. T. The dark site of charisma. Harvard Business Review. [S.l.]: [s.n.], November 16. 2012. disponível em < https://hbr.org/2012/11/the-dark-side-of-charisma> acesso em 28/07/2019

CHANLAT, J.F. Quais carreiras e para qual sociedade? (I). Revista da Administração de Empresas, 35 (6), 67-75, 1995.

CIALDINI, R. B. As armas da persuasão. Rio de Janeiro: Sextante, 2012.

CIALDINI, R. B. O poder da persuasão: você pode ser mais influente do que imagina. Rio de Janeiro: Elsevier, 2006.

CIULLA, J.B. Leadership Ethics: Mapping the Territory. Business Ethics Quarterly, Vol. 5, No. 1, Ethics and Leadership: The 1990s (Jan., 1995), pp. 5-28.

CLT. Consolidação das Leis Trabalhistas.

COHEN, M. Escolha de candidatos leva em conta comportamento e exposição nas redes. Valor Economico. F4. quarta-feira, 14 de abril de 2021.

COHEN, M. Influencer busca profissionalizar ações nas redes. Valor Econômico. B2. sexta-feira, 24 de setembro de 2021a.

CONCEIÇÃO. A. Endividamento bate recorde em 2020, mas inadimplência recua. Valor Econômico, A4. terça-feira, 26 de janeiro de 2021.

CONFÚCIO, Analetos. tradução Giorgio Sinedino. São Paulo: Folha de São Paulo, 2015.

COTIAS. A. JGP agora mapeia setor de moda na segunda carta ESG. Valor Econô-mico, C8. sexta-feira, 6 de agosto de 2021. disponível em < https://valor.globo.com/financas/noticia/2021/08/06/jgp-agora-mapeia-setor-de-moda-na-segunda-carta-esg.ghtml > acesso em 6 ago 2021.

CPP GLOBAL. Human Capital Report: Workplace Conflict and how Business can Harness it to Thrive. 2008.

CRESSEY, D. R. Other People's Money. Montclair, NJ: Patterson Smith, 1953.

CREDIT SUISSE. Global Wealth Report 2019. 2019. Disponível em: <https://www.credit-suisse.com/media/assets/corporate/docs/about-us/research/publications/global-wealth-report-2019-en.pdf>. Acesso em: 30 jul. 2021.

CREDIT SUISSE. Global Wealth Report 2021. 2021. Disponível em: <https://www.credit-suisse.com/media/assets/corporate/docs/about-us/research/publications/global-wealth-report-2021-en.pdf>. Acesso em: 21 ago. 2021.

CSIKSZENTMIHALYI, M. Flow: the psychology of optimal experience. New York: Harper & Row. 1990.

CUNHA, Jaqueline Veneroso Alves da. Doutores em Ciências Contábeis da FEA/USP: análise sob a ótica da teoria do capital humano. Tese (Doutorado) Universidade de São Paulo. São Paulo, 2007.

DEATON, A. A grande saída: saúde, riqueza e as origens da desigualdade. Rio de Janeiro: Intrínseca, 2017.

DEFILLIPPI, R. J.; ARTHUR, M. B. The boundaryless career: a competency-based perspective. Journal of organizational behavior, v.15, pp. 307-324, 1994.

DELOITTE. (2018). Millennial Survey 2017. Acesso em 29 de 09 de 2018, disponível em: < https://www2.deloitte.com/br/pt/pages/human-capital/articles/millennials-survey.html > acesso em 29 de 09 de 2018:

DELOITTE. 2021 DELOITTE GLOBAL HUMAN CAPITAL TRENDS. Disponível em < https://www2.deloitte.com/us/en/insights/focus/human-capital-trends.html > Acesso em 2 ago 2021.

DELOITTE. Deloitte Global Human Capital Trends Special Report. Returning to work in future of work. Embrancing purpose, potential, perspective, and possibility during COVID-19. 2020.

DIAS, E.W. Finanças Comportamentais: desejo, tentações e felicidade. Curitiba: Intersaberes, 2022.

DEWEY, John. Vida e educação. São Paulo: Edições Melhoramentos, 1954.

DIAS, E.W. O inédito viável em finanças pessoais: dinheiro caro, filosofia barata. São Paulo: D´livros, 2016.

DIAS, Emerson Weslei; VELOSO, Elza Fatima Rosa; TREFF, Marcelo Antonio. Leadership styles: perceived differences between male and female leaders in the fields of finance and accounting. Revista de Administração da UFSM, [S.l.], v. 12, p. 1173-1187, feb. 2020. ISSN 1983-4659. Available at: <https://periodicos.ufsm.br/reaufsm/article/view/41368>. Date accessed: 03 june 2020. doi:http://dx.doi.org/10.5902/1983465941368.

DIAS, Emerson. Weslei. O inédito viável na Gestão de Pessoas: Reflexões e filosofia prática sobre liderança. São Paulo: Dlivros, 2015.

DIAS, Emerson. Weslei. O inédito viável. 2ª ed. São Paulo: Dlivros, 2015a.

DOLAN, P., PEASGOOD, T., WHITE, M. Do we really know what makes us happy? A review of the economic literature on the factors associated with subjective well-being. Journal of Economic Psychology, 29(1), 94–122. 2008.

DOLAN. P. Happines by design: finding pleasure and purpose in everyday life. London: Penguin Group, 2014.

DRUCKER, P. Drucker; o homem que inventou a administração. Business Week. Rio de Janeiro: Elsevier, 2006.

DUBRIN, A. J. Human Relations: A Job Oriented Approach, 1978.

DUCKWORTH, A. Garra: O poder da paixão e da perseverança. Intrínseca. 2016

DUHIGG, C. O poder do hábito [recurso eletrônico]: por que fazemos o que fazemos na vida e nos negócios. tradução Rafael Mantovani. Rio de Janeiro: Objetiva, 2012.

DUTRA, J. S. Gestão de carreiras: a pessoa, a organização e as oportunidades. 2. ed. São Paulo: Atlas, 2017.

DUTRA, J. S. Gestão de Pessoas: modelo, processo, tendências e perspectivas. 2. ed. [S.l.]: [s.n.], 2016.

DWECK, C. S. Mindset: A nova psicologia do sucesso. São Paulo: Objetiva, 2017.

EBOLI, Marisa. Educação corporativa no Brasil: mitos e verdades. São Paulo. Editora Gente, 2004.

ECHENIQUE, M. A vocação nossa de cada dia. Belo Horizonte: Nova Acrópole, 2010.

ELKINGTON, J. Cannibal with Forks: the Triple Bottom Line of 21st Century. Oxford: Capstone, 1997.

EPSTEIN, D. Por que generalistas vencem em um mundo de especialistas. Tradução Marcelo Barbão e Fal Azevedo. Globo Livros, 2020.

ETZIONI. A. A comparative analysis of complex organization. The Free Press: New York, 1961 - disponível em < https://books.google.com.br/books?hl=pt-BR&lr=&id=StvgwpxUaMMC&oi=fnd&pg=PR9&dq=Etzioni&ots=a-n_CoVEXP&sig=9Iq1PHTS-GCOkVrSlbZ1BZSIGTw&redir_esc=y#v=onepage&q=Etzioni&f=false>Acesso em 11 nov, 2021.

EXAME, Brasil, 2018 . ed 1155 ano 52, N. 3, pp. 23-33.

EXAME. O escândalo além do escândalo. Um esquema de compra de vagas em universidades de elite nos Estados Unidos põe em evidência um problema ainda maior, lá como aqui: uma meritocracia falha, que favorece as classes mais ricas. pp. 84-87. por David Cohen. 3 de abril de 2019.

EXAME. O Fantástico mercado dos games. edição 1216. ano 54. no 16. 19 de agosto de 2020.

EXAME. O trabalho em 2030: mais gente, menos recursos e uma abundância de tecnologia. Como serão o mundo, as pessoas e a gestão daqui a 15 anos. por Tatiana Sendin. 2015

FALCONI, V. O verdadeiro poder: práticas de gestão que conduzem a resultados revolucionários. Nova Lima: INDG Tecnologia, 2009.

FÉLIX, J. Economia da longevidade: o envelhecimento populacional muito além da previdência. São Paulo: 106, 2019.

FELLIPELLI, disponível em < https://fellipelli.com.br/produto/mbti-experience-ii--avaliacao-devolutiva-em-video-1h20min/ > acesso em 2 dez 2021

FERNANDES, A. Futuro do "emprego verde" está nas ciências. Valor A4. terça-feira, 21 de dezembro de 2021.

FERRARI CÁLCENA, Esteban J. A mudança da identidade profissional em transi-ções de carreira. São Paulo, 2012. Dissertação (Mestrado em Administração) – Faculdade de Economia, Administração e Contabilidade, Universidade de São Paulo.

FERRARI, J. E.; CASADO, T. in DUTRA, J.S.; VELOSO, E. F. R. Desafios da gestão de carreira. São Paulo: Atlas, 2013.

FERREIRA, V. R. M. Psicologia Econômica: como o comportamento econômico influência nas nossas decisões. Rio de Janeiro: Elsevier, 2008.

FERREIRA, V.R.M. A cabeça do investidor: conheça suas emoções para investir melhor. São Paulo: Évora, 2011.

FINK, S.B.; CAPPARELL, S. The Birkman Method: your personality at work. Estados Unidos: Jossey-Bass. 2013.

FISCHER, R.; URY, W.; PATTON, B. Como chegar ao sim: como negociar acordos sem fazer concessões. Rio de Janeiro: Solomon, 2014.

FLEURY, M. T. L; SHINYASHIKI, G; STEVATO, L. A. Entre a antropologia e a psicanálise: dilemas metódicos dos estudos sobre cultura organizacional. Revista de Administração. São Paulo. V. 32. n. 1, pp. 23-37, janeiro/março, 1997.

FOGEL R.W. The fourth great awakening and the future of egalitarianism. Chicago: University of Chicago Press, 2000.

FONSECA, A. Começam a surgir os cargos divididos e a semana de quatro dias. Valor Econômico, B2, quinta-feira, 1 de agosto de 2019.

FRANKL, V. Em busca de sentido: um psicólogo no campo de concentração. Trad. Walter O. Schlupp e Carlos C. Aveline. Porto Alegre: Sulina, 1987.

FRANKL, V.E. A vontade de sentido: fundamentos e aplicações da logoterapia. Tradução de Ivo Studart Pereira. São Paulo: Paulus, 2011.

FRANKL, V.E. Psicoterapia e sentido para a vida. 4ª ed. Tradução de Alípio Maia de Castro. São Paulo: Quadrante, 2003.

FRAZIER, M.L., Fainshmidt, S., Klinger, R.L., Pezeshkan, A. and Vracheva, V. (2017), Psychological Safety: A Meta-Analytic Review and Extension. Personnel Psychology, 70: 113-165.

FREEMAN, S.C. Donald Super: A Perspective on Career Development. Journal of Career Development, Vol. 19(4), Summer 1993.

FREIRE, P. Pedagogia do oprimido. ed. 57. Rio de Janeiro: Paz e Terra, 2014.

FRENCH, JR.J.R.P.; RAVEN. B.H. The basis of social power. in CARTWRIGHT, D (Ed). Studies in social power. Ann Arbor. University of Michigan Press, 1959. p. 150-167.

FREUD, S. Psicologia das massas e análise do eu. Porto Alegre: L&PM, 2013.

FREUD, S. Além do princípio de prazer. In: FREUD, S. Além do princípio do prazer, psicologia de grupo e outros trabalhos (1920-1922). Rio de Janeiro: Imago, 1996, p. 12-75. (Obras Psicológicas Completas de Sigmund Freud, v. XVIII).

FREUD, S. Além do Princípio de Prazer. Rio de Janeiro: Imago, 1976.

FREUD, S. Além do princípio do prazer, psicologia de grupo e outros trabalhos (1925-1926). Rio de Janeiro: Imago, 1976a. (Obras Psicológicas Completas de Sigmund Freud, v. XVIII).

FREUD, S. O ego e o ID e outros trabalhos (1923-1925). Rio de Janeiro: Imago, 1976b. (Obras Psicológicas Completas de Sigmund Freud, v. XIX).

FREUD, S. O futuro de uma ilusão, o mal-estar na civilização e outros trabalhos (1927-1931). Rio de Janeiro: Imago, 1976c. (Obras Psicológicas Completas de Sigmund Freud, v. XXI).

FREY, B. S.; STUTZER, A. What can Economists Learn from Happiness Research? Journal of Economic Literature, v. 40, n. 2, p. 402-435, 2002.

FREY, C. B.; OSBORNE, M. The Future of Employment: How Susceptible Are Jobs to Computerisation? Oxford Martin School, Programme on the Impacts of Future Technology, University of Oxford, 17 set 2013. Disponível em: http://www.oxfordmatin.ox.ac.uk/downloads/academic/The_future_of_Employment.pdf

FRIEDMAN, T. L. O mundo é plano: uma breve história do século XXI. Rio de Janeiro: Objetiva, 2005.

FURNHAM, A.; ARGYLE, M. The Psychology of Money. Londres: Routledge, 1998.

GALLUP. State of the Global Workplace: 2021 Report. 2021, acesso em 10/11/2021 https://www.gallup.com/workplace/349484/state-of-the-global-workplace.aspx

GAUDÊNCIO, P. Minhas razões, tuas razões: a origem do desamor. São Paulo: Editora Gente, 1994.

GIBSON, J. L. et al. Organizações – Comportamentos, Estrutura e Processos. 12. ed. São Paulo: McGraw-Hill, 2006.

GLADWELL, M. Fora de série: Outliers. tradução de Ivo Korytowski, Rio de Janeiro: Sextante, 2008.

GLOBAL ENTREPRENUERSHIP. GLOBAL ENTREPRENUERSHIP. Disponivel em: <http://www.gemconsortium.org/>. Acesso em: 27 jun. 2017.

GNH CENTRE BHUTAN. Disponível em < https://www.gnhcentrebhutan.org/what-is-gnh/the-9-domains-of-gnh/ > acesso em 2 set.2021

GOEKING, W. Carreira de gamer é o ideal da maioria dos jovens da periferia. Valor Econômico, B4, quinta-feira, 23 de setembro de 2021

GOLDBERG, L. R. An alternative "description of personality": The big-five factor structure. Journal of Personality and Social Psychology, 59 (6), 1216-1229, 1990.

GOLEMAN, D. Inteligencia Emocional: A teoria revolucionaria que redefine o que é ser inteligente. Tradução Marcos Santarita. Rio de Janeiro: Objetiva, 1995.

GOLEMAN, D. What makes a leader? Harvard Business Review. [S.l.]: [s.n.], 1998.

GOMBATA, Marsílea. Trabalho por conta própria dispara e deve manter alta. Valor. A4. quarta-feira, 22 de dezembro de 2021. disponível em < https://valor.globo.com/brasil/noticia/2021/12/22/trabalho-por-conta-propria-dispara-e-deve-manter-alta.ghtml > acesso em 22 dez 2021

GOMES, L. Escravidão: do primeiro leilão de cativos em Portugal à morte de Zumbi dos Palmares, volume I. Rio de Janeiro: Globo Livros, 2019.

GOUVEIA, V. V. A natureza motivacional dos valores humanos: evidências acerca de uma nova tipologia. Estudos de Psicologia v. 8, n.3, p. 431-443, Natal, 2003.

GRANT, R. M. The resource-based theory of competitive advantage: Implications for strategy formulalion, California Management Review, 333, 114-135, 1991.

GREMAUD, A. P; VASCONCELOS, M.A.S.; TONETO JR. R. Economia brasileira contemporânea. 7ª ed. São Paulo: Atlas, 2009.

GUZMÁN, D. S. disponível em < https://www.acropole.org.br/artigos/ > acesso em 1 jul 2013.

HALL, D.T. Careers in and out of organizations. Thousand Oaks CA: Sage Publications, 2002.

HALL, D.T. Preface, in HALL, D. et.al. Career development in organizations. San Francisco: Jossey-Bass, 1986.

HAMEL, GARY; ZANINI, MICHELE. Humanocracy: creating organizations as amazing as the people inside them. Boston, MA : Harvard Business Review Press, 2020.

HAMEL, GARY. First let´s fire all the managers. Harvard Business Review 89 n. 12 (2001): 48-60 acesso em https://hbr.org/2011/12/first-lets-fire-all-the-managers 25/07/2019.

HARARI, Y. N. Sapiens-Uma breve história da humanidade. Porto Alegre: L&M, 2016.

HECKMAN, J. J. Old problem, new dispair in Boston Review, acesso em < https://bostonreview.net/forum_response/james-j-heckman-solving-new-inequality-forum-response/ > 7 jan 2022.

HERSEY, P.; BLANCHARD, K. H. Psicologia para Administradores de empresas: a utilização de recursos humanos. 2. ed. São Paulo: EPU, 1977.

HIRATA, G., Soares, R.R., Competition and the racial wage gap: Evidence from Brazil, Journal of Development Economics (2020), doi: https://doi.org/10.1016/j.jdeveco.2020.102519.

HOFSTEDE, G. Culture's Consequences: Comparing Values, Behaviors, Institutions and Organizations across Nations, 2nd edn. Thousand Oaks, California, U.S.A.: Sage Publications. (2001).

HOLLAND, J. L. A Theory of Vocational Choice. Journal of Counseling Psychology. Vol. 6, Nº. 1, 1959.

HOMERO. Odisseia. eBooksBrasil, 2009.

IBARRA, H. Identity transitions: Possible selves, liminality and the dynamics of voluntary career change. Faculty & Research working paper. INSEAD Business School, Fontainebleau, France, April, 2007.

IBARRA. H.Working identify: unconventional strategies for reinventing your career. Massachussets: Harvard Business Scholl Press, 2003.

IBGE. Disponivel em < https://www.ibge.gov.br/apps/snig/v1/?loc=0&cat=-1,1,2,-2,-3,128&ind=4726 > acesso em 12 jan 2022

IBGE. disponível em: < http://www.ibge.gov.br/apps/populacao/projecao/ >.Acesso em 23 Junho 2017.

IBGE. Disponível em < https://agenciadenoticias.ibge.gov.br/agencia-noticias/2012-agencia-de-noticias/noticias/26103-expectativa-de-vida-dos-brasileiros-aumenta-para-76-3-anos-em-2018 > acesso em 29 nov. 2019.

INKSON, K. Protean and boundaryless careers as metaphors. Journal of Vocational Behavior. v. 69, n. 1, p. 48-63, 2006.

IOSCO – International Organization of Securities Commissions; OECD – Organisation for Economic Co-Operation and Development. The Application of Behavioural Insights to Financial Literacy and Investor Education Programmes and Initiatives. 2018.

IPSOS. IPSOS.KING´S COLLEGE LONDON. Disponível em: The Policy Institute | King's College London (kcl.ac.uk). Acesso em 21 jul 2021.

ISMAIL, S., MALONE. M.S., VAN GEEST. Y.; Organizações exponenciais: por que elas são 10 vezes melhores, mais rápidas e mais baratas que a sua (e o que fazer a respeito). São Paulo: HSM Editora. 2015.

JUNG, C. G. O Desenvolvimento da Personalidade. 14ª. ed. Petrópolis: Vozes, 2013.

JUNG. C. G. Tipos psicológicos. Tradução Álvaro Cabral. 2ª ed. Rio de Janeiro: Zahar editores, 1974.

JUNG, M.; KYRILLOS, L. Comunicar para liderar. São Paulo: Contexto, 2015.

KAHNEMAN, D. LOVALLO, D. SIBONY, O. A Structured Approach to Strategic Decisions: Reducing errors in judgment requires a disciplined process. MIT Sloan Management Review. Vol. 60, Nº. 3, SPRING, pp. 66-73, 2019.

KAHNEMAN, D. Rápido e devagar: duas formas de pensar. Rio de Janeiro: Objetiva, 2012.

KAHNEMAN, D. et al. Would you be Happier if you were Richer? A Focusing Illusion. Science, v. 312, p. 1908-1910, 2006.

KALACHE, A.; VERAS, R. P.; RAMOS, L. R. O envelhecimento da população mundial. Um desafio novo. Rev. Saúde Pública, São Paulo, v. 21, n. 3, 1987.

KATO, R. Cérebro, a fronteira final: compreender o funcionamento do cérebro será a chave para tratar doenças e criar hábitos saudáveis. Com novas técnicas, cientistas alemães estão mais próximos desse futuro. EXAME, Edição 1149, ano 51, N. 21, 8 novembro, 2017. pp. 37-43.

KATZ. R. L. Skills of an effective Administrator: Performance depends on fundamental skills rather than personality traits. Harvard Business Review. January-February, 33-42, 1955.

KLEINMAN, P. Tudo que você precisa saber sobre psicologia: um livro sobre o estudo da mente humana. tradução Leonardo Abramowicz. São Paulo: Editora Gente, 2015.

KLEON, A. Roube como um artista: 10 dicas sobre criatividade. Tradução Leonardo Villa-Forte. Rio de Janeiro: Rocco, 2013.

LANCASTER, L.C.; STILMAN, D. When generations collide: Who They Are. Why They Clash. How to Solve the Generational Puzzle at Work. New York: Harper Business, 2002.

LANDIS, B. GLADSTONE, J.J. Personality, income, and compensatory consumption: low-income extraverts spend more on status. *Psychological Science* 2017, Vol. 28(10) 1518–1520.

LEVENFUS RS (ORG.). Orientação Vocacional e de Carreira em Contextos Clínicos e Educativos. Porto Alegre: Artmed, 2016.

LONDON, M.; STUMPF, S.A. Managing careers. Reading, MA: Addison-Wesley, 1982.

LOLI, F. O coaching de carreira como recurso facilitador do processo de transição profissional. Dissertação de mestrado - Faculdade FIA de Administração e Negócios. São Paulo, [s.n], 2016.

LOUIS, M. R. "Career transitions: varieties and commonalities. Academy of Management Review, v. 5, n.3, p. 329-340, 1980.

MADUREIRA, D. Companhias querem resgatar a saúde mental perdida. Valor Econômico. B2. quinta-feira, 10 de dezembro de 2020.

MAGALDI, S.; NETO. J. S. GESTÃO DO AMANHÃ: Tudo que você precisa saber sobre gestão, inovação e liderança para vencer na 4ª revolução industrial.

MAINIERO, L.A.; SULLIVAN. S.E. The opt-out revolt: why people are leaving companies to create kaleidoscope careers. Mountain View CA: Davies-Black Publishing, 2006.

MANGEN, A; WALGERMO, B. R. BRØNNICK, K. Reading linear texts on paper versus computer screen: Effects on reading comprehension, International Journal of Educational Research,Volume 58, 2013, Pages 61-68.

MAQUIAVEL, N. O Príncipe. 6ª ed. Rio de Janeiro: Vozes, 2015.

MARRIOTT, E. A história do mundo para quem tem pressa [recurso eletrônico]. tradução Paulo Afonso. Rio de Janeiro: Valentina, 2015.

MASLOW, A. H. Motivation and Personality. New York: Harper & Row, 1954.

MAURER, T. J.; TARULLI, B. A. Managerial Work, Job Analysis, and Holland's RIASEC Vocational Environment Dimensions. Journal of vocational behavior, 50, 365–381, 1997.

MAXIMIANO, A. C. A. Teoria geral da administração: da revolução urbana à revolução digital. 8. ed. São Paulo: Atlas, 2021.

McClelland. D. Testing for competence rather than for "intelligence". American Psychologist, v. 1, p. 1-14, 1973.

MCKINSEY & COMPANY. Brazil Digital Report 1st Edition. April 2019.

MELHOR RH. Funcionários felizes são, em média, 31% mais produtivos, diz pesquisa. Disponível em < Funcionários felizes são, em média, 31% mais produtivos, diz pesquisa - Melhor RH > acesso 26 dez 2021.

MELO, E. A. A.; Escala de Avaliação do estilo gerencial (EAEG): desenvolvimento e validação. Revista Psicologia: Organizações e Trabalho, Florianópolis, v. 4, n. 2, p. 31-62, jan. 2004. ISSN 1984-6657. Disponível em: < "https://periodicos.ufsc.br/index.php/rpot/article/view/7636" \t "_new" > Acesso em: 02 jul. 2018.

MENEZES FILHO, N. Salários, faculdade, gênero e raça. Disponível em < https://valor.globo.com/opiniao/coluna/salarios-faculdade-genero-e-raca.ghtml > acesso em 18 jan 2020.

MERCER. Disponível em < M&A Culture Integration & Change Management | Mercer > acesso em 2 ago 2021.

MEUCEREBRO.COM. As 5 grandes dimensões da personalidade (meucerebro.com). 2021. Acesso em 31/10/2021: As 5 grandes dimensões da personalidade (meucerebro.com)

MEYER, P. J. Effective Strategic Leadership. Lição 4. Texas (EUA): LMI Waco, 2014.

MIRVIS, P. H,; HALL, D. T. Psychological success and the boudaryless career. Journal of Organizational Behavior, v. 15, n. 4, p. 365-380, 1994.

MLODINOW. L. Subliminar: como o inconsciente influencia nossas vidas. Rio de Janeiro: Zahar, 2013.

MOONEY, A. Pagamento de bônus leva em conta diversidade e clima. Valor Economico, 22/02/2021. Acesso em https://valor.globo.com/um-so-planeta/noticia/2021/02/22/pagamento-de-bonus-leva-em-conta-diversidade-e-clima.ghtml > em 9 de março de 2021.

MORE. T. Utopia. Tradução Ciro Mioranza. São Paulo: Lafonte, 2017.

Moulds, Josephine, "Gig workers among the hardest hit by coronavirus pandemic," World Economic Forum, April 21, 2020.

NERI, M. A nova classe média: o lado brilhante da base da pirâmide. São Paulo: Saraiva, 2011.

NORTHOUSE, P. G; L., Leadership: theory and practice 7th edition. Thousand Oaks. Sage, 2016.

O´REILLY, C. A., DOERR, B., CALDWELL, D. F., CHATMAN, J. A. Narcissistic CEOs and executive compensation, The Leadership Quarterly, Volume 25, Issue 2, 2014,

OLIVEIRA. S. Profissões do futuro: você esta no jogo? São Paulo: Integrare Editora, 2013.

ONU. Declaração Universal dos Direitos Humanos, 1948. Disponível em < https://brasil.un.org/pt-br/91601-declaracao-universal-dos-direitos-humanos > acesso em 15 jan 2022.

ONU. Disponível em <https://nacoesunidas.org/pos2015/agenda2030/> acesso em 02 jun, 2017.

ORTEGA Y GASSET, J. (1966). Meditaciones del Quijote. In: ORTEGA Y GASSET, J. Obras completas. 7. ed. Madrid: Revista de Occidente, 1966, pp. 310-400. v. 1.

OTLEY, D.T.; PIERCE, B.J.; The control problem in public accounting firms: An empirical study of the impact of leadership style. Accounting, Organization and Society, Vol. 20. Nº. 5. pp. 405-420, 1995.

OXFAM. Tempo de cuidar: o trabalho de cuidado não remunerado e mal pago e a crise global da desigualdade. 20 jan. 2020. Disponível em: <https://d2v21prk53tg5m.cloudfront.net/wp-content/uploads/2021/04/1579272776200120_Tempo_de_Cuidar_PT-BR_sumario_executivo.pdf>. Acesso em: 30 jul. 2021.

PASTORE, J. A evolução do trabalho humano: leituras em relações do trabalho. São Paulo: LTr, 2001.

PASTORE. J. Trabalho, família e costumes: leituras em sociologia do trabalho. São Paulo: LTr, 2001a

PASTORE. J. O desemprego tem cura? São Paulo: Makron Books, 1998.

PEREIRA, C. R; STREHLAU, S. Da teoria ao paradigma da dádiva. RAE. Revista de Administração de Empresas. São Paulo. v. 52. n. 5. set./out. 2012, p. 576.

PETER. J. L.; HULL. R. The Peter Principle: Why Things Always Go Wrong. New York: William Morrow & Co. Inc. 1969.

PETRULLO, L. The Psychology of Careers. An Introduction to Vocational Development. by Donald E. Super. The Quarterly Review of Biology, Vol. 33, N. 1 (Mar., 1958), p. 98.

PFEFFER, J. Leadership BS: fixing workplaces and careers one truth at a time. New York: Harper Business, 2015.

PIERONI, F; BRUNO, P. O turismo de natureza e a retomada socioeconomica. in Valor A8, sexta-feira, 7 de dezembro de 2021

PINK. D. Motivação 3.0: os novos fatores motivacionais que buscam tanto a realização pessoal quanto profissional. Tradução Bruno Alexander. Rio de Janeiro: Elsevier, 2010.

PLATÃO. A república (ou da justiça). Trad. de Edson Bini. 2. ed. São Paulo: Edipro, 2014.

PLATÃO. Fedro. São Paulo: Edipro, 2012.

Prahalad, C. K.; Hamel, G. 'The core competence of the corporation', Harvard Business Review, 68 (3), pp. 79-91.1990

PRAHALAD, C.K., A riqueza na base da pirâmide: como erradicar a pobreza com o lucro. Porto Alegre: Bookman, 2005.

PWC BRASIL. O futuro do trabalho: Impactos e desafios para as organizações no Brasil. FGV/EASP. [S.l.], p. 34. 2014.

RAINE, A. The anatomy of violence: the biological roots of crime. Pantheon books. New York, 2013.

RIBEIRO, C.A.C. Tendencias da desigualdade de oportunidades no Brasil: mobilidade social e estratificação educacional, Instituto de Pesquisa Econômica Aplicada (Ipea), 2017, acesso em 01/11/2021: http://repositorio.ipea.gov.br/handle/11058/7807

READ, D. A ciência comportamental e a tomada de decisão pelo consumidor: algumas questões para os reguladores. in. ÁVILA, Flavia; BIANCHI, Ana Maria. Organizadoras. Guia da Economia Comportamental. São Paulo: Economia Comportamental.org, 2015, p. 129. disponível em www.economiacomportamental.org

ROBBINS, S.; COULTER, M. Administração. 5ª. ed. Rio de Janeiro: Prentice, 1998.

ROZIN, P.; ROYZMAN. E. Negativity Bias, Negativity Dominance, and Contagion. Personality and Social Psychology Review, v. 5, n. 4, p. 296-320, 2001.

ROUSSEAU, J.J. Discurso sobre a origem e os fundamentos da desigualdade entre os homens: discurso sobre as ciências e as artes. tradução. Sieni Maria Campos. Rio de Janeiro: Ediouro, 1994.

ROUSSEAU, J.J.O contrato social: princípios de direito político. tradução. Antonio P. Machado. estudo crítico de Afonso Bertagnoli. ed. especial. Rio de Janeiro: Nova Fronteira, 2011.

RUSSEL, B. The Triumph of Society. Disponível em: <https://russell-j.com/0583TS.HTM>. Acesso em: 31 ago. 2021.

RYFF, C. D.; Keyes, C. L. M. The Structure of Psychological Well-Being Revisited. Journal of Personality and Social Psychology 69 nº. 4 (1995): 719

S2 CONSULTORIA. disponível em < Você sabia que 42% das pessoas mentem em seus CVs? - s2 Consultoria > acesso em 6 dez 2021.

SAMPAIO, M. Escolha certa: como tomar a melhor decisão hoje para conquistar uma carreira de sucesso amanhã. São Paulo: DSOP, 2012.

SAMPAIO, M. Influência Positiva: pais e filhos construindo um futuro de sucesso. São Paulo: DSOP, 2013.

SANDEL, M. J. A Tirania do mérito: o que aconteceu com o bem comum? tradução, Bhuvi Libanio. 2ª ed. Rio de Janeiro: Civilização Brasileira, 2020.

SARAIVA. A. Endividamento das famílias é recorde, aponta CNC. Valor Econômico, A8. quinta-feira, 26 de agosto de 2021.

SARAIVA, J. Companhia "empática" rende mais. VALOR. B6. quinta-feira, 1 de julho de 2021a.

SARAIVA. A. Mesmo antes da pandemia, 23% da renda disponível era não monetária, indica IBGE. Valor Econômico, A6. quinta-feira, 26 de novembro de 2020.

SCHEIDEL, W. Violência e a história da desigualdade: da idade da pedra ao século XXI. Tradução Vera Ribeiro, Rio de Janeiro: Zahar, 2020

SCHEIN, E. H. "Career anchors revisited: implications for career development in the 21st century". Academy of Management Executive, v. 0, n. 0, p. 80-88, 1996

SCHEIN, E. H. Organizational culture. American Psychologist, 45(2), 109–119. (1990) https://doi.org/10.1037/0003-066X.45.2.109

SCHEIN, E.H. Career dynamics: matching individual and organizational needs, Massachusets: Addison -Wesley Publishing Company, 1978

SCHINCARIOL, J. CEOs têm remuneração 600 vezes maior que funcionário. Valor Econômico, B2, sábado, domingo e segunda-feira, 26, 27 e 28 de setembro de 2020. disponível em < https://valor.globo.com/carreira/noticia/2020/09/28/ceos-tem-remuneracao-600-vezes-maior-que-funcionario.ghtml > acesso em 28 set 2020

SCHNEIDER. J. The Definition of Eminence and the Social Origins of Famous English Men of Genius, American Sociological Review, vol.3, December 1938.

SCHOPENHAUER. A. Aforismos sobre a sabedoria de vida. São Paulo: Folha de S. Paulo, 2015.

SCHOPENHAUER. A. A arte de ser feliz: exposta em 50 máximas. São Paulo: Martins Fontes, 2001.

SCHUMPETER, J.A. Capitalism, Socialism & Democracy. Routledge. Taylor & Francis e-Library, 2003.

SCHWAB, K. A quarta revolução industrial. São Paulo: Edipro, 2016.

SCHWAB. K.; VANHAM, P. Stakeholder Capitalism: A global economy that works for progress, people and planet. São Paulo: John Wiley & Sons, Inc., New Jersey.2021

SCHWARTZ, S. (2005). Valores humanos básicos: seu contexto e estrutura intercultural. in Tamayo, A., & Porto, J. B. Valores e comportamento nas organizações. Petrópolis: Vozes.

SEBRAE - SERVIÇO DE APOIO ÀS MICRO E PEQUENAS EMPRESAS. Sobrevivência das empresas no Brasil. Brasília, 2016. Disponível em: <https://www.sebrae.com.br/Sebrae/Portal%20Sebrae/Anexos/sobrevivencia-das-empresas-no-brasil-102016.pdf>. Acesso em: 31 ago. 2021.

SELIGMAN, M. E. P. Felicidade autêntica: usando a nova Psicologia Positiva para a realização permanente. tradução Neuza Capelo. Rio de Janeiro: Objetiva, 2004.

SENGE. P. M. The fifth discipline: the art and practice of the learning organization. Doubleday: New York, 1994.

SHELLEY, M. Frankenstein. São Paulo: Scipione, 1997.

SILVA. R.C. A abordagem geracional como proposta à gestão de pessoas. São Paulo, 2013. Tese (doutorado) - Universidade de São Paulo, 2013.

SIMON, H. A. Rational Decision Making in Business Organizations. *The American Economic Review*. Vol. 69, Nº. 4 (Sep, 1979), pp. 493-513.

SISODIA, R.; WOLFE, D, B.; SHIETH, J. Empresas Humanizadas: pessoas, propósito e performance. Tradução de firms of endearment: how world class companies profit from passion and purpose. Capitalismo Consciente. 2015.

SMITH, A. Teoria dos sentimentos morais ou ensaio para uma análise dos princípios pelos quais os homens naturalmente julgam a conduta e o caráter, primeiro de seus próximos, depois de si mesmos: acrescida de uma dissertação sobre a origem das línguas. Trad. de Lya Luft. 2. ed. São Paulo: Martins Fontes, 2015.

SMITH, A. A mão invisível / Adam Smith; tradução Paulo Geiger. — 1a ed. — São Paulo: Penguin Classics Companhia das Letras, 2013.

SMITH, A. A riqueza das nações: investigação sobre sua natureza e suas causas I e II. Tradução Luiz João Baraúna. São Paulo. Nova Cultural. 1996.

SOUTO, R. Excesso de exigências compromete a diversidade. Valor Econômico. B2. quarta-feira, 11 de março de 2021.

STEIN, S. J.; BOOK, H. The EQ Edge: Emotional Intelligence and Your Success. 3. ed. [S.l.]: [s.n.], 2011.

STIGLITZ, J. E.; SEN, A.; FITOUSSI, J. P. Mismeasuring our Lives: why GDP doesn't Add up. New York: The New Press, 2010.

STOGDILL, R. M. Personal Factors Associated with Leadership: A Survey of the Literature, The Journal of Psychology. Ohio State University, 1948. Acesso em: 19 junho 2017.

STONER, J. A. F; FREEMAN, R. E. Administração. 5a ed. Rio de Janeiro: LTC, 1999.

SUZMAN, J. Lições para a era da automação. Valor Econômico. Caderno Eu & Fim de Semana, Ano 21, No 1032, sexta feira, 18 de setembro de 2020.

TALEB, N. N. Antifrágil. Rio de Janeiro: Best Business, 2014.

TAMAYO, A., SCHWARTZ, S.H. Estrutura Motivacional dos valores: Psicologia: Teoria e pesquisa. Brasilia: Instituto de Psicologia da Universidade de Brasilia, (9). 329-438, 1993.

TEMPLER, K. J. Dark personality, job performance ratings, and the role of political skill: An indication of why toxic people may get ahead at work. "https://www.sciencedirect.com/science/journal/01918869/124/supp/C" \o "Go to table of contents for this volume/issue" Volume 124, 1 April 2018, Pages 209-214.

THOMAS, K.W.; KILMANN, R.H. Comparison of four instruments measuring conflict behavior. Psychological Reports. 42. 1139-1145, 1978.

THORNDIKE, E. L. and others. Prediction of Vocational Success (New York: The Commonwealth Fund, 1934.

TILGHER, A. Work: What It Has Meant to Men through the Ages, translated from Homo Faber by Dorothy Canfield Fisher. New York: Harcourt, Brace & Company, 1930.

TORRES, C. V.; SCHWARTZ, S. H.; NASCIMENTO, T. G. A Teoria de Valores Refinada: associações com comportamento e evidências de validade discriminante preditiva. Psicologia USP, São Paulo, v. 27, n. 2, p. 341-356, ago 2016. Disponível em: www.scielo.br/scielo.php?script=sci_arttext&pid=S0103-65642016000200341&lng=pt&nrm=iso (acesso em 05 nov, 2021).

TREFF, M. Gestão de Pessoas: olhar estratégico com foco em competências. Rio de Janeiro: Elsevier, 2016.

TVERSKY, A.; KAHNEMAN, D. Judgment under Uncertainty: Heuristics and Biases. Science, v. 185, p. 1124-1131, 1974.

TWAIN, M. The Adventures of Tom Sawyer, Oxford Press: 2007.

VALOR. Disponível em: < Educação financeira para funcionários como bem-estar | Carreira | Valor Econômico (globo.com)> acesso 21 de Jun 2021a

VALOR. Busca por novos desafios motiva brasileiro a trocar de emprego. Acesso em < https://valor.globo.com/carreira/noticia/2021/03/01/busca-por-novos-desafios-motiva-brasileiro-a-trocar-de-emprego.ghtml > acesso em 01 mar 2021.

VALOR. Calma é a "soft skill" mais desejada. B2. quinta-feira, 9 de setembro de 2021. disponível em < https://valor.globo.com/carreira/noticia/2021/09/09/calma-e-a-soft-skill-mais-desejada.ghtml > acesso em 9 set 2021.

VALOR. Como 5 gerações trabalham sob o mesmo teto. Carreira. Edição de 16/07/2018.

VALOR. Precisamos de ciências humanas e tecnologia. 23/05/2019. Stela Campos

VALOR. Preconceito visível. sábado, domingo e segunda-feira, 23, 24 e 25 de outubro de 2021a. Acesso em < https://valor.globo.com/carreira/noticia/2021/10/25/radar-eventos-oportunidades-e-insights-para-sua-carreira.ghtml > em 26 out 2021.

VALOR CARREIRA. As melhores na gestão de pessoas: Valor e AON indicam as 35 empresas vencedoras. VALOR CARREIRA, ano 15, n. 15, outubro, 2017.

VC SA. Como ter duas carreiras por Caroline Marino. Edição 182. Julho, 2013. pp. 30-39.

VEJA. Força no teclado, por Caio Saad e Julia Braun. Edição 2765, ano 54, n. 46, 24 novembro 2021.

VEJA. Página em aberto. por Alessandro Giannini. ed. 2762-ano 54 n. 43 pp. 72-73. 3/11/2021a.

VELOSO, E.F.R. Carreiras sem fronteiras e transição profissional no Brasil: desafios e oportunidades para pessoas e organizações. São Paulo: Atlas, 2012

VILLAS BÔAS, B. 42% dos "conta própria" recebem menos de um mínimo por mês. Valor Econômico, A3, quarta-feira, 21 de agosto de 2019.

VIORST, J. Perdas necessárias. São Paulo: Melhoramentos, 2002

VISHER, STEPHEN S. Occupations as Shown in Who´s Who, American Journal of Sociology, vol 30. March 1925: Environmental Backgrounds of Leading American Scientists, American Sociological Review, vol. 13 February 1948

VRIES, M. K. Reflexões Sobre Caráter e Liderança. Porto Alegre: Bookman, 2010.

WEBER, M. A ética protestante e o espírito do capitalismo. São Paulo: Martin Claret, 2013.

WEBER, M. Economia e Sociedade: Fundamentos da Sociedade Compreensiva. 4a ed. Brasília: Editora Universidade de Brasília, 2012.

WEBER, M. Escritos Políticos. São Paulo: Folha de São Paulo, 2015.

WESCHLER. D. Non-intellective factors in general intelligence. The Journal of Abnormal and Social Psychology, 38(1), 101–103, 1943.

WILKINSON. R; PICKETT. K.; The Spirit Level: Why Greater Equality Makes Societies er. Bloomsburry Press, 2009.

Wilson T.D, Gilbert D.T. Explaining away: a model of affective adaptation. Perspectives on Psychological Science 2008; 3: 370-86.

WORLD ECONOMIC FORUM. The Future of Jobs Report 2020. October, 2020. Disponivel em < https://www.weforum.org/reports/the-future-of-jobs-report-2020 > Acesso em: 10 outubro 2021.

WORLD ECONOMIC FORUM. World Economic Forum Annual Meeting 2016 Mastering the Fourth Industrial Revolution. Disponível em: <http://www3.weforum.org/docs/WEF_AM16_Report.pdf>. Acesso em: 20 outubro 2016.

WORLD HEALTH ORGANIZATION. "Ageing well" must be a global priority. Disponível em < https://www.who.int/news/item/06-11-2014--ageing-well-must-be-a-global-priority > acesso em 20 dez, 2021.

YOUNG. M. Down the meritocracy. The man who coined the word four decades ago wishes Tony Blair would stop using it. The Guardian, 2001. Disponível emrou: https://amp.theguardian.com/politics/2001/jun/29/comment > acesso em 13 dez 2021.

YOUNG. M. The rise of the meritocracy 1870-2033: an essay on education and equality. United Kingdom: Penguin Books, 1961

ZAK, P.J. THE TRUST FACTOR; the science of creating high-performance companies. New York: AMACOM, 2017.

ZIMERMAN, D. E. Bion: da teoria a prática – uma leitura didática. 2. ed. Porto Alegre: Artmed, 2008.

ZINGALES, L. Oposição de Estado e mercado é enganosa e representa obstáculo aos desafios atuais. Enterrando o zumbi do Laissez-faire. in Valor. A15. quarta feira, 29 de dezembro de 2021. acesso em < https://valor.globo.com/opiniao/coluna/enterrando-o-zumbi-do-laissez-faire.ghtml >